普通高等学校公共体育新形态教材

体育与健康
新编教程

彭叮　徐浩　陈荣　主编

中国教育出版传媒集团

高等教育出版社·北京

内容简介

本书是为满足普通高等学校和高等职业院校公共体育教学需要而编写的一本体系完整、内容实用的公共体育教材。全书共十章，第一章至第四章为体育基本理论篇，主要内容包括体育与健康概述、奥林匹克运动、体育锻炼与保健、科学健身原理；第五章至第十章精选了实用运动技能，主要内容包括户外休闲类健身方法、球类健身方法、传统体育类健身方法、时尚类健身方法、操舞类健身方法、职业人群健身方法。

本教材既可供普通高等学校和高等职业院校使用，又可供广大职业人群健身时参考。

图书在版编目（CIP）数据

体育与健康新编教程 / 彭叮，徐浩，陈荣主编. --
北京 ： 高等教育出版社，2024. 9. -- ISBN 978-7-04
-063056-5

Ⅰ. G807.4；G647.9

中国国家版本馆CIP数据核字第202469RP85号

Tiyu yu Jiankang Xinbian Jiaocheng

策划编辑	杨 琛	责任编辑 杨 琛	封面设计 李沛蓉	版式设计 马 云
责任绘图	邓 超	责任校对 马鑫蕊	责任印制 存 怡	

出版发行	高等教育出版社		网 址	http://www.hep.edu.cn
社 址	北京市西城区德外大街4号			http://www.hep.com.cn
邮政编码	100120		网上订购	http://www.hepmall.com.cn
印 刷	保定市中画美凯印刷有限公司			http://www.hepmall.com
开 本	787mm×1092mm 1/16			http://www.hepmall.cn
印 张	20			
字 数	470千字		版 次	2024 年 9 月第 1 版
购书热线	010-58581118		印 次	2024 年 9 月第 1 次印刷
咨询电话	400-810-0598		定 价	38.80 元

编 委 会

主　　编：彭　叮　徐　浩　陈　荣
副 主 编：钱　进　王　剑　王居河
编　　委（以姓氏笔画为序）：

　　　　王　剑　王居河　邓云林　白　宇　刘　洋　刘春琼
　　　　李　妍　李才旺　李亚琼　李芸倩　杨昆霖　肖　涵
　　　　肖向荣　吴岢鑫　张　明　张弘强　陈　雨　陈　妮
　　　　陈　荣　俞晓丹　钱　进　徐　浩　彭　叮　蒙岳川
　　　　简　鹏　廖芳芳

前　言

党的二十大报告提出"加强青少年体育工作"。体育是培养全面发展人才的重要手段，是培养具有崇高精神追求、高尚人格修养的高素质人才的有效途径，是提升大学生综合素质的基础性工程。

为贯彻落实党的二十大精神、全国职业教育大会精神，以及《关于全面加强和改进新时代学校体育工作的意见》《〈体育与健康〉教学改革指导纲要（试行）》等文件精神，落实立德树人根本任务，编写组以《全国普通高等学校体育课程教学指导纲要》为编写依据，以服务学生全面发展、增强综合素质为目标，坚持健康第一的教育理念，结合高等院校、高职院校学生的特点和学习需求，组织编写了本教材，以帮助学生在体育锻炼中享受乐趣、增强体质、健全人格、锤炼意志，养成终身体育观。

本书由江西软件职业技术大学彭叮副教授、华东交通大学徐浩副教授和陈荣教授担任主编，由江西软件职业技术大学钱进讲师、华东交通大学王剑讲师、江西水利职业学院王居河教授担任副主编，由华东交通大学、江西软件职业技术大学、江西水利职业学院、江西理工大学等多所院校的体育教师共同编写而成，全书最后由陈荣教授、徐浩副教授、彭叮副教授统稿，江西理工大学李妍核稿。本书共十章，具体分工如下：第一章体育与健康概述（彭叮、徐浩、吴岢鑫），第二章奥林匹克运动（李妍、彭叮、钱进），第三章体育锻炼与保健（李芸倩、肖向荣、陈荣），第四章科学健身原理（邓云林、徐浩、张明、俞晓丹），第五章户外休闲类健身方法（肖涵、李才旺、廖芳芳），第六章球类健身方法（徐浩、蒙岳川、王剑、白宇、刘春琼、王居河），第七章传统体育类健身方法（杨昆霖、彭叮），第八章时尚类健身方法（李亚琼、陈妮、刘洋、陈雨），第九章操舞类健身方法（李妍、刘洋、陈雨），第十章职业人群健身方法（简鹏、陈荣、张弘强）。参与本教材图片拍摄和制作的有华东交通大学俞晓丹、陈雨、肖涵、刘洋、张弘强、白宇、杨昆霖、李芸倩、吴岢鑫、刘春琼等。

　　本教材在编写过程中，参考了相关专家、学者的研究成果，在此表示诚挚的谢意。由于编者水平有限，本书难免存在不足之处，敬请大家批评指正。

编者

2024 年 6 月

目 录

第一章

体育与健康概述

体育现象古已有之，在古希腊和古代中国，都有关于人类体育活动的记载。它是人类在生产和生活过程中所产生的一种独特的以身体运动为表现形式的社会文化现象。在人类社会的漫长发展历程中，体育经历了一个由萌芽到蓬勃发展的不断完善和提高的过程。

第一节 体育概述

一、体育的概念

随着社会的发展、人类的进步，体育的价值也越来越多元，体育在教育体系的地位和作用也越来越重要。

"体育"这个专用词汇不像人类社会体育实践活动的诞生那样有着悠久的历史，它出现得较晚。据资料记载，在1760年法国的一些报刊上发表的有关文章中出现了"体育"和"躯体教育"的字样，这是"体育"一词首次出现。在"体育"专用词汇出现之前，不同国家对人类身体活动过程的称谓也都不尽相同，如古希腊曾出现"体操"一词，当时的体操内容极其宽泛，包括当时进行的所有身体操练，如拳击、跳跃、奔跑、投掷和角力等，属于肢体运动范畴的活动皆为"体操"。在中国古代，类似于现代体育活动的名词有"养生""导引""武术"等。

中国现代"体育"一词出现在清朝末期，随着"洋务运动"的兴起和学习日本教育体制的进行，兴办的"洋学堂"引入并设置了"体操科"。1902年，一些在日本留学的学生带来了"体育"这一术语，同时，在西方文化的影响下，中国渐渐地在体育中又纳入了篮球、田径、足球等体操以外的新兴内容。

后来，体育实践有了很大的发展，出现了身体教育、竞技运动和身体锻炼三个既有区别又有联系的内容，并逐渐发展成为一个与教育和文化相并列的新体系。到20世纪50年代，各国学者越来越清晰地感到"physical education"（身体教育）这个反映教育范畴的专用词汇，已不能概括这个学术领域新发展起来的全部内容。1953年，40多个国家在美国举行了第一次国际体育会议，会上讨论了这个问题。此后，美国、加拿大、苏联、日本等国都曾就这个问题展开过讨论。1963年，"统一体育术语国际研究会"成立。该研究会召开了以讨论体育基本概念为中心议题的第一届大会，并于后来编辑出版了《体育术语小辞典》。此时，不少国家都有了这方面的专用词汇。例如，美国百科全书用的是"physical education and sports"（体育与运动），解释为"泛指一切非生产性的体力活动，即从兴趣出发，以竞技和强身健体为目的的体力活动"。但在英文中还有两个类似的词，一个是美国百科全书中的 athletic sports（直译是"竞技运动"，一般译为"体育运动"），是当体育（身体教育）和运动两个词作为一个词来用时所采用的专门词汇；另一个是国际体育名词协会出版的《体育名词术语》中的"physical culture"（直译为"身体文化"，一般译作"体育"），解释为"广义文化的一个组成部分，它是综合各种身体活动来提高人的生物学潜力和精神潜力的规律、制度及物质条件"。

随着现代体育发展的突飞猛进，人们通过各种形式的身体练习，增强体质、丰富生活，并使之成为对社会成员进行教育的一种手段和一项重要内容。

体育（physical education，缩写 PE 或 P.E.），是一种复杂的社会文化现象，它是一种以身体与智力活动为基本手段，根据人体生长发育、技能形成和机能提高等规律，达到促进全面发展、提高身体素质与全面教育水平、增强体质与提高运动能力、改善生活方式与提高生活质量的一种有意识、有目的、有组织的社会活动。

体育有广义和狭义之分。在我国，广义的体育亦称体育运动，是指以身体练习为基本手段，以增强人的体质、促进人的全面发展、丰富社会文化生活和促进精神文明为目的的一种有意识、有组织的社会活动。它是社会总文化的一部分，其发展受一定的政治和经济制约，并为一定社会的政治和经济服务。狭义的体育是指发展身体，增强体质，传授锻炼身体的知识、技术、技能，培养道德和意志品质的教育过程；是对人体进行培育和塑造的过程，是教育的重要组成部分，是培养全面发展的人的一个重要方面。

二、体育的产生与发展

（一）体育的产生

体育是随着人类社会的发展而产生的，生产劳动是体育产生的源泉。人类社会有着悠久的历史，现今各民族的远古祖先，都经历了漫长的原始社会阶段。原始人类在极其艰苦的条件下生活，只能靠采集、狩猎、捕鱼等方法获取各种食物以维持生存。原始人类在繁重的生产劳动过程、与野兽的搏击过程以及部落之间的斗争中，不断地改进自己的体力和智力，发展了走、跑、跳跃、投掷、攀登、爬越、游水以及攻防、格斗等生存技能。这些原始人类的生产和生存技能的发展，也发展了人类自身，使原始体育在原始人类求生本能活动中得以萌生。原始社会后期，为了发展生产力、保障生存、获得财产和应对战争冲突，人们不断改造生产工具、改进狩猎技术和提高身体素质。虽然其根本目的仍在于求得生存，但由于增添了强身手段，使之有可能提高各种身体活动效能和技巧，这种萌芽状态的体育，可以说是人类最初的体育形态。

随着生产工具的改进，生产力水平不断提高，劳动技能日益复杂化。同时，社会生产的物品增多，人们的衣食生活有了一定的改善。在这样的条件下，为了适应整个社会生活的需要，使社会物质生产和社会生活能够延续发展，年长者向年轻一代在劳动生产过程中和日常生活中传授各种经验和技能，这就是人类最初的教育。原始社会的教育主要是一些生产技能的传授，而这些生产技能又多是极其笨重的体力劳动。这种以身体活动为主要手段的教育，其中包含了体育的元素。可见，原始的教育活动与体育是很难截然分开的，这是人类教育的萌芽，也是体育活动的萌芽。

此外，原始社会条件下体育萌芽的产生与人类当时的各项社会活动如劳动、教育、军事、娱乐、医疗、卫生等都有十分密切的联系。为了应对同类的袭击和进行防卫，出现了各种格斗活动；为了表达和抒发内心的各种感情，便出现了一些集体的舞蹈和游戏；为了同疾病作斗争，在长期的社会实践中，人们逐渐认识到一定的身体活动具有防治疾病的作用，从而产生了原始的医疗体操。这些活动都与体育的起源有紧密的联系，是体育运动发展和演变的基础。

（二）体育的发展

人类的生产劳动能力、心理智力和身体活动技巧的发展，以及社会生产力的不断提高和剩余产品的出现，促进了社会文化教育的发展和科学技术的进步。这使得与生产劳动、军事活动和宗教活动相结合的萌芽状态的体育，逐步形成了专门的体系，并在教育、军事、医疗保健、休闲娱乐等活动中得到进一步充实和发展。

1. 体育与教育

体育的发展与教育的发展是紧密联系的。自教育形成独立的体系后，体育就是教育的组成部分，成为教育的基本内容之一。17世纪英国教育家洛克倡导"三育"学说，明确地把教育分为体育、德育和智育三个部分，并强调健全的精神寓于健全的身体。随着教育的发展，体育的内容、形式和组织方法也日益丰富多彩和科学化。

2. 体育与军事

体育的产生不仅与军事有关，而且其发展直接受军事的影响，特别是在冷兵器时代，体育的某些手段更是与军事活动紧密相连。当今，随着现代科学技术的高度发展，不少军事项目，如射击、跳伞、滑翔等相继引入体育项目。目前，世界各国都非常重视在军队中开展体育活动，以提高士兵的体力、训练士兵的意志。这些军事活动丰富了体育的内容，使一些军事体育项目得到了广泛开展。

3. 体育与医疗保健

随着科学技术的进步，特别是医疗保健的发展，人们对体育活动能够促进发育、增强体质、防病治病、延年益寿等效能的认识不断深化，并自觉地将体育用于健身保健，这使得体育得到了进一步发展。中国有5 000多年的悠久文明，养生学说源远流长，驰名中外。中国古代不仅盛行许多体育活动，而且在运动理论上也有不少科学论述。如今，"运动是良医"的理念得到广泛传播，强调通过体医融合或体卫融合等非医疗健康干预方式促进人体健康，使得体育在预防保健方面的功能显得越来越重要。

4. 体育与休闲娱乐

体育的发展与人们的休闲娱乐也有着密切关系。一些体育项目是人们在娱乐中发展起来的，如体育舞蹈、拔河、秋千、毽子，以及各民族中盛行的带有民族色彩的一些体育项目，现代的羽毛球、乒乓球运动也是英国贵族在娱乐休闲过程中逐渐发展起来的。另外，还有一些体育项目是在生产、生活中发展起来的，如打猎、钓鱼、登山、划船、赛马、自行车、攀岩、野营等。随着现代科学技术的发展、人类休闲时间的增多，通过参加体育活动度过余暇时间成为现代人的一种健康时尚生活方式。

由此可见，体育在与教育、军事、医疗保健、休闲娱乐等结合的过程中逐步形成了独立体系。在认识体育发展时，除上述的因素外，还必须认识政治、经济对体育发展的影响，体育总是与一定社会的政治与经济密切联系，并受一定社会的政治和经济的制约。

三、体育的功能

体育这一社会文化现象之所以能存在和发展，与其本身具有的功能和作用是分不开的，正因为体育是一种复杂的、动态发展的社会文化现象，体育的功能逐步被人们发掘和利用。体育的功能是指它对人类本身和人类社会发展的作用及影响。体育具有多功能性、多目标性和多层次性。体育的功能取决于体育自身的特点和社会需求，随着社会的发展和进步，对体育功能的认识也将有所发展，人们不仅认识到体育在增强人的体质方面具有的医学和生物学作用，而且逐步认识到体育对人的精神、教育和文化等方面具有的特殊价值与功能。

体育的功能主要有 7 种，即健身功能、教育功能、娱乐功能、政治功能、经济功能、军事功能、科技功能。

（一）健身功能

健身功能是体育的本质功能。体育锻炼是增强体质、增进健康的积极有效的方法，在我国，通过体育健身可以追溯到黄帝时代。我国的各种健身术如导引、气功、武术等目前在国际上很有影响力，我国古代"天人合一"的哲学思想强调自然与人体的和谐统一，也受到西方哲学界的重视。科学地从事体育运动，能够改善人体新陈代谢水平，提高体内营养物质的分解与合成代谢能力，增强体质，促进人体健康，使人体得到有效发展。体育的健身功能包括对人身体健康的促进和对人心理健康的促进两个方面。

1. 体育对身体健康的促进

体育可改善人体的神经系统，尤其可以提高中枢神经系统的机能；可以促进人体的生长、发育，提高人的身体素质；可以改善和提高人体心血管系统和呼吸系统的机能；可以改善和提高人体消化系统的机能；可以提高人对外界环境的适应能力。

2. 体育对心理健康的促进

（1）促进认知能力的发展。各个体育项目都有一个共同的特点，即在运动中要求运动者既能对外界物体（如球、器械等）做出迅速准确的感知与判断，又能迅速感知、协调自己的身体，以保证动作的完成。这样长期的运动便能促进人的感觉、知觉能力的发展，提高人的反应速度和直觉判断能力，使人变得敏锐、灵活。

（2）培养坚强的意志品质。意志品质既能在克服困难的过程中表现出来，又能在克服困难的过程中培养起来。在体育运动中，我们经常要克服一些困难，因此，体育活动是培养人的意志品质的重要途径。

（3）调节情绪。情绪几乎伴随人的所有活动，它对人的行为有着重大的影响。进行体育运动能直接带给人愉快的感觉，并能缓解紧张和不安，从而调控人的情绪，改善心理健康状况。当今社会，人们生活在快节奏、高效率、强竞争的环境下，常会产生紧张、焦虑和不安的情绪。体育运动可以使不良的情绪状态得到改善，心理承受能力得到提高。

（4）降低应激反应。进行体育运动具有减轻应激反应，缓解紧张情绪的作用。实践表明，一些高应激反应的成年人进行散步、慢跑，或接受其他应激训练后，处理应激情景的能力会得到显著提高。

社会生活的现代化加快了人们的工作节奏和生活节奏，人们对自身健康有了更高的要求。美国体质研究专家认为，不能认为无疾病就是健康。实际上，在健康与疾病之间还存在一大批亚健康的人，他们非常需要通过体育锻炼来增进健康。体育的健身功能在未来社会将越来越受到重视。

（二）教育功能

教育功能是体育本质功能。从原始社会出现体育的萌芽时期起，体育一直作为教育手段流传下来。史前，儿童就已经从他们父兄那里得到劳动教育和体育教育。他们为猎取野兽和防止外来侵略，要学会准确地投掷枪和石块，这是当时人类生存的需要。在现代竞技体育中，跑、跳跃、投掷等项目仍留下了这一教育的痕迹。能动地改变自然界是人与一般动物的显著区别。人类在原始社会改变自然界，主要靠自身的体力和智慧以及一些简单的劳动工具。这样，增强体力和掌握劳动技能就必然带有体育教育的性质。

早在公元前300多年，古希腊哲学家亚里士多德就认为体育、德育、智育是互相联系的。智力的健全依赖于身体的健全，因此，体育应先于智育，也由此出现了"德智皆寄于体"的至理名言。我国周代制定了较完整的教育制度"六艺"（礼、乐、射、御、书、数）。其中，射、御均有体育教育的显著内涵。我国伟大的思想家、教育家孔子在他的教育实践中不仅提倡"六艺"，而且身体力行，他不但擅长射、御，而且还带领弟子进行游泳、登山、钓鱼等有益于身心健康的户外活动。

当今，世界上大部分国家或地区强调德、智、体的全面教育（或称为完人教育）。体育是教育的一部分，是培养全面发展人才重要途径。各国都把体育纳入教育体系，从儿童和青少年时代就不断地通过体育教育来促进人的全面发展。我国也把学校体育作为教育的重要内容，并在实践中认真贯彻执行。尽管不同社会制度下教育的内容有所差异，如西方称为德智体美群，我国称作德智体美劳，但体育一直是教育不可或缺的组成部分。现代体育教育的意义不仅包括促进学生生长发育，增强学生体质，锻炼身体，提高素质，掌握运动技能，还包括培养终身体育观，改善生活方式，提高生活质量，适应现代社会的需要等方面。

现代社会，市场经济的发展带动了社会生产力的发展和物质生活条件的改善，同时也加大了社会的竞争力。人们在享受生活水平提高的同时也不得不面对更大的压力、更紧张的生活。而强健的身体素质、过硬的心理素质、顽强的意志品质是应对生活节奏变化的基本保障。人们逐步认识到素质的全面提高是现代社会发展所需的。体育运动是在规则下进行的，每个参与者必须无条件地服从规则。体育比赛强调公平、公正，这一准则延伸到生活中就是追求社会的平等和公正，反对特权。运动员在世界赛场上获得优异的运动成绩，可以极大地增强民族自豪感。

因此，体育的教育功能不只局限于学校教育，而早已扩展为各行业乃至整个社会的教育。

（三）娱乐功能

娱乐功能也是体育的本质功能，体育和劳动虽然都是体力活动，但不同的是，体育是一种自觉自愿的快乐的体力活动，人们在现代社会紧张的工作之余，参加体育活动或观赏体育表演都是一种享受。体育的娱乐功能体现在以下方面：

（1）参加体育活动，特别是户外活动，可以调节生活，使人享受大自然的乐趣。

（2）密切人际交往。由于家庭分化和工作紧张，一家人甚至也难得团聚，体育锻炼往往集体进行，定时聚会，这有利于亲朋好友交流沟通、加深感情。

（3）在运动竞赛中不断追求"更快、更高、更强"，战胜自我，以得到精神上的满足。

（4）观赏体育表演，如花样滑冰、花样游泳、艺术体操、技巧运动、健美运动等是一种美的欣赏和艺术享受。

（5）身体健康本身就是一种幸福。在现代社会中，强调健康、科学、文明的生活方式，而体育活动具备这三个方面的特点，能够提高人们的生活质量。

体育的娱乐功能表明体育不单纯是竞技，它还是一项大众性的健身、娱乐活动。体育能增强体质、减少疾病、延年益寿，在体育文化日益显现出迷人的魅力之后，体育被越来越多的人所接受。

（四）政治功能

体育的内涵决定了体育是带有政治色彩的。许多学者认为体育与政治，特别是竞技体育与政治是密切相关的，体育不可能脱离政治。

翻开历史，就会发现远在我国周代，就出现了所谓"射礼政治"。当时贵族重武习射，常举行不同规模和级别的射礼，作为政治礼遇。六艺中"射""御"作为教学内容也是适应当时的政治需要的。古希腊人十分重视体育，其目的是使人民在智力、社会性和体力三个方面协调发展。斯巴达人为建立体力超群的城邦，把体育引向军事训练。古代奥林匹克运动会的形成和发展，标志着体育竞赛是各城邦之间显示实力的一种竞争。优胜者之所以得到很高的荣誉，也是因为他们为自己代表的城邦争得了荣誉。

中华人民共和国成立后，体育的政治功能在我国体现得更加明显。1954年，中共中央批转国家体委党组关于加强人民体育运动工作的报告中指出："改善人民的健康状况，增强人民体质，是一项重要的政治任务。"这既是政治的需要，也是中华民族觉醒和振兴民族意识的举措。例如，我国开展的"乒乓外交"曾打开了中美建交的大门，达到了"小球转动了大球"的历史性政治外交目的。1990年北京亚运会的胜利召开，2001年我国申奥的成功对加强国际团结和国内凝聚力都起到了积极作用。2008年北京奥运会和2022年北京冬季奥运会的成功举办更是我国综合国力和国际地位显著提升的具体体现。

（五）经济功能

随着现代社会体育需求的不断增长，各种运动器材、体育场地设施及体育用品的生产、建设和供应在不断发展，体育健身、体育娱乐和体育旅游业等都在迅速发展，并在国民经济体系中逐渐形成一个庞大的体育产业。

职业体育是现代体育的一种异化现象，也是商品经济的产物。由于国际奥委会已放弃"业余主义"原则，为职业运动员参加奥运会敞开了大门，更加促进了职业体育的发展。

体育作为一项生产性的文化事业，既有社会效益，又有经济效益。体育产业既是社会消费性经济，又是社会生活性经济，体育与社会经济的关系是相互的。体育虽不直接参加物质生产，不生产社会物质产品，但劳动者因接受身体教育能够强身健体、增长相关的科学知识、形成多种身体技能。体育对经济的影响首先是劳动者因参与体育运动而明显受益，而后表现为社会劳动生产率的提高、产品数量的增加和质量的提高。因此，体育间接作用于物质生产过程所产生的经济效益是客观存在的，也是不可低估的。

如今，体育如同教育、文化、卫生一样，是我国社会主义事业的一个重要组成部分。发展体育是为了满足社会各方面、各层次的人对体育日益增长的多种需要。体育不应只是在人的发育时期作为人发展的辅助手段，而应是贯穿人一生的重要生活内容，既是每个人个体发展的需要，又是人类社会发展的共同需要。

（六）军事功能

体育的军事功能主要源于战争和训练士兵的需要。冷兵器时代的军事训练，从某种程度上可以说就是体育锻炼，为了取得战争的胜利，士兵们必须进行奔跑、跳跃、投掷、摔跤、搏斗等训练。那时，体育的军事功能尤为突出。现代的体育竞技项目就是由古代军事训练手段演变而来的。

现代社会，随着尖端武器的发展，部队机动性的提高，以及新战略和战术的运用，士兵更需要在短期内掌握复杂的军事技能，最大限度地动员人的精神和身体能力。因此，进行全面的体力训练，掌握部分体现军事实效的体育项目，如游泳、爬山、攀岩、滑雪、划船、摔跤、格斗、擒拿、拳击和队列操练等，已成为现代军事训练所必需的内容。

（七）科技功能

科技功能是新时期体育区别于过去的最为明显的特征，过去未能引起我们过多的关注。现代体育在许多方面可以说是现代科技进步的产物。没有科技的发展，不可能出现今天的体育。有人把体育称为"现代科技的橱窗"，有人认为"奥林匹克运动场上的竞争实质上是各国科技的竞争"。例如，2008年北京奥运会的三大理念是"绿色奥运、科技奥运、人文奥运"，其中科技奥运是指把现代科技多角度、多渠道地嵌入奥运会，通过广泛应用当代最先进的科技成果，让科学精神、科技思维和科技成就渗透至奥运会的每一个细节，使2008年北京奥运会成为被先进科技成果装备起来的体育盛会。

体育科学作为一门新兴的科学，已逐步成熟起来，初步建立了自身的科学体系。它的形成和发展不仅对体育本身，而且对整个科技都起到了推动和促进作用。由于体育科学重要的研究对象是运动中的人体，这给科技研究带来许多新的课题和难度，如揭开人体科学的奥秘、人类运动极限等。

第二节 健康概述

追求健康是人类永恒的话题。人们对健康的内涵及影响因素的认识不断深化，围绕健康促进的方法和手段也不断与时俱进。了解健康的概念、影响健康的主要因素及健康评价的方法，掌握健康知识、健康技能，践行健康行为，对于提高人们的健康素养具有重要的促进作用。

一、健康的概念

关于健康的概念界定，随着人们对自身和环境的认识不断深化，目前大家普遍认同世界卫生组织（WHO）对健康的定义。1948 年，WHO 提出：健康不仅仅是没有疾病或虚弱，而是保持躯体方面、心理方面和社会适应方面的完好状态。1989 年，WHO 又对健康概念做了补充，即除躯体健康、心理健康和社会适应良好外，还加上了道德健康，也就是说，只有这 4 个方面都健康才算是完全的健康。由此可以看出，人类对于健康的认识是一个不断发展的过程。那种在传统意义上的"没病即健康"的观念显然是不全面的。

WHO 提出了健康的 10 个标志：

（1）精力充沛，能从容不迫地应付日常生活和工作而不感到紧张和疲劳。

（2）处事乐观，态度积极，乐于承担责任，事无巨细，不挑剔。

（3）善于休息，睡眠良好。

（4）应变能力强，能适应外界环境的各种变化。

（5）能够抵抗一般性感冒和传染病。

（6）体重适当，站立时头、肩、臂位置协调。

（7）反应敏锐，眼睛明亮，眼睑不发炎。

（8）牙齿清洁，无龋齿，不疼痛，齿龈颜色正常，无出血现象。

（9）头发有光泽，无头屑。

（10）肌肉丰满，皮肤有弹性，走路轻松。

从这 10 个标志可以看出，前 4 个标志是关于心理和社会适应能力方面的内容，后 6 个标志则主要是关于躯体（生理）方面的内容。因此，WHO 提出的健康标志，实际上也是其概念的具体体现，我们可以用来检验自己。但按照以上健康标志，只有少数人能达到完全健康，而大部分的人都处于健康与疾病的中间状态，即处于"亚健康"状态，也就是机体无明确疾病，但活力降低，适应能力出现不同程度减退的一种身心状态。

根据 WHO 的健康新概念，有学者从身体健康、心理健康、社会适应良好和道德健康 4 个方面进行了具体阐释。具体来说，身体健康是指人在生物学方面的健康，即人体的结构完整和生理功能的正常，并且身体的健康是人整体健康的基础。人体结构的完整，是说人的躯体是由结构复杂程度不同的物质，从简单到复杂（分子、细胞、器官和系统等）逐级形成的一个有机整体，并且这个整体无论在结构上还是在生命的活动过程中都是有序的和不断变化的。而生理功能的正常则是机体的新陈代谢、生长发育、生产和生活活动以及机体对环境变化（刺激）的反应性和适应性均处于正常状态。例如，无疾病，肢体无伤残，无饥寒，能精力充沛地生活和劳动，有常见健康障碍和疾病的预防及治疗的基本知识，并能采取积极、合理的预防、治疗和康复措施。心理健康是指心理的各个方面及活动过程处于一种良好的状态。社会适应良好是指个体能够以良好的思想和行为去适应社会生活的各种变化。道德健康是指能够按照社会规范的准则和要求来支配行为，能为人类的幸福作贡献。

健康观念的扩展，健康内涵和外延的理解与认识，健康研究领域的扩大，拓宽了人们的视野，使得人类重新审视自己的生活方式、生存方式和生存环境。越来越多的人懂得了保护环境的重要性，懂得了要爱护野生动物，懂得了人与自然要和谐相处，这是现代健康观起到的不可估量的促进作用。

（一）身体健康

身体健康也称为躯体健康或生理健康，反映躯体结构和功能正常，表明人体各部分组织、器官发育良好，机体处于健康状态、精力充沛，具有良好的劳动效能和对疾病的抵抗能力，具有生活自理能力。

人体是复杂统一的有机体，细胞是构成人体的基本单位，是人体各种功能的物质基础，它们不断地进行新陈代谢，表现出细胞的生命现象——生长、发育、繁殖、衰老和死亡。细胞和细胞间质构成人体四大组织，即上皮组织、结缔组织、肌肉组织和神经组织。不同的组织构成有特定形态和功能的器官，若干器官构成人体的系统，人体的八大系统协调配合才能实现人体的正常生理功能。

骨、关节、肌肉共同组成人体的运动系统，人体的各种运动都是在神经系统的支配下，以骨为杠杆，关节为枢纽，肌肉收缩为动力而实现的。运动系统除了具有运动功能外，还具有保护内脏器官的作用。心血管系统中，血液循环的动力器官——心脏昼夜不停地将血液泵送至全身各个组织和器官，以保障人体正常的新陈代谢、维持人体的生命。人体维持生命一刻也离不开氧气，而氧气的供给是由呼吸系统完成的，可以将呼吸系统比作人体的气体交换站。人体必须不断地利用从外界环境中摄取的营养物质合成自身的组成成分和能源物质，使自身的组成成分得以不断更新并储存能量，以给人体生长发育及进行生命活动提供充足的养料，这些工作是由消化系统完成的。人体全身各器官系统的指挥中枢是神经系统。人体各器官系统的复杂活动需要神经系统统一协调指挥，以保证全身各器官系统能高效协调地工作。神经系统由脑、骨髓及与之相连的周围神经组成。泌尿系统是人体清除废物的部门，由肾脏、输尿管、膀胱和尿道组成，它将人体代谢的废物及时排出体外。内分泌系统分泌各类激素并通过这些激素影响各器官的生理活动，它包括甲状腺、肾上腺、胰岛、脑垂体、性腺等。生殖系统是保证种族延续和实现新生命诞生的系统。

上述系统在神经系统及内分泌系统的协调下相互联系，相互制约，有条不紊地工作，使人体成为一个复杂的有机整体，并实现与外界环境的相对平衡。

（二）心理健康

心理健康是指人的内心世界丰富充实，处世态度和谐安宁，与周围环境保持协调。具体来讲，心理健康包括两层含义：其一是自我人格完整，心理平衡，有较好的自控能力，有自知之明，能正确评价自己，能及时发现并克服自己的缺点；其二是有正确的人生目标，不断追求和进取，对未来充满信心。为了引导公众主动关注心理健康，美国心理学家马斯洛和米特尔曼提出了 10 条经典的心理健康的评价标准：

（1）充分的自我安全感。

（2）能充分了解自己并能对自己的能力做出适度的评价。

（3）生活的目标切合实际。

（4）不脱离周围现实环境。

（5）能保持自我人格的完整与和谐。

（6）善于从经验中学习。

（7）能保持良好的人际关系。

（8）能适度地宣泄情绪和控制情绪。

（9）在符合集体要求的前提下，能有限度地发挥个性。

（10）在不违背社会规范的前提下，能适当地满足个人的基本要求。

（三）社会适应良好

社会适应主要指人在社会生活中的角色适应，包括职业角色、家庭角色以及婚姻、家庭、工作、学习、娱乐中的角色转换与人际关系等的适应。而社会适应良好，则是指人的行为能适应复杂的社会环境变化，能为他人所理解，为社会所接受，行为符合社会身份，能与他人保持正常的人际关系。同时，不管是人的角色的适应，还是人的行为的适应，都应当既能注意到适度的问题，又能考虑到选择正确的适应方式和积极的适应态度的问题。

（四）道德健康

道德是以善恶与荣辱观来评价和调节人们的社会生活行为的一种社会规范。作为一种行为规范，道德的作用主要是通过对人的行为提出善与恶、荣与辱、正义与非正义、诚实与虚伪的社会评价舆论，对社会成员进行引导和制约。道德舆论将一定的社会行为准则推荐给社会成员，经过个体的认知过程在其内心树立起某种初步的道德信念，并逐步使其道德认识深化。通过舆论的褒扬、贬抑和谴责而产生作用力，控制和影响个人的需要、动机和行为。例如，在公共场所吸烟或随地吐痰，不注意他人的感觉、不注意时间地点、无节

亚健康是什么？

制地进行各种娱乐活动而影响他人的睡眠和休息等，均会受到旁人的厌恶和批评。社会的道德舆论导向制约着个体道德观念的形成，个体道德观念又直接制约着个体的行为。因此，道德健康就是指既为自己的健康也为他人的健康负责任，把个人行为置于社会规范之内。大学生是国家的栋梁，而良好的道德素质则是立身之本。

总而言之，我们应当意识到健康是可以维护的。而健康的维护最主要的就是从每个人自身做起，以对自己、对社会负责任的态度，积极主动地关爱自己的健康，自觉抵御各种不良诱惑，让自身始终处于一个良好的适应状态，以达到积极维护自身健康的目的。

二、健康的影响因素

人体健康受多种因素影响，它们相互作用、相互渗透、相互制约。因此，判断一个人是否健康是一个非常复杂的问题。影响健康的因素归纳起来主要有 5 个方面，即环境因素、生物因素、行为和生活方式因素、心理因素、卫生保健服务因素。

（一）环境因素

1. 自然环境

自然环境是人类赖以生存的物质基础。人类的生活和生产活动可能使自然环境的构成或状态发生变化，甚至可能扰乱生态平衡，如酸雨、臭氧层的破坏、水土流失、噪声等环境污染和生态环境的严重破坏已严重威胁到人类的健康。在人类社会发展的各个阶段，环境污染问题常以某一种因素较为突出，人类的部分疾病就是由环境因素引起的，其中环境污染又占最主要的地位。由于经济和社会的发展，人们肆意开垦土地、滥用化肥和农药等导致自然环境的不断恶化，这些已经严重危害到人类的健康。因此，国家将环境污染的治理与环境保护定为基本国策，因为保护环境就是保护人类的健康。

2. 社会环境

社会环境包括政治、经济、文化、教育等多个方面，不良的社会环境直接或间接地危害着人们的健康。

1986 年第 1 届国际健康促进大会通过的《渥太华宣言》提出了新大众健康概念，进一步说明了健康与环境特别是社会环境的关系，它包括：① 健全和完善健康政策。② 开创有利于健康的物质和社会环境。③ 鼓励民众团体积极参与。④ 提高民众的健康知识和技能水平。⑤ 改革医疗健康服务结构，使其适应人们的健康需求。这些都集中体现了健康与社会环境的关系。随着经济和科学技术的发展，人们的生活质量得到了很大提高，劳动条件、营养状况、医疗卫生条件越来越好，人们的健康状况也得到了极大改善。但由于社会经济发展的不平衡，生活在不同地区和不同发展时期的人出现了不同程度的健康问题。在经济尚不发达的地方，寄生虫病、胃肠炎、呼吸道疾病、营养不良等疾病易发；在经济发达的地方，各种心脑血管疾病、高血压、糖尿病、精神障碍、癌症等成为主要疾病，营养不良变成了营养过剩。另外，受教育程度和文化素养决定着人的健康观，决定着人是否能做出有益于健康的决策。

（二）生物因素

生物因素是指遗传和各种病原微生物、寄生虫等。遗传是生长发育的先天条件，对个体后天的健康和体质起着决定性的作用。在遗传的同时存在着变异现象。遗传和变异是生物体适应环境的一种表现，是生物体发展进化的基础。由于遗传在人类的病理和生理性状态中的作用与健康密切相关，所以它是影响健康的重要因素。由生殖细胞或遗传物质突变所引起的疾病称为遗传病，由出生时伴有非遗传的缺陷称先天性疾病。目前已知的遗传病、先天性疾病有 4 000 种以上。遗传因素在影响人类健康方面时常与环境因素、行为因素共同作用、相互制约。

（三）行为和生活方式因素

涉及行为和生活方式因素的内容较广，对人体的健康有良好影响的生活方式包括科学的体育锻炼、良好的生活习惯和卫生习惯等；不良的行为和生活方式包括不合理的饮食、吸烟、酗酒、吸毒等。由不良行为和生活方式引起的疾病称为"生活方式病"，如癌症、心脏病、中风等，这些疾病对人类的健康危害极大。据世界卫生组织发布的《2019 年全球健康评估》报告，在过去 20 年全球人类十大死因中，非传染性疾病占了 7 个，其中心脏病仍是"头号杀手"，糖尿病位居前十。这些非传染性疾病的发病率居高不下，与不健康的生活方式密切相关。可见，生活方式病正成为严重危害人类健康的重要因素。避免生活方式病的有效手段是预防，即规范行为和生活方式，养成良好的生活习惯和生活方式。

（四）心理因素

心理因素对人体健康也有重要影响。开心愉悦的心情能够促进健康，而忧郁、沮丧等情绪则可能引发某些疾病；同时，某些疾病如胃溃疡等可能反过来作用于人体的心理。

（五）卫生保健服务因素

卫生保健服务是指卫生机构和卫生专业人员针对个人、群体和社会的健康需要提供的必要的、可能的服务。良好的卫生保健服务对健康起促进作用；反之，则危害健康。良好的卫生保健服务包括健全的医疗卫生机构、完善的服务网络、充足的卫生资源及合理的配置。但是，卫生保健服务的投入与效益并非成正比，个人对卫生保健服务的利用能力是影响卫生保健服务投入效益的重要因素。所以，对卫生保健服务的利用是健康教育的重要内容之一。

三、健康素养

健康素养是指个人获取和理解基本健康信息和服务，并运用这些信息和服务做出正确决策，以维护和促进自身健康的能力。健康素养不仅是衡量卫生工作和人民群众健康素质的重要指标，也是对经济社会发展水平的综合反映。世界卫生组织倡导各国大力开展健康素养促进工作，为实现联合国千年发展目标提供保障。我国从基本健康知识与理念、健康生活方式与行为、基本技能三个维度提出居民应具备的健康素养。

（一）基本健康知识与理念

（1）健康不仅仅是没有疾病或虚弱，而是身体、心理和社会适应的完好状态。

（2）每个人都有维护自身和他人健康的责任，健康的生活方式能够维护和促进自身健康。

（3）健康生活方式主要包括合理膳食、适量运动、戒烟限酒、心理平衡 4 个方面。

（4）劳逸结合，每天保证 7~8 小时睡眠。

（5）吸烟和被动吸烟会导致癌症、心血管疾病、呼吸系统疾病等多种疾病。

（6）戒烟越早越好，什么时候戒烟都为时不晚。

（7）保健食品不能代替药品。

（8）环境与健康息息相关，保护环境能促进健康。

（9）献血助人利己，提倡无偿献血。

（10）成年人的正常血压为收缩压低于 140 毫米汞柱，舒张压低于 90 毫米汞柱；腋下体温 36 ℃~37 ℃；平静呼吸 12~20 次 / 分；脉搏 60~100 次 / 分。

（11）避免不必要的注射和输液，注射时必须做到一人一针一管。

（12）从事有毒有害工种的劳动者享有职业保护的权利。

（13）接种疫苗是预防一些传染病最有效、最经济的措施。

（14）肺结核主要通过病人咳嗽、打喷嚏、大声说话等产生的飞沫传播。

（15）出现咳嗽、咳痰 2 周以上，或痰中带血，应及时检查是否得了肺结核。

（16）坚持正规治疗，绝大部分肺结核病人能够治愈。

（17）艾滋病、乙肝和丙肝通过性接触、血液和母婴 3 种途径传播，日常生活和工作接触不会传播。

（18）蚊子、苍蝇、老鼠、蟑螂等会传播疾病。

（19）异常肿块、腔肠出血、体重骤然减轻是癌症重要的早期报警信号。

（20）遇到呼吸、心搏骤停的伤病员，可通过人工呼吸和胸外心脏按压急救。

（21）应该重视和维护心理健康，遇到心理问题时应主动寻求帮助。

（22）每个人都应当关爱、帮助、不歧视病残人员。

（23）在流感流行季节前接种流感疫苗可降低患流感的概率或减轻流感的症状。

（24）妥善存放农药和药品等有毒物品，谨防儿童接触。

（25）发生创伤性出血，尤其是大出血时，应立即包扎止血；骨折伤员不要轻易搬动。

（二）健康生活方式与行为

（1）勤洗手、常洗澡，不共用毛巾和洗漱用具。

（2）每天刷牙，饭后漱口。

（3）咳嗽、打喷嚏时遮掩口鼻，不随地吐痰。

（4）不在公共场所吸烟，尊重不吸烟者免于被动吸烟的权利。

（5）少饮酒，不酗酒。

（6）不滥用镇静催眠药和镇痛剂等成瘾性药物。

（7）拒绝毒品。

（8）使用卫生厕所，管理好人畜粪便。

（9）讲究饮水卫生，注意饮水安全。

（10）经常开窗通风。

（11）膳食应以谷类为主，多吃蔬菜水果和薯类，注意荤素搭配。

（12）经常食用奶类、豆类及其制品。

（13）膳食要清淡少盐。

（14）保持正常体重，避免超重与肥胖。

（15）生病后要及时就诊，配合医生治疗，按照医嘱用药。

（16）不滥用抗生素。

（17）饭菜要做熟；生吃的蔬菜水果要洗净。

（18）生、熟食品要分开存放和加工。

（19）不吃变质、超过保质期的食品。

（20）妇女怀孕后及时去医院体检，孕期体检至少5次，住院分娩。

（21）孩子出生后应尽早开始母乳喂养，6个月后合理添加辅食。

（22）儿童青少年应培养良好的用眼习惯，预防近视的发生和发展。

（23）劳动者要了解工作岗位存在的危害因素，遵守操作规程，注意个人防护，养成良好习惯。

（24）孩子出生后要按照计划免疫程序进行预防接种。

（25）正确使用安全套，可以减少感染艾滋病等性病的危险。

（26）发现病死禽畜要报告，不加工、不食用病死禽畜。

（27）家养犬应接种狂犬病疫苗；人被犬、猫抓伤、咬伤后，应立即冲洗伤口，并尽快注射狂犬病疫苗。

（28）在血吸虫病疫区，应尽量避免接触疫水；接触疫水后，应及时进行预防性服药。

（29）食用合格碘盐，预防碘缺乏病。

（30）每年做一次健康体检。

（31）驾车、乘汽车系安全带（骑车戴头盔）、不超速、不酒后驾车能有效减少道路交通伤害。

（32）避免儿童接近危险水域，预防溺水。

（33）安全存放农药，依照说明书使用农药。

（34）冬季取暖注意通风，谨防煤气中毒。

（三）基本技能

（1）需要紧急医疗救助时拨打 120 急救电话。

（2）能看懂食品、药品、化妆品、保健品的标签和说明书。

（3）会测量腋下体温。

（4）会测量脉搏。

（5）会识别常见的危险标志，如高压、易燃、易爆、剧毒、放射性、生物安全等，远离危险物。

（6）抢救触电者时，不直接接触触电者身体，会首先切断电源。

（7）发生火灾时，会隔离烟雾、用湿毛巾捂住口鼻、低姿逃生；会拨打 119 火警电话。

四、运动与健康

运动是生命活动的一种表现形式，反过来它又能促进生命活动。古希腊思想家亚里士多德曾说过"生命在于运动"。我国三国时期的名医华佗也说过："动摇则谷气得消，血脉流通，病不得生。"人们经过长期实践，总结了正反两个方面的经验教训，得出适当运动有助于健康的结论。学生时代培养自己的运动行为和养成锻炼身体的习惯，可预防非传染性疾病，增强身体素质，提高自身的健康水平和生活质量。

人的健康受多种因素的影响，但运动对健康的影响较明显。运动不仅能强健身体、增强体质，还具有完善身体、发展身体、健康心灵、健全人格、提高社会适应能力等功能。其重要价值还在于改善人们的生活方式，培养人们的生命活力、心理品质，实现人的发展，使人的本质力量得到体现，不仅从身体上，也从精神上、社会适应上达到人的健全状态。

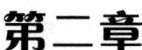

第二章

奥林匹克运动

奥林匹克运动起源于古希腊，历经数千年的变迁，留下了"神圣休战""火炬传递"的传统，以及丰富的奥林匹克文化遗产。现代奥林匹克运动会（Olympic Games，简称奥运会、奥运），是国际奥林匹克委员会主办的世界规模最大的综合性运动会，也是世界上影响力最大的体育盛会。

第一节　奥林匹克运动的起源与发展

奥林匹克运动是人类社会的一个罕见的杰作，它将体育运动的多种功能发挥得淋漓尽致，影响力远远超出了体育的范畴，在当代世界的政治、经济、哲学、文化、艺术和新闻媒介等诸多方面产生了一系列不容忽视的影响。了解奥林匹克运动发展的历史，有助于更深刻地认识体育，树立健康第一的思想，养成终身锻炼身体的习惯，提升人的生命价值和生命品位。

一、古代奥运会的起源与发展

奥林匹克运动源于古希腊南部一个叫奥林匹亚的地方，当时人们为了庆祝丰收，创办了古代奥运会。古希腊有200多个大大小小的城邦（国家），奥林匹亚在希腊伯罗奔尼撒半岛的西北部，这里溪流潺潺，林木葱茏，看上去与希腊别的地方没有什么不同。但在古希腊，奥林匹亚的大名，就像今天的宗教圣地耶路撒冷一样，无人不知。奥林匹亚有这般赫赫名声，完全是因为那里举办过古代奥运会。古代奥运会是何时和如何产生的，如今已不可考，但是从希腊这个神话王国留传下来的一些传说中，依然可以看到一些蛛丝马迹。关于古代奥运会的起源主要有三个神话传说。

第一个传说是，宙斯的父亲克洛诺斯想把王位传给宙斯，为了考验儿子的能力，他决定与宙斯进行摔跤比赛，如果宙斯获胜，便可继承王位。结果克洛诺斯不敌宙斯，败在儿子手下。宙斯接过万神之首的王冠后，在奥林匹亚举行了盛大的庆典活动，其中也有竞技比赛，这就是最初的古代奥运会。第二个传说是，伊利斯国王与英雄赫拉克勒斯打赌，如果赫拉克勒斯在一天内，把3 000头牛的牛圈打扫干净，就能得到300头牛的奖励。聪明的赫拉克勒斯引来阿尔弗斯河河水，很快就把牛圈冲洗得干干净净。可是伊利斯国王不仅毁约，而且想杀死赫拉克勒斯。但赫拉克勒斯在宙斯的帮助下，杀死了伊利斯国王。之后，赫拉克勒斯在奥林匹亚举行竞技比赛来庆祝胜利以报答宙斯，于是有了古代奥运会。第三个传说流传最广，古希腊皮萨城邦的国王俄诺玛诺斯有一个美若天仙的女儿希波达弥亚，慕名而来的求婚者络绎不绝。国王听预言家说他将死于女婿之手，于是想出一个既不让女儿出嫁，求婚者又无法指责他的办法。他要求求婚者与他进行驾车比赛，若求婚者获胜，可娶走公主；若输给他，就被杀死。结果，有13位求婚者因赛车失败而丧命。一日，青年英雄珀罗普斯来求婚，尽管珀罗普斯驾着海神波塞冬的金马车飞奔，但是国王的两匹神骏"菲拉"和"哈尔彼那"快如旋风，眼看就要追上，国王已将长矛瞄准珀罗普斯的后心。此时，海神波塞冬显灵，使国王战车的轮子飞脱出去，国王坠地而死。珀罗普斯如愿以偿地娶了希波达弥亚，并继承了王位。为了庆祝胜利，他在奥林匹亚举行了盛大的奥运会。在今天的奥林匹亚，人们仍能看到珀罗普斯墓的遗迹。

尽管这些神话内容各异，但有一点是共同的，那就是古代奥运会与神有关。虔诚的古希腊人为了让诸神高兴，从而在种庄稼、航海、打仗等活动中帮助自己，就举办名目繁多的祭神仪式。他们想，既然众神喜欢观看竞技比赛，就将竞技也作为祭品献上。于是，古希腊有奉献给海神波塞冬的伊斯特摩斯竞技会、奉献给太阳神阿波罗的皮托运动会、奉献给智慧之神雅典娜的泛雅典运动会等。古代奥运会是奉献给万神之尊宙斯的，因此成为古希腊影响最大的第一盛会。就像古希腊诗人平达所说，没有任何其他的比赛能比奥林匹克运动会更值得歌颂。第1届古代奥运会于公元前776年举行，到公元394年共举行了293届。运动会每隔1 417天即约4年举行一届。后来人们将这一周期称为奥林匹克周期。古代奥运会开始只许伊利斯的公民参加，而且他们必须是历史清白、从未受过处罚的人。直到公元前660年，才允许巴尔干半岛上纯希腊血统的公民参加；到公元前620年，住在希腊人建立的殖民地中具有希腊血统的公民也可以参加了；公元前5世纪，古希腊进入全盛时期，随着经济的繁荣和祭神活动的广泛展开，尤其宙斯由伊利斯的地方神上升为天帝，古代奥运会也进入了鼎盛时期，逐渐成为全希腊最大的节日。古代奥运会初期，竞赛项目不多，所以前22届的举办时间仅1天。后来随着比赛项目的增加，又延长为2天。从第37届增加少年比赛项目后，时间又延长到5天。其中第1天是开幕式，举行献祭和宣誓仪式，第2~4天是比赛的具体内容，第5天是闭幕式，进行发奖和敬神活动。古代奥运会最初只有一个项目：192.27米赛跑（这个距离是从宙斯祭坛到珀罗普斯墓的距离，叫一个"斯泰德"），比赛时间也只有一天。第1届奥运会的冠军叫克洛波斯。后来，古代奥运会的项目逐渐增加，除了短跑（一个"斯泰德"），又增加了往复跑（两个"斯泰德"）、长跑（7~24个"斯泰德"）以及武装赛跑和火炬赛跑，还增加了角力、拳击、赛马车、赛马、五项竞技（跑、跳远、掷标枪、摔跤、掷铁饼）、潘克拉蒂奥（斯巴达人的一种把角力、拳击混在一起的竞技）、游泳、爬绳、拔河等项目。到了公元前5世纪，就连诗人朗诵自己的作品也成了比赛项目。比赛的天数也越来越多。公元前472年，古代奥运会被确定为5天。古代奥运会通常在6月底或7月初举行。在奥运会举办期间，各城邦之间的战争一律停止，如有违反，将会面临严重的惩罚。对任何参与古代奥运会的人，都不得侵犯，否则要被罚款，并遭诅咒。公元前431—前404年，希腊全境爆发了"伯罗奔尼撒"战争。战争最终以斯巴达战胜雅典而结束。希腊经济在这次战争后由繁荣转向衰败。各城邦没有力量，也没心情顾及古代奥运会了。古代奥运会自此每况愈下。公元前146年，罗马彻底征服了希腊。古代奥运会恢复为初始时期的地方性比赛。公元 394 年，罗马皇帝狄奥多西一世，在举办了第 293 届古代奥运会后，干脆下令废止古代奥运会，古代奥运会至此结束。

二、现代奥林匹克运动的起源与发展

随着近代体育的兴起，希腊人民希望恢复古代奥运会。在 1859—1889 年，希腊曾举办过 4 届奥运会，做了初步尝试。自 1883 年开始，法国人皮埃尔·德·顾拜旦致力于古代奥运会的复兴，经他的努力，国际奥林匹克委员会（简称国际奥委会）于 1894 年 6 月 23 日成立。《奥林匹克宪章》强调了奥林匹克运动的业余性，规定在奥运会上只授予优胜者荣誉奖，不得以任何形式发给运动员金钱或其他物质奖励。1896 年 4 月 6—15 日，第一届现代奥林匹克运动会在雅典举行。

奥林匹克运动有一系列独特而鲜明的象征性标志，如奥林匹克标志、格言，奥林匹克会旗、会歌、会徽、奖牌、吉祥物等。这些标志有着丰富的文化含义，形象地体现了奥林匹克理想的价值取向和文化内涵。《奥林匹克宪章》规定，奥林匹克标志、奥林匹克会旗、奥林匹克格言和奥林匹克会歌的产权属国际奥委会专有。国际奥委会可采取一切适当措施使用奥林匹克标志、会旗、格言和会歌，并在各国和国际上获得法律保护。当今流传最广的标志要数奥林匹克五环了，随着奥林匹克运动的发展，它已成为奥林匹克精神与文化的形象代表，五环"转"到哪里，奥林匹克运动就在哪里生根发芽。

现代奥林匹克运动的五环标志出自现代奥运会创始人顾拜旦之手。顾拜旦认为奥林匹克运动应该有自己的标志，这个念头在他的脑海里盘桓已久。1913 年，他终于构思设计了五环标志和以白色为底印有五环的奥林匹克会旗，打算在国际奥委会成立 20 周年之际推出这个标志。1914 年 6 月 15—23 日，国际奥委会在法国巴黎索邦学院举行代表大会，同时庆祝国际奥委会成立 20 周年。在纪念大会上，顾拜旦兴致勃勃地拿出自己设计的五环标志和一面印着五环的旗帜向大家展示，并建议将它们作为奥林匹克运动的标志。听了顾拜旦的说明后，会议确定将奥林匹克五环和奥林匹克会旗作为奥林匹克运动的标志。

第二节　奥林匹克精神

奥林匹克精神就是"互相了解、友谊、团结和公平竞争的精神"。从现代奥林匹克运动的思想体系的整体结构来看，奥林匹克精神是这一体系中不可或缺的组成部分。没有互相了解、友谊、团结和公平竞争的奥林匹克精神，奥林匹克主义就不可能得到贯彻，现代奥林匹克运动也无法实现其促进世界和平和建立美好世界的目标。

现代奥林匹克运动是国际性运动，奥林匹克运动会是世界各国运动员的大聚会，这种空前规模的大聚会，首先遇到的一个不可避免的问题就是各种文化之间的差异。来自各个国家的运动员、教练员、体育官员、工作人员具有不同的肤色，穿着不同的服装，操着不同的语言，习于不同的生活方式，进行不同的宗教仪式，用不同的行为表达自己的喜怒哀乐。他们之间这些种族和文化方面的差异，常常会因各个国家在政治体制、经济制度和意识形态等方面的冲突而强化。如果处理不当，现代奥林匹克运动不仅不能实现其促进世界和平的神圣目的，反而会妨碍世界上各个国家的沟通，加深民族之间的隔阂。因为奥林匹克运动，特别是四年一度的奥运会，从某种意义上讲是将世界上所有的文化面对面地集中在一个狭小的空间和时间范围，因此，不同文化间的差别尤为引人注目。有差异就可能产生矛盾，有矛盾就可能发生冲突。必须有一种方法来消除这种矛盾的影响，使这些差异成为促进人们互相交流的动因，而不是各自封闭的藩篱；使这些矛盾成为互相学习的动力，而不是互相轻视的诱因。人们参与奥林匹克运动是为了互相学习交流。因此，它需要一种文化氛围和精神境界，使人们可以比较容易地跨越文化心理上的障碍，学会容忍、欣赏和借鉴其他文化，进而促进文化的世界性交流与交融。

奥林匹克精神强调相互理解、团结、友谊，它为奥林匹克运动提供了一种必不可少的文化氛围和精神境界。只有在这种氛围中，人们才有可能摆脱各自文化带来的种种偏见，在不同文化的展现中看到的不是各种文化之间的差异、矛盾与冲突，而是人类文化百花齐放、千姿百态的壮丽图景。有了这种精神境界，人们才能跳出各自狭小的民族局限，以博大胸怀认识和理解自己民族以外的事物，领悟到各个民族都有着神奇的想象力和巨大的创造力，学会尊敬其他民族，从而以比较客观和公正的态度看待别人和自己。只有这样，才能更加深刻地认识自己，虚心地汲取其他文化的优秀成分，不断丰富自己。也只有这样，现代奥林匹克运动所提倡的国际交流才能真正得以实现。

现代奥林匹克运动将体育，特别是竞技体育作为它的主要活动内容。在剧烈的身体对抗和比赛中，运动员的身体、心理和意志品质可以得到良好的锻炼，观众也可以得到娱乐享受。但是，竞技体育这些功能的发挥需要一个不可或缺的条件，那就是公平竞争。只有在公平竞争的基础上竞争才有意义，各国运动员才能保持和加强团结、友谊的关系，现代奥林匹克运动才能实现它的神圣目标。因此，《奥林匹克宪章》将公平竞争列为奥林匹克精神的一个因素也是有重要意义的。

一、奥林匹克精神的内涵

奥林匹克精神，是一种社会意识形态，由皮埃尔·德·顾拜旦提出，是奥林匹克主义社会实践的体现和反映，包含体育、文化和教育三方面的内容。它是人类创造的精神财富和无形文化遗产，是促进社会进步、提高人类素质、建设和谐社会和维护世界和平的广泛性国际文化要素。奥林匹克运动在其长期发展历史进程中形成的一些思想观念和传统，长期受到比赛组织者和参与者的尊崇，成为推动奥林匹克运动不断向前发展的最高指导原则和奥林匹克运动发展的内在思想源泉和动力，这就是奥林匹克精神。《奥林匹克宪章》指出，每个人都应享有从事体育运动的可能性，而不受任何形式的歧视，并体现相互理解、友好、团结和公平竞争的奥林匹克精神。奥林匹克运动通过开展没有任何歧视和符合奥林匹克精神的体育活动来教育青年，为建立一个和平的、更加美好的世界作出贡献，而相互理解、友好、团结和公平竞争是实现这一宗旨和目的的最高指导原则，同时也是奥林匹克运动产生和延绵不断发展的推动力。因此，千百年来人们对奥林匹克精神十分崇敬，大家都忠实地保护它、努力地实践它、不断地丰富它。

　　实际上，现代奥林匹克运动的前身——古代奥林匹克运动就已经有倡导和平友谊、提倡公平竞争的奥林匹克精神了。古代奥运会是维系希腊城邦之间的文化联系和增进友谊、推动和平的重要手段，在其诞生初期，古代奥运会就有"公平竞争""神圣休战""身心和谐发展"的规定和要求，渗透着竞争、自由、民主、平等、和平、友谊、和谐发展的思想，形成了崇尚精英、崇拜英雄的传统以及通过公平竞争获得至高无上的荣誉的古代奥林匹克精神，表达了古希腊人民实现个人自我超越、希望和平的美好愿望，体现了建设人类美好社会的崇高理想和追求。现代奥林匹克运动复兴之初，奥林匹克运动之父顾拜旦就十分看重奥林匹克精神对培养人、塑造人以及推动世界和平的作用。他将奥运会看成一种教育手段，并努力将奥林匹克运动与传播人道主义思想，消除等级、民族和种族界限，克服国际矛盾的活动结合起来；他希望通过国际化的现代奥林匹克运动，引导人们参加公正的体育竞赛，加强各国人们之间的团结，倡导和平与友谊。今天，奥林匹克精神已经发展成为一个包括奥林匹克主义和一系列奥林匹克原则的思想体系。奥林匹克主义强调身心和精神均衡结合、和谐发展，并使之提高到一种人生哲学，即"以奋斗中所体验到的乐趣、优秀榜样的教育作用和对一般伦理基本原则的尊重为基础，将体育运动与人的教育完美结合，使体育运动为人的和谐发展服务，以期建立一个和平的、维护人的尊严的社会"。而奥林匹克原则包括参与、竞争、公正与和平等几项原则，它们相辅相成，共同构建起奥林匹克的精神体系，传达着奥林匹克主义的基本观念和价值观。

二、奥林匹克精神的传承

　　奥林匹克精神倡导相互理解、友好、团结和公平竞争，符合时代发展的要求，这对于教育青年、促进世界和平、建立美好的世界有着积极的作用。奥林匹克是属于全人类的。不同的政治体制、经济制度、宗教信仰和意识形态背景的运动员同场竞技，在剧烈的身体、心理和智力的较量中获得锻炼，观众也在其中得到健康娱乐的享受，这是体育文化全球化的集中体现。奥林匹克精神宣扬公正与公平，倡导参与体育运动的公平竞争和较量，使得每一位奥林匹克运动参与者都有表现个人才华的机会，公正的参与、公平的较量，才使得奥林匹克运动具有意义。

　　顾拜旦始终强调通过以奥林匹克精神的体育活动来教育青年。他早年专门对英国的教育制度进行了考察，充分认识到体育教育对于培养人的重要的意义和作用。随后，顾拜旦在法国推行教育改革，其中一项重要内容就是向英国学习，增设了体育课。1927年4月，顾拜旦在《致各国青少年运动员书》中又说："奥林匹克主义能建立一所培养情操高尚与纯洁的学校，也是发展身体耐力和力量的学校，但这必须在进行强化身体练习的同时不断加强荣誉观念和运动员大公无私的精神的条件下才能做到。"显然，顾拜旦是要告诉人们他恢复奥运会的真正目的正是教育。顾拜旦的理想被写进《奥林匹克宪章》，受到历任继任者的尊崇和维护，在每一届现代奥运会的比赛周期内，举办城市和国际奥委会都会开展大量的文化教育活动来实现《奥林匹克宪章》中规定的要求和目标。因此，传承和弘扬奥林匹克精神必须重视奥林匹克运动的教育意义，要积极发挥其在教育和影响青年全面发展中的作用。奥林匹克教育有广义和狭义之分。广义的奥林匹克教育寓教育于体育活动之中，即奥林匹克运动本身就是一种教育，是在潜移默化和高情感体验中使人受到教育。例如，奥运会开闭幕式举世瞩目，让大家感受到奥林匹克运动和主办城市的成就和魅力；各项比赛激烈拼搏，胜利与欢乐、汗水与泪水交织，集中体现了运动员艰苦训练、不屈不挠和力争荣誉的意志品质，使运动员、观众和工作人员等都在不同角度和不同程度上受到教育。狭义的奥林匹克教育包括专门组织的奥林匹克文化教育活动，如各种展览、奥林匹克教育的课程等。

奥林匹克精神是团结奋进的旗帜，是实现民族崛起的强大精神动力。奥林匹克精神强调的是自我参与和锻炼并拥有健康的体魄和追求美好生活的乐观心态，是一种体现坚韧不拔、勇往直前、坚持不懈的精神，是展示人类文明和进步的方式。奥林匹克运动发展的百年历史离不开奥林匹克精神的指引，只有充分理解和贯彻落实奥林匹克精神的精髓，才能更快、更高、更强——更团结地发展体育运动，奥林匹克精神才能得到科学化、正常化、合理化的传承和发展。

第三节　奥林匹克格言

奥林匹克格言是"更快、更高、更强——更团结。"顾拜旦的好友、巴黎阿奎埃尔修道院院长亨利·迪东在一次户外运动会上，鼓励学生们时曾说："在这里，你们的口号是'更快、更高、更强'。"顾拜旦借用过来，使之成为奥林匹克格言。这句话充分表达了奥林匹克运动不断进取、永不满足的奋斗精神。2021 年 7 月 20 日，国际奥委会第 138 次全会投票表决，同意在奥林匹克格言"更快、更高、更强"之后，加入"更团结"。

奥林匹克运动还有一句广为流传的名言："重要的是参加，而不是取胜。"这句话虽然不是奥林匹克格言，但是具有广泛的影响。这句话来源于 1908 年伦敦圣保罗大教堂一次宗教仪式上宾夕法尼亚主教的一段话："在奥林匹克运动会上，取胜不像参加那样重要。"这句话引起了当时在场的顾拜旦的深深思索。后来他说出了几乎是同样的话："在奥林匹克运动会上，重要的不是取胜，而是参与。"

用辩证的观点看，奥林匹克格言和名言这两句话是相辅相成的。竞技运动的训练和比赛是一个过程，胜负作为这个过程的结果，只属于更快、更高、更强者。但是，竞技运动的功能和价值主要表现于训练和比赛的过程，而不是它的结果。正是在艰苦的训练和顽强的比赛过程中，运动员的身体得到锻炼，意志得到磨砺，品德得到提高。也正是在比赛的过程中，观众欣赏到了运动员健与力的美、技术与战术的高妙，观众的心绪会随着比赛过程跌宕起伏，从而满足了他们的精神文化需要。所谓"重要的是参加，而不是取胜"正是说明了训练、竞赛过程比其结果更为重要的道理。

现代奥林匹克运动是时代的产物，工业革命大大增加了世界各民族之间在经济、政治和文化等方面的联系，各国交往日益密切，迫切需要以各种沟通手段来加强国家间的相互了解。现代奥林匹克运动正是为适应这种社会需要而出现的，是人类社会发展到一定阶段的必然产物。顾拜旦阐述了奥林匹克运动的哲学基础、教育和美学意义，奠定了奥林匹克运动的理论基础，使奥林匹克运动发展成为持久的体育与和平运动。由于奥林匹克运动不单属于任何一个国家，所以也就产生了一个组织——国际奥林匹克委员会，专门负责奥林匹克运动会的举办和运行。现代奥林匹克运动是在奥林匹克主义指导下，以体育运动和 4 年一度的奥林匹克庆典——奥运会为主要活动内容，促进人的生理、心理和社会道德全面发展，促进各国人民之间的相互了解，在全世界普及奥林匹克主义，维护世界和平的国际社会运动。奥林匹克运动包括以奥林匹克主义为核心的思想体系，以国际奥委会、国际单项体育联合会及各国奥委会为骨干的组织体系和以奥运会为周期的活动体系。现代奥林匹克运动不论从发展规模还是从发展水平上来看，都已为举世所瞩目。奥林匹克精神得到了广泛传播。作为一种文化现象，奥林匹克主义以竞技的形式，将不同肤色、不同文化背景的民族紧密联系在一起，对人类的社会活动以及人类的文明产生了深刻影响。作为一种体育现象，奥运会是人类探索自身体能极限的最引人入胜的赛场，奥运会纪录和奖牌成为运动员追求的崇高目标。现代奥林匹克运动已成为参与国家和地区众多，具有巨大吸引力、穿透力和凝聚力的一项全球性活动。

现代奥林匹克运动的影响力远远超出了体育的范畴，在当代世界的政治、经济、哲学、文化、艺术和新闻媒介等诸多方面产生了一系列不容忽视的影响。现代奥林匹克运动构成了现代社会所特有的体育文化景观，以其特有的文化魅力愉悦人们的身心，更以其强烈的人文精神催人奋进，生生不息。

第四节　中国与奥运会

中华人民共和国成立以来，中国社会的政治、经济、文化等各个方面发生了一系列重大变化，这些变化给体育的发展创造了良好的条件。奥林匹克运动在中国开始了新的历程。

一、初识奥运

1922 年，我国外交家王正廷成为中国历史上第一位国际奥委会委员。从此，中国与国际奥委会建立了直接联系。1928 年，我国派观察员观摩了阿姆斯特丹奥运会，使中国对奥林匹克运动会有了进一步的了解，也为中国未来参与和举办奥运会奠定了基础。

二、首登赛场

1932 年，我国派出以刘长春为唯一运动员的三人代表团参加了洛杉矶奥运会。由于旅途劳顿，体力不支，且第二天便仓促上阵，刘长春在 100 米和 200 米预赛中就被淘汰，还不得不放弃了后面的 400 米比赛。这次参赛虽然成绩不佳，但刘长春是第一个出现在奥运赛场的中国运动员，被称为"中国奥运第一人"。

三、重返奥运

由于政治原因，直至 1979 年，中国在国际奥委会的席位才得以恢复。1980 年，我国派出 28 名运动员参加了在美国普莱西德湖举办的第 13 届冬奥会。1984 年，我国派出 225 名运动员参加了第 23 届洛杉矶奥运会，并取得 15 金、8 银、9 铜的战绩，震惊了世界。

四、零的突破

1984 年 7 月 29 日，在洛杉矶奥运会男子手枪 60 发慢射比赛中，我国选手许海峰获得冠军，这是我国奥运史上的第一枚金牌。2002 年 2 月，在盐湖城冬奥会女子短道速滑 500 米决赛中，我国选手杨扬获得冠军，这是我国冬奥会史上的第一枚金牌。

五、举办奥运

2008 年北京奥运会提出"绿色奥运、科技奥运、人文奥运"的办赛理念，将奥林匹克精神与中国优秀传统文化的展现完美结合，对现代奥林匹克运动产生了深远影响。北京奥运会展示了中国风格和气度，体现了中国文化深厚内涵，展现了中国对奥林匹克文化的尊重。2022 年举办的北京冬季奥运会秉持"绿色、共享、开放、廉洁"的理念，创造了北京冬奥会和冬残奥会的精彩、非凡和卓越，为世界奥林匹克运动贡献了中国智慧和力量。

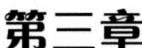

第三章
体育锻炼与保健

　　20 世纪 90 年代，世界卫生组织将健康定义为："健康不仅仅是没有疾病和不虚弱，而是包括身体、心理、社会适应良好和道德健康四个方面的完满状态。"这表明，真正的健康意味着个人对自我身心有一种满意程度，使自己不仅能够充分地享受生活，有能力适应社会环境所提出的各种要求，还能让这种自我满意的实现充分体现社会性，即把人的幸福感寓于良好的人际交往之中。本章将阐述体育锻炼对人体各方面的影响，帮助人们更好地理解体育锻炼给机体带来的益处，同时，为人们理解科学健身方法奠定理论基础。

第一节　体育锻炼与身体健康

　　人体共有八大系统，即运动系统、神经系统、内分泌系统、心血管系统、呼吸系统、消化系统、泌尿系统、生殖系统。各个系统协调配合，使人体内各种复杂的生命活动能够正常进行。人体从事体育锻炼时，全身各器官系统在神经系统指挥下实现协调的整体活动。同时，体育锻炼有利于人体骨骼、肌肉的生长，增强心肺功能，改善心血管系统、呼吸系统、消化系统的机能状况，有利于人体的生长发育，提高机体的免疫能力，增强机体的适应能力，可以对各器官系统的活动产生良好影响。

一、体育锻炼对运动系统的健康益处

　　运动系统由骨、骨连结和骨骼肌组成，占成年人体重的 60%～70%。运动系统主要有三个功能。第一是运动功能。骨是人体运动的杠杆，关节是运动的支点（枢纽），骨骼肌收缩是运动的动力。第二是支持功能。全身各骨借骨连结构成骨骼，有形成体形、支撑体重和维持姿势的作用。第三是保护功能。人的骨骼所形成的颅腔、胸腔、腹腔和盆腔等体腔，对脑、心脏、大血管以及消化系统、呼吸系统、泌尿系统、生殖系统中的众多内脏器官起着重要的保护作用。

　　1. 体育锻炼有助于促进骨骼健康

　　人体长期坚持适度的体育锻炼，可使骨密质增厚，骨径变粗，骨面肌肉附着处突起明显，骨小梁的排列更加有规律，骨小梁增粗；同时还可使骨的血液循环加强，改善骨的营

养，加强骨的新陈代谢，骨中矿物质含量和骨密度也随之增加。适宜的体育运动能使骨的形态结构、骨量发生良好变化；同时，可使骨变得更加粗壮坚固，在抗压、抗弯曲和抗扭转等力学性能等方面得到改善。

2. 体育锻炼有助于改善关节功能

适宜的体育锻炼对关节具有良好的影响。长期、适宜运动后可使关节面骨密质和关节面软骨增厚，这有助于缓冲震荡，使关节能够承受更大的负荷。并且适宜运动可使关节囊增厚、韧带增粗、胶原含量增加，进而提高关节的稳固性。

3. 体育锻炼有助于发展肌肉功能

（1）体育锻炼能增大肌肉的生理横断面。决定肌肉力量的解剖学因素是肌肉的发达程度，衡量肌肉发达程度的指标是肌肉的生理横断面。生理横断面的大小说明肌肉中肌纤维的数量和肌纤维的粗细程度，生理横断面越大，肌肉越发达，肌肉力量越大。抗阻力量练习可使肌肉的生理横断面增大，从而达到增大肌肉力量和健美形体的目的。

（2）体育锻炼能增加肌肉的初长度。肌肉收缩前的长度称为肌肉的初长度。在一定范围内，肌肉的初长度越长，收缩时发挥的力量越大。例如，投掷标枪前的引枪、踢球前大腿的后摆等，正是为了使肌肉收缩前具有一定的初长度，增大肌肉收缩力量。

（3）体育锻炼能提高大脑皮质运动中枢兴奋的强度。运动中枢兴奋过程的强度适度增强，能增大肌肉收缩力量。研究表明，训练水平高的运动员，由于中枢神经系统的兴奋过程得到改善，可动员 90% 的运动单位参与工作；而训练水平低的人只能动员 60% 的运动单位参与工作。参与工作的运动单位越多，肌肉力量自然越大。

（4）体育锻炼能改善中枢神经系统对肌肉运动的调节机能。人体在完成任何一个运动动作时，并不是由某一块肌肉单独完成的，而是由分布在关节周围的肌肉群共同作用完成的。若中枢神经系统调节协调性好，可使参加工作的运动单位尽可能多地同步收缩，调动更多的原动肌参加工作，调节拮抗肌适当放松，这些都有利于增大肌肉收缩力量。

4. 体育锻炼有助于改善肌肉形态结构

通过体育锻炼可使肌肉体积明显增大，即肌纤维中线粒体数目增多、体积增大。通过训练，尤其是耐力性训练，可以减少肌肉中的脂肪成分，降低肌纤维的收缩阻力，提高肌肉工作效率。力量性训练可以使肌肉内结缔组织增多，提高肌肉的抗拉力性能。系统的训练可以使肌肉中毛细血管数量明显增多，同时使管径扩张，增加肌肉的血液供应，改善营养状况，提高肌肉的工作能力。

二、体育锻炼对神经系统的健康益处

神经系统由中枢神经系统和周围神经系统两部分组成。根据功能情况，可分为运动神经和感觉神经。运动神经管理各类肌肉的运动和腺体的分泌，感觉神经管理躯体和内脏的各种感觉。神经系统的功能是整合和调节机体各器官的生理活动，以适应内、外环境的变化。对人类而言，神经系统是语言和思维的物质基础。而体育锻炼是发展和保持神经系统功能的有效手段，具体表现为：

（1）适宜体育锻炼可使神经元的核糖体形成加快、数量增多，蛋白质合成能力增强；提高神经元线粒体的供能能力，增加中枢神经元的信息输入量，扩大神经元之间的联系范围。

（2）采用适宜的负荷量，可以使脊髓前角细胞中的线粒体结构产生良好的代偿性改变。

（3）适当地参加体育运动，对保持和促进脑健康、延缓大脑功能老化有明显的效果。经常从事运动的人，心脑血管会更有弹性，血液循环也更加通畅，其血液循环量比一般人高出两倍，这样能够向大脑组织提供更充足的氧气和营养物质，从而改善中枢神经的营养状况，使大脑活动更加自如、思维更敏捷。

三、体育锻炼对心肺功能的健康益处

人体各个部位均需要氧气，人体能利用氧气"燃烧"体内储存的能量物质，让它们变成热能，器官及肌肉得到热能才能活动。氧气由肺部吸入，故肺部的容量及活动次数很重要；心脏则负责把氧气通过血液循环送到各个器官及部位，故心脏跳动的强弱会影响血液的流量。因此，心肺功能包括血液的循环速度、心脏跳动的强弱、肺部的容量及活动次数。而要考量心肺功能，最好的方法便是进行运动测试。因为人体运动时对氧气的需求量十分大，最能"考验"心脏及肺部的活动能力。心肺功能指的是人的摄氧和转化氧气并产生能量的能力。整个过程，牵涉心脏泵血功能、肺部摄氧及交换气体能力、血液循环携带氧气并运送至全身各部位的效率，以及肌肉使用这些氧气的能力。心肺功能良好，可反映身体主要机能都能较好运作，患慢性疾病如心血管病、内分泌系统疾病、呼吸系统疾病的概率较低。

（一）氧运输系统概述

人体各器官、组织和细胞的正常生理活动都需要消耗能量，这些能量主要来自细胞内的能源物质（糖和脂肪）的氧化。氧化过程需要不断消耗 O_2，同时不断产生 CO_2，所以，氧的供应是实现人体正常生理活动必不可少的条件。与能源物质不同，人体内不能储备大量的氧。据计算，人体内存在的可供利用的氧量不超过 1.5 升。因此，为了维持正常的生理活动，必须不断地从外界环境中摄取 O_2，同时不断地排出氧化过程中产生的 CO_2。

人体通过呼吸运动由外界环境中摄取的氧（肺部），与来自右心室的肺泡毛细血管内的血液（即全身混合静脉血）进行气体交换，使静脉血动脉化而返回左心房再至左心室，再通过体循环动脉分配到全身各组织器官，在组织毛细血管处实现第二次换气，即把动脉血中的 O_2 扩散入组织，供组织细胞的氧化利用，同时把组织代谢中产生的 CO_2 扩散入血液，从而使动脉血静脉化。静脉血经静脉循环再返回右心房而至右心室，右心室将血液泵出经肺动脉灌注于肺，如此不断反复进行。由此可见，从氧的运输角度来看，呼吸系统、血液、心血管系统三者构成了人体的氧运输系统（图 3-1-1）。在人体运动中，肌肉收缩做功必然要消耗能量，而能量供给依赖氧运输系统，因此人体运动与氧运输系统关系密切。

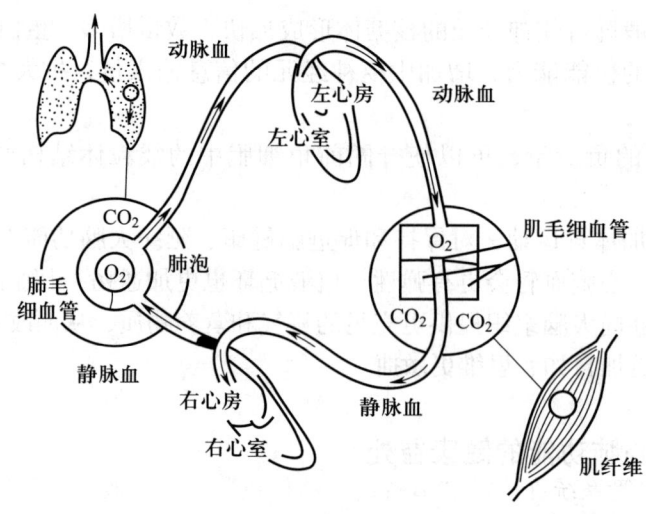

图 3-1-1 氧运输示意图

（二）肺通气与气体交换

肺通气是指肺与外界环境之间的气体交换过程，是氧运输系统工作的第一步。通气是靠胸廓呼吸运动进行的。胸廓扩张时，肺内压下降，外界空气流入肺内，产生吸气。胸廓缩小时，气体从肺内压出，产生呼气。胸廓的扩张与缩小是靠呼吸肌活动来实现的，经常参加体育活动，能增强呼吸肌的力量，有助于增加胸廓容量和增大胸廓的活动范围，提高肺的通气机能。反映肺通气机能的指标有呼吸频率、肺活量等。安静时成年人平均呼吸频率为 12~20 次 / 分，进行体育活动时，呼吸频率为 20~40 次 / 分。正常成年男子肺活量平均为 3 500~4 000 毫升，女子为 2 500~3 500 毫升，但肺活量的绝对值不能全面地反映某人的通气功能，通常用它的相对值即肺活量指数来反映肺通气功能水平（肺活量指数 = 肺活量 / 体重）。

气体交换包括肺换气与组织换气。肺换气是指肺泡与肺泡毛细血管血液之间的气体交换。组织换气是指体内毛细血管血液与组织细胞之间的气体交换。

（三）氧气在血液中的运输

氧气的运输是由血液来完成的，起重要作用的是红细胞内的血红蛋白。因此，血液中红细胞的数量和血红蛋白的含量，将直接影响血液运输气体的能力。正常成年人血液中的红细胞数量，男子为 450 万~550 万个 / 立方毫米，女子为 380 万~460 万个 / 立方毫米。血红蛋白的含量，每 100 毫升血液中男子为 12~15 克，女子为 11~14 克。如果血液中红细胞的数量或血红蛋白的含量低于正常水平，将出现贫血，引起血液运输氧气和二氧化碳的能力降低，在进行剧烈活动时易出现缺氧现象。

（四）心血管系统在氧运输系统中的地位

在整个氧运输系统中，心血管系统的功能处于最重要的地位。心脏是推动血液不断循环的动力器官，血管则是血液流动的管道，起着运输血液与物质交换的重要作用。心脏通过舒缩活动将血液不停地射入血管，使血管内的血液不停地流动，以保证全身各组织器官代谢的需要。健康成年人每分钟心跳约 75 次，心脏每搏动一次大约向血管射血 70 毫升（称每搏输出量），每分钟心脏大约向血管射血 5 升（称心排血量）。心脏射出的血液在血管内流动时，对血管壁施加一定的侧压力，这就是血压。心室收缩时，血液大量射入血管，主动脉压力急剧升高，这时的压力称为收缩压；心室舒张时压力降低，主动脉内压力下降，这时的压力称为舒张压；收缩压与舒张压之差称为脉压。我国健康成年人安静时收缩压为90~140毫米汞柱，舒张压为60~90毫米汞柱。血压随年龄、生理状态、心理状态的变化而有所变动。

（五）体育锻炼对心肺功能的良好影响

系统的体育锻炼能改善和增强心脏功能，能有效地预防呼吸系统和循环系统的疾病。

1. 体育锻炼对心脏功能的良好影响

心血管系统的机能状态，受人体运动状态的影响，也可对长期的运动刺激产生相应的调整、适应。运动生理学的研究早就证实了人体心脏工作能力对于不断增大的运动负荷可产生适应性变化。Astrand（1971）在有关人体生理机能的比较研究中，揭示了坚持体育锻炼所带来的包括心血管系统在内的"节省化、高效化"的机能改善情况。男性无训练者与有训练者的生理机能比较见表3-1-1。

表 3-1-1 男性无训练者与有训练者的生理机能比较

指标	无训练者	有训练者
最大每搏输出量	120 毫升	180 毫升
最大每分输出量	20 升	30~40 升
安静时的心率	70 次 / 分	40 次 / 分
运动时最大心率	190 次 / 分	180 次 / 分
最大动静脉氧差	每 100 毫升血液 14.5 毫升	每 100 毫升血液 16 毫升
最大每分摄氧量	每千克体重 30~40 毫升	每千克体重 65~80 毫升
心容积	0.75 升	0.95 升
血红蛋白	每千克体重 11.6 克	每千克体重 13.7 克
运动时最大肺通气量	110 升 / 分	135 升 / 分
体脂	15%	11%
肌肉细胞线粒体	2.15%	8%
肌糖原	85 毫摩尔 / 克	120 毫摩尔 / 克
安静时 ATP	3 毫摩尔 / 克	6 毫摩尔 / 克
安静时 CP	11 毫摩尔 / 克	18 毫摩尔 / 克

经常参加体育锻炼的人，心肌细胞能获得更充足的氧气和营养供应，因而心肌细胞产生营养性肥大，使心脏重量增加，容积增大，搏动更有力。一般人心脏重量约为300克，而运动员心脏可增至400~500克；一般人心容积约为700毫升，而运动员可超过1 000毫升。生理学家曾对一些40~50岁坚持长跑锻炼的人的心脏做检查，发现由于长跑锻炼的

良好作用，这些人的心脏不论大小和功能均类似于不从事锻炼的 20 岁左右年轻人的心脏。一些专家认为，坚持运动起码可使心脏推迟衰老 10~15 年。经常锻炼的人，由于心肌收缩强有力，每搏输出量增大，因而安静时心率比一般人慢。一般人心率 75 次 / 分左右，运动员减慢至 40~60 次 / 分，这也是心脏功能良好的表现。

2. 体育锻炼对呼吸系统的良好影响

进行体育锻炼时，由于肌肉活动需要更多的氧气，因而呼吸次数增加，呼吸加深，肺通气量大大增加。如安静时每分通气量为 6~8 升，而剧烈运动时可达 70~120 升。因此，体育锻炼对呼吸系统提出了更高的要求，可使呼吸器官得到很好的锻炼。

经常锻炼能使呼吸肌力量增强，胸廓活动性加强，肺泡具有更好的弹性。例如，一般人在安静时，由于需氧量不多，只需要大约 1/20 的肺张开就足以满足需要，因此肺泡活动不足。而参加体育锻炼时，由于需氧量增加，大部分肺泡充分张开，对肺泡弹性的保持及改善十分有益，有助于预防肺气肿等疾病的发生。

四、体育锻炼对消化系统和泌尿系统的健康益处

（一）体育锻炼对消化系统的健康益处

人体内与消化摄食有关的器官包括口腔、咽、食道、胃、小肠、大肠、肛门，以及唾液腺、胃腺、肠腺、胰腺、肝脏等。这些消化器官协同工作，共同完成对食物的消化和对营养物质的吸收。所有的消化器官的总和称为消化系统，消化系统具有摄取、转运、消化等功能。消化系统由消化道和消化腺两部分组成，负责食物的摄取和消化，使人获得糖类、脂肪、蛋白质和维生素等营养。其中，"糖类、脂肪、蛋白质"被称为"三大产热营养素"。糖类最终被消化为葡萄糖；脂肪最终被消化为甘油和脂肪酸；蛋白质最终被消化为氨基酸。葡萄糖是人体的供能物质，脂肪是储能物质，蛋白质则是修复细胞的物质。

肌肉运动可以产生骨骼肌血管扩张、血流量增加，内脏血管收缩、血流量减少的效应，导致胃肠道血流量明显减少，消化腺分泌消化液量下降；运动应激亦可导致胃肠道机械运动减弱，使消化能力受到抑制。为了解决运动与消化机能的矛盾，一定要注意运动与进餐之间的间隔时间。饱餐后，胃肠道需要的血液量较多，此时立即运动，将会影响消化，甚至可能因食物滞留造成胃膨胀，出现腹痛、恶心及呕吐等运动性肠道综合征。剧烈运动结束后，应经过适当休息，待胃肠道供血量基本恢复后再进餐，以免影响消化吸收机能。

由于消化道的运动和消化腺的分泌主要是通过运动中枢神经和体液的调节来实现的，当肌肉运动时，在这些调节的作用下，消化系统的机能也随之产生一系列的变化。因而，经常从事体育运动，对消化器官的机能有着良好的作用。它可使胃、肠的蠕动力增强，消化液的分泌增加，促进消化和吸收的能力提高。同时，运动可使人的食欲增加，精力旺盛，有利于促进人体生长发育和增强体质，从而提高人的健康水平。

（二）体育锻炼对泌尿系统的健康益处

泌尿系统由肾脏、输尿管、膀胱及尿道组成，其主要功能为排泄。排泄是指机体代谢过程中所产生的各种不为机体所利用或者有害的物质向体外输送的生理过程。被排出的物质一部分是营养物质的代谢产物；另一部分是衰老的细胞被破坏时所形成的产物。此外，

排泄物中还包括一些随食物摄入的多余物质，如多余的水和无机盐类。

运动可引起肾脏功能的改变，适度运动能加强肾脏各方面功能，达到健肾的目的。研究表明，长期运动对保护肾脏功能有一定的作用。研究者通过对肾功能衰竭患者进行运动疗法（包括慢走、伸展操、力量训练等），发现肾病患者的生活质量有显著改善。即使是高血压合并 2 型糖尿病的患者，在使用医疗手段的基础上同时进行运动疗法，也能抑制肾病的恶化和改善持续显性的蛋白尿。

适度运动使肾脏超微结构发生良好变化，可防止不良变化的发生。如肾小球滤过膜增厚减少，内皮细胞也恢复正常，足细胞足突融合消失，肾小球基底膜增厚减少，肾小球容量扩张减轻，白蛋白排泄率减少，蛋白尿减轻。

五、体育锻炼对感觉器官和生长发育的健康益处

感觉器官亦称感觉器或感官，是机体感受刺激的装置，由感受器及其附属器官组成，如眼、耳、鼻、舌、皮肤等。感觉器官也可看作人体的情报机构，能将各种感觉信息及时、准确地报告给大脑，大脑通过分析、综合，作出正确的判断，发出命令，指挥相应器官活动。

感受器是指分布在体表或组织内部的一些专门感受机体内外环境刺激的结构，它们能将各种刺激转变为神经冲动，并借感觉神经传入中枢，如肌梭、腱梭。

在运动时掌握环境情况、产生空间感觉、控制自身动作等很重要。经常从事球类运动的练习，可以提高人的视野、改善立体视觉、增强眼肌的抗疲劳能力等，甚至能改善相应的组织结构。有研究发现，优秀射击运动员视觉调节能力强，能适应射击训练环境，眼前房变浅不明显，接近一般人深度范围的上限。若长期从事前庭功能稳定性要求很高的运动项目，前庭功能稳定性也会大幅提高。随着社会生产力和科学水平的发展，人类的活动范围不断扩大，这对人体耐受各种加速度的能力提出了更高的要求。

体育锻炼是促进生长发育和增强体质的重要手段。在合理的营养条件下，积极参加各种体育运动对身体的生长发育有明显的促进作用。体育运动对生长发育的影响是多方面的，既有形态方面的，也有功能方面的。运动可使呼吸肌发达，肺活量增加，胸围增加，呼吸差加大；心肌收缩力加强，每搏输出量增加，血管舒张、收缩压水平提高。因此，积极地参加体育锻炼，不仅能促进运动器官的发育，而且能提高全身其他系统、器官的健康水平。

第二节　体育锻炼与心理健康

1946 年召开的第 3 届国际心理卫生大会把心理健康（mental health）定义为："所谓心理健康是指在身体、智能以及情感上，在与他人的心理健康不相矛盾的范围内，将个人心境发展成最佳的状态。"因此，心理健康指在身体、智能及情感上保持同他人的心理不矛盾，并将个人的心理发展为最佳状态。

心理健康包括两层含义：其一是无心理疾病，其二是具有一种积极适应与发展的心理状态。

随着现代社会发展的不断加速，竞争压力的不断加大，心理疾病呈现出"低龄化、高文化和高发病率"的倾向。大学生的心理健康越来越受到人们的重视。在实施素质教育的今天，如何提高大学生的心理素质和心理健康水平，造就综合素质较高的高级人才，是职业院校和高等院校师生共同面对的课题。作为一名具有较高文化素养的大学生，理应掌握有关心理健康的知识，以促进自身心理的健康发展，为今后工作和更好地服务社会奠定基础。体育锻炼不仅有利于身体健康，而且对于人的心理健康具有积极的促进作用，能够提高人的生活质量和幸福感。

一、体育锻炼对心理健康的益处

体育锻炼对心理健康的积极影响主要表现为以下几个方面：

（一）提高唤醒水平

唤醒是指身体的激活水平，唤醒水平会因运动任务的要求、环境和个性的不同而不同。例如，一个性格外向的人在舒适的环境中从事一项令人厌倦的工作时，他最需要提高唤醒水平。一般认为，体育锻炼能提高人的唤醒水平是由各种感觉信息的输入造成的。体育活动只有达到一定的运动量，才能导致唤醒水平的提高，才能维持对消极情绪的长期控制。相反，在一个舒适愉快的情景中，慢跑只能产生放松效果，不能提高唤醒水平。体育活动对于精神不振、心境较差的人具有显著的治疗和调节作用，可以使其摆脱烦恼，振奋精神。

（二）降低应激反应

应激是指个体对应激源或刺激所作出的反应。目前的研究认为，应激反应是一种包含应激源、个体对应激源的评价以及个体的典型反应等因素作用的过程，应激有积极应激和消极应激之分。在生活和工作中，人需要一定程度的应激，这有助于提高生活的质量和工作的效率，但过分的应激反应对健康不利。

体育锻炼可以降低应激反应是因为肾上腺素受体的数目或敏感性会发生变化，从而降低心率和血压以减轻特定的应激源对生理的影响。经常参加体育活动的人更少产生生理上的应激反应，如果有应激反应，也能尽快地从中恢复过来，尤其是从事有氧运动如跑步、轻快的走路、游泳、骑自行车、舞蹈、跳绳等对降低应激反应的作用较好。

（三）消除疲劳

在从事体育活动时，如果能保持良好的情绪状态，中等强度的活动量就能减少疲劳。有研究表明，体育活动具有提高最大吸氧量和增强最大肌肉力量等生理功能，能减少疲劳。因此，体育活动对治疗神经衰弱具有特别显著的作用。

（四）增加社会联系

随着我国城镇化建设的进程不断加快，许多生活在城市的人越来越缺乏适当的社会联系机会。体育活动是一种很好的促进人与人之间相互接触的形式。个体通过与他人的接触，可以忘却烦恼和痛苦，消除孤独感，集体性体育活动能够增强社会满足感。研究证明，体育活动对于治疗孤独症和人际关系障碍有显著的作用。

（五）治疗心理疾病

根据基恩（Kyan）1983 年的调查，1 750 名心理医生中，有 60% 的人认为应将体育活动作为一种治疗手段来消除焦虑症（指一种心理疾病，而不是一般的焦虑反应）；80% 的人则认为，体育活动是治疗抑郁症的有效手段之一。

对于一个健康人来说，长期进行体育锻炼会有促进心理健康的效益，对于一个患有心理疾病的人来说，这种效益会更加明显。一项研究表明，进行 8 周的体育锻炼后，精神病患者的抑郁状况得到了明显改善。另有研究表明，进行有氧练习的学生，其心境状况改善程度比未做有氧练习的学生大，特别是那些练习前存在情绪问题的学生，其心境状态改善的程度最为明显。

二、影响体育锻炼产生良好心理效应的因素

影响体育锻炼产生良好心理效应的因素很多，主要有对体育锻炼的兴趣、运动方式、运动项目、运动量、体育锻炼习惯的持续时间等。

（1）对体育锻炼的兴趣。这是体育锻炼产生良好心理效应的基础。如果对体育锻炼没兴趣就很难从中获得乐趣，就不可能产生满足感和良好的情绪体验。因此，努力学习体育锻炼的有关知识，正确认识与理解体育锻炼的价值与作用，加强课内体育教学与课外体育活动的衔接，培养广泛的体育兴趣对提高体育锻炼的良好心理效应具有重要意义。

（2）运动方式。按人体在运动中的能量代谢方式，可将所有运动分为有氧运动、无氧运动和混合运动。研究表明，体育锻炼时以有氧运动为主，采用有重复性与有节律的身体活动（如慢跑、游泳、骑自行车、跳绳、健美操等），可以取得更好的愉悦身心的效果。

（3）运动项目。不同的运动项目所获得的心理效应是不同的。尽量避免那些激烈竞争项目，可多选择一些个人进行的项目，这样运动时间、空间、动作节奏等更易于个人控制，锻炼者可更随意、更自由地进行运动，更容易获得良好的情绪体验。

（4）运动量。运动量包括运动强度及时间。要想获得较好的健心效果，运动强度以中等强度最佳，即心率控制在最高心率（最高心率＝220－年龄）的 60%~80%，运动强度过强易产生紧张感和疲劳感。一次锻炼的持续时间至少 20 分钟，因为每次少于 20 分钟的运动，很可能心理效应尚未出现，身体活动就停止了；而时间过长又可能造成厌倦、疲劳，引起不良情绪。

（5）体育锻炼习惯的持续时间。体育锻炼的系统性越强，体育锻炼所产生的良好心理效应就越明显。只有长期坚持体育锻炼，养成习惯，才可获得良好的健身健心效果。

三、体育锻炼与职业压力

职业压力（occupational stress）是指当职业要求迫使人们作出偏离常态机能的改变时所引起的压力。在个体身上造成的后果可以是生理的、心理的，也可以是行为方面的。职业压力引起的生理反应有心血管疾病、胃肠失调、呼吸系统问题、癌症、关节炎、头痛、身体损伤、皮肤机能失调、过度疲劳以及死亡。职业压力引起的心理反应则有焦虑、沮

丧、不满、厌倦、心理疲惫、不良情感、机能不全、自重程度低、自我疏忽、精神疾病、愤懑、压抑以及注意力无法集中。职业压力引起的行为反应有频繁地就诊、使用或滥用麻醉药物或一般药物、饮食过度或厌食、放荡不羁、冒险、攻击、故意破坏他人财产、毁坏文化艺术品、偷窃、人际关系紧张、自杀或企图自杀。经受高度职业压力的人可能会同时或单独出现以上一些反应。这些反应是职业压力的一些比较突出的反应。职业压力会给个体的幸福与安宁带来负面影响。不同的人面对职业压力也会出现不同的反应。

（一）体育锻炼对职业压力的影响

针对体育锻炼对职业压力的影响，有学者研究发现，体育锻炼在直接影响生命质量的同时，也通过调节职业压力对生命质量的负面影响而间接影响生命质量。刺激与应激之间存在着许多诸如个体健康水平、人格特征、经验阅历、应对能力、认知评价、信念以及所得社会性支持的质和量等中介因素，它们均可起到重要的调节作用。应激是由网状丘脑投射系统向大脑提供弥散性兴奋诱发的，而最新的研究结果表明，体育锻炼可以增加人体内"快乐物质"——内啡肽的含量，缓解因过度刺激而引起的应激反应。以往的研究表明，体育锻炼能帮助人体释放多余能量、缓解心理压力、降低抑郁和焦虑、提高交往能力、调节现代人的心理活动。相关研究认为，经常性的体育锻炼不仅能提高参与主体适应自然环境和社会环境的能力，而且有利于其社会网络规模的扩大，有利于增强成员间的关系强度，提高成员间的亲密度。这种社会网络规模的扩大、亲密度的提高，使个体所得社会性支持的质和量增加，有利于缓解职业压力对人们身心健康造成的伤害。

有研究表明，体育锻炼能有效缓解职业压力，其显著性影响主要来源于锻炼时间和锻炼次数。体育锻炼既是社会人群生命质量的重要影响因素，又是减轻职业压力、提高生命质量的积极手段。体育锻炼能够减少不同职业人群压力，增强心理健康，是影响不同职业人员满意度、情感平衡、自我意识及人际关系的重要因素。一般来讲，体育锻炼对于缓解压力是十分有效而无副作用的良"药"。习惯化、经常化并持之以恒的体育锻炼参与者，每次体育锻炼都能体会到轻松、愉快，感到精力充沛和紧张度降低。

（二）科学体育锻炼缓解职业压力的方法

（1）参加一些运动量小、缓和沉稳的运动项目，如慢跑、打太极拳等，使心情平静下来，然后再逐渐过渡到大运动量的运动。如果压力是来源于工作上的，那么就参加一些以集体配合为主的运动，如篮球、排球、毽球等，通过这些运动在集体协作、默契配合中享受愉悦、快乐、幸福，使忧烦的心绪得以排解。

（2）变换运动环境。人都有一种求新求异的心理，变换环境其实就是满足了这种心理，环境变化对缓解压力会起到意想不到的效果。例如，经常在室内工作的人，到户外去爬山，到小树林里去跑步，会感觉轻松愉快。

（3）运动前调节心理。运动前调节心理有利于运动中更好地释放压力。例如，在安静的地方闭目养神，做几次深呼吸；或对着镜子对自己鼓励；或听一曲喜欢的音乐，转移注意力，以达到放松、减压的效果。

（4）运动时关注呼吸，使其均匀自然，注意阳光、天空和风，使身体有新的感受。

（5）不要固定进行某一项运动，而应多项运动交替进行。如果只从事某一项运动，则易引起单调感。进行不同内容的运动，既能改变情绪，又可扩大视野，在精神上、身体上都会得到好处。

（6）运动后吃碱性食物。一般正常人的体液呈弱碱性。人在体育锻炼后，感到肌肉、关节酸胀和精神疲乏，其主要原因是体内的糖类、脂肪、蛋白质被大量分解，在分解过程中产生了乳酸、磷酸等酸性物质，而这些酸性物质会刺激人体组织器官。此时应多食用蔬菜水果、坚果、豆类、海藻类等碱性食物，中和体内的酸性成分，缓解疲劳，这也有利于调节不良心绪。

第三节　体育锻炼与社会适应

一、体育锻炼对社会适应的益处

社会适应指个体与他人及社会环境相互作用并具有良好的人际关系和实现社会角色的能力。有此能力的个体在交往中有自信感和安全感，与人友好相处，心情舒畅，少生烦恼，知道如何结交朋友、维持友谊，知道如何帮助他人和向他人求助，能聆听他人意见、表达自己的思想，能以负责任的态度行事并在社会中找到合适自己的位置。因此，社会适应能力成为衡量大学生健康水平的重要维度。随着人类对自然界开发广度和深度的增加，人类社会的外部环境的日益"人化"，社会自身结构更加复杂和多样，社会运动的时间节奏越来越充分地展现出由慢到快的变化趋势。

生活节奏加快是人们获得越来越多余暇时间必定要付出的代价，生活节奏加快的积极意义在于提高了生命的效率，使尽可能多的社会成员经过高速的协调配合，为社会创造出更多的物质财富和精神财富。生活在快节奏环境里的人会精神振奋、生活充实、朝气蓬勃，因此快速生活节奏越来越受到人们的欢迎。然而，生活节奏的加快，也确实给不适者带来许多健康方面的麻烦，这需要引起人们的重视。快节奏生活会有悖于人们的生理习惯，但人们也必须与之顺应，而不可能扭转社会约定俗成的生活节奏。

（1）体育锻炼有助于学习和理解社会行为规范。体育是一种特殊的社会文化活动。这一领域确立了各种明确而细致的行为规范，如运动守则、比赛规则、竞赛规程等，并通过裁判、仲裁、公众舆论、大众传播媒介等进行实施和监督。由于体育的这些规范训练可在体育教师指导下经常反复地进行，这就使大学生在体育活动中学习了行为规范准则，懂得了行为规范的一般特征，也有助于对其他社会规范的理解和学习。

（2）体育锻炼有助于内化正确的价值观念。体育文化之所以存在，其哲学意义在于对人的肯定，它是追求人的价值和人的权利的过程。体育承认人体存在的合理性，令人体验现实生活的乐趣、自由和幸福，培养积极进取的精神和高尚的品行与气质。大学体育教育是培养大学生人体和精神全面发展与完善的过程，是培养正确价值观的重要手段。

（3）体育锻炼有助于体验不同的社会角色。一个人要符合社会的要求，取得社会成员的资格，就必须学会接受适当的社会角色。而各种体育运动的场合，则有机会让学生体验不同的角色和"做什么、怎么做"的社会意义，为他们走向社会打下基础。

（4）体育锻炼有助于培养团结协作的精神。体育竞技中的许多团队项目，如篮球、排球、足球等已广泛地得以普及，人们在投身于这些运动强身健体的同时，也学会了如何恰当地处理个人与集体的关系，如何融入集体之中，如何与他人沟通及合作，并在其中强化了个人的组织性和纪律性。

（5）体育锻炼有助于情感与情绪的调节。当今社会竞争空前激烈，各行各业普遍存在的竞争，置身其中的人们会不自觉地产生忧郁、紧张等情绪。体育运动可以转移不愉快的意识、情绪和行为，使人从烦恼痛苦中摆脱出来，使不良情绪得到及时的宣泄，从而以乐观的心态承受压力、迎接挑战。

（6）体育锻炼有助于提高人们的心理素质。体育的显著特点是竞技性强，凡是比赛都要争高低、论输赢，体育运动的过程必然伴有成功的喜悦和失败的失意。在成功与失败之中，人们学会了享受成功、承受失败，学会了胜不骄、败不馁，人们的心理承受能力与心理适应能力在不断地锤炼中得到了显著的加强。

（7）体育锻炼有助于塑造健全的人格。个体在体育运动中要承受一定的生理负荷，这就要求人们要不怕困难，不怕艰辛，在克服困难的过程中磨炼顽强的意志品质，培养坚持不懈、吃苦耐劳的优良作风。体育运动多种多样，有的要求快速，有的要求耐久，有的动作复杂惊险，有的动作变化无穷，这就要求人们勇敢地去尝试，果断地作判断，而以上这些优秀的品质对一个人适应社会竞争、胜任社会角色都有着深远的意义。此外，绝大多数的体育项目都伴有高强度的对抗，这是一个侵犯与被侵犯、忍让与被忍让、尊重与被尊重的过程，人们参与其中，将学会彼此尊重，彼此体谅。

二、体育锻炼与职业社交

每个人在日常生活中都是单独的个体，但人们又组成一定的关系，在相互之间形成接触、联系、影响和作用，即进行相互的交往。事实上，在社会生活实践中个体会形成对其他个体的一种心理倾向及其相应的行为，这就是人际关系。人际关系的好坏反映了人们在相互交往中的物质和精神的需要能否得到满足的心理状态。如果得到一定的满足，就喜欢和亲近；反之，就失落和疏远。人际关系反映着人与人之间的心理距离。人际关系的好坏，也影响到人们的健康。良好的人际关系和人际关系的氛围，有利于人们的身心健康；不良的人际关系会形成社会压力，摧残人的健康，许多疾病就往往发端于不良的人际关系。在处理人际关系时，不良的心态如猜疑、嫉妒、憎恨、报复等都是心理不健康的表现。人际关系是职业社交中的重要一环。

（一）建立良好人际关系的重要性

人一生中可能与各种人建立关系，这种关系是人们为人处世的基础。良好的人际关系使人有归属感和安全感，使人生活充满乐趣和满足感；反之，人们就有孤独感和恐惧感，总觉得到处都是墙壁，时时都觉得别扭。当然，每个人与各种人的关系密切程度是有区别的。例如，处理同事关系和处理领导关系是不一样的，一个人的朋友有关系密切的，也有关系一般的。假如某人与另一个人的性格、价值观有差异，该人也许不会和他建立关系。因此，处理人际关系是不容易的，但是也是十分重要的，处理不好就会影响一个人的身心健康，从而影响人们的生活质量。

（二）大学生的人际交往特点

大学生的人际交往无论在愿望方面还是在方式上，都具有同他们的社会知识经验相对应的特点，主要表现在以下几个方面：

1. 交往愿望的迫切性

随着年龄的增大，生活空间的扩展，社会阅历的不断增加，大学生的交往愿望也越来越强烈。同时，人际交往又是使大学生开阔视野、早日成熟、适应社会的重要途径，因此，大学生表现出比以往更加迫切的交往愿望。

2. 交往内容的丰富性

广泛的兴趣，丰富的情感，充沛的精力，活跃的思想，使得大学生对各种自然的、社会的现象都会产生兴趣，希望自己见多识广，因此也使得他们交往的内容变得非常丰富，除了专业知识之外，交往的内容广泛涉及文学、艺术、政治、文化、历史、民俗等各个方面。

3. 交往关系的开放性

大学生的求知欲与好奇心强，非常容易接受新鲜事物，加之他们来自五湖四海，家庭状况、生活经历各异，而且高校中信息灵通，因而，大学生的社会交往是一个多层次、多方面的开放性系统。

4. 交往观念的自主性

日益增强的自我意识水平和独立思考能力，使得大学生为人处世不墨守成规，在交往方式、交往内容与交往对象的选择上虽不能避免受到传统习惯的影响，却十分重视自己的意愿，交往观念具有明显的自主性。因此，他们在社会活动中敢大胆发表自己的见解，不愿简单地接受信息，而是希望通过交流思想、感情来探讨共同感兴趣的问题。

（三）大学生人际交往中的心理不适应

人际关系和社会的复杂性及大学生心理的单纯性，常会使部分大学生在交往中遭受挫折。这就使他们表现为因自我否定而陷于苦恼，或因企图对抗而陷于困境，并由此产生各种各样的心理不适，影响他们正常的人际交往。从总体上看，大学生由于人际交往所产生的心理不适主要表现为认知、情绪、性格三方面。

1. 人际交往中的认知问题

对交往对象、交往关系的看法、态度将直接影响到人际关系的发展。进入大学，人际关系的含义与中学时代发生了极大变化。人际关系不再仅仅局限于建立友谊这一层面上，而是要求每个学生同形形色色的人打交道，使自己的行为模式逐渐走向成熟，符合社会要求。有些学生在开始新的生活时，仍按原来的方式进行交往，或只与自己喜欢的人交往，或要求别人顺应自己的标准，常用以自我为中心的思维方式来处理新环境中的人际关系，在认识和评价的过程中，一旦不符合他们的理想，便易产生交往问题。

2. 人际交往中的情绪问题

大学生交往的情感性强，因此，他们对人的社会认识极易受情绪波动的影响，常常对人的看法大起大落，呈现不稳定的状态。例如，社交中的恐惧、愤怒、嫉妒都是影响正常交往的情绪问题。

3. 人际交往中的性格问题

人际交往中的自卑、怯懦、偏执及性格方面的一些问题可能会影响人际交往的正常进行。交往中的自卑、怯懦的形成，往往与个体不正确的自我评价有关。有些大学生在新环境下，建立人际关系面临一个自我形象问题，他们有肯定自我、保护自我的强烈要求，但他们往往根据周围人对他们的态度评价自己，这就会严重影响人际交往的质量，使他们在人与人之间的交往过程中变得自卑、退缩、怯懦，对自己的言行谨小慎微或是过分自傲，否定他人。人们都希望获得被人理解，可有些人自私，有些人鲁莽，有些人高傲孤僻，这些不同的性格都会影响人际交往。

（四）体育锻炼对人际关系的维护和促进

生活节奏的加快、工作压力加重、生活环境的改变，使人际交往的环境发生改变，人们千方百计地寻找缓解情感危机的途径，增加情感交流的渠道。体育，由于它的实践性和技能性的特点，使人们在体验身心放松和愉快情感的同时，进行情感的交流。在体育活动过程中，往往需要相互配合才能完成，参加者往往要根据需要担任的某种体育运动角色，并按体育规则和体育道德标准，进行体育活动。

在现实生活中，人们需要通过各种交往方式相互表达情感和传递信息。社会学的研究表明，影响人际关系的主要因素有沟通能力、对身体语言的理解和使用能力、自我抑制水平和迁移能力等。根据体育锻炼活动性质的动态性，追求目标的共同性，以及表现方式的群聚性等特点，体育在把握好影响人际关系的因素，促成良好人际关系的形成等方面，都具有十分重要的价值。

实践证明，体育锻炼的最佳方式是置个体于社会群体之中。这种由共同运动欲望和追求目标维系的交往方式，既有利于身体运动的非语言接触和语言激励间的互动，也完全符合现代交往的基本要求，使之成为改善不同个性人群相互关系的纽带。在人际交往方面，大多数的体育锻炼者，都希望与志同道合的同伴一起合作，通过身体练习，或一起交流健身经验，或进行一场体育友谊比赛，使同伴之间或对手之间进行的这种感情沟通，都可以达到相互了解和增进友谊的目的。

体育锻炼能增加人与人交往的机会，通过参与体育活动，人们可以忘却烦恼和痛苦，消除孤独感，并逐步形成与人交往的意识和习惯。有研究表明，外向性格者比内向性格者的社会交往需要更强烈，这种社会需要可以通过集体性的体育活动得到满足。性格内向者更应该参与集体的体育活动，使个性逐步得到改变。

研究表明，个体坚持体育锻炼的一个重要原因是为了与他人交往或参与群体活动。布鲁纳认为，个体参与群体活动可增加群体认同感、社会化强度、刺激性及参与活动的机会。参与体育活动者要比中途退出者更能与他人形成亲密关系。一些研究认为，青少年参与运动的程度与家庭成员、朋友的参与运动程度紧密相关。好朋友比家庭成员更能影响青少年参与运动的程度。家庭成员、好朋友喜欢体育锻炼的青少年更易形成支持网络，并形成良好的人际关系。

由此可见，体育锻炼不仅能促进人的社会交往活动，而且体育活动的社会交往特性又会吸引人参与和坚持体育锻炼。

第四节 体育锻炼与运动卫生

体育锻炼的目的是增强体质、促进健康，但如果在体育锻炼过程中不注意运动卫生，很有可能会给身体带来不利的影响，甚至引起疾病的发生。

一、正确选择体育锻炼的时间和地点

1. 避免饭后立即进行运动

根据运动生理学知识，在运动中人体全身的血液将进行重新分配，流向肌肉的血液增多，而胃肠、肾脏等内脏器官的血流量将减少。如果饭后马上进行剧烈运动，容易造成胃肠缺血，影响食物的消化和吸收，有的会引起胃肠痉挛。另外，由于进食后胃内充满食物，胃的容积增大，会引起膈肌上移，影响肺的扩张，造成呼吸困难，容易导致运动中缺氧，影响健身锻炼的效果。

2. 避免生病期间参加剧烈的体育锻炼

生病期间能否参加体育锻炼是很多人困惑的问题。根据体育保健的知识，生病期间人体的免疫能力低下，部分器官的功能下降，会造成机体整体机能水平的降低，运动能力也随之下降，一般要求暂停参加剧烈的体育锻炼。如果在生病期间勉强参加剧烈的体育锻炼，在运动负荷的应激下，要求机体调动各器官机能来完成运动，会加重机体的负担，影响疾病的康复。

3. 避免到环境污染的场所进行锻炼

运动场所的环境条件对健康的影响非常大。选择通风好、阳光足、接近自然的好环境进行体育锻炼对健康更为有益，而如果到通风差、空气有污染的场所中进行剧烈运动的话，反而会使污染物更容易进入机体，造成对机体的危害。例如，据科学家们检测，在一天中，上午、中午和下午空气污染很轻，所以空气比较新鲜清洁，其中上午10点左右和下午3~4点空气最为新鲜；早晨、傍晚和晚上空气污染较严重，其中晚上7点和早晨7点左右为污染高峰时间。因此，如果我们早晨和傍晚进行体育锻炼时，要特别注意要选择室内或接近大自然的空气新鲜的运动场所。

4. 避免到危险的地方运动

运动中的安全非常重要，特别要注意避免到危险的地方运动。例如，晨跑不要到交通繁忙的街道上进行；夏季要避免到江河湖泊等水域和地形不熟悉的地方游泳；从事登山和攀岩等运动时要注意带好保护用具等。总之，在体育锻炼地点的选择上要时刻牢记安全第一，做好自身防护措施，如果万一出现危险的话要沉着冷静地自我救护。

二、科学安排体育锻炼的负荷

人体在运动中需要承受一定的运动负荷刺激，机体才能产生良好的适应。但是，过大的运动负荷容易造成机体负担过重，引起过度疲劳，甚至会导致运动伤害事故，使体育锻炼效果适得其反。过小的运动负荷则对机体的刺激程度不够，不能取得好的锻炼效果。因此，科学安排体育锻炼的负荷，是获得最好锻炼效益的关键。

1. 运动强度的安排

根据运动强度，我们通常可将所有的运动项目分为三大类：无氧运动、混合运动、有氧运动。其中有氧运动是属于中小强度的运动，机体在运动中的氧气需求能够得到完全满足，这种强度的运动被推荐为健身的首选，例如，慢跑、散步、交谊舞、登山等，这种类型的运动项目特别适合中老年人。大学生体力较为充沛，完全能够胜任篮球、排球、足球等混合运动项目，这些项目既有大强度运动，又有中小强度运动，而且趣味性较强，还可以和同学一起参加集体锻炼，增强同学间的友谊，是比较适合大学生的体育运动项目。

2. 运动时间、频率的安排

一次体育锻炼的时间应根据运动强度而定。一般来说运动强度较大时，运动时间可相应缩短；反之，运动强度较小时，则需要较长的运动时间才能有较好锻炼效果。从运动人体科学的角度来看，由于呼吸、心血管等系统的生理惰性较肌肉大，需要较长的时间才能动员起来，研究认为至少需要运动半小时，心肺功能才能得到良好的锻炼。至于体育锻炼的频率，大多数学者认为每周不应少于 3 次。因此，建议每次参加体育锻炼的时间不宜少于 30 分钟，每周不少于 3 次体育锻炼。

三、合理补充饮料和营养

1. 运动中饮料的补充

在体育锻炼过程中，特别是参加较长时间的剧烈运动，往往会出汗，导致体内水分的丢失，需要在运动间歇进行补充。但是，运动中补充水分和饮料也要合理，否则会造成对机体的不利影响。首先，饮料品种要选择含糖量较少的低渗饮料，如果饮用含糖量较高的高渗饮料的话，不仅不能止渴和补充水分，反而容易引起体内缺水，建议首选矿泉水或含少量糖和盐的运动饮料作为运动中补充水分的饮料。其次，运动中水分或饮料的补充要少量多次，一次不宜饮用过多，否则容易加重胃肠的负担，补充水分的效果也不会更好。

2. 运动后水分和营养的补充

运动中伴随着大量的能量消耗，这些都需要在运动结束后进行补充。需要注意的问题是补水也不能操之过急，一次饮用过多的水或饮料会增强心血管系统的负担，主张少量多次。营养物质的补充要考虑适量的糖、蛋白质、无机盐等。

四、重视体育锻炼后的恢复

体育锻炼后的恢复措施是为了及时消除运动性疲劳，可从以下三方面入手：① 运动结束后做好以促进肌肉放松为目的的整理活动，不宜运动结束后马上静坐；② 可以通过洗热水浴、按摩等物理手段来加速身体的恢复；③ 要保证充足的睡眠，避免运动消耗较大又出现通宵玩游戏等现象。

第五节　常见运动伤病的预防与紧急处置 ●─────

运动过程中难免会产生运动损伤，对于一些轻微的损伤可以自行进行现场处理，如果是较为严重的损伤在自行紧急处置后要及时前往医院进行治疗，以免影响治疗效果和伤后康复。

一、软组织损伤

软组织损伤可分开放性损伤和闭合性损伤。前者有擦伤、撕裂伤、刺伤、切伤等；后者有挫伤、肌肉拉伤、肌腱腱鞘炎等。

1. 擦伤

运动时皮肤受到粗糙物体相互摩擦而引起损伤，如跑步时摔倒，体操运动时身体摩擦器械受伤。擦伤后皮肤出血或组织液渗出。

小面积擦伤，采用碘伏涂抹伤口即可。大面积擦伤，先用生理盐水洗净伤口，然后涂抹碘伏，再用消毒布覆盖，最后用纱布包扎。

2. 撕裂伤

在剧烈、紧张运动时，或受到突然强烈撞击，造成肌肉撕裂。常见的有眉际撕裂、跟腱撕裂等。开放性伤顿时出血，周围肿胀。闭合性伤触及时凹陷，剧烈疼痛。

轻度开放性损伤，用碘酊涂抹伤口即可。裂口大时需止血和缝合伤口，必要时注射破伤风抗毒血清。如肌腱断裂，则需手术缝合。

3. 挫伤

因撞击器械或练习者之间相互碰撞而造成挫伤。单纯挫伤在损伤处出现红肿，皮下出血，并有疼痛。内脏器官损伤时，则出现头晕、脸色苍白、心慌气短、出虚汗、四肢发凉、烦躁不安，甚至休克。

在 24 小时内冷敷或加压包扎，抬高患肢或外敷中药，切记不得进行揉按或涂抹红花油等活血药物。24 小时后，可进行按摩或理疗。进入恢复期可进行一些恢复性锻炼。如果怀疑有内脏损伤，迅速送医院检查和治疗。

4. 肌肉拉伤

通常在外力直接或间接作用下，使肌肉过度主动收缩或被动拉长时引起肌肉拉伤，特别是准备活动不充分，动作不协调，以及肌肉弹性、伸展性、肌力差者更易拉伤。损伤后伤处肿胀、压痛、肌肉痉挛，触诊时可摸到硬块。严重的肌肉拉伤是肌肉撕裂。

轻者即刻冷敷，抬高患肢局部加压包扎，24 小时后轻手法按摩及理疗。肌肉大部分或完全断裂者，加压包扎急救后，立即送医院手术治疗。

二、关节扭伤

1. 踝关节扭伤

踝关节外侧副韧带最容易扭伤。在跑、跳练习中，运动者处于腾空阶段时，足就自然有跖屈内翻的倾向。如果落地重心不稳，向一侧倾斜或踩在他人的脚上或踩球，陷入坑内等情况下，就会以足的前外侧着地、内翻，而导致外侧副韧带扭伤。

主要症状为伤后疼痛、肿胀，外侧副韧带明显有压痛、皮下淤血，行走困难，严重者外侧韧带完全断裂，患足不能持重，出现跳跃式跛行。

伤后应立即冷敷，抬高伤肢，用绷带固定包扎，制动 4~7 天，配合新伤药消肿、止痛。轻者 24 小时后可进行按摩，较重者用石膏固定 3~4 周，并配合按摩、外敷与内服舒筋活络的中药、针灸、理疗等治疗，但要加强功能锻炼，以免出现肌肉力量减弱。

2. 膝关节扭伤

常见的膝关节扭伤有膝关节侧副韧带扭伤及十字韧带扭伤。膝关节的稳定性，主要靠两侧副韧带及前后十字韧带维持。当膝关节伸直时，两侧副韧带会紧张以维护膝关节；当膝关节屈曲（130°~150°），小腿突然外展外旋，或足及小腿固定而大腿突然内收内旋时，会使内侧副韧带扭伤。如踢足球时"二人对脚"，跳箱落地不正确身体失去平衡，或关节外侧受到暴力冲击等，均可造成内侧副韧带扭伤。当膝关节屈曲，小腿突然内收内旋，或大腿突然外旋时，可能发生外侧副韧带扭伤。

主要症状为膝关节疼痛、肿胀、压痛，严重者发生韧带断裂，患肢不能持重，不能行走，有可能伴有半月板撕裂、膝关节活动障碍、膝不稳、软弱无力，甚至倒在地上。

轻微扭伤者，疼痛、肿胀不明显，停止活动 2~3 天，外敷新伤药，24 小时后进行按摩。严重扭伤者，制动 2~3 天，冷敷、加压包扎，抬高患肢休息 2~3 天，外敷新伤药，48 小时后进行按摩、理疗、加强托板固定。进行与加强股四头肌静力收缩相同的练习，每日做 2~3 次。10 天后加强按摩手法力度，并做直腿抬高练习。2~3 周以后解除托板固定，开始练习走路。

3. 急性腰扭伤

人体在负重活动或体位变换时，腰部肌肉、韧带、筋膜、滑膜等受到牵扭、扭转，或肌肉骤然收缩，使少数纤维被拉断，扭转或小关节微动错缝，称急性腰部扭伤。运动时，身体重心不稳定或肌肉收缩不协调，引起的腰部扭伤，多数是由腰部负荷过重，脊柱运动超过了正常生理范围造成的，如挺身式跳远中展体过大，举重上挺时过分挺胸塌腰，技术动作错误，直膝弯腰提重物等。

主要症状为肌肉轻度扭伤，患处隐痛，随意运动受限，24~48 小时后疼痛达最高峰，棘上韧带与棘间韧带扭伤，受伤的当时即感到局部突然撕裂样疼痛，过度前弯时疼痛加重，伸展时疼痛较轻。疼痛点比较表浅在棘突与棘突之间。腰背筋膜扭伤，多发生在骶棘肌鞘部和髂嵴上、下缘，伤处有明显压痛点，弯腰和腰扭动时疼痛加重。

发生腰部急性扭伤后，应让患者平卧硬板床休息，在腰部垫一薄枕放松腰肌，冷敷制动后，敷新伤药，24 小时后轻按摩，逐日加重按摩力度，进行理疗、针灸，轻者休息 2~3 天，较重者需休息一周左右。加强腰腹的力量与伸展性练习，达到功能恢复和预防的效果。

4. 肘关节扭伤（标枪肘）

前臂突然被迫外展、旋后，或屈手肌群和旋前圆肌突然收缩，使肘部肌肉、韧带受到牵拉，纤维断裂受伤，如投标枪、手榴弹、垒球时的鞭打动作易引起肘内侧副韧带扭伤，体操倒立支撑时肘关节也易受伤。

主要症状为肘内侧疼痛、肘关节伸展活动受限、肘关节局部肿胀、皮下淤血、前臂抗阻力时疼痛加重。

对患肢即刻冷敷，加压包扎，敷新伤药，24 小时后可进行按摩、理疗，疼痛严重者局部注射泼尼松龙治疗。

三、关节脱位

关节脱位是指关节面不在正常的位置，俗称为脱臼。根据脱位的程度可分为半脱位和完全脱位，前者关节面部分错位，后者是关节面完全脱离原来位置。运动中发生的关节脱位，一般是由间接外力所致，如摔倒时手撑地，俯卧式跳高时落地姿势不对，可引起肘关节脱位或肩关节脱位。

主要症状为受伤关节疼痛、压痛和肿胀，关节功能丧失；关节脱位时伴有软组织损伤、出血或周围神经受牵扯等。如肩关节脱位时呈"方肩"，伴有肢体缩短。

对伤者应立即用夹板和绷带在脱位所形成的姿势下固定伤肢，保持伤员安静，尽快送医院处理。肩关节脱位时，取三角巾两条，分别折成宽带，一条悬挂前臂，另一条绕过伤肢上臂，于肩侧腋下缚结。肘关节脱位时，将铁丝夹板弯成合适的角度，置于肘后，用绷带缠稳，再用小悬臂带挂起前臂。如无铁丝夹板，可直接用大悬臂带包扎固定。

四、骨折

骨的完整性和连续性遭到破坏性损伤，称为骨折。根据骨折周围软组织的病理，可分闭合性骨折和开放性骨折。运动中发生的骨折多为闭合性骨折。造成骨折的原因主要是身体某部位受到直接或间接的暴力撞击。如在踢足球时小腿被踢造成胫骨骨折，摔倒或跪倒时手臂直接撑地引起尺骨或桡骨骨折等；常见的骨折有肱骨骨折、前臂骨骨折、手骨骨折、大腿骨骨折、小腿骨骨折、肋骨骨折、脊柱骨骨折等。

主要症状为患处立即出现肿胀、皮下淤血，有剧烈疼痛（活动时加剧），肢体失去正常功能，肌肉产生痉挛。有时骨折部位发生变形。移动时可听到骨摩擦声。严重骨折时，伴有出血和神经损伤、发烧、口渴、甚至休克等全身性症状。

为了避免骨折端造成新的损害（刺伤血管、神经及周围软组织），预防休克，减轻疼痛，便于转送，要做适当的固定。有休克症状者，应先抗休克。抗休克的措施是：取头低脚高平卧位，保暖；迅速请医务人员到现场给氧或镇痛药。休克期过去，用长短合适的夹板固定伤肢。

五、脑震荡

头部受到暴力的直接打击或撞击可引起脑震荡。如在体育运动中，头部被棒（垒）球棒击打或从器械上摔倒时头部撞击地面等均可发生脑震荡。此外，头部遭受间接的冲击力，如从高处摔下，臀部先着地反作用力传到头部，也可发生脑震荡。

主要症状为伤后当即昏迷，病人出现短时间的意识丧失，轻者数秒钟，重者可达几分钟或半个小时。昏迷时呼吸表浅，脉搏缓慢，四肢松弛无力，瞳孔稍扩大，皮肤和肌腱等神经反射减弱或消失。伤后数日内，可出现较明显的头痛、头晕现象，当情绪紧张、活动头部或变换体位时，症状加重。还有出现恶心、呕吐、情绪不稳、易激动、注意力不集中、耳鸣、失眠等一系列自主神经功能紊乱的症状，一般数日消失。

对伤者立刻急救，让其平卧、安静、头部冷敷，身上保暖，对昏迷者可掐"人中""内关"穴。呼吸发生障碍时，可施行人工呼吸。

伤员昏迷时间超过 4 分钟，或两瞳孔大小不对称，或耳、鼻、口内出血及眼球青紫，或伤员清醒后剧烈头痛，呕吐，或再度昏迷者，损伤较严重，应该立即送医院进行处理。在转送医院时，伤员要平卧，头部两侧要用枕头衣服垫起使之固定，避免颠簸振动。意识不清醒要注意保持呼吸道的通畅，使伤员侧卧，以防止呕吐物吸入气管或舌头后坠而发生窒息，并须密切观察病情的变化。

第四章

科学健身原理

随着全民健身国家战略的深入实施，全民健身公共服务水平显著提升，健身场地设施逐步增多，人民群众通过健身促进健康的热情日益高涨，健康中国和体育强国建设迈出新步伐。本章主要阐述科学健身的理论基础，为更好地满足人民群众的健身和健康需求提供理论依据，使全民健身向更高水平发展。

第一节　科学健身的原则

所谓科学健身的原则，是健身锻炼过程客观规律的反映，是人类从古至今所积累的身体锻炼和养生经验的概括和总结，是人们科学从事健身锻炼所必须遵循的准则，是对体育健身活动进行科学指导的依据。

一、个性化原则

不同个体的身体形态、身体机能、身体素质以及健康状况等方面存在差异，能够承受的负荷量和运动强度不同，对健身项目的兴趣爱好、运动经历也不相同。运动个性化原则是指依据不同个体的体质水平、健康状况、运动能力、兴趣爱好等制订个性化的运动健身方案。

二、专门性原则

健身目的、健身项目、健身方式等方面的不同均会对最终的运动效果产生不同的影响。专门性原则是指根据体育锻炼的目的，选择专门的练习内容，制订运动健身方案，安排体育活动。即想要提高什么，就专门练什么。如果体育锻炼的目的是要提高力量，就选择力量练习；如果要提高有氧运动能力，就选择跑步、游泳等有氧运动。

三、积极性原则

参与运动健身必须有一个明确的目的才能调动积极性和自觉性。积极性原则又称目的性原则或意识性原则，是指运用宣传和其他手段，动员广大群众在充分理解身体锻炼目的、意义的基础上，自愿、主动、积极地进行身体锻炼活动。提高体育锻炼的积极性，需做到以下几点：

（1）提高体育意识，强化体育价值观念。

（2）明确目的，强化动机。

（3）培养兴趣，形成习惯。

（4）检查评价，激发动力。

四、全面性原则

身体各个系统与整个身体之间既是相互联系也是相互制约的。身体某一方面的变化会对其他方面产生影响，同时，某一方面的欠缺也会使整体水平无法提升，犹如木桶效应。全面性原则是指身体锻炼过程中，运用多种内容、方法和手段，统筹兼顾，使身体各部位、各器官系统的机能，各种身体素质和活动能力，以及心理品质都得到全面均衡地发展。进行全面锻炼能使身体素质获得全面发展，使锻炼者更快、更好地掌握运动技术和技能，从而增强体质。

五、循序渐进原则

人体各器官、各系统的机能变化都是一个由反应到适应、量变到质变的过程。循序渐进原则是指体育锻炼的内容、方法和运动负荷等，必须根据人对事物的认识规律、动作技能形成规律和生理机能的负荷规律，由小到大、由易到难、由简到繁、由低级到高级逐步进行。因此在制订运动健身计划时，不可寄希望于健身目的一蹴而就，应该根据人体机能变化规律逐渐增加负荷量和运动强度，并确保运动中身体消耗的能量得到补充，身体疲劳得到消除，身体机能完全恢复并达到超量恢复水平。

六、经常性原则

经常性原则是指身体锻炼必须持之以恒，使之成为日常生活中的重要内容。经常性原则要求养成健身习惯，而养成健身习惯是循序渐进的基础。有规律的健身运动，可使身体形成较为稳定的生物节奏。良好的生物节奏，可保证每一次健身对身体产生良好的反应，并为下一次锻炼提供基础。下一次健身在新的基础上展开，并为之后的健身创造条件。如此反复进行，既获得了身体健身实效，又养成了健身习惯。

七、运动适量原则

健身效果的好坏主要取决于运动刺激的强度，运动刺激过大或者过小都不利于机体的有效发展。运动适量原则是指在健身运动中，恰当合理地安排运动负荷，使之既能满足增强体质的需要，又符合身体的实际承受能力。遵循运动适量原则，需要做到以下几个方面：

（1）认真考虑负荷量和强度的配置。

（2）注意内部机能变化，加强对机能变化状态的监测。

（3）认真安排休息，使之与负荷合理交替。

（4）避免过度疲劳。

（5）在安排负荷时要考虑与此有关的其他因素，如休息方式、睡眠状况、食欲情况、营养状况、作息制度等。

第二节　科学健身的运动处方

科学研究表明，运动有益于身体健康，并且对大多数人来说，运动所带来的收益往往大于其风险。一份理想的运动锻炼计划应该能够满足运动者对健康和体适能的要求。本节内容所介绍的运动处方适用于以改善体适能和健康状况为目的的健康人群或某些特殊情况人群。

一、运动处方概述

（一）运动处方的概念

"运动处方"这一术语是 20 世纪 50 年代由美国生理学家卡波维奇提出，世界卫生组织于 1969 年正式采用这一术语。2018 年第十版《ACSM 运动测试与运动处方指南》以运动频率（frequency，F）、运动强度（intensity，I）、运动时间（time，T）、运动方式（type，T）、运动总量（volume，V）及运动进阶（progression，P）6 个核心要素（FITT-VP）为基石，将运动处方定义为："运动处方包括运动频率、运动强度、运动时间、运动方式、运动总量及运动进阶等要素，是为不同年龄、不同体适能水平以及存在 / 不存在冠心病危险因素或冠心病的人群制订的，用于促进健康及防治慢病的运动锻炼指导方案。"

国内较早推广运动处方的是《运动医学》编写组（1978 年），该编写组指出，运动处方是"用处方的形式规定体疗病人和健身活动参加者练习内容和锻炼量的方法"。2016 年，国家运动处方库建设课题组将国际运动处方理论与应用的最新成果与我国运动处方推广应用的实际相结合，对运动处方给出了如下定义："运动处方是由运动处方师依据运动处方需求者的健康信息、运动风险筛查、体质测试结果，以规定的运动频率、强度、时间、方式、运动总量以及进阶，形成目的明确、系统性、个体化健康促进及疾病防治的运动指导方案。"随着运动处方在我国持续不断的推广和实践，在对新出现的问题和经验进行深入研究的基础上，《运动处方中国专家共识（2023）》专家组对运动处方定义做出调整："运动处方是由运动处方技术培训合格人员，依据处方对象的基本健康信息、体力活动水平、医学检查与诊断、运动风险筛查、运动测试等结果，以规范的运动方式和规定的运动频率、强度、时间、周运动总量、进阶以及注意事项，形成局部和整体相结合、近期和远期目标相结合的个性化健康促进及疾病防治的主动运动指导方案。"

（二）运动处方的分类

随着运动处方应用范围的扩大，运动处方的种类也不断增加。最常见的是根据运动处方的功能进行分类，可分为锻炼性运动处方、预防性运动处方和治疗性运动处方。其中，锻炼性运动处方以提高身体素质、身体机能以及运动能力为主要目的；预防性运动处方以增强体质、预防疾病以及提高健康水平为主要目的；治疗性运动处方常用于某些疾病或是外伤时的治疗和康复。其他的分类方法有：根据运动促进健康的方式可分为心肺耐力运动处方、力量运动处方、柔韧性运动处方等；根据应用人群年龄可分为儿童青少年运动处方、成年人运动处方、老年人运动处方；根据人群健康状态可分为健康人群运动处方、慢病风险人群运动处方、慢病人群运动处方、骨关节损伤人群运动处方；根据运动目的、应用范围和服务对象可分为健身运动处方和医疗运动处方等。

二、运动处方的制订原则

正确制订运动处方方案必须遵循 FITT-VP 的基本原则，即包括运动频率（frequency，多久一次）、运动强度（intensity，费力程度）、运动时间（time，持续时间或多久）、运动方式（type，模型或类型）、运动总量（volume，总和）和运动进阶（progression，进展）6个方面基本内容。其中，运动频率、运动强度、运动时间和运动方式是运动处方的 4 个基本要素。

（一）运动频率（frequency，F）

运动频率是指每周执行运动计划的天数。体力活动的频率在运动促进健康/体适能中有着重要的作用。

有人观察认为，当每周锻炼多于 3 次时，最大摄氧量（$\dot{V}O_2max$）的增加逐渐趋于平坦；当锻炼次数增加到 5 次以上时，$\dot{V}O_2max$ 的提高幅度很小，而每周锻炼少于 2 次时，通常不引起 $\dot{V}O_2max$ 的改变。日本学者池上晴夫研究认为，一周运动一次时，运动效果不蓄积，肌肉痛和疲劳每次都发生，运动后 1~3 天身体不适，且易发生伤害事故。一周运动 2 次，疼痛和疲劳减轻，效果有蓄积，但不显著；一周运动 3 次，不仅效果可以充分蓄积，也不产生疲劳。如果增加到每周 4~5 次，效果也相应提高。美国的科学家们也证实，肌肉一旦停止锻炼，其退化速度是惊人的。一个人 3 天不运动，其肌肉最大力量会丧失 1/5。如果锻炼 2~3 天后肌肉不能再次"取得"合乎需要的物理效果，锻炼就会前功尽弃。

推荐大多数成年人每周进行至少 5 天的中等强度有氧运动，或每周进行至少 3 天的较大强度有氧运动，或每周进行 3~5 天的中等和较大强度相结合的运动。频率需要随运动强度的变化而改变，当运动频率小于 3 天/周时，运动改善心肺耐力的效果随运动频率的减少而减弱，但是当运动频率大于 5 天/周时，心肺耐力的提高会出现平台期。进行较大强度的运动，运动频率大于 5 天/周时，骨骼肌损伤的风险会升高。所以，不建议身体健康情况不佳的人群进行类似频率的较大强度的运动。

（二）运动强度（intensity，I）

运动强度与获得的健康/体适能益处有着明确的量效反应关系。运动强度是运动处方的核心部分，反映机体运动时用力的大小和机体紧张度，它既影响到机体的承受能力，又直接关系到运动锻炼的效果。制订适合锻炼者特点的量化的强度指标，是制订运动处方的精髓。

运动处方研究者提出了多种描述运动处方中运动强度的指标与方法，如功率、能量代谢率、心率、摄氧量、代谢当量和谈话试验等，具有较强的理论意义与运用价值。以下介绍常用的几种控制运动强度的方法。

1. 用摄氧量控制运动强度

运动强度越大，则摄氧量也越大。通常用运动时摄氧量占最大摄氧量的百分数来控制运动强度，即用 $\%\dot{V}O_2max$ 表示。

2. 用能量消耗控制运动强度

这是由于运动强度与机体能量消耗成正比。能量消耗的具体派生指标有能量消耗量、能量代谢率（RMR）和代谢当量等。代谢当量的单位是梅脱。

3. 用心率控制运动强度

由于摄氧量和能量消耗情况的直接测定都比较复杂，在日常的运动处方锻炼中运用不太现实。在运动处方锻炼中常用心率指标控制运动强度。通常用计数 10 秒脉搏数乘以 6 得出运动时每分钟心率；常用"220－年龄"推测个体的最大心率（HR_{max}）。有学者研究认为，心率与摄氧量和能量消耗之间均存在着密切的相关关系，故用心率来控制运动强度是较为科学实用的方法（表 4-2-1）。

表 4-2-1 运动强度各指标之间的对应关系

强度	摄氧量 /%	代谢当量 /梅脱	心率 /（次·分 $^{-1}$）				
			20～29 岁	30～39 岁	40～49 岁	50～59 岁	60 岁以上
较大	80	10	165	160	150	145	135
	70	7	150	145	140	135	125
中等	60	6.5	135	135	130	125	120
	50	5.5	125	120	115	110	110
较小	40	4.5	110	110	105	100	100

国内外科研成果表明，最适宜的锻炼强度在最大摄氧量的 65%～75%，即心率为 130～150 次 / 分。有专家认为，当运动心率小于 110 次 / 分时，机体的血压、血液、尿和心电图等指标均无明显变化，健身价值不大；当心率为 140 次 / 分时，每搏输出量接近并达到最佳状态，健身效果明显；当心率为 150 次 / 分时，心脏每搏输出量最大，健身效果最好；当心率为 160～170 次 / 分时，虽无不良的异常反应，但也未出现更好的健身效果；当心率大于 180 次 / 分时，体内免疫球蛋白减少，易感染疾病，易产生疲劳或运动伤病。

单用年龄因素来确定运动时的强度有失偏颇。这是因为，影响运动强度的最根本的因素，是锻炼者个体的体质健康状况，它决定着机体承担运动负荷的能力。同样年龄的锻炼者，由于体质状况的不同，其锻炼强度是有差异的。体质较好的锻炼者，需承担较大的运动强度，对机体才有锻炼价值，其运动时心率也应高一些；反之，体质稍差的锻炼者，需要并只能承担较小的运动强度，其运动时的心率也应适当低一些。根据超量恢复原理，对后者来说，即使负荷安排较小，也能取得一定的锻炼效果。这就要求在制订运动处方时，要通过对某些年龄组锻炼者的体质指标做较大样本的数理统计和处理，分析该年龄组群体的体质总体水平和分布情况，从而评价出该个体特异性的体质水平，据以确定运动锻炼的强度指标。

4. 用主观用力感觉（RPE）控制运动强度

主观用力感觉可定义为人体在运动时对用力程度、紧张、不适或疲劳的主观感觉。RPE 作为一种指标，将个体在运动过程中感受到的生理状态用心理体验描述出来。RPE 作为一种简易有效的推测运动强度和医务监督的手段，在欧美等国家得到较多的研究和应用。RPE 量表主要有 10 级或 20 级两种形式（表 4-2-2）。

表 4-2-2　主观用力感觉分类（20 级）

等级	主观感觉（RPE）
6	安静
7	非常轻松
8	
9	很轻松
10	
11	轻松
12	
13	稍费力
14	
15	费力
16	
17	很费力
18	
19	非常费力
20	

5. 用谈话试验控制运动强度

谈话试验是一种有效且可靠的运动强度评价方法，一定程度上它可以代替乳酸阈、通气阈和呼吸补偿点，作为制订和监测运动强度的一种主要方法（表 4-2-3）。

表 4-2-3　不同运动强度各指标之间的对应关系

强度	HRR/%，VO$_2$R/%	HR$_{max}$/%	$\dot{V}O_2$max/%	RPE（0~10分）	谈话试验
低	<30	<57	<37	很轻松（<3）	能说话也能唱歌
较低	30~39	57~63	37~45	很轻松到轻松（3~4）	
中等	40~59	64~76	46~63	轻松到有些吃力（5~6）	能说话不能唱歌
较大	60~89	77~95	64~90	有些吃力到很吃力（7~8）	不能说出完整句子
次最大到最大	≥90	≥96	≥91	很吃力（≥9）	

注：HRR = 储备心率；VO$_2$R = 储备摄氧量；HR$_{max}$ = 最大心率；$\dot{V}O_2$max = 最大摄氧量；RPE = 主观用力感觉量表。

（三）运动时间（time，T）

运动时间是指机体在一段时间内进行体力活动的总时间。运动时间的长短，要根据个人资料、医学检查情况来确定。推荐的运动时间可以是连续完成的，也可以是分数次累计完成的。

研究认为，运动时间应不少于 3 分钟，最大持续时间一般不超过 60 分钟。有的研究认为，每次进行 20~60 分钟的耐力性运动是比较适宜的，从运动生理学的角度来说，5 分钟是全身耐力运动所需的最短时间，60 分钟是坚持正常工作的最大限度时间。库珀认为，心率在 150 次 / 分以上时，持续 5 分钟即可收到效果，如果心率小于等于 150 次 / 分，就需要 5 分钟以上才有效果。

推荐大多数成年人每天累计进行至少 30~60 分钟（每周至少 150 分钟）的中等强度运动，或每天至少进行 20~60 分钟（每周至少 75 分钟）的较大强度运动，或中等和较大强度相结合的运动。与运动时间相关的因素有：运动项目、运动强度、运动频度、年龄和体质健康状况等因素。

1. 与运动项目有关

从事力量、速度项目锻炼，其运动持续时间应短；耐力性项目的持续时间应稍长。因为要使呼吸、心血管系统充分动员起来，大约需要 5 分钟，在达到恒常运动以后还要继续运动一段时间才有效果。

2. 与运动强度有关

运动时间与运动强度成反比。运动强度越大，则持续时间越短；运动强度越小，则持续时间越长。

3. 与运动频度有关

当运动强度固定不变时，运动时间与运动频率成反比。由此可见，运动频度越大，则每次运动时间越短；反之，则运动时间越长。

4. 与年龄和体质健康状况有关

当运动强度不变时，一般认为，成年人年龄越小，体质越好，则运动持续时间越长。

然而，在锻炼实践中，随着年龄的增大对运动处方方案进行调整时，往往是通过调整运动强度以维持一定的运动时间。特别是在老年期，由于体质健康状况下降等因素的影响，就要大幅降低运动强度，此时需要尽可能维持恒定的运动时间来保证锻炼效果，但又不至于使机体过于疲劳。

（四）运动方式（type，T）

运动方式根据改善身体运动能力的不同，可分为有氧运动、抗阻运动、柔韧性运动以及平衡、协调性运动等。不同的运动锻炼项目，对身体形态、身体机能和身体素质的发展是不同的，其基本原则是只有"对准"相应的身体部位和器官系统施加影响，才能有针对性地发展相关的身体形态和机能，如为增大上肢横径和改善上肢力量，就要以上肢为主要活动部位去完成抗阻练习，这时就可选用引体向上、俯卧撑、抛实心球、哑铃、杠铃等练习。要有针对性地提高身体素质，则要遵循提高身体素质的专门要求。

建议多数运动者进行周期性的、大肌肉群参与的、所需技巧较低的、至少是中等强度的有氧运动来提高机体的心肺耐力。有氧运动主要有步行、慢跑、快跑、骑自行车或功率车、上下台阶、登山、游泳、滑雪、滑冰、非竞赛性球类运动，以及我国传统体育项目，如太极拳、五禽戏、八段锦、扭秧歌等。表4-2-4根据运动强度等级以及所需技巧对有氧运动进行了分类。

表 4-2-4　提高健康体适能的有氧运动方式

强度等级	运动类型	推荐人群	运动方式
A	需要最少技能或体适能的耐力活动	所有成年人	步行、休闲自行车、水中有氧运动、慢舞
B	需要最少技能的较大强度耐力运动	有规律锻炼的成年人和 / 或至少中等体适能水平者	慢跑、跑步、划船、有氧健身操、动感单车、椭圆机、上下台阶、快舞
C	需要技能的耐力运动	有技能的成年人和 / 或至少中等体适能水平者	游泳、越野滑雪、滑冰
D	休闲运动	有规律锻炼计划的成年人和 / 或至少中等体适能水平者	网球、羽毛球、篮球、足球、高山速降滑雪、徒步旅行

（五）运动总量（volume，V）

运动总量主要由运动频率、运动强度和运动时间等共同决定。例如，有氧运动量由运动时间、运动频率和运动强度共同组成；抗阻运动的运动量由运动强度、运动频率和每个肌群练习的组数及每组重复的次数组成。运动量对促进健康 / 体适能的重要作用已被证实，尤其在对身体成分和体重管理的重要性方面。更小的运动量可能能为低体适能水平者带来益处，而体重管理则可能需要更大的运动量。

可以通过每天行走的步数来估算运动量。成年人至少100步 / 分钟的步频符合中等强度运动的最低阈值。每天10 000步常被作为运动的目标，但与获得健康益处有关的每天最低运动量是 7 000 ~ 8 000 步 / 天，其中至少应该有 3 000 步是快走。使用计步器估算运动量存在潜在的误差，因此最明智的做法是将步行速度与目前建议的运动时间结合使用。

为了获得健康益处，WHO 推荐成年人每周至少累计进行 150 ~ 300 分钟中等强度的有氧运动，或者 75 ~ 150 分钟较大强度的有氧运动，或中等和较大强度有氧运动相结合的等效组合。每周运动量超过 300 分钟中等强度，或 150 分钟较大强度将获得更多健康益处。

（六）运动进阶（progression，P）

运动进阶取决于机体的体质、健康状况、年龄、个人运动爱好和运动目的，以及机体对当前运动水平的耐受能力。对健康成年人来说，运动进阶应包括三个阶段，即适应阶段、提高阶段和维持阶段。运动计划的进阶速度取决于个体的健康状况、体适能、运动反应和运动计划目标。进阶可以通过增加个人所能耐受的运动处方 FITT-VP 原则中的任何组成部分，通常是先调节运动的频率和每天运动的时间，最后调整运动强度。在运动计划的开始阶段，特别是无规律运动习惯者，往往采取"低起点，缓慢加"的策略，可降低运动相关的心血管事件和损伤风险，以及增加个体对运动的适应性和依从性。

三、运动处方的注意事项

运动处方为体育锻炼的科学化开辟了广阔的前景，但在我国并不十分普及，推行和运用运动处方，是我国社会体育工作者的重要责任。运用运动处方时应注意如下几个方面：

（1）认真做好运动处方锻炼前的身体检查、体力测定、预备性锻炼和关注身体状态。

要通过身体检查和体力测定，把握锻炼者的身体状况和对运动负荷的承受能力，这同时也能保证健身锻炼的安全性。运动处方锻炼前的预备性锻炼也是十分必要的，切不可心急求快，造成事倍功半。急性疾病（如严重感冒、发烧、严重腹泻等）期间暂停运动，待缓解后再继续。运动中出现胸痛、胸闷、头晕、心悸、异常的呼吸困难和 / 或疲劳、关节肌肉明显疼痛等不适感觉，应立即降低运动强度或停止运动，采取对应措施，必要时就医。

（2）科学确定运动处方的运动负荷。

一方面要注意运用运动生理学、运动医学的有关知识，制订出适合锻炼者需要而可行的锻炼方案，另一方面要对锻炼者的工作、生活和体力活动情况加以综合判断，保证运动负荷的科学合理性。

（3）要指出运动处方锻炼的某些特定要求，并督促锻炼者遵照执行。

一是指出禁忌的运动项目和某些容易发生危险的动作；二是指出在运动处方锻炼中对负荷进行自我观察监督的指标和当指标异常时停止运动的标准；三是关于锻炼生理卫生的有关常识指导。

（4）要督促锻炼者定期进行身体状况复查和体力测定。

一般来说，每锻炼 3 ~ 4 个月后，要进行一次健康检查和体力测定，以评价身体健康水平，保证锻炼的安全性，同时可及时评价身体锻炼的效果，提供锻炼反馈信息，为制订新的运动处方提供依据。

此外，针对特殊人群的运动处方的注意事项有以下几点：

（1）孕后和产后女性注意事项。孕后和产后女性应根据个人情况调整训练安排。没有并发症的健康孕妇每周不少于150分钟中等强度有氧运动，将每周的运动量比较均匀地分布在5~7天完成，分段累计完成每天的运动量；可进行各种有氧和抗阻运动，轻柔的拉伸活动可能也有益。孕前有较大强度规律运动的习惯者，或常运动的健康女性，可在孕后和产后保持原运动习惯，减少静坐少动时间，久坐者的每周体力活动量应至少达到150分钟中等强度有氧运动。建议产后每天进行盆底肌练习，以减少尿失禁的风险。

（2）老年人特殊注意事项。老年人（65岁及65岁以上）久坐少动者的体力活动量应达到WHO的推荐量（每周150~300分钟中等强度有氧运动，每周2次抗阻练习）。应循序渐进地增加运动量，动则有益。鼓励老年人参加包括有氧运动、抗阻训练、平衡能力（预防跌倒）和柔韧性练习的综合运动，每周至少2次，并可以将其融入生活中。有氧运动要低起点、慢进阶、少变化，在主观愿意和客观能力耐受的前提下循序渐进；抗阻训练很重要，可防止肌力快速下降；肌少症人群应加强肌肉力量和肌肉耐力练习。

（3）儿童和少年特殊注意事项。儿童和少年应尽量减少久坐行为（如看电视、上网和玩电子游戏等），2~5岁儿童屏幕时间不超过1小时/天，6~11岁儿童屏幕时间不超过2小时/天。儿童和少年（6~17岁）每天至少60分钟中等至较大强度有氧运动，每周至少3次较大强度有氧运动、抗阻练习和健骨活动。超重或体力活动不足者在初始阶段应该从中等强度开始，并循序渐进地达到每天60分钟的目标。在炎热潮湿的环境下运动时，在运动前、中、后进行补水和适当调整运动强度，应避免进行持续剧烈运动；在保证运动量的同时，也要特别关注动作规范性、运动形式多样化和趣味性。加强儿童和少年运动过程中的监督以确保安全。

（4）残疾儿童特殊注意事项。每天至少60分钟中等至较大强度有氧运动，每周至少3次较大强度有氧运动、抗阻训练和健骨活动，减少静坐少动时间，尤其是屏幕时间。逐渐增加运动量；运动形式多样化，有良好的趣味性。动则有益，少量开始，逐渐增加频率、时间、强度；与健康水平相一致的体力活动不存在重大风险，健康获益显著。残疾儿童运动前应咨询相关专家，确定适宜运动方式和运动量。对于无运动禁忌证者，进行较低或中等强度运动之前不需要进行专门体检。

（5）服药病人运动注意事项。运动和药物单独或联合作用于人体，均可对运动能力和疾病疗效产生多方面影响，如抗凝药会增加运动损伤的出血风险，抑制心率的药物会影响安静时和运动中的心率，运动与降糖药物作用时间重叠可增加低血糖的风险，有些药物会抑制或兴奋中枢神经影响进而运动能力等。运动与药物相互作用具有两面性，既有协同作用，增加疗效减少不良反应；也可能相反，如运动影响某些药物的吸收和排泄，从而影响药物的作用时间。医生和运动指导人员应了解常用药物与运动的相互影响，加强运动前、后及运动中血压、血糖等指标的监测。

运动处方常以表格的形式提供给锻炼者。其格式并不强求一致，但在内容上需要包括以下几方面：第一，锻炼者的基础情况；第二，锻炼目的和要求；第三，运动处方的基本指标和适宜的运动项目；第四，运动处方锻炼注意事项。

四、运动处方的制订步骤

（1）健康诊断。通过体检和临床医学检查，了解锻炼者的一般情况（包括性别、年龄、职业、病史、锻炼情况、食欲、睡眠和常用药等）及身体健康状况（即通过医学手段检测得到生理、生化指标和各项身体素质水平）。

（2）运动试验和体力测定。运动试验是制订运动处方的基本依据之一。现在最常用的方法是"递增负荷运动试验"。这是利用跑台或功率自行车等，在试验过程中逐渐增加运动负荷强度，同时测定某些生理指标，指导受试者达到一定用力程度。运动负荷试验无异常的人，才能接受体力测验，即进行肌力、爆发力、柔韧性等运动能力和全身耐力测验。大学生在实际操作时，可以根据在校进行的体质测试数据制订个人运动处方。

（3）根据检测结果和锻炼者需求确定锻炼的目的，选择锻炼的手段。

（4）按照科学锻炼的原则和方法，制订运动处方。

（5）实施锻炼。

（6）锻炼一段时间后，再次检测健康状况，根据其承受的运动负荷和体力状况所反馈的信息，评价运动处方效果。

（7）修订原运动处方或制订新的运动处方。

（8）继续锻炼，继续反馈，继续修订。

第三节　科学健身的效果评价

科学组织的体育健身锻炼，离不开对其效果的测定和评判。体育健身的终极目标是使身体发生由弱趋强、由病转康的变化，达到益寿延年之效。但体育健身是由每个锻炼单元（若干个锻炼日）逐渐积累而成的，只有各个单元都能取得良好的锻炼效果，锻炼的积累效果才有保证。因此，效果评价有助于克服健身的盲目性，对获得最佳身体锻炼效果、克服伤病等不良反应具有重要的意义。

一、科学健身效果测评的分类

在整个科学健身的过程中，需要定期对健身效果进行评价。

科学健身的效果评价包括检查、测定、评判、监控等。检查是通过观察、主观感觉而对身体状况和健身效果所进行的一般衡量。测定是通过实验、测量和测验等客观手段，对锻炼者身体状况和身体锻炼指标进行描述和标记。评判则是根据测定所获得的数据或指标，运用有关的标准或理论对体育锻炼效果和过程进行判断的过程。检查带有经验判断的性质，测定和评判是互相联系的两个不同过程。测定是评判的基础，评判则以测定前提，评判的准确性有赖于测定手段的科学性，以及正确的标准和理论的支持。监控是通过对体育健身效果的检查和评价过程，改善锻炼手段和方法，使身体锻炼效果向目标迈进。

按照不同的分类标准，可将科学健身效果的测评分为以下几种：

1. 自我测评与他人测评

自我测评多采用主观感觉、观察进行定性检查和评价，也可采用较为简易的定量测评方法。这是体育健身最常用的方法，其特点是方法简便、及时，便于操作，但主观成分较大。他人测评是根据特定要求进行的，它需要一定的设备和仪器，但客观性较好，比较规范，有一定的组织工作。

2. 单一指标测评与多项指标综合测评

单一指标测评是只选择一个指标对体育健身的某一方面效果进行评价。如减肥锻炼中采用体重测评法。这种测评方法较为简便，针对性强，能较灵敏地反映身体锻炼后某一方面机能和能力的改善情况。要使单一指标测评更为有效，重要的是选择合理有效的测评指标和进行科学的测定。

多项指标综合测评是根据锻炼者体质和健身的特定需要出发，精选出若干个测定指标，组成一个测定体系，对锻炼对象进行测定，再利用一定的权重关系对锻炼者体育健身情况作出综合评判。如我国的《国家体育锻炼标准》。

3. 对个体的测评与对群体的测评

对个体的测评是以某人作为测评对象，运用相关手段、方法进行评价的方法。对群体的测评是在对个体进行测评的基础上，对某一特定群体的身体状况和体育健身效果进行测评，如对某个学校学生进行整体评价。有了对不同群体的身体状况和体育健身的测评结果，就可以进行不同群体之间的比较分析，而个体也可以用群体指标作为参照系，评价自身的身体状况，并对体育健身的过程加以综合分析。

4. 对健身过程的测评与对健身结果的测评

对健身结果的测评是对健身过程的终结性评价，是由果推因的评价。这种评价结果往往对提高锻炼者的积极性有直接的推动作用，但运用的周期比较长。对健身过程的测评是健身的动态反映，是一种由因推果的方法。由于它侧重于行为本身的评价，方法简单，标准明确，能直接推动人们参加健身。

5. 静态测评与动态测评

静态测评是在锻炼者处于静息或相对安静时所进行的测评，如测评锻炼者的基础体温、基础心率、安静血压等。动态测评则是在锻炼过程中进行的测评与控制，如测定运动时心率的变化。静态测评主要是了解锻炼者的长期适应情况，以评价锻炼的效果，而动态测评有助于了解身体在运动时的反应及身体运动指标等。

二、健身效果评估的常用指标

体育锻炼的目的是增强体质，提高各器官、系统的机能，而要验证体育锻炼对身体机能的良好影响，就要对体育锻炼进行客观的评定。健身效果是指经常参加体育锻炼者在体育锻炼的影响下各器官、系统在身体形态、身体机能和身体素质等方面所产生的适应性变化和良好反应。评定体育健身效果的指标有很多，这里我们主要介绍一些比较容易测定而又客观的评价指标。

（一）健身效果形态学常用评价指标

1. 体重

体重是描述人体横向发育的指标，它在一定程度上能够反映人体骨骼、肌肉、皮下脂肪及内脏器官综合发育状况。一般而言，体重与身体横断面积的发育成正比，与肌肉量成正比。体重的增加，表示肌肉量、肌力的增长和营养状况的改善。因此，人类形态学把体重作为反映人体长、围、宽、厚度发育状况的重要整体指标。

测量仪器：电子体重计，仪器误差不超过 0.1%，即每 100 千克误差小于 0.1 千克。

测量方法：测量前将测量数据调整至零。测量时体重计应放在平坦的地面上，令受试者轻上电子体重计，立于秤台中央。测试者待体重计测量数据稳定后读数并记录，精确至0.1 千克。

注意事项：受试者上下体重计时动作要轻，称重时要站在秤台中央。由于体重主要受饮食和运动时排汗量的影响有所变动，因此一般在上午 10 时左右测量。

2. 身高

身高是指人体直立时支撑面（身高计底板）至头顶点（身高计水平板）之间的垂直距离。身高是人体生长发育过程中一个反映人体骨骼发育状况、身体纵向发育水平的重要指标。有研究表明一天内身高的变动在 1.5 厘米左右。清晨起床时最高，夜晚最低，这是由于经过一天的活动，椎间盘被压缩，椎体间隙变小，同时由于肌肉和韧带的疲劳使脊柱的弯曲度增加，足弓变浅等致使身高变矮，经过睡眠身高又复原。因此一般应在清晨或上午测量身高为宜。

测量仪器：身高测量仪（误差不得超过 0.1 厘米）。使用仪器前应校对零点，同时检查立柱是否垂直，连接处是否紧密，有无晃动，零件有无松脱等情况，若有故障，应及时纠正。

测量方法：受试者赤足，立正姿势站在身高测量仪的底板上（上肢自然下垂，足跟并拢，足间分开成 60°）。足跟、骶骨部以及两肩胛区与立柱相接触，躯干自然挺直，头部正直，耳屏上缘与眼眶下缘成水平位。测试人员站在受试者右侧，将水平压板轻轻沿立柱下滑，轻压于受试者头顶。测试人员读数时双眼应与压板水平面等高进行读数，记录员复述后进行记录。以厘米为单位，精确到小数点后一位，测试误差不得超过0.5 厘米。

注意事项：身高测量仪应选择平坦靠墙的地方放置，立柱的刻度尺应面向光源。测量时应注意足跟、骶骨部和两肩间是否靠紧立柱。水平压板与头顶接触时，松紧要适度。头发蓬松者要压平，头顶有发辫、发结要放开，饰物要取下。读数完毕后，应立即将水平压板轻轻推向安全高度，以防碰撞。

3. 腰围、臀围

腰围和臀围是用于估测身体体脂分布的两个关键指标。体脂分布类型是健康以及疾病预后的重要指标。有研究表明，脂肪堆积在腰腹部的腹部型肥胖的危害比脂肪堆积在大腿和臀部的对身体的危害要大得多。腹部型肥胖很容易导致糖尿病、高血压、冠心病、中风和高脂血症等疾病的发生。身体围度的测量可以作为体现受试者整体脂肪分布及伴随风险的指标，不同性别、年龄个体均可通过测量围度评估身体成分。

测量仪器：软皮尺。

测量方法：

（1）腰围。受试者直立，双臂垂于两侧，两脚并拢，腹部放松，沿水平方向围绕躯干最细处（脐以上、剑突以下）一周进行测量。

（2）臀围。受试者直立，两脚并拢，在臀部隆起最明显处沿水平方向围绕一周进行测量。测量两次，取平均值，以厘米为单位，保留小数点后一位。

注意事项：受试者在测试时保持垂直站立姿势，呼吸平稳，测试人员注意在测量腰围和臀围时不要把皮尺拉得太紧或太松，若两次测量结果差别大于 1~2 厘米，应重新测量，力求测试结果精细、准确。

4. 派生指标

（1）BMI。

BMI 也称为体重指数或身体质量指数，反映了体重与身高之间的关系，也是衡量体重是否超重的常用指标，计算公式为：

$$BMI = 体重 / 身高^2$$

体重的单位为千克，身高的单位为米，BMI 单位为千克 / 米^2。

我国一般成年人 BMI 具体标准为：① 低体重，BMI < 18.5；② 正常体重，BMI 为 18.5~23.9；③ 超重，BMI 为 24.0~27.9；④ 肥胖，BMI ≥ 28.0。

（2）身高标准体重。

采用"标准值百分数法"。先确定标准值——标准体重。标准体重 $W = H - R$，其中 H 为身高。当 $H < 165$ 时，$R = 100$；当 $165 \leqslant H \leqslant 175$ 时，$R = 105$；当 $H > 175$ 时，$R = 110$。再确定评价等级。实际体重 > 120%W 者"肥胖"，实际体重为 110%W~120%W 者"超重"，实际体重为 89%W~109%W 者"正常"，实际体重为 80%W~90%W 者"偏轻"，< 80%W 者"瘦弱"。

（3）腰臀比（WHR）。

腰臀比是腰围除以臀围的值，是评价身体脂肪分布和判断腹腔内脂肪量的简单常用的方法。健康风险随腰臀比的增加而升高，且因年龄和性别差异而不同。参考 WHO 的标准，成年男性 WHR ≥ 0.9 为肥胖，女性 WHR ≥ 0.85 为肥胖。

5. 身体成分

身体成分可以准确地评价人体的胖瘦程度。同样体重的人，由于身体内肌肉、脂肪的含量不同，肥胖程度是不同的。体重的大小并不能真正反映一个人是否肥胖。身体脂肪所占的百分比，是评价一个人是否真正肥胖的主要依据。身体成分的测量结果，将成为确定是否需要减肥的依据。

随着科学技术的发展，生物电阻抗法是目前身体成分常用的测量方法，这是一种简单、安全、无创性的测量身体成分的方法。其测量原理是将微量电流通入人体内，通过测量电流阻抗的情况来推算身体内各种组织的含量。体内的水分大部分存在肌肉中，因此，体内去脂组织是良导电体，而脂肪组织的导电性能则较差。因此，根据电阻抗情况就可以计算出体内总的水分含量，从而可以推算出去脂体重和脂肪的百分比。其中 InBody 系列是目前市面上普遍公认的较为精确的身体成分测试仪器。体脂百分比是评价身体成分的主要指标，目前尚未有具体的关于健康体脂百分比的区间，但较多学者认为，男性和女性的体脂百分比分别在 10%~22% 和 20%~32% 范围内是较为健康的。

（二）健身效果生理学常用评价指标

1. 心率

心率是指心脏每分钟跳动的次数，正常成年人心率为 60~100 次 / 分，心率可用听诊器在心脏表面直接测定，也可用其他仪器测定，在体育活动中心率次数也可用脉搏次数表示，脉搏可用手在桡动脉、颈动脉和足背动脉处直接测定。用心率监测运动强度是一项比较灵敏的指标，而评定体育锻炼的效果却不太敏感，短时间体育锻炼的效果不可能通过心率表现出来。只有长期从事体育锻炼取得较明显的效果时，心率的良好变化才能显示出来，但从心率表现出良好的机能变化，说明体育锻炼的效果已非常明显。

2. 血压

血压是流动的血液对血管壁的侧压力，一般常指动脉血压，血压值随心动周期的变化而有所不同。心室收缩时，血液对动脉管壁的最大压强值称为收缩压；心室舒张时，血液对动脉管壁的最小压强值为舒张压。一般成年人安静状态下的动脉血压收缩压为 90~140 毫米汞柱，舒张压为 60~90 毫米汞柱；我国健康青年人安静状态下收缩压为 100~120 毫米汞柱，舒张压为 60~80 毫米汞柱。可用血压计和听诊器或直接用电子血压计测定。体育锻炼时血压的变化较大。体育锻炼对血压变化的良好影响要经过长时间的锻炼才能表现出来，应用血压这一指标评定锻炼效果时要考虑到血压变化的这一特点。正常人的血压随年龄、性别及生理情况而变化。随着年龄的增高，动脉血压也逐渐升高，但收缩压的升高比舒张压的升高更加显著。所以，对于高血压患者和老年人，要经常注意观察血压的变化。对一般体育锻炼者，则在定量荷后测定血压，以便对心血管机能进行综合评定。

3. 肺活量

肺活量是指在不限时间的情况下，一次最大吸气后再尽最大力量所呼出的气体量，其大小反映了肺的容积和肺的扩张能力，反映出呼吸机能的潜力。肺活量由三部分气体容积组成，即潮气量、补吸气量和补呼气量，或为深吸气量与补呼气量之和。正常成年人肺活量的平均值，男性约为 3 500 毫升，女性约为 2 500 毫升。肺活量的大小与性别、年龄、体表面积、胸廓大小、呼吸肌发达程度以及肺和胸壁的弹性等因素有关，而且有较大的个体差异。运动锻炼既能使人的肺活量水平提高，也能延缓肺活量的衰减。

肺活量的测定需用肺活量计（或肺功量计），以及消毒棉球、酒精等辅助用具。受测者自由站立，一只手握通气管，头部略后仰尽力深吸气，直到不能再吸气后，嘴对准吹嘴做一次性尽力深呼气，直到不能再呼气为止。记下计量盘上的读数，测两次，取最大值，记录以毫升为单位，不计小数。

肺活量的绝对值不能全面地反映人的通气功能，一般采用肺活量体重指数进行评价，肺活量体重指数是人体自身的肺活量与体重的比值，即用每千克体重肺活量的相对值来反映肺活量与体重的相关程度，主要用来对不同年龄、性别的个体与群体进行客观的定量比较分析。具体计算公式为：

$$肺活量体重指数 = 肺活量（毫升）/ 体重（千克）$$

大学男生：大于等于 78 优秀，68~77 良好，55~67 及格，小于等于 54 不及格。

大学女生：大于等于 64 优秀，54~63 良好，43~53 及格，小于等于 42 不及格。

4. 屏息试验（闭气试验）

屏息试验是一种测定和评价机体耐受低氧能力的简易方法，屏息时间越长，说明呼吸系统耐受能力越强。具体可分以下三种情况：

（1）平静屏息。受试者静坐休息后自然呼吸，听到屏息口令后立即开始屏息，直至不能坚持为止。记录屏息时间。

（2）深吸气后屏息。受试者听到屏息口令后，先做一次深吸气，然后屏息。记录屏息时间。

（3）深呼气后屏息。受试者听到屏息口令后，先做一次深呼气，然后屏息。记录屏息时间。

三种情况的屏息，以深吸气后屏息的时间最长。但是实验证明，如果过分深吸气，反而易使屏息过早中断。一般人吸气后屏息时间，男子为 58.8±3.33 秒，女子为 42.4±3.26 秒。

屏息时间的长短与肺活量的大小有关，故能反映呼吸系统的机能状况。

5. 一次运动负荷试验

可采用两种方法：

（1）30 秒 20 次蹲起。受试者静坐片刻后，测定安静时脉搏和血压，然后起立，在 30 秒内匀速蹲起 20 次。要深蹲，足跟不离地，两臂前平举。起时恢复站立姿势。蹲起结束后，立即测 10 秒脉搏，其后 50 秒内测血压。如此测脉搏和血压连续 3 分钟。

负荷结束后脉搏上升不多，血压中等升高，3 分钟内基本能恢复者机能良好。负荷脉搏明显上升（增加率超过 70%），血压上升不明显或明显，3 分钟内均未恢复者，为机能较差。

（2）15 秒原地快速跑。先测安静时脉搏和血压，然后锻炼者以 100 米赛跑的强度进行原地跑 15 秒。跑完立即测 10 秒的脉搏，随后 50 秒内测完血压，如此连续测 4 分钟。根据受试者心率、收缩压和舒张压在该时间内的变化曲线相应地作出评价。

6. 台阶试验

台阶试验是以一定的频率、上下一定高度的平台，持续一定的时间，根据登台结束后恢复期的脉搏变化评定心脏功能。最早的台阶试验是由美国哈佛大学研究设计的，称为哈佛台阶试验。之后又有不少改良和发展。

（1）哈佛台阶试验。哈佛台阶采用的台阶高度，男子为 50.8 厘米，女子为 42.6 厘米。受试者以每分钟 30 次的频率登台阶（一上一下为一次），持续 5 分钟。要求严格按照动作规范和既定节奏频率完成试验。上时，双脚应站在台中央；下时，全脚掌着地。身体和膝应充分伸直，不要跳跃和故意用力蹬踩。如果中途连续 20 秒不能跟上节奏，即停止，并记下持续时间（秒）。负荷运动停止后立刻坐下，测量运动后 1~1.5 分钟的 30 秒心率。

哈佛台阶试验指数 = $300×100/5.5P$，其中 P 为 30 秒心率。

如果受试者未能完成 5 分钟负荷，可按下式计算：

哈佛台阶试验指数 = $100D/5.5P + 0.22（300-D）$，其中 D 为持续工作时间（秒）。

评价标准为：指数在 50 以下为"差"，在 50~80 之间为"中"，在 80 以上为"良好"。

（2）改良式台阶试验。为使台阶试验能够更广泛地适用于不同年龄、性别的人群，长期以来对哈佛台阶试验的平台高度、登台频率和持续时间等进行过不少改良。

在《中国成年人体质测定标准》中，所有年龄组均设有台阶试验这一测定项目，它在调查研究的基础上作了若干改良。它规定男子的台高为 30 厘米，女子台高为 25 厘米。以每分钟 30 次的频率上下台阶，持续 3 分钟。负荷结束后，受试者立刻坐在椅子上，测量运动后第 2、3、4 分钟前 30 秒的脉搏数。如果运动中坚持不下去或上下慢了 3 次，要立即停止运动，并以秒为单位计下此刻的运动时间，同样测定。计算公式为：

$$台阶指数 = 100D / \left[2 \times (P_1 + P_2 + P_3) \right],$$

其中 D 为持续时间，P_1、P_2、P_3 为 3 次脉搏数。

通过台阶试验计算出受试者的台阶指数后，再对照《中国成年人体质测定标准》提供的 5 级评分表，即可评价受测者心脏功能的优劣。

7. 闭眼单脚站立

闭眼单脚站立是通过测量人体在没有任何可视参照物的情况下，仅依靠大脑前庭器官的平衡感受器和全身肌肉的协调运动，来维持身体重心在单脚支撑面上的时间，以反映人体的静态平衡能力，也可以评价受试者在不依赖视觉的情况下，位置感觉和本体感觉间的协调能力。

测试时，受试者自然站立，当听到"开始"口令后，抬起任意一只脚，同时测试员开表计时，当受试者支撑脚移动或抬起脚着地时，测试员停表。测试两次，取最好成绩，记录以秒为单位，保留小数点后一位，小数点后第二位数按"非零进一"的原则进位。如 10.11 秒记录为 10.2 秒。

评价：男性（正常）标准不倒时间：30~39 岁，9 秒；40~49 岁，8 秒；50~59 岁，7 秒；60~69 岁，5 秒。女性较男性推迟 10 年计算，即：40~49 岁，9 秒；50~59 岁，8 秒；60~69 岁，7 秒；70~79 岁，5 秒。

（三）健身效果运动学常用评价指标

1. 力量的测定和评价

（1）握力。握力可用以评价上肢和手指屈肌力量。测定时使用弹簧式或电子式握力计。受测者两脚自然分开约一脚距离，身体直立，手心向内持握力计，握力计指针朝外。先将指针调整至零位，然后转动握距调节钮，使食指第二关节屈指成直角，用最大力紧握上下两个把柄。以用力手测两次，取最大值。

评价：握力一般采用握力体重指数进行评价，公式为：

$$握力体重指数 = 握力（千克） \times 100 / 体重（千克）$$

男生：大于 86 优秀，72~86 良好，54~71 及格，小于 54 不及格。

女生：大于 67 优秀，55~67 良好，40~54 及格，小于 40 不及格。

（2）背力。背力是测试受试者背部肌肉的最大伸展力。使用链式或电子式背肌力计。受试者站在背力计底盘上，两脚尖分开约 15 厘米，膝关节伸直不动，上体前倾约 30°，两手正握背力计的把柄，伸直背，上体抬起，由缓慢用力至全力向上拉。测两次，取最好成绩。

注意事项：① 测试前必须先进行腰部热身运动；② 依据个体差异调节背力计高度；③ 牵拉时应匀速牵拉，不能过慢或用力过猛。

评价：背力测量值越大，则受试者的背部肌肉力量就越大。

（3）俯卧撑。俯卧撑用以锻炼和评价上肢肌与肩带肌力和耐力。使用普通平坦场地，要求受试者手掌与脚尖在同一平面上。受试者双手按地，手指向前，两手距离与肩同宽，两腿向后伸直，身体挺直，然后屈臂使身体平直下降，至肩与肘成平面，此时两肘和头的投影线呈正三角形，躯干、臀部和下肢要挺直，然后再撑起，两臂伸直为一次。记录一分钟内完成的次数。

注意事项：下卧撑起时，身体必须保持挺直，不能塌腰凸臀，身体下移后不能有间歇时间，违例不予计数。

评价：一分钟内完成的次数越多，则受试者的上肢肌与肩带肌力和耐力就越强。

（4）引体向上。引体向上用以锻炼和评价上肢肌肉力量和耐力的发展水平。受试者跳起，双手正握杠，两手与肩同宽成直臂悬垂。静止后两臂同时用力引体（身体不能有附加动作），上拉到下颏超过横杠上面为完成一次。记录引体次数。

注意事项：受试者应双手正握单杠，待身体静止后开始测试；引体向上，身体不得做大的摆动，也不得借助其他附加动作撑起；两次引体向上的间隔时间超过10秒终止测试。

评价：引体向上做的次数越多，则受试者上肢肌肉力量和耐力就越强。

（5）一分钟仰卧起坐。用以锻炼和评价腹肌力量和腹肌耐力。受试者仰卧于垫上，两腿稍分开，屈膝成90°，两手交叉置于脑后，一人压住受测者两踝关节，起坐时以两肘触及或超过两膝为完成一次，仰卧时，两肩胛骨必须触垫。检测员发出开始口令的同时开表计时，记录一分钟内完成的次数。

评价：一分钟仰卧起坐的次数越多，则受试者腹肌力和耐力就越强。

（6）立定跳远。立定跳远用以锻炼和评价下肢力量和全身爆发力。使用跳远沙坑，起跳地面要平展，不得有坑窝。受试者两脚自然分开，脚尖不得踏线，两脚同时蹬地起跳，起跳时不得垫步，两手臂顺势前移。丈量起跳线前沿至最近着地点的垂直距离。跳三次，记录最好一次成绩。

评价：立定跳远的测量值越大，则受试者的下肢爆发力越好。

（7）纵跳。通过测试受试者的纵跳高度，反映下肢的弹跳力。采用纵跳计。受试者站在纵跳计底板上，系好绳带，使绳带与地面垂直，并刚好绷直，纵跳计的指针仍在零位。屈腿后利用蹬腿和摆臂尽量向上双脚起跳，指针所指示的长度为纵跳高度。测两次，取最好成绩。记录以厘米为单位，精确到小数点后一位。

评价：纵跳的测量值越大，则受试者的下肢爆发力越好。

2. 速度的测定与评价

（1）反应时。反应时用以评价中枢神经系统的反应能力和神经肌肉的协调能力。

方法一：使用反应尺。受试者坐在桌旁，受测臂放松平放在桌子上，手指伸出桌边约10厘米，拇指与食指上缘成同一水平高度，做好准备。检测人员抓住反应尺的上端，置反应尺的下端于受试者拇指与食指之间（不要碰到手指），反应尺的零点线与拇指上缘成同一水平高度。受试者两眼凝视反应尺的下端，听到"预备"口令后，反应尺下落时急速将反应尺捏住，记录拇指上缘处反应尺的刻度。测5次，去掉最高值和最低值各1次，计算中间3次的平均数。根据自由落体加速计算公式（$h = 1/2gt^2$，其中 h 为距离，g 为重力加速度，t 为时间），计算出时间与距离之间的关系，记录以秒为单位，精确到小数点后2位。

方法二：反映人体神经与肌肉系统的协调性和快速反应能力。使用反应时测试仪测试。测试时，受试者中指按住"启动键"，等待信号发出，当任意信号键发出信号时（声、光同时发出），以最快速度去按该键；信号消失后，中指再次按住"启动键"，等待下一个信号发出，共有 5 次信号。受试者完成第 5 次信号应答后，所有信号键都会同时发出光和声，表示测试结束。测试 2 次，取最好成绩，记录以秒为单位，保留小数点后 2 位。

评价：选择反应时的测量值小，则说明受试者神经与肌肉系统协调性和快速反应能力强。

（2）短距离跑。用以锻炼和评价身体位移速度。常采用 50 米跑。受试者听到"预备"的口令后取站立式起跑姿势，听到"跑"口令或鸣枪声后，迅速沿跑道线跑出，记录下通过终点线的时间。记录以秒为单位，精确到小数点后 1 位。

评价：50 米跑所需时间越短，则受试者的快速跑动能力越强。

3. 耐力的测定与评价

对耐力的测定与评价往往是对机体的心肺耐力（有氧耐力）水平的测定与评价，而有氧耐力水平的高低与最大摄氧量有密切的关系。最大摄氧量的测试方法主要有直接测试法和间接测试法两种。其中，直接测试法需要在实验室条件下进行，不仅对于受试者的身体有较高的要求，而且对于测试环境、设备的要求也较高，单次测试成本较大。所以，最大摄氧量的直接测试法不便于在日常生活中使用，我们更多使用最大摄氧量的间接测试法进行机体耐力水平的测定与评价。常用的最大摄氧量间接测试法包括以下几种：

（1）PWC_{170} 测试。PWC_{170} 是运动员机能评定中一种常用的次极限负荷试验。它测定机体在定量负荷运动时，当身体机能动员起来并处于相对稳定状态、心率为 170 次 / 分时，单位时间内所做功的数量。它反映了机体工作能力，尤其是耐力水平。

评价：心率达到 170 次 / 分时，单位时间内机体所做功的数量越多，则受试者耐力水平越好。

（2）定时跑（12 分钟跑）。采用时间较长的定时跑，可以有效地锻炼和测定受试者的耐力水平。最常用的有美国学者库珀的 12 分钟跑。12 分钟跑可在室内或室外的跑道上进行。受试者需先做好准备活动，特别要使下肢关节活动充分。测试开始后，受试者要在规定的 12 分钟内，尽最大力量跑（或走跑交替）到终点。记录所能达到的最大距离（米）。注意跑时尽全力，最好用匀速跑完全程。如跑中感到呼吸困难，可稍放慢速度，使呼吸恢复正常。再根据相应的评分表评价身体耐力状况。

评价：12 分钟内跑的距离越远，则受试者心肺功能就越好。

（3）定距离跑。此法与 12 分钟跑相类似，但测试更加灵活方便。定距跑的测试类型较多，最典型的定距离跑是库珀的 2 400 米跑，还有美国的 Fitness Gram 中采用 1 英里（1 609.34 米）跑 / 走。我国的《国家学生体质健康标准》中，采用 1 000 米（男子）和 800 米（女子）跑，日本的新体力测试中采用 1 500 米（男子）和 1 000 米（女子）跑，新加坡则采用 1.5 英里（2 414.01 米）跑 / 走等等。测验一般选择在室外的跑道上进行。受试者做好准备活动后，要尽最大力量快跑，力争在尽可能短的时间内跑完预定的距离。根据时间评价受试者的耐力水平。

评价：受试者跑的时间越短，则耐力水平就越高。

（4）PACER 测试。PACER 测试又称渐进式有氧心肺耐力跑，该类型测试的代表测试方法是 20 米往返跑和 15 米往返跑。其中，20 米往返跑是多数国家（地区）以及相关研究者采用的耐力素质的测试指标。渐进式有氧心肺耐力跑的测试方法的测试原理与最大摄氧量的直接测试法相类似，需要测试对象在有节奏地进行跑步运动的同时跟上不断加快的音乐节奏，属于递增负荷运动。当学生连续两次不能在规定的时间到达端线或者感到体力不足以支持进行接下来的运动，即停止测试。以单程 20 米记录为 1 次，记录学生在规定音乐节奏内 20 米往返跑的最大完成次数。

评价：受试者完成往返跑的次数越多，则心肺耐力水平就越高。

4. 柔韧性的测定与评价

（1）立位体前屈。设一平面方凳。在凳子侧面安装一把刻度尺，台面处刻度为"0"，往上 25 厘米，往下 40 厘米。受试者双脚靠拢站立于方凳上，两腿伸直，上体前屈，两手臂尽量下伸，两手指尖（要齐）伸向标尺，努力使指尖触到最下端的刻度。如指尖达不到"0"点，则其成绩前加负号。记录其最好成绩，精确到小数点后 1 位。注意动作不要过猛，头要置于两臂中间，两手要并直。

评价：立位体前屈测量值越大，则受试者躯干和下肢各关节以及下肢肌群和韧带的伸展性和弹性就越好。

（2）坐位体前屈。使用坐位体前屈测量计。受试者坐在平坦垫物上，两腿伸直，脚跟并拢，脚尖分开约 10～15 厘米，踩在测量计平板上，然后两手并拢，两臂和手伸直，渐渐使上体前屈，用两手指尖轻轻推动标尺上的游标前滑，直到不能继续前伸。测两次，取最好成绩，记录以厘米为单位，精确到小数点后 1 位。

评价：评价方法与立位体前屈指标相同。

（3）颈部柔韧测验。颈部柔韧测验主要测验颈椎关节及周围软组织的柔韧性。受试者取坐位，背部紧靠椅背，尽量低头、抬头、左右转头、左右侧倾。理想幅度为低头时下颌可贴近胸部，抬头时可看到后上方天花板，侧倾时耳朵可接近肩部(不得耸肩)，转头时下颌可转至肩头的方向（90°）。测量时应固定躯干，可令受试者坐在一个有垂直靠背的椅子上，臀部尽量向后，两肩靠在椅背上，两上肢放在体侧，两脚固定在椅子腿的后方。

（4）旋肩测验。旋肩测验主要测验肩关节及周围软组织的柔韧性。受试者两臂在胸前充分伸直，横握棍，直臂由前、向后旋臂，测量两手拇指之间的距离。评定方法是用两拇指之间握棍的距离减去肩宽，即为旋肩指数。该指数越小，肩带柔韧性越好。

柔韧素质的简易测定方法还有背伸测验、髋关节柔韧测验、膝关节柔韧测验、小腿内外旋测验、踝关节柔韧测验等，或是用角度测量器测试法、等速测力系统测定法进行精确测量。

5. 灵敏的测定与评价

（1）4×10 米往返跑。4×10 米往返跑用以评价身体位移的灵敏性和协调性。设 10 米长的直线跑道若干条，在跑道的两端线（S1 和 S2）外 30 厘米处各画一条线。每个受试者需木块（5 厘米 ×5 厘米 ×10 厘米）4 块，其中一块放在 S1 线外的横线上，两块放在 S2 线外的横线上。受试者手持一木块以站立式预备起跑，听到开始的口令后从 S1 线外起跑，跑到 S2 线前时，将手中木块放在 S2 线外的横线上，然后拿起横线上的木块，迅速跑回 S1 线前交换木块，再跑回 S2 线前交换另一木块，最后持木块冲出 S1 线，记录跑完全程的时间。记录以秒为单位，精确到小数后一位。

（2）十字象限跳。十字象限跳在一块画有"十"字线的小场地（图4-3-1所示）进行。受试者听到"开始"信号后按图4-3-1的顺序，做双脚同时并跳，顺序是起点→1→2→3→4→1，直到听见"停止"的信号为止，计算10秒内跳动的次数。评定计算10秒双脚准确落在象限内的次数，作为所得的测验成绩，每跳一个象限可得1分，如果踩线或跳错了象限，每次扣0.5分。

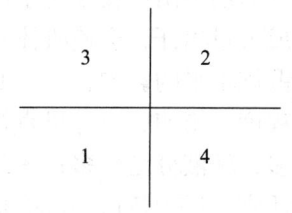

图4-3-1 十字象限跳顺序图示

灵敏素质的传统测试方法还有立卧撑测验、侧跨步测验等，或是用专门的灵敏测定仪进行灵敏素质的测试。

（四）健身效果的主观感觉评定

体育健身中的一个核心问题，是如何科学确定个人的运动负荷。如能及时发现运动负荷过大或过小，就能在以后的运动中加以调整。要确定合理的运动负荷，必须考虑每个人承担运动负荷的能力。由于锻炼者的体质状况有明显差异，故承担运动负荷的能力也各不相同。健身运动负荷的主观检查与评定，有助于把握锻炼者承担运动负荷的能力，为安排运动负荷提供依据。评价锻炼者的运动负荷是否合适，可从以下几方面着手：

1. 主观感觉

如果运动负荷安排适宜，则锻炼者的主观感觉应该是精神饱满、体力充沛、倍感舒服、渴望运动的。每次运动后稍有疲劳和肌肉酸痛感，也是正常的，通过休息能较快地消除。如果运动后感到精神不振，锻炼兴趣降低乃至厌烦，且有无力、困倦、头晕、容易激动等不良症状，以及出现局部关节肌肉酸痛疲软麻木、胸部憋闷、气短、腹胀、恶心、呕吐等，都说明锻炼负荷过大或内容安排不合理。这时应停止锻炼，迅速查明原因，请医生治疗。如有必要，可暂停运动一段时间，直到症状消失。

2. 呼吸

高温、体力活动和生病都能使呼吸加快。在进行身体训练时，氧的需求量增加。此时可以通过加深呼吸更多地吸入空气（即深呼吸），也可以通过增加呼吸次数吸取更多的氧。在训练过程中，运动员的呼吸器官开始更合理地进行工作，呼吸就变得深且有节奏，这是一种良好的指标。正常的呼吸次数为14~18次/分。把手掌放在下胸部和上腹部，就能数出呼吸的次数。每吸气和呼气一次算一次呼吸。在计算呼吸次数时，要努力做正常的呼吸，不要改变呼吸的节律。

3. 出汗量

人体皮肤会不断地排出汗液。据测定，人体一昼夜共排出约700毫升的汗液，散发约400千卡的热量。运动时由于新陈代谢加快，产热增加，汗的分泌就成为人体主要的散热形式。人体在轻微运动时，出汗较少或基本不显汗。这种运动负荷对人体的锻炼价值不大。当运动负荷适宜时，人体可有微汗或中等程度的出汗。如果运动负荷过大，机体过于疲劳，则锻炼者会满头大汗，浑身湿透，颊部出现盐迹，甚至夜间盗汗。观察在运动中的出汗量，是一种监测运动负荷是否适宜的有效方法。

用出汗量监测负荷时需注意：第一，出汗是随运动负荷增加所出现的一种伴随现象，是锻炼身体所必要的，因怕出汗会弄脏衣服而不愿增加运动负荷的顾虑是不可取的。第二，运动中出汗较多对于以减肥为目的的锻炼是必要的。但是，急于求成而增加锻炼时间造成大量出汗，会使机体一时失水过多，对机体的代谢不利。第三，出汗量受年龄、性别和锻炼水平的影响，并有明显的个人特点，要根据个人承担运动负荷的能力来确定出汗量的程度。第四，出汗量直接受气温气压的影响，也与饮水的多少有关。夏天气温高，饮水较多，汗液分泌较多；冬天天气寒冷，汗液分泌较少或不显汗。这时，只要机体的其他指标适宜，运动负荷仍可能是适宜的。

4. 情绪

情绪是人对客观事物是否符合人的需要而产生的体验，是身体健康状态的"晴雨表"，同时也是衡量人体承担运动负荷情况的一种主观指标。一般来说，人体具有运动的需要，当这种需要得到满足时，人就会产生愉快的情绪体验。在运动锻炼后，人的精神饱满、情绪乐观，说明运动负荷比较合适，健康状况良好；反之，当运动负荷过大，或身体状况不佳，则会情绪低落、精神不振、焦躁不安、不愿说话等。当这种情绪发展得较为严重时，则应引起重视，及时调整运动负荷和改进锻炼方法，特别要降低运动的强度。

5. 食欲

人体在从事体育锻炼过程中，其能量消耗是很大的。一般来说，如果运动后生理反应正常，健康状况良好，人的食欲是很旺盛的，食量也会增加；相反，如果运动负荷安排过大，生理反应异常，健康状况不佳时，就会出现食欲不振。若不及时调整，就会影响身体健康。因此，食欲是一种重要的运动负荷监测指标。通过食欲对锻炼者进行监测时，要注意对食欲的变化及原因加以分析，从而对运动负荷有一个客观的评估。影响食欲的因素是多方面的，身体上的某些病变、心理状况的改变，也会影响食欲的增减。客观分析运动对食欲的影响，有助于对运动负荷进行控制。

6. 睡眠状况

睡眠是反映人体健康状况和身体运动负荷的重要指标。睡眠状态不佳本身就是疾病的表征。人体从事适宜的体育运动后，大脑皮层和全身各器官系统会产生一定的疲劳，睡眠是大脑皮层保护性反应和消除疲劳的重要过程。如果运动负荷适宜，一般睡眠良好，睡得深沉，较少做梦，醒后感到精力充沛，处于良好的工作和应激状态。如果身体锻炼的运动负荷过大或机体不太适应，或者由于病变的影响，则可能出现失眠、多梦或嗜睡等不良现象，醒后仍感到精力不支。对于锻炼者来说，要经常检查平时的睡眠情况，如果感到不适，需要及时控制和调整运动量。如果疲劳长时间得不到恢复，经常失眠多梦，如此恶性循环，容易产生疾病，有害身体健康。

7. 学习、工作效率和生活能力

如果健身锻炼的运动负荷适宜，锻炼效果明显，则会对学习、工作效率和生活能力起促进作用，在学习、工作和生活中就会精力旺盛，思想集中，思维敏捷，记忆清晰，求知欲旺盛，适应能力强，有信心，生活能力强。如果运动负荷安排不当，疲劳加重，学习、工作和生活中就会心浮气躁，记忆力衰退，注意力不集中，主动性不强，生活能力降低。

第四节 国家学生体质健康标准

　　《国家学生体质健康标准》（以下简称《标准》）是测量学生体质健康状况和锻炼效果的评价标准，是国家对不同年龄段学生体质健康方面的基本要求，是学生体质健康的个体评价标准。《标准》的修订坚持健康第一，落实《国家中长期教育改革和发展规划纲要（2010—2020年）》《国务院办公厅转发教育部等部门关于进一步加强学校体育工作若干意见的通知》《教育部关于印发〈学生体质健康监测评价办法〉等三个文件的通知》有关要求，着重提高《标准》应用的信度、效度和区分度，着重强化其教育激励、反馈调整和引导锻炼的功能，着重提高其教育监测和绩效评价的支撑能力。

　　《标准》是促进学生体质健康发展、激励学生积极进行身体锻炼的教育手段，是国家学生发展核心素养体系和学业质量标准的重要组成部分，是学生体质健康的个体评价标准。

　　《标准》适用于普通高等学校的在校学生，《标准》颁布实施的目的在于通过测试和评价，促进学生体质健康发展、激励学生积极进行身体锻炼，养成经常锻炼的习惯，提高自我保健能力和体质健康水平。因此，《标准》既是学生体质健康的个体评价标准，也是学生毕业的基本条件。

一、《标准》的内容与评价方法

　　《标准》力图全面准确地评价学生的体质健康水平，也是动态监测学生体质变化的重要指标。大学生每年必须参加一次体质健康测试，大学一、二年级为一组，三、四年级为一组，分组进行测试与评价。大学部分的测试内容包含多项指标，了解这些测试指标并对照自身的差距有针对性地加强体育锻炼，是实施《标准》的重要目的。

　　（一）《标准》的测试项目

　　《标准》从身体形态、身体机能、身体素质等方面综合评定学生的体质健康状况。《标准》按百分制记分。大学各年级合计需要测试8个项目，均为必测项目，具体项目为身高、体重、肺活量、坐位体前屈、立定跳远、50米跑、男生1 000米跑和女生800米跑、男生引体向上和女生一分钟仰卧起坐。

　　高校每学年对学生进行一次本标准的测试，本标准的学年总分由标准分与附加分之和构成，满分为120分。标准分由各单项指标得分与权重乘积之和组成，满分为100分。附加分根据实测成绩确定，即对成绩超过100分的加分指标进行加分，满分为20分；大学的加分指标为男生引体向上和1 000米跑，女生一分钟仰卧起坐和800米跑，各指标加分幅度均为10分。根据学生学年总分评定等级：90.0分及以上为优秀，80.0~89.9分为良好，60.0~79.9分为及格，59.9分及以下为不及格。

　　学生体质健康标准的成绩每个学生每学年评定一次，记入《〈国家学生体质健康标准〉登记卡》。特殊学制的学校，在填写登记卡时可以按规定和需求相应地增减栏目。学生毕业时的成绩和等级，按毕业当年学年总分的 50% 与其他学年总分平均得分的 50% 之和进行评定。学生测试成绩评定达到良好及以上者，方可参加评优与评奖；成绩达到优秀者，方可获体育奖学分。测试成绩评定不及格者，在本学年度准予补测一次，补测仍不及格，则学年成绩评定为不及格。普通高等学校学生毕业时，《标准》测试的成绩达不到 50 分者按结业或肄业处理。

（二）测试指标的意义

1. 体重指数（BMI）

体重指数是根据体重和身高计算得出的数值，反映人体的围度、宽度、厚度和密度。体重指数是国际上常用的评价人体形态发育水平和营养状况及身体匀称度的重要指标。它可以间接反映人体的身体成分，计算方法为：体重指数（BMI）= 体重 / 身高 ^{2}，单位是千克 / 米 ^{2}。如果测得的体重指数数值小于或大于正常范围，就说明身体的匀称度欠佳，需要通过调整饮食结构或积极参加体育运动来增加肌肉组织或减少体内多余的脂肪。

身体成分是指人体总体重中脂肪成分和非脂肪成分的比例，它可以十分准确地反映人体的胖瘦状况。通常用体脂百分比，即总体重中体脂的比例来表示。

2. 肺活量

肺活量是评价人体呼吸系统机能状况的一个重要指标。肺活量的大小与体重、身高、胸围等因素有着密切的关系。因此，为了将学生身体发育的不同因素在心肺功能的评价中得以体现，在《标准》测试中选用了肺活量体重指数。

3. 50 米跑

50 米跑成绩可综合反映速度、神经过程的灵活性、身体的协调性、关节和肌肉的柔韧性以及肌肉的力量和耐力。

4. 立定跳远

立定跳远主要是测量下肢肌肉的爆发力。力量（最大力量）在体育运动和日常生活中都是非常重要的身体素质。腿部的爆发力是以腿部的力量为基础的，没有力量就谈不上爆发力，也谈不上肌肉的耐力。

5. 引体向上

测试学生的上肢肌肉力量和耐力的发展水平。该项目被单独列为男生的测试项目。

6. 仰卧起坐

仰卧起坐是评价力量和耐力的方法之一。由于它能比较安全地测试肌肉的力量和耐力，同时在做仰卧起坐时主要是腹肌在起作用，髋部肌肉也参与工作，因此这种测试既评价人体腹肌的耐力，也反映髋部的耐力。由于女生这两部分肌肉的力量和耐力与其某些生理功能有密切的联系，因此将仰卧起坐单独列为女生的一个测试项目。

7. 坐位体前屈

坐位体前屈反映的是关节和肌肉的柔韧性。柔韧性指身体各个关节的活动幅度以及跨过关节的韧带、肌腱、肌肉、皮肤和其他组织的弹性和伸展能力，是一个重要的体能成分。柔韧性差意味着相应的关节和肌肉缺乏运动。长时间缺乏发展柔韧性的练习，可导致关节或关节周围软组织发生变性、挛缩，甚至粘连，因而限制了关节的运动幅度，牵拉时必然产生疼痛，所以扩大关节运动的幅度也就是扩大人体活动的无痛范围。

8. 800 米、1 000 米跑

经常参加耐力跑等有氧代谢运动，可以提高心血管系统的机能水平。有氧代谢运动是指运动时人体需氧量和摄氧量达到动态平衡的运动。做有氧运动时，体内不产生乳酸堆积，心率和呼吸保持在稳定的状态，因而持续运动时间长，安全性高，脂肪消耗多，有利于改善心血管系统的机能。耐力跑可以测试学生耐力素质的发展水平，特别是心血管系统和呼吸系统的机能及肌肉耐力。

二、《标准》评价指标与权重系数

《标准》评价指标与权重系数详见表 4-4-1，各项指标的具体评分细则可参照《标准》中的附表。

表 4-4-1　《标准》评价指标与权重系数

测试对象	测试指标	权重 /%
大学各年级学生	体重指数（BMI）	15
	肺活量	15
	50 米跑	20
	坐位体前屈	10
	立定跳远	10
	引体向上（男）/一分钟仰卧起坐（女）	10
	1 000 米跑（男）/800 米跑（女）	20

注：体重指数（BMI）＝体重 / 身高^2。

三、《标准》测试的操作方法指导

掌握合理的测试方法方能获得准确的测量结果，特别是对于肺活量的测试要求严格按操作规程来进行，否则测量误差将会很大，影响《标准》的得分。

（一）身高测试的操作方法指导

1. 测试目的

测试学生身高，与体重测试相配合，评定学生的身体匀称度，评价学生生长发育水平及营养状况。

2. 测试器材

身高测量计。使用前应校对 0 点，以钢尺测量基准板平面至立柱前面红色刻线的高度是否为 10.0 厘米，误差不得大于 0.1 厘米。同时应检查立柱是否垂直、连接处是否紧密、有无晃动、零件有无松脱等情况并及时加以纠正。

3. 测试方法

受试者赤足，立正姿势站在身高测量仪的底板上（上肢自然下垂，足跟并拢，足尖分开，两足成60°）。足跟、骶骨部及两肩胛区与立柱相接触，躯干自然挺直，头部正直，耳屏上缘与眼眶下缘成水平位。测试人员站在受试者右侧，将水平压板轻轻沿立柱下滑，轻压于受试者头顶。测试人员读数时双眼应与压板水平面等高进行读数，记录员复述后进行记录。成绩以厘米为单位，精确到小数点后一位，测试误差不得超过0.5厘米。

4. 注意事项

（1）身高测量计应选择平坦靠墙的地方放置，立柱的刻度尺应面向光源。

（2）严格掌握"三点靠立柱""两点成水平"的测量姿势要求。

（3）水平压板与头部接触时，头顶的发结要放开，饰物要取下。

（4）测量身高前，受试者不应进行体育活动和体力劳动。

（5）定期校对仪器。

（二）体重测试的操作方法指导

1. 测试目的

测量学生的体重，与身高测试相配合，评定学生的身体匀称度，评价学生生长发育水平及营养状况。

2. 测试器材

电子体重计，仪器误差不超过0.1%，即每100千克误差小于0.1千克。

3. 测试方法

测试时，电子体重计应放在平坦地面上，受试者赤足，男性受试者身着短裤，女性受试者身着短裤、短袖衫站在体重计中央。读数以千克为单位，精确到小数点后一位。测试误差不超过0.1千克。

4. 注意事项

（1）测量体重前，受试者不得进行剧烈体育活动和体力劳动。

（2）受试者站在电子体重计中央，上、下体重计时动作要轻。

（3）定期校对仪器。

（三）肺活量测试的操作方法指导

1. 测试目的

测试学生的肺通气功能。

2. 测试器材

电子肺活量计。

3. 测试方法

房间通风良好；使用干燥的一次性口嘴（非一次性口嘴，则每换测试对象需消毒一次，每测一人时将口嘴下倒出唾液并注意消毒后必须使其干燥）。肺活量计主机放置平稳桌面上，检查电源线及接口是否牢固，按工作键液晶屏显示"0"即表示机器进入工作状态，预热5分钟后测试为佳。首先告知受试者不必紧张，以中等速度和力度尽全力吹气效果最好。令受试者手持吹气口嘴，面对肺活量计站立试吹1～2次，首先看仪表有无反应，还要试口嘴或鼻处是否漏气，调整口嘴和用鼻夹（或自己捏鼻孔）；学会深吸气（避免耸肩提气，应该像闻花式的慢吸气）。测试时，受试者进行一两次较平日深一些的呼吸动作后，更深地吸一口气，屏住气向口嘴处慢慢呼出至不能再呼为止，防止此时从口嘴处吸气，测试中不得中途二次吸气。吹气完毕后，液晶屏上最终显示的数字即为肺活量毫升值。每位受试者测试三次，每次间隔 15 秒，记录三次数值，选取最大值作为测试结果。以毫升为单位，不保留小数。

4. 注意事项

（1）电子肺活量计应保持通畅干燥，吹气筒的气管必须在上方，以免口水或杂物堵住气道。

（2）每测试 10 人及测试完毕后用干棉球及时清理和擦干气筒内部，严禁用水、酒精等任何液体冲洗气筒内部。

（3）导气管存放时不能打折。

（4）定期校对仪器。

（四）50 米跑测试的操作方法指导

1. 测试目的

测试学生速度、灵敏素质及神经系统灵活性的发展水平。

2. 场地器材

50 米直线跑道若干条，地面平坦，地质不限，跑道线要清楚。发令旗一面，口哨一个，秒表若干块（一道一表）。秒表使用前，应用标准秒表校正，每分钟误差不得超过 0.2 秒。

3. 测试方法

受试者至少两人一组测试。站立起跑，受试者听到"跑"的口令后开始起跑。发令员在发出口令的同时要摆动发令旗。计时员视旗动开表计时，受试者躯干部到达终点线的垂直面停表。以秒为单位记录测试成绩，精确到小数点后一位，小数点后第二位数按非"0"时则进 1，如 10.11 秒读成 10.2 秒记录之。

4. 注意事项

（1）受试者测试最好穿运动鞋或平底布鞋，赤足亦可。不得穿钉鞋、皮鞋、塑料凉鞋。

（2）发现有抢跑者，要当即召回重跑。

（3）如遇逆风一律顺风跑。

（五）坐位体前屈测试的操作方法指导

1. 测试目的

测量学生在静止状态下的躯干、腰、髋等关节可能达到的活动幅度，主要反映这些部位的关节、韧带和肌肉的伸展性和弹性以及学生身体柔韧素质的发展水平。

2. 测试器材

坐位体前屈测试计。

3. 测试方法

受试者两腿伸直，两脚平蹬测试纵板坐在平地上，两脚分开 10~15 厘米，上体前屈，两臂伸直前，用两手中指尖逐渐向前推动游标，直到不能前推为止。测试计的脚蹬纵板内沿平面为 0 点，向内为负值，向前为正值。记录以厘米为单位，保留一位小数。测试两次，取最好成绩。

4. 注意事项

（1）身体前屈，两臂向前推游标时两腿不能弯曲。

（2）受试者应匀速向前推动游标，不得突然发力。

（六）立定跳远测试的操作方法指导

1. 测试目的

测试学生下肢爆发力及身体协调能力的发展水平。

2. 场地器材

沙坑、丈量尺。沙面应与地面平齐，如无沙坑，可在土质松软的平地上进行。起跳线至沙坑近端不得少于 30 厘米。起跳地面要平坦，不得有坑凹。

3. 测试方法

受试者两脚自然分开站立，站在起跳线后，脚尖不得踩线（最好用线绳做起跳线）。两脚原地同时起跳，不得有垫步或连跳动作。丈量起跳线后缘至最近着地点后垂直距离。每人试跳三次，记录其中成绩最好一次。以米为单位，保留两位小数。

4. 注意事项

（1）发现犯规时，可再给予一次试跳机会。再次试跳均无成绩者，再跳至取得成绩为止。

（2）可以赤足，但不得穿钉鞋、皮鞋、塑料凉鞋测试。

（七）引体向上测试的操作方法指导

1. 测试目的

测试学生上肢肌肉力量和耐力的发展水平。

2. 测试器材

高单杠或高横杠，杠粗以手能握住为准。

3. 测试方法

受试者跳起双手正握杠，两手与肩同宽成直臂悬垂。静止后，两臂同时用力引体（身体不能有附加动作），上拉到下颌超过横杠上缘为完成一次。记录引体次数。

4. 注意事项

（1）受试者应双手正握单杠，待身体静止后开始测试。

（2）引体向上时，身体不得做大的摆动，也不得借助其他附加动作撑起。

（3）两次引体向上的间隔时间超过 10 秒停止测试。

（八）一分钟仰卧起坐测试的操作方法指导

1. 测试目的

测试学生腹肌的力量和耐力。

2. 测试器材

海绵垫若干块。

3. 测试方法

受试者仰卧于垫上，两腿稍分开，屈膝成 90° 左右，两手指交叉贴于脑后。另一同伴压住其踝关节，以固定下肢。受试者坐起时两肘触及或超过双膝为完成一次。仰卧时两肩胛必须触垫。测试人员发出"开始"口令的同时开表计时，记录一分钟内完成次数。一分钟到时，受试者虽已坐起但肘关节未达到双膝者不计该次数，精确到个位。

4. 注意事项

（1）如发现受试者借用肘部撑垫或臀部起落的力量坐起时，该次不计数。

（2）测试过程中测试人员应向受试者报数。

（3）受试者双脚必须放于垫上。

（九）800米（女)/1 000米（男）测试的操作方法指导

1. 测试目的

测试学生耐力素质的发展水平，特别是心血管和呼吸系统的机能及肌肉耐力。

2. 场地器材

400米、300米、200米田径场跑道，地质不限。也可使用其他不规则场地，但必须丈量准确，地面平坦。秒表若干块，使用前需要校正，要求同50米跑测试。

3. 测试方法

受试者至少两人一组进行测试，站立式起跑。当听到"跑"的口令后开始起跑，计时员看到旗动开表计时，当受试者的躯干部到达终点线垂直面时停表。以分/秒为单位记录测试成绩，不计小数。

4. 注意事项

（1）患有心脏病的学生不能参加该测试。

（2）凡办理过《免于执行国家学生体质健康标准》申请者不再测试。

第五章
户外休闲类健身方法

　　户外休闲健身是一种结合自然风光进行身体锻炼的健身方式。在公路、林间、公园、河边等景色优美的地方进行健身活动有助于提高锻炼者的身体机能和心理健康。本章主要介绍健步走、健身跑、极限飞盘以及户外登山、骑行、滑板等户外休闲类健身方法。

第一节　健步走

　　健步走是一项以促进身心健康为目的，讲究姿势、速度和时间的一项有氧运动，它的速度和运动负荷介于散步和竞走之间。健步走易于掌握，不易发生运动伤害；不受年龄、时间和场地的限制，适合不同年龄人群身体锻炼；运动装备简单，在良好自然环境中结伴健步走，不仅能锻炼身体，还能欣赏自然美景、促进人际交流、陶冶身心。本节主要介绍了健步走的概念与分类、特点与功能、主要锻炼方法与技术以及健身常识，使学生在深入了解与掌握健步走有关知识的基础上，为不断发展和推广健步走运动奠定基础。

一、健步走的概念

　　"走"作为人类进化的重要标志，是人类最初掌握的运动技能之一，也是人类最基本的活动方式之一。广义的健步走是指以获得和保持健康为目的的行走锻炼活动；狭义的健步走是指以健身为主要目的的行走，它不同于人们平常所熟悉的行走活动，而是有所设计并遵循一定规则进行的活动。狭义的健步走要达到一定的靶心率和运动负荷，通过多方面科学、系统的控制，使人体产生有效的运动健身累积效应，从而达到持续性的体质改善。

二、健步走的健康益处

　　（一）提高心肺功能和耐力
　　突出地表现在降低安静时和同等负荷下运动时的心率，以及提高肺活量，降低心血管疾病和心脏突发事件的危险性，如果发生心脏突发事件也可降低其严重性。
　　（二）改善血液质量
　　增加全血容量、降低血液的黏稠度，增加红细胞携带氧气的能力、增加组织器官的血流量，有效防止动脉粥样硬化的发生和发展，也能防止如脑血栓、心肌梗死这些并发症的发生。

（三）调节血管机能

健步走可以增加毛细血管数量，改善末梢循环，降低安静时高血压，改善冠状动脉循环，降低动脉粥样硬化的危险因素。

（四）减肥

坚持健步走锻炼能明显减少身体脂肪，降低体脂百分比，增加和维持肌肉含量、耐力和力量。

（五）促进骨关节健康

健步走可以增加骨密度、骨和关节力量，增加韧带、肌腱的力量，防止多种骨、关节、肌肉、肌腱的损伤，降低骨质疏松发生的危险性。

（六）增强人体免疫能力

健步走能提高抗病能力，加快病后康复速度。

（七）改善心理状态

健步走可以减小精神压力，增加自信心，提高自我控制能力；同时，健步走能改善睡眠质量，缓解精神压力，使兴奋转移，从而促进睡眠。

三、健步走的锻炼要领

健步走是在自然行走的基础上，伸直躯干，收腹、挺胸、抬头，随走步速度的加快，肘关节自然弯曲，以肩关节为轴自然前后摆臂，同时腿朝前迈，脚跟先着地，过渡到前脚掌，然后蹬离地面。健步走时，上下肢应协调运动，并配合深而均匀的呼吸。

健步走速度的快慢是决定锻炼效果的关键因素，通常因人而异，可分为慢速走（每分钟70~90步）、中速走（每分钟90~120步）、快速走（每分钟120~140步）、极快速走（每分钟140步以上）。

健步走有以下常见错误：

（一）腰背不直

许多进行健步走的人一开始还能做到抬头挺胸，但是后来慢慢变得"弯腰驼背"，长此以往，不仅达不到好的锻炼效果，反而会导致软组织的损伤。

调整方法：走路时身体尽量挺直，让脊椎成一直线，眼睛直视前方。这个时候要注意肩膀放松，但不要刻意紧张保持一种固定的健步走姿势，以免出现颈、肩、背部不适。

（二）大口呼吸，不收小腹

不少人健步走大口呼吸、不收小腹，这样不但走起来吃力，也会影响健步走的保健效果，甚至诱发心肺不适。

调整方法：健步走时要慢慢收紧小腹，然后随着运动的频率慢慢舒展，这样一收一舒之间就能很好地锻炼腹部肌肉，然后慢慢过渡到腹式呼吸。

（三）负重行走

有些健步走者背着双肩包等物品，如果背太重的东西，膝盖承载过重，时间久了会造成损伤。

调整方法：健步走最好少带不必要的物品，如果一定要带，也要注意重量控制，以行走时不觉负重吃力为宜。

（四）不做热身运动

没做热身运动就出发，容易造成肌肉拉伤。

调整方法：健步走前要进行适度热身锻炼，慢慢起步，等到足部有些发热，再递增速度。快完成运动计划时，要慢慢减缓速度，不要马上停下来。

第二节 健身跑

一、健身跑的概念

健身跑又称慢跑，它是采用较长时间、慢速度、较长距离的有氧锻炼方法。其技术特点简单、易掌握，男女老少均可参加。该项运动不受场地、器材限制，可在田径场、公路、树林、公园及田间小路等地进行练习，是我国群众性体育活动中普遍开展的项目之一。

二、健身跑的健康益处

（一）对心血管系统的影响

健身跑能使心脏腔室增大，每搏输出量增加，心动徐缓，心脏的舒张期延长，心肌可以得到更多的休息，工作能力更加持久；随着心血管系统功能的增强，人体外周的毛细血管增多，供血量增加，为机体的氧运输提供了便利的条件，从而增强肌肉耐力，不易疲劳。健身跑属于有氧耐力运动，对降低血脂，稳定血压，治疗、预防冠心病也具有良好的效果。

（二）对呼吸系统的影响

长期参加健身跑可以使呼吸肌在跑步过程中得到锻炼，加强呼吸肌的力量，加大呼吸的深度；可以使肺活量适应性增大，扩大肺通气量，减少呼气次数，提高呼吸功能储备以及身体对氧的利用率。

（三）对神经系统的影响

健身跑是人体各个部位有规律而协调地进行运动，长期进行健身跑，能使神经的兴奋与抑制、传导与反应等机能得到明显的改善，使人体对外界的适应能力有明显的提高。

（四）对肌肉和骨骼的影响

经常参加健身跑运动，可以提高肌肉的充实度，提高线粒体中氧化酶的活性，提高骨骼肌持久工作的能力；还可以健美体形，增强关节灵活性，改良骨骼结构，促进青少年的骨骼发育，减缓老年人的骨质疏松。

（五）对肝功能的影响

跑步时，由于体内糖分的消耗增加，会促使肝脏的供糖能力加强，所以，长期进行健身跑可以改善肝脏的工作能力。实验证明，长期进行健身跑的人的肝脏机能比一般人的水平高，对疾病的抵抗能力也较强。

（六）对心理的影响

研究表明，长期进行有氧锻炼，可以改善跑步者焦虑、抑郁、精神分裂等不良心理状态。进行锻炼的时间非常重要，每次锻炼的时间必须超过 20 分钟，至少 10 周以后才能显著降低机体的特质焦虑。大量实验结果表明，一次性有氧锻炼和长期的有氧锻炼均能有效降低抑郁，这种作用在需要得到特殊心理照顾的被试者身上体现得最为明显。

三、健身跑的锻炼要领

健身跑时，步伐要轻快富有弹性，脚掌柔和着地，身体重心起伏小，左右不晃动，步幅小，上下肢协调配合，跑步的直线性好。

（一）腿部动作（一个单步技术可分为三个阶段）

1. 着地缓冲。用脚跟或脚外侧柔和着地并很快滚动到全脚掌，着地点距离身体投影点 20～30 厘米处为宜，脚落地没有明显（扒地）动作，落地瞬间身体重心不要过多下降。

2. 后蹬与前摆。后蹬向前性要好，摆动腿前摆时不要抬得过高，髋部没有明显前送动作。

3. 腾空。身体重心腾空不要过高，放松蹬地腿的肌肉，迅速省力地将大腿向前摆出，大小腿应顺惯性自然折叠。

（二）上体姿势与摆臂

上体正直稍前倾，头部自然，眼平视，摆臂以肩为轴，两手半握拳，前后摆动。

（三）呼吸

呼吸要和跑步的节奏相吻合，一般是两步一呼、两步一吸；也可三步一呼、三步一吸。呼吸时，要用鼻和半张开嘴（舌尖卷起，微微舔上腭）同时进行。对初练跑步者，呼吸的快、慢、深、浅因人而异，可在不感到憋气的情况下，自然地加深呼吸。

四、健身跑的类型

（一）慢速放松跑

慢速放松跑是健身跑的主要方式，是以匀速跑的方式完成一定的距离，跑步者可根据自己的实际情况确定运动强度。开始跑步时，以每分钟 90～100 步为好，当身体微微出汗，心跳加速时，可逐渐增加到每分钟 110～120 步或 120～130 步。运动时间以每天 20～30 分钟，每周锻炼 5 天为宜，距离 2 500～3 000 米，或先从 1 000 米开始，适应运动量后，每月或每两周增加 1 000 米，增加至 3 000～5 000 米即可。速度可参考下列指标：如慢跑 1 000 米距离，8～12 岁儿童用 8～9 分钟；青少年用 7～8 分钟；30～49 岁人群用 8～9 分钟；50～59 岁人群用 9～10 分钟完成。老年人和体弱者可以比走步稍微快一些，身体素质良好者可在锻炼过程中加快速度。慢跑时，心率保持在每分钟 110～120 次最好；也可采用以下方法计算运动心率，即适宜运动心率 = 180 - 实际年龄。

（二）变速跑

变速跑又称法特莱克跑，是指在跑步过程中快跑一段、慢跑一段、快跑慢跑相互交替进行的一种跑步方式。这种方法适合身体素质较好的长跑爱好者。慢跑过程中，肌肉活动相对平稳，摄氧量能够满足肌肉活动的需求，身体处于有氧代谢的状态。快跑过程中，肌肉剧烈活动，氧需求量急剧增加，而身体不能满足运动对氧的需求，此时身体处于无氧代谢的状态。有氧运动和无氧运动交替进行，不仅对发展一般耐力有好处，而且也能提高机体的速度素质，对提高人体机能大有益处。变速跑可根据自身的情况随时改变速度，逐步提高变速跑的速度，增加运动量，最大限度地发挥健身跑的作用。

（三）定时跑

定时跑有两种情况：一种是每天跑一定的时间，不限速度和距离。如开始时每周跑三次，每次跑20分钟，习惯以后增加至每周4~6次，每次跑步的时间也延长至30~60分钟。另一种是限定在某段时间内跑完一定的距离。如开始时5分钟内跑完800米，随着运动水平的提高可缩短时间、加快速度，或者延长距离来加快速度。这种方法可提高速度耐力素质，并且可以此来检验自身的耐力素质。

（四）有氧跑

有氧跑是指较长距离、较长时间的中速跑和慢跑。有氧跑可以称为"健身锻炼之王"，是健身运动最常用的形式，其原因有二：一是对场地器材的要求不高，运动强度和量可以随意控制，便于操作；二是有氧健身跑对机体的健康促进能力最大。

第三节　极限飞盘运动

极限飞盘运动发明于1968年美国新泽西州的哥伦比亚高中，2001年被列入世界运动会项目，曾被《纽约时报》评为世界上发展速度最快的运动。

一、极限飞盘运动的概念

极限飞盘运动是一项严格要求无身体碰撞的团队竞技运动，它融合了橄榄球、足球和篮球等项目的运动特点。正式比赛时主要为七人制，没有裁判。此运动传入我国以来在多座城市迅速兴起，受到大学生和白领阶层的热捧。

二、极限飞盘运动的健康益处

（一）提高心肺功能和耐力

在进行极限飞盘运动时，场上队员需要不停地变换位置，在此过程中，人的心肺功能得到提高，耐力也随之增强。

（二）提高身体的协调性和反应能力

掷飞盘需要选手精确的运动协调性和平衡感，对提高身体的协调性和反应能力非常有益，还能够降低跌倒风险。

（三）提高沟通和合作能力

极限飞盘运动是一项需要团队合作的运动。无论是比赛还是休闲活动，都需要队员之间的相互配合与合作。这不仅需要队员有一定的沟通能力，还需要耐心和信任，在此过程中，能增强人际交往能力和社交技巧，增进人与人之间的感情。

（四）缓解压力

极限飞盘运动可以帮助人们放松身体和减轻压力。作为一项娱乐性的活动，在高压的工作学习之后，课余时间可以通过掷飞盘来缓解压力，调整好身心状态。

（五）消耗多余脂肪，预防骨质疏松

极限飞盘运动作为一种有氧运动，能消耗人体多余脂肪，从而达到减肥效果。在运动中需要不断地跑动，能增强骨骼的强度，有效预防骨质疏松。

三、极限飞盘运动的基本技术

（一）反手掷法

反手投掷是飞盘投掷最基础的技术。

握盘手型：手掌张开贴住飞盘边沿，然后扣住侧壁，注意手指不要搭出来。

掷盘：投掷时，运用从腰到手腕的力传导，不要使用单个部位去代偿发力，投掷时前脚踩实，转动腰部，像甩鞭子一样甩盘，自然将飞盘投掷出去，如此，飞盘就会以平飞的方式飞向目标。

（二）正手掷法

握盘手型：持盘手的食指和中指抵在飞盘的内沿，无名指和小拇指抵在外沿，将盘端稳且放平。

掷盘：掷盘前眼睛看着要传盘的方向，掷盘手同侧脚向身体侧边迈出一步成侧弓步，手臂带动手腕向前鞭打将盘掷出，出手前肘关节向前发力，使前臂外翻成超越器械动作，随后手腕鞭打将飞盘旋转飞出，确保飞盘出手时盘面与地面平行，避免飞盘与地面出现倾角。

（三）拍式接法

拍式接法，也叫三明治接法，是飞盘场上最基础也是最稳妥的接法。

准备姿势：双脚与肩同宽，屈膝降低重心，双手一上一下，掌心相对，眼睛盯住飞盘。

接盘：当飞盘飞到身前时，双手迅速合拢拍夹，拍夹的位置在飞盘的中心，使飞盘停止旋转并控制在手上。

（四）双手钳式接法

双手钳式接法可以分为上手接法和下手接法两种。

准备姿势：准备接盘时手呈钳子形状，并且朝向飞盘。

接盘：眼睛同样盯着飞盘，并用双手夹接飞盘盘沿，接到飞盘后手臂快速后撤，将飞盘缓冲控制下来。根据飞盘的来路，可以选择手掌向上接，也可以选择手掌向下接。飞盘的来路在腹部以上，可以选择手掌向上接；飞盘的来路在腹部以下，可以选择手掌向上接。

（五）单手钳式接法

当飞盘离自己身体较远且无法用双手控制时，可采用单手钳式接法。该接法动作要领和双手钳式接法相同，同样分为上手接法和下手接法两种，分别处理不同高度的飞盘。单手钳式接法的要领在于接到盘时要主动后撤缓冲，同时接盘的手不能正对飞盘，应该在稍侧面一点的位置进行接盘，这样就不会因为接盘时手和飞盘相向的冲击力过大而导致接盘失误、飞盘落地。

四、极限飞盘运动的基本战术

（一）进攻战术

1. 一对一战术

一对一的情形下，为了获得更大空间，接盘队员集中于比赛场地中央进行站位（队列，stack）。站位主要分为三种：负责传送飞盘的控盘手（handler）、负责中场接应的中锋（middle）和负责主要接盘任务的前锋（deep）。控盘手应该由掷盘技术好、有能力控制进攻节奏的队员担任。我们把最先传盘的控盘手称为 QB（quarterback，四分卫，在美式橄榄球中攻方的一种部署，位于中心的后方指挥作战，为攻击的关键）。中锋需要纵向跑动去接盘，然后与前锋合作，因此速度快、掷盘好的队员适合这一位置。前锋主要负责接盘，掷盘技术差一点没关系，但要具备很快的速度、出色的接盘能力以及敢于争夺的勇气。中锋和前锋一般没有太多区别，实际上，后方四位接盘手可以相互交换站位，以达到更好的进攻效果。正如下面将会介绍的双人进攻战术，具体任务分配给具体位置的队员。后方的四位队员的接盘顺序是确定的，分担的任务也是相同的。某些情况下，所有队员都得具备掷盘和跑位的技能（图 5-3-1）。

2. 双人进攻

这是最有名的进攻形式——两位前锋与两位中锋分别组合为两小队，轮流接传盘。这样就确定了接盘顺序，因而容易预测下一步的打法，便于创造空间。一对一进攻中，这种方法是最实用的，但不能固守某个位置不动。接盘手要有很好的接盘技术，同时，掷盘手也必须有能力掷长传。美国大多数队伍都采用这样的进攻形式。站位分为四分卫（QB）、控盘手（handler）、第七选手（7th man）、双人组合（man 和 buddy）、短补选手（short fill）和长补选手（long fill）（图 5-3-2）。

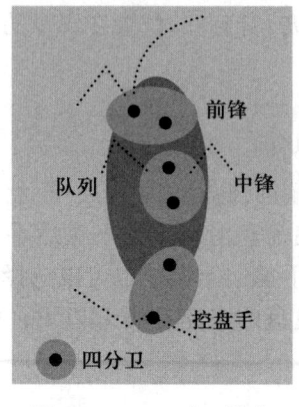

图 5-3-1　一对一战术

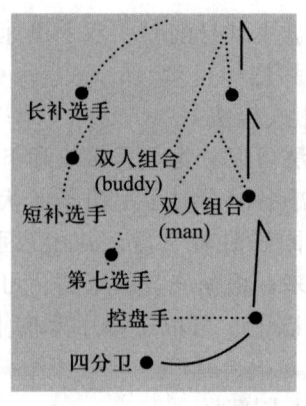

图 5-3-2　双人进攻

3. 自由式进攻

自由式进攻与一般的进攻阵型不一样，掷盘手和接盘手打法非常灵活、自由。三名队员以快速短传相互配合，将盘往前场推进。安排三名控盘手在后方，中锋和前锋一共四人在进攻得分区附近选择合适的站位为推进飞盘创造空间。当对方实施一对一紧盯的防守时，这一战术很管用（图 5-3-3）。

领先掷空位：防守方背对飞盘面对接盘队员时，可以采用这种方法。掷盘手要在接盘手开始跑向空位之前，把盘掷向空位，这样能够在防守方来不及反应的情况下完成传盘。为控盘手创造空间时，这种方法尤其有效，领先出盘的话再快的防守队员也追不上，活用了飞盘的特性（图 5-3-4）。

4. 开放式队列

这是一种主要流行于欧洲的进攻形式。在场地左右两侧排成队列，为控盘手创造空间的同时，只让中锋一人在中央位置自由活动。控盘手会多使用领先掷盘法，中锋需要尖子选手来担任。远距离接盘经常出现，因而准确的接盘能力是不可或缺的。这种进攻形式适用于队员身高比较高的队伍，控盘手经常使用自由式进攻战术（图 5-3-5）。

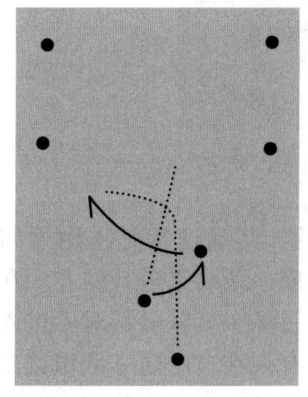 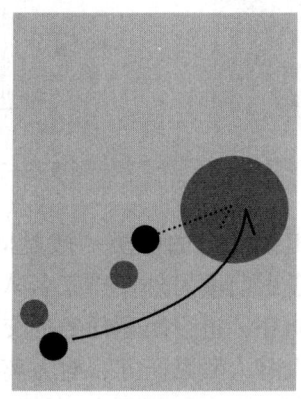 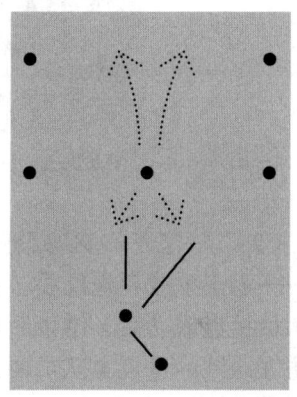

图 5-3-3　自由式进攻　　　　图 5-3-4　领先掷空位　　　　图 5-3-5　开放式队列

（二）防守战术

1. 区域防守

区域防守主要分为"二三二"和"一三三"两种类型。"语言交流""观察四周"是区域防守中的两项重点。提到"语言交流"，别说场上队员，场下队员也会大声喊加油。场上队员必须观察四周判断自己的站位情况，判断力、平衡力都很好的站位在比赛中是很重要的。在美式橄榄球的场地中进行全场篮球式的防守，注定了这项运动中存在的危险。哪里空出来，哪里就有危险。同时，有必要建立全队共同的意识——明白哪里可以空出来，哪里决不能空出来。区域防守中，并非仅仅把对手包围就结束了。倒数计时，给对手施压，扰乱对方队形，压制对方活动，用攻击性动作让对手动摇，从而创造攻防转换的机会。当然，关于何时何地向对方施压，全队要有共同意识，达成默契。单枪匹马闯入敌阵，只会使本方后场空虚。

（1）"二三二"区域防守。"二三二"区域防守是最正统的区域防守。两名防盘手（marker）与一名中路中卫（middle middle）组成"杯子"给控盘手施压。在后场，中间安排一名中锋（short deep），两边安排边路中卫（side），最末尾安排一名前锋。最基本的方法是让防盘手逼中路，但有时也可在边线地带诱阻（trap）。诱阻时，关于站位有两点需要注意：一是"杯子"不动，尝试诱阻；二是诱阻时诱阻一侧的边路中卫进入"杯子"。运用后一种方法时，由于后场防守体系出现了变化，需要留意一下。谈到"杯子"之间的防守队员，会有两种情况：一种是边路中卫（side middle）防守中间，中锋守卫后场区域（图5-3-6）；另一种是中锋守卫"杯子"的一侧。第二种情况下，中路中卫和中锋相互配合，左右各守一人（图5-3-7）。尝试诱阻时，中路中卫保护诱阻的一侧，这样较容易实现诱阻。

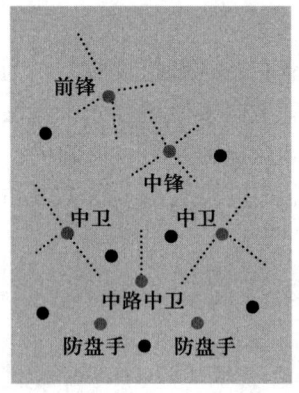 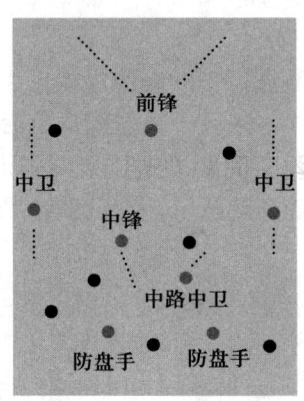

图5-3-6　"杯子"防守1　　　　图5-3-7　"杯子"防守2

（2）"一三三"区域防守。担任防盘的队员一般是固定的。防盘通常是采用逼向方法——逼正手或者逼反手。在防盘者前面另外安排三名队员形成一条线来进行防守。在对方队员接盘成功后，结束后场的防守，进行防盘任务的交接。后场三名队员，对于进入自己防守区域的进攻方队员要进行人盯人紧贴防守，对方离开后有人在自己防守区域接到盘的话要迅速转防守为防盘。这种防守中，必须得有擅长防盘的队员。人盯人防守方法比较容易实现转变，常常在防守转换中使用。

2. 人盯人防守

人盯人防守中，根据防盘者的防盘方式可分为逼中路（force middle）、逼正手（force forehand）、逼反手（force backhand）等类型。

（1）逼中路。最正统的防守方式。在防守掷盘者时，防盘者常常逼他往中间场地出盘。虽然这样做对断下传盘很有帮助，但防盘者有时不知该紧跟接盘者的什么位置，所以最好大声给予提示（图5-3-8）。

（2）逼正手。防守时防盘者会常常让对手正手掷盘。这样可以限定对手的进攻方向，从而使本方后场更加容易防守。尤其是掷盘者正手掷盘不如反手时，这种方法更容易使对方传盘失误。风往正手一侧吹时（从防守方看来是从右至左），这样做非常有效（图5-3-9）。

（3）逼反手。与逼正手方法相反。风往反手一侧（右侧）吹时，逼反手很有效。长传比较危险，防盘者的站位也有点难度（图5-3-10）。

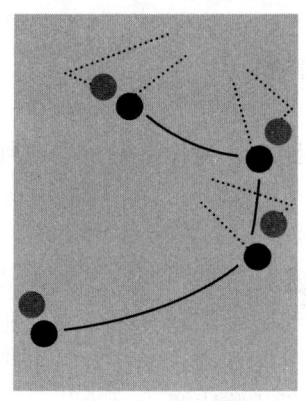
图 5-3-8 逼中路

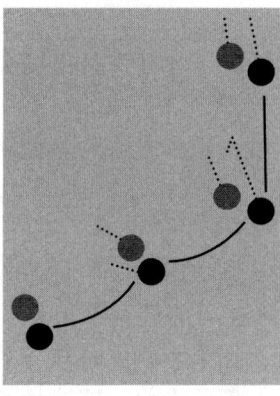
图 5-3-9 逼正手

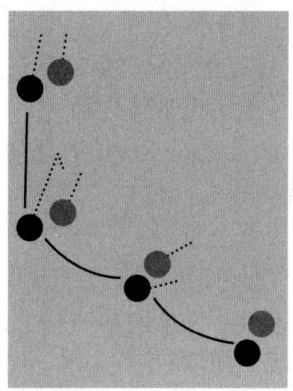
图 5-3-10 逼反手

五、极限飞盘运动简易规则

（一）场地

正式比赛场地为长方形，长 64 米，宽 37 米。得分区分别位于场地两端，深 18 米（或 23 米）（图 5-3-11）。

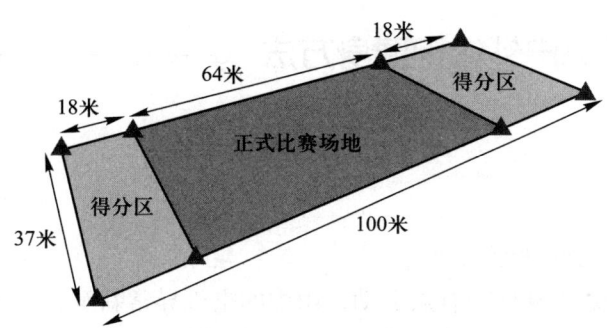

图 5-3-11 极限飞盘场地

（二）开盘

每一局比赛开始时，双方队员在各自防守的得分区内排成一队。先防守的队伍把飞盘扔给进攻的队伍（称为"发盘"）。正规的比赛中，每支队伍只许有 7 位队员上场。

（三）得分

如果进攻方队员在对方的防守得分区内接住飞盘，则得一分。

（四）传盘

队员可以往任意方向传盘给自己的队友。不允许持盘跑动。持有飞盘的队员（称为"掷盘者"）有 10 秒钟的时间来掷盘。防守掷盘者的队员（称为"防盘者"）应该大声地喊出这 10 秒钟（称为"延时计数"）。

（五）失误

如果进攻方传盘没有成功（如出界、掉地、被对方断下、被对方截获等），则视为失误。此时防守方获得盘权，立刻攻防转换。

（六）换人

只有在得分之后或队员受伤的情况下才允许替换场上比赛队员。

（七）无身体接触

队员之间不应该有任何身体接触，也不允许阻止其他队员的跑动，身体接触发生时判为犯规。

（八）犯规

当一方队员跟另一方队员发生身体接触时，视为犯规。被犯规的队员要立刻喊出"犯规（foul）"，此时所有场上队员要停在当前位置不得移动，直到比赛重新开始。如果犯规没有影响进攻方的盘权，比赛继续；如果影响了进攻方的盘权，飞盘交还给进攻方继续比赛。如果防守方队员不同意犯规，飞盘还给前一位持盘者，重新开始比赛。

（九）自判

比赛没有裁判，场上队员自行裁决犯规、出界和失误。队员们应该文明地讨论与解决争议。

（十）极限飞盘运动的比赛精神

极限飞盘运动很重视体育道德和公平竞争。它鼓励队员们激烈对抗，但激烈对抗必须建立在相互尊重、遵守规则和享受乐趣的基础上。

第四节　其他常见户外休闲健身方法

一、户外登山运动

（一）户外登山运动的健康益处

登山是一项健身效果极佳的有氧运动，山中的空气异常新鲜，对于改善肺通气量、增加肺活量、提高肺的功能很有益处，同时还能增强心脏的收缩能力。山间道路不平整，有益于改善人体的平衡功能，增强四肢的协调能力，尤其是行走在没有经过人为修饰的非台阶路段，可使人体肌纤维增粗、肌肉发达，增强肢体灵敏度。另外，在山巅之上极目远眺，可以缓解眼部肌肉的疲劳，还可使紧张的大脑得到放松和休息。

（二）户外登山运动的锻炼要领

1. 五大要领

（1）身体。行走是全身运动而绝不只是脚部运动，注意通过摆臂来平衡身体、调整步态。

（2）足部。全脚掌触地，先是脚跟，然后到脚尖。

（3）节奏。最好的速度是边走边聊而不喘，注意脉搏最好为90～120次/分。

（4）呼吸。调匀呼吸，避免岔气，一定要深呼吸。

（5）背部。沉肩，保持背部挺直，用腹部深呼吸。

2. 九条黄金法则

（1）提前做好热身运动。如果将攀登的山比较高或者平时较少参加攀登运动，那么，在登山之前做一些热身运动是很有必要的。即利用 10~20 分钟做一些肌肉伸展运动，尽量放松全身肌肉，这样攀登时会觉得轻松许多。

（2）要按照自己的速度来走。每个人的身体素质各异，一般情况下，徒步登山又是一种多人参与的团队活动，所以，在行进过程中，不要为了迎合队友而逞强埋头猛走，一定要考虑自身的情况量力而行。作为同行者，也需考虑一下队友的情况，可以采取分队的方法徒步，两队或若干队可在同一个目的地集合。

（3）学会休息的步法，科学地休息。对于走路，没有一个标准的走法，每个人都要结合自身的情况，选择最适合自己的方式，事实上，只要自己的体能能够得到科学有效的利用，就是一种好的徒步方法。在徒步的过程中需要科学地休息，张弛有度、劳逸结合才能事半功倍。一般来说，运动者每走 50 分钟需要休息 10 分钟。

（4）不要只顾走路而成为暴走族。户外徒步是强身健体的方式之一，但有些运动者一味地追求徒步强度，成为自虐式的暴走族。实践证明，大强度的体力付出并不是一种值得提倡的行为，甚至得不偿失。专家建议，人们在进行户外徒步的时候，最佳速度是能使自己维持走一整天的速度。

（5）转移注意力。登山时千万不要总是想着山有多高，爬上去还需多少时间之类的事情。不慌不忙，走走停停才能体会到爬山的乐趣，不会错过美丽的风景。在疲惫时，可以多观赏一下周围的景色，也可唱唱歌，转移注意力，倦意会有所消减。但是如果路面不好，要注意走路不看景、看景不走路。

（6）不渴先喝水。爬山一般选择清晨为好。运动时要注意补充水分，在满足解渴的基础上再适当多饮些水，或者在运动前 10~15 分钟饮水 400~600 毫升，这样就可以减轻运动时的缺水程度。饮料应选择含有适当糖分及电解质（最好选择含有维生素 C）的，以尽快减轻疲劳感，恢复体力。

（7）下山要放松。下山一定要控制住自己的脚步，切不可冲得太快，这样很容易受伤，如果扭脚受伤，救护和行走都很困难。同时注意放松膝盖部位的肌肉，绷得太紧会对腿部关节产生较大的压力，使肌肉疲劳，损伤膝盖。正确的下山方法是：重心偏后并稍降低，前脚站好再把重心移过去，永远要有一只脚支撑在地面上。

（8）善待你的双脚。户外徒步登山，脚是最勤奋、最辛苦的，一定要善待双脚。不要穿新鞋，应选择合适的登山鞋，最好准备一根登山杖。登山杖可以帮助登山者节省体力。

（9）户外心态的把握。登山及徒步不仅应被看作锻炼身体的途径，更要具备良好的心态：出于对大自然的崇敬而去接近、体验它，不要存有去挑战它的想法（可以通过这种方式来挑战自己的想法才是正确的），因为大自然的力量是多变而无穷的。

二、户外骑行运动

（一）户外骑行运动的健康益处

户外骑行是一种健康自然的运动方式，能充分享受旅行过程之美。一辆单车、一套骑行装备即可出行，简单又环保。骑行就是驶过颠簸的路途，穿越黑暗的隧道，在不断而来的困难当中体验挑战的运动。

长期坚持户外骑行，可以使运动者的静息心率降低，其跟长跑项目的运动特点有点相似，但是好处与长跑又不尽相同，优点也更胜于长跑项目。户外骑行可以增强肌肉的功能，促进血液循环，对预防心血管疾病也有很好的作用和效果。

（二）户外骑行运动的锻炼要领

（1）力量型骑车法。即根据不同的条件用力去骑行，如上坡或上坡时调节齿轮大小（限五速或十速可调速自行车）等，此种方法可以提高双腿的肌力或肌耐力素质。

（2）核心肌力骑车法。骑行过程中臀部离开座位，但又不站直身体，同时核心部位（腰腹部）发力控制身体平衡，运用此种方法可训练核心部位肌群力量。

（3）间歇型骑车法。在骑车时，先以中慢速骑1~2分钟，再以1.5~2倍速度骑2分钟，然后再中慢速骑行，再回到快速。如此交替循环锻炼，可以提高训练者对于有氧运动的适应能力。

户外骑行注意事项

（4）减脂骑车法。以中等速度骑车，一般要连续不间断骑行40分钟以上，同时注意规律呼吸，这对减脂很有效果。

（5）强度型骑车法。首先以自己的六成极限速度骑行5~7分钟，然后用心率表观测自己的每分钟脉搏，使其处于心肺功能训练区间内，这样可以达到锻炼心血管系统的效果。

三、户外滑板运动

滑板是冲浪在陆地上的延伸。冲浪受地理和气候的限制，而滑板则有更大的自由度。

（一）滑板的构造

（1）轴距。即前后轮间距离。这一参数影响到一块板的整体感觉：轴距越长，感觉越稳，但速度越慢；反之亦然。通常轴距为50厘米左右，自由式板轴距只有40厘米左右，老式板却有55~60厘米。

（2）板面。通常一块可用的滑板由7层糖枫木碾压而成。有些板的底部有一层特殊化学物质构成的平滑层。

（3）脚窝。这是指板面上弯曲凹下的部分。除了自由式板，现在流行的板都有脚窝，这也是便于滑板者能够更好地控制滑板。

（4）板头和板尾。由于现在的板大多数是双翘，所以两者看来差不多。一般来说，板头比板尾要长，有时角度也更大。

（5）轮子。以前最流行的尺寸是60~70毫米，自由式的轮子通常为57毫米。一般来说，大轮有利于保持速度和越过小的障碍物，但加速则没有小轮子快，另外也太笨重。小轮子则适合玩技巧性大的动作。

（6）硬度。这一指标通常由绍尔A系数来衡量，数值越大则硬度越大。一般来说，轮的硬度与反弹成反比，硬轮速度也要快些，若路面太差也不行。95A左右的轮子则在稍差的地面上也能表现出色。

（7）桥。其标准为：安装完毕后位于同一桥上的两只轮子的距离不应该大于板的宽度（至少一样），否则将影响板的转弯与做动作。

（8）基座。指桥与板面接触的那部分，经历无数次检验，铝合金被证明是最好的基座材料。

（9）主螺钉。用来将桥轴与基座结合（结合处有 PU 垫）的螺钉。

（10）主架。桥的主要部分，做 5050 等动作时用来滑的部分。

（11）枢轴。即主架前端与基座的接合处，其中有塑料的 PU 垫。

（12）桥垫。即放于基座与板面间起缓冲作用的塑料或其他物质做的垫片。

（13）砂。即置于版面用于加大摩擦力的砂。一般为黑色，也有带图案的砂。

（14）轴承。即置于轮内用以支持滑行的东西。有双封与全封两种，双封对初学者来说应是更好的选择。

（二）户外滑板运动的健康益处

滑板是时下盛行的一种运动，滑板不仅可以作为一种运动，也可以成为一种兴趣爱好，玩滑板也是一种减压的好办法。

滑板因为没有上下跳动的动作，所以是无冲击性的有氧运动，除可强化心肺耐力外，还可加强下肢的肌耐力、平衡感、协调性及灵敏性。

（三）户外滑板运动的锻炼要领

1. 站滑板和上下滑板

滑板的站法有两种：一种是左脚在前，脚尖向右，也叫正向站法；另一种是右脚在前，脚尖向左，也叫反向站法。大多数人都是采用前一种站法。后面所述的技巧都是以此种站法为基准的。如果觉得这样站不舒服，也可以换个方向，采用第二种站法。

上、下滑板的方法和步骤为：

（1）准备。两脚立地，滑板平放于脚前的地上。

（2）上滑板。

①先把一只脚放在滑板的前端，另一只脚仍踩在地上。

②身体重心移到已上板的脚上，上体微微前倾，膝弯曲，手臂伸展，保持平衡。

③踩地脚轻轻蹬地，然后收到滑板上，放在滑板的后部，这时，整个身体和滑板就开始向前滑动。

（3）下滑板。

①当滑板没有完全停下来，还在向前滑行时，将重心放在前脚上然后像起落架一样把后脚放在地上。

②后脚落地后，重心随即转移到后脚，然后抬起前脚，让两脚都落在滑板的一侧。当能自如地上、下滑板时，可试着让前后脚位置换一下，熟悉反向滑行的姿势。

2. 惯性滑行

滑手将右脚踏在滑板的中前部靠右。左脚踩在地上，重心集中在右脚。用左脚蹬地，使滑板向前滑动，然后把左脚收上来踩在滑板尾部，保持站立的平衡，滑行一段，再用左脚蹬地，重复动作。如此反复练习，在掌握得较好之后便可以做较长距离的滑行了。刚开始可以先滑行 10 米、20 米，然后加到 50 米、100 米，反复练习到可以轻松熟练地加速滑行为止，要掌握好重心变化及滑板的方向和速度。

3. 障碍滑

障碍滑技巧中，速停和急转是非常重要的技巧。从坡上滑下时，速度比较快，要学会采用双脚保持在滑板上，转动滑板横向刹车的停板法。有两种方法能改变滑板的速度：一是用后脚控制好重心尽力使身体前倾来带动滑板前进；二是双脚使劲踩在富有弹性的滑板面上，利用弹性向前滑行。只要按前所述，掌握好平衡，且脚下灵活，就能掌握好障碍滑的技术。

向前滑滑板，使其达到适当速度，将两脚尽量张开跨滑板两端。将重心放在前脚，即左脚，使板尾翘起，同时顺时针旋转180°（向后或向外转）。如果动作正确，完成后滑板倒转过来，右脚成为支撑脚。

4. 滑板的360°旋转技巧

滑手在滑行中通过轻微的推转以找到平衡，可以来回摆动，也可绕圈。尽量使滑板保持水平。准备好后，逆时针摆动手臂。同时保持平衡，还可向左做最后一次推转。重心落在右脚，向右摆动手臂，并带动整个身体旋转。转动时以后轮为轴。尽量使后轮保持水平。不要将板前端抬得过高。实际上，无须注意滑板的前端。只需将重心放在板尾，并加大旋转，前端自然会抬起，并且高度刚好。

5. 滑板的单轮旋转技巧

滑手滑行到适当的速度，翘起滑板前端，用后轮做360°的旋转。要掌握好身体平衡，尽量使滑板在空中停得久些。用手抓住滑板前端，保持住平衡的支点，使人和滑板一起旋转。然后后脚踩滑板的一边，用手去抓滑板，使后轮的一个轮子离地，起码要转两圈以上。

6. 下坡滑

尽量选一条长一些的滑道，最好是既有快速下滑段、中速下滑段，又有延伸较远的缓冲段，这种滑道最适合初学者练习下坡滑。下坡滑的技术重点在于控制，速度是其次的。先要学会稳滑，在下坡滑的过程中，将双脚放在滑板的两端，遇到转弯或是需要做越岭动作时，要将双脚移至滑板中央，面部和身体应该朝向正前方，身子蹲伏下来，大腿靠近前胸，两手伸出。

7. 转圈技巧

滑手将滑板向前推，然后站上去，两脚跨立，左脚可以灵活移动。将重量压于板尾，使板端抬起2.5～5厘米。当板端在空中时，身体向顺时针方向转动；前轮着地时，滑板向右偏转。将这一系列动作连贯起来，不断练习。

8. 下坎技巧

靠近街坎时，滑手将重心移到后脚。在板端越过坎沿儿时，将前轮抬起。保持这一姿势，稍向下蹲，准备着地。

9. 上坎技巧

靠近街坎时，滑手将重心移到后脚，在到达街坎之前抬起板端使其跳过坎沿儿。在空中迅速将重心从后脚移到前脚。将滑板前端按到台阶上，以使板尾也上台阶。

10. 翘板技巧

推转或推动滑板到一定的滑行速度。右脚踏板尾，左脚踏板前端以便控制，或踏前轮后侧，以便翘板。将重心移到右脚，身体前倾使板端在空中停留时间尽可能长。可以让板尾间或地轻轻刮地，以保持平衡。

11. 180°翘停技巧

滑行过程中须将板端翘起，直到板端刮地。同时整个身体顺时针方向旋转180°。如果翘板和旋转合拍，同时支撑脚足够稳固，那么滑板将旋转180°并停下来。

12. 脚跟悬空技巧

使滑板保持适当速度，旋转前脚使脚尖对着板尾，脚跟与板端交叠，将重心放在左脚大脚趾，慢慢将另一只脚移到滑板前端。当双脚后跟悬空时，膝盖弯曲以保持平衡。

13. 板上旋转技巧

滑手先滑动滑板。移动左脚，使脚跟压住板端。重心落于大脚趾处，移动右脚到另一板端。将重心移到右脚，使其成为旋转轴。左脚绕右脚顺时针旋转，同时右脚也随之旋转，最后与左脚保持平衡。

14. 滑板的旋转跳技巧

滑手驾驶滑行，滑板保持水平稍向下蹲。向上跳起，旋转180°。如果是利用推转前滑，跳起时两腿稍稍收拢。落下时两脚距离约30厘米。不用担心落下的准确位置，只需将双脚落在滑板两端即可。

15. 滑板的跨跃跳技巧

准备跳起，起跳时动作稳定，从容不迫，跳跃才容易控制。跨跃的长度根据各自情况而定，落下时重心落于两腿之间，左脚在前，需两块滑板。

16. 人与板分开的上跳

向前滑行。在前进过程中，双脚相互靠近。两脚置于滑板前半部分，但在前轮之后。在接近横杆时垂直跳起。眼睛看滑板。

尽量落在滑板中间，大致和起跳位置相同。如果落下时力量均匀，腿部稍微弯曲，那么，落在板上的冲击力就容易被抵消掉。

17. 人带板的上跳

滑手驾驶滑行，在靠近障碍物的时候，双膝略屈，手臂预摆，后脚用力使滑板前端翘起，利用速度惯性带着滑板一起越过障碍。落地时注意双腿的缓冲动作，重心始终是在两脚之间，腿部稍弯曲。

18. 带板摩擦技巧

滑手驾驶滑行，在靠近障碍物的时候双膝略弯，两臂预摆，后脚用力使滑板随身体腾空，眼睛看着滑板，注意在障碍物的边缘处掌握好平衡，落下时重心落于两腿之间，落地时注意双腿的缓冲动作。

19. 曲身

向前滑板，或沿斜坡滑下。两脚并列，置于滑板前轮后部。向前倾，两手抓住滑板前端。双臂夹住膝盖，慢慢蹲下，臀部接近脚后跟。身体左右倾斜，双手调整板端，以控制方向。

20. 停止

直接从滑板上下来拿起板子，或用平常撑滑地面的脚跟摩擦地面，使速度减慢；也可用后脚将滑板翘起处用力压下，使板子成45°后立刻停止，但这种方法会使板子底部的末端磨损厉害。

定向越野

户外拓展

第六章

球类健身方法

　　球类运动是以各种球作为基础的运动或游戏，常见的球类运动主要包括篮球、排球、足球、乒乓球、羽毛球、网球等。球类运动是当今流行广泛的健身手段，其娱乐性、趣味性强，因此深受青年学生的喜爱。

第一节　篮球运动

　　篮球运动是奥运会核心比赛项目，是一项集体性的球类竞技运动。篮球运动于1891年由美国马萨诸塞州斯普林菲尔德基督教青年会国际训练学校体育教师詹姆斯·奈史密斯发明，该项运动的灵感来源于当地儿童将小球投入桃子筐的游戏。最初的篮球游戏在场地大小和参加游戏人数上均没有限制，双方队员只需要将球投入对方筐中即可，由于当时的筐是有底的，当球投进筐中时，人必须登上专设的梯子，才能将球从筐中取出，十分不便。随着场地设施的不断改进，篮筐取消了筐底，并改用铁圈代替，场地还增设了中线、中圈和罚球线。比赛改由中场跳球开始，与此同时，场上比赛队员也改为每队5人，并制定了一些不太完善的竞赛规则，这大大提高了篮球运动的趣味性，并使篮球运动很快得到普及。

一、篮球运动的健康益处

　　经常参加篮球运动不仅能使参加者在力量、速度、灵敏、弹跳、耐力等身体素质方面得到全面发展，还能对人体的运动系统、心血管系统、神经系统等方面起到良好的健康促进作用。篮球运动还具有缓解压力、提高工作效率、培养人的团队合作意识等作用。

　　1. 提高有氧能力

　　篮球运动能够提高机体摄取氧和利用氧的能力。谈到有氧能力训练，过去的传统认识是长时间的中低强度训练（如长跑、滑雪等）最有效。但最新的科学研究表明，肌肉（线粒体）层面的利用氧能力对有氧能力的发展很重要，而篮球运动属于大强度间歇运动，是肌肉层面的有氧训练最有效的方法之一。

　　2. 改善机体机能

　　篮球运动对形体的改善是看得到的，也有一些改善是看不到却感受得到的。篮球运动不仅可以改善视力、增强力量、使肢体更加灵活，而且对人体的各大系统都有很大促进作用（如使胃口更好、睡眠更好等）。另外，篮球运动还能提高反应能力，提高个人的观察能力和决断能力，这些潜移默化的改变，在生活和工作上都有明显体现。

3. 提高协调能力

进行篮球运动时，各种感官（眼睛看着球，手感受到防守队员的动向，耳朵听到教练员和队员的呼唤，向队友大声地提醒，本体感受器调控自己身体的部位，跳在空中时平衡感官的反馈等）都在高度兴奋的状态下工作，互相配合协调。因此，篮球运动能较好地提高协调能力，同时有研究表明，它是孤独症有效的干预方法之一。

4. 增强心肺功能

经常参加篮球运动，可以有效地增强心肺功能。篮球运动能使每搏输出量增加，动脉血管壁的中膜增厚，平滑肌细胞和弹力纤维增加。篮球运动还能使骨骼肌肉的毛细血管分布数量增加，分支吻合丰富，并使心肌的毛细血管数量增加。另外，篮球运动能提高肺通气和换气的机能。这些均有利于包括心脏在内的器官供血和机能提高。

5. 改善消化功能

篮球运动可以促进体内营养物质的消耗，使整个机体的代谢能力增强，进而提高食欲。另外，篮球运动还能促进胃肠蠕动和消化液分泌，改善肝脏和胰腺的功能，从而使整个消化系统的功能得到提高，为个人的健康提供良好的物质保证。

6. 预防心血管疾病

进行篮球运动时，由于肌肉的紧张活动，心脏工作负荷增加，心肌的血液供应和代谢能力就会加强，心肌纤维变粗，搏动有力，有利于预防心血管疾病。心血管疾病是当今世界上危及人类生命的头号杀手。据相关报告，在我国，死于心血管疾病的人仍居首位。大量研究表明，经常进行篮球运动可以显著降低心血管疾病形成和发生的概率。

7. 提高心理素质

竞技能力由具有不同表现形式的体能、技术能力、战术能力、运动智能和心理能力构成，并综合表现于专项竞技的过程之中，而实际上智能也属于心理能力的一种。随着高水平竞技体育运动的飞速发展，运动员间竞技能力的差距日益减小，竞争更加激烈，特别是在国际顶尖运动员的较量中，比赛的胜负往往主要取决于运动员心理稳定性的强弱。不仅运动员在比赛中的表现会受心理因素影响，而且其运动能力的提高也与心理能力的增强密切相关。属于同场对抗球类集体性项目的篮球运动，心理因素同样关键。现代高水平篮球运动的竞争，不仅仅是运动员之间的体能、技术和战术的竞争，还是国家经济和科技的竞争，是运动员体力与脑力的竞争。从近 10 年的运动训练趋势来看，运动员的训练已经是体能、技能、身体恢复、心理技能等诸多因素融为一体的综合性全方位的现代化训练。从训练的结果看，竞技水平的高低、成绩的好坏，不仅仅在于拥有天才运动员的数量和质量，更在于是否拥有一流的综合性体育科研和管理的科技作为可持续发展的坚实基础。目前，我国多数项目侧重于技能和体能训练，研究心理学、进行心理训练是现代竞技体育的另一大趋势。通过心理训练获得良好的心理素质，可以使运动员在比赛中有能力承受各种突然而来的刺激，使自己和其他队员行动协调一致，在复杂的情况下，保持清醒的头脑去分析困难和解决困难，从而获得更加理想的成绩。篮球运动员的心理能力逐渐被教练员和运动员所重视，并充分认识到：心理能力是运动员训练水平与比赛水平正常发挥之间的重要中介变量，也是影响运动员训练水平的重要因素。

二、篮球技术

（一）移动

移动是篮球运动中队员为了改变位置、方向、速度和争取高度时所采用的各种脚步动作的统称，它是篮球技术中的基础，也是比赛中运用得最多的一项基本动作。

移动技术包括基本站立姿势、起动、跑、跳、急停、滑步、转身、后撤步、交叉步等。

1. 基本站立姿势

基本站立姿势是移动技术的准备姿势。

动作方法：两脚开立，与肩同宽，两腿微屈，上体稍前倾，身体重心位于两脚之间，两臂自然弯曲于体侧，两眼注视全场情况（图 6-1-1）。

2. 起动

图 6-1-1 基本站立姿势

动作方法：从基本站立姿势开始，向前起动时后脚蹬地，向侧起动时异侧脚的前脚掌短促有力地蹬地，同时上体迅速前倾或侧转，向跑的方向移动重心，手臂快速摆动，充分利用脚蹬地的反作用力，迅速向跑的方向迈出。力求在最短时间内由静止转为运动状态。

动作要领：移重心，起动后的前两三步前脚掌蹬地要短促有力。

3. 跑

跑是基本的移动方法，有侧身跑、变向跑、变速跑、后退跑等。

（1）侧身跑。

动作方法：向前跑时，脚尖对着跑动方向，头和上体转向球的方向，以便观察场上的情况。

动作要领：侧转肩看球的方向。

（2）变向跑。

动作方法：（以从左向右变向跑为例）顺步变向跑时，左脚落地制动，屈膝降低身体重心，用前脚掌内侧蹬地，同时扭腰转髋，右腿迅速向右跨步加速。交叉步变向跑时，左脚落地制动，腰和髋向右转动，同时，左脚前脚掌内侧蹬地向右跨步，继续加速跑动前进。

动作要领：左脚蹬地移重心，腰部快转加速度。

（3）变速跑。

动作方法：加速时，上体前倾，前脚掌积极蹬地，同时，迅速摆臂，加快频率。减速时，上体直起，步幅加大，用前脚掌抵地，缓冲降速。

动作要领：加速时步频加快，减速时步幅加大。

（4）后退跑。

动作方法：后退跑是队员为了观察球场上的攻守情况，背对前进方向的一种跑动方法。后退跑时，两脚提踵，用脚前掌交替蹬地提膝向后跑动，上体放松直起，两臂屈肘相应摆动，保持身体平衡，两眼平视，注意场上情况。

动作要领：两脚提踵，脚前掌蹬地，上体放松直起。

4. 跳

跳在篮球运动中随时可见，运用很广，它是控制空间、争取高度和远度的有效手段。

（1）双脚起跳。

动作方法：两脚自然开立，两膝深屈或微屈，重心下降，两臂弯曲并稍向后摆。起跳时双脚蹬地，两臂用力上摆，提腰展体。落地时，屈膝缓冲。

动作要领：蹬地、摆臂、提腰协调一致。

（2）单脚起跳。

动作方法：单脚起跳多在助跑情况下进行。助跑时，最后一步一般较小，用脚跟先着地过渡到前脚掌蹬地，两臂上摆提腰，另一腿屈膝上提，当身体达到最高点时，摆动腿自然下放，落地时屈膝缓冲。

动作要领：制动性起跳快，摆臂提腰要协调。

5. 急停

急停是跑动中突然制动速度的一种动作方法，可分为跨步急停与跳步急停两种。

（1）跨步急停（两步急停）。

动作方法：先向前跨出一大步，脚跟着地过渡到全脚掌抵住地面，迅速屈膝上体后仰，第二步着地时，身体侧转，脚尖内旋，用前脚掌内侧蹬撑地面保持身体平衡。

动作要领：屈膝降重心，体转侧后移。

（2）跳步急停（一步急停）。

动作方法：单脚或双脚起跳，上体后仰，两脚同时平行落地，用前脚掌内侧有力地蹬地，两膝弯曲，降低重心保持身体平衡。

动作要领：屈膝重心后移，收腹双脚落地。

6. 滑步

滑步是防守移动的主要动作方法，可分为侧滑步、前滑步和后滑步。

（1）侧滑步。

动作方法：滑步前，两脚左右开立，膝弯曲，上体稍前倾，手臂向两侧张开。向左滑步时，右脚前脚掌内侧蹬地，左脚向左跨出一步，落地的同时，右脚迅速随同滑行，然后依次重复上述动作，眼要注视对手；向右滑步时，动作相反。

（2）前滑步。

动作方法：由前后站立姿势开始，向前滑步时，后脚前脚掌内侧蹬地，前脚向前跨步，着地后，后脚紧随着向前滑动，保持前后开立姿势。注意屈膝降低重心。

（3）后滑步。

动作方法：与侧滑步相同，只是向侧后方向移动。

动作要领：屈膝低重心，两脚配合协调、蹬跨有力、重心平稳。

7. 转身

转身是以一脚做中枢脚，另一脚蹬地向前或向后跨出的同时中枢脚进行旋转，以改变原来身体方向的一种动作方法，可分为前转身和后转身。

（1）前转身。

动作方法：转身时移动脚向自己身前（中枢脚前的方向）跨出的同时，中枢脚蹍地旋转使身体改变方向。

动作要领：屈膝提踵，重心平稳。

（2）后转身。

动作方法：移动脚向自己身后（中枢脚后的方向）跨出的同时，中枢脚蹍地旋转使身体改变方向。

动作要领：两脚用力蹬蹍地，重心平稳不起伏。

8. 后撤步

动作方法：斜侧步站立时，前脚后撤变成后脚。撤步时前脚掌内侧用力蹬地，同时腰部用力向后转髋，前脚后撤，后脚的前脚掌碾地。当前脚后撤着地后，紧接着滑步，保持身体平衡与防守姿势。后撤步时撤步角度不宜过大。

动作要领：前脚用力蹬地，利用腰部力量带动转髋，后脚的前脚掌要积极蹍转蹬地。

9. 交叉步

动作方法：向右移动时，左脚用力蹬地后迅速从右脚前向右迈出，上体稍向后转，左脚落地右脚迅速地向右跨步。两脚交叉动作要快，身体不要上下起伏。交叉步后重心落在两脚之间，交叉步实质上是面对对手的侧身快跑动作。

动作要领：两脚蹬转起动（脚尖要指向跑的方向），速度快，降重心，身体保持平稳。

（二）运球

运球是在原地或行进中用单手连续按拍从地面反弹起来的球。它是组织全队进攻战术配合，突破对方时经常运用的一项重要的基本技术。

1. 原地运球

原地运球是行进间运球的基础，掌握正确的运球方法是关键。

动作方法：运球时用手掌的边缘触球，手掌心不能触球；发力时，手指、手腕控制球的方向和速度；运球时身体重心要低，腰要直；非运球手臂抬起保护球（图6-1-2）。

图 6-1-2　原地运球

动作要领：保持正确的身体姿势，体会手按拍和迎引球的动作，抬头，目视前方，用眼余光看球。运球时手臂动作的放松和紧张要交替进行，掌握好手触球的位置和力量。

2. 运球急停急起

快速运球不能摆脱防守时，运用急停，当对方跟着急停时，突然起动提速超越他。

动作方法：急停时，重心下降，手按拍球的正前方，起动时用力蹬地，按拍球的后上方。停得要稳，起动要快。变速运球时，要掌握好高、低运球的节奏，注意突然加速。

3. 高、低运球

动作方法：抬头目视前方，高运球时上体稍前倾，两腿微屈，球的落点在身体侧前方，球反弹的高度约在胸腰之间（图 6-1-3）。低运球时，两腿弯曲，重心下降，运球高度在膝腰之间，球的落点在体侧，用上体和腿保护球（图 6-1-4）。

图 6-1-3　高运球

图 6-1-4　低运球

4. 体前换手变向运球

运球中遇到防守堵截前进路线时，突然改变运球方向，摆脱防守。

动作方法：以右手运球为例，从防守人或者障碍右侧突破时，先向其左侧运球，然后向右侧变向，变向时，右手按拍球的右后上方，把球从自己的右侧拍到左侧前方，同时，右脚向左前方跨出，上体左转，用肩保护球然后换手运球，加速前进。

动作要领：过人前要有吸引动作，变向时要有突然性，换手后立即跨步、侧身加速。

5. 背后运球

当攻守双方距离很近，且其中一侧被堵时，用背后运球改变方向来突破防守。

动作方法：先右手运球，右脚前跨，手拉球至身体右侧后方，立即转腕按拍球右后上方，将球从背后拍弹至身体左侧前方，左脚同时向左侧前方跨出，换左手运球加速前进。

6. 胯下运球

胯下运球，又称胯下交替运球，是篮球运动中几项基本交替运球技术中的一种，属于常用的运球招数。简单来说，就是在已经处于运球动作中，将重心放低，用手将球从胯下击地而过，用另一只手顺势接住继续运球或者重复上述步骤。

第一步：降低重心，在不看球的情况下，先练习右手原地运球，再练习左手原地运球。

第二步：靠手腕的力量拨动球，单手在身体前左右运球。同样，在身体的一侧前后运球。要注意，运球的时候并不是重心越低越好，因为带球的外力完全由手腕发出，只有控制好球落地的方向，才能很好地控制好球。一只手熟练后再换另一只手练习。

第三步：左右手在身体前交叉运球，再在体后交叉运球练习。

第四步：练习胯下运球，先将左脚向前跨出一步，用右手将球从胯下弹至左手，再用左手顺原路将球弹回右手。换脚、换手后动作一样。将这几个运球步骤连贯起来，在原地反复练习。

第五步：练习行进间的胯下运球，开始时先沿边线练习直线，再练习曲线，然后在有人防守的情况下模仿比赛中的场面。至于身体如何随着对手的移动做出自然的反应，只有在实践中反复摸索。

7. 转身运球

运球转身是运球队员被防守堵截运球的一侧并且距离较近时，运用后转身改变运球方式，借以突破防守的一种方法。

（1）动作方法：以右手运球为例。运球转身时，侧对防守者，左脚在前做中枢脚，将球控制在身体右侧，右手按球的右侧上方，随着后转身右脚蹬地后撤的同时，将球拉向身体后侧方落地反弹，即换左手运球，从对手的右侧突破。

（2）动作要领：转身时要加力运球，以加大球的反弹力，增加手控制球的时间，利于拉引球动作的完成。运球转身时，使上臂紧贴躯干来减小球的转动半径，同时运球手臂提拉球的动作和脚的蹬地、跨步、转身动作紧密结合。

（三）传、接球

传、接球是在篮球比赛中，为了控制和支配球，有目的地在同队队员之间转移球的方法，是相互组织进攻的纽带。

持球的方法：① 双手持球。两手手指自然分开，拇指相对呈"八"字形，用指根以上部位持球的两侧后下方，掌心空出，两臂屈肘，自然下垂，置于胸腹之间。② 单手持球。手指自然分开，用手掌外沿和指根以上部位托球，掌心空出。

1. 双手胸前传球

双手胸前传球是篮球运动中最基本、最常用的一种传球方法，具有传球快速有力、准确性高、容易控制、易与其他动作相结合的优点。

动作方法：双手持球于胸腹之间，两肘自然弯曲于体侧，身体成基本站立姿势，眼平视传球目标。传球时后脚蹬地发力，身体重心前移，两臂前伸，两手腕随之旋内，拇指用力下压，食指和中指用力拨球并将球传出。球出手后，双手略向外翻（图6-1-5）。

图 6-1-5　双手胸前传球

动作要领：持球动作准确，用力协调连贯，食指、中指拨球。

2. 单手肩上传球

单手肩上传球是常用于中远距离传球的方法，传球时用力大，球飞行速度快，常在发动长传快攻时运用。

动作方法：双手持球于胸前，两脚平行开立，右手传球时，左脚向传球方向跨出半步，右手靠左手拨送的力量将球引至右肩上方，右肩关节引展，大、小臂自然弯曲，手腕稍后伸，持球的后下方，左肩对着传球方向，重心落右脚上。传球时，右脚蹬地发力同时转体带动上臂，手腕前屈，食指、中指、无名指用力拨球将球传出（图6-1-6）。

图 6-1-6　单手肩上传球

动作要领：自下而上发力，蹬地，扭转肩、挥臂扣腕动作连贯。

3. 单手体侧传球

单手体侧传球是一种近距离隐蔽传球的方法。外围队员传球给内线同伴时常用。

动作方法：两脚开立，双手持球于胸前，右手传球时，左脚向左前方跨步的同时将球引至身体右侧成单手持球，出球前的一刹那持球手的拇指在上，手心向前，手腕后伸。传球时，前臂向前做弧线摆动，手腕前屈，食指、中指、无名指拨球将球传出（图6-1-7）。

图 6-1-7　单手体侧传球

动作要领：跨步与体侧传球同时进行，前臂摆动速度快，传球手腕有力。

4. 双手接中部位的球

动作方法：两眼直视来球方向，两臂伸出迎球，双手手指自然分开，两拇指呈"八"字形，其他手指向前上方伸出，两手成一个半圆形。当手指触球时，双手将球握住，两臂顺势屈肘后引以缓冲来球的力量，两手持球于胸腹之间，成基本站立姿势（图6-1-8）。

图6-1-8 双手接中部位的球

动作要领：伸臂迎球，在手接触球时手臂后引。

5. 双手接低部位的球

动作方法：接球时要主动迎球跨步，上体前倾，眼睛注视来球方向，两臂向前下方伸出，掌心斜对来球的反弹方向，五指放松自然张开。当手指触球后，两手握球顺势将球引至胸腹之间，成基本站立姿势。

动作要领：主动迎球跨步，手臂下伸要快。

6. 双手接高部位的球

动作方法：与接中部位的球相同，但要求两臂必须向前上方迎球伸出。

7. 单手接球

动作方法：原地单手接球时，接球手向来球方向伸出，五指自然分开，掌心正对来球，手腕手指放松。当手指触球时，顺球的来势迅速收臂。将球置于身体前方或两侧，另一手迅速扶球，保持身体平衡，做好下一进攻动作的准备姿势。

（四）投篮

投篮是在比赛中，队员运用各种专门、合理的动作将球投进对方篮筐的方法。投篮是篮球运动中一项关键性技术，是最直接有效的得分手段。进攻队运用各种技术、战术都是为了创造更多更好的投篮机会并力求投中得分，而防守队积极防御都是为了阻挠对方投篮得分。

1. 双手胸前投篮

动作方法：投篮的准备姿势与双手胸前传球的准备姿势基本一致，投篮前将球置于胸前，目视球篮，两肘自然下垂，两脚前后或左右开立，两膝微屈，重心落在两脚掌上。投篮时，两脚蹬地，腰腹伸展，两臂向前上方伸出，两手腕同时外翻，拇指稍用力压球，使球通过拇指、食指、中指指端投出。投球出手后，脚跟提起，腿、腰、臂随出球方向自然伸展（图6-1-9）。

动作要领：两肘下垂要自然，双手用力要均匀，手腕外翻指拨球，蹬地伸踝、膝、髋。

图 6-1-9 双手胸前投篮

2. 原地单手投篮

动作方法：右手投篮时，两膝微屈，重心落在两脚掌上。右手五指自然分开，翻腕持球的后部稍下部位，左手扶在球的侧下面，将球举到头部右侧上方位置，目视球篮，大臂与肩关节平行，大、小臂约 90°，肘关节内收。投篮时，由下肢蹬腿发力，身体随之向前上方伸展，同时抬肘向投篮方向伸臂，用手腕前屈和手指拨球动作，使球柔和地从食指、中指指端投出。球离手时，手臂要随球自然跟送，脚跟提起（图 6-1-10）。

图 6-1-10 原地单手投篮

动作要领：翻腕持球于肩上，抬肘要领切莫忘，蹬伸屈拨要柔和，中指食指控方向。

3. 跳投

动作方法：跳投时，在接到球后，脚跟先着地，要快速充分地用力制动向上起跳，身体腾空，同时举球上肩，在空中利用腰腹力量控制身体平衡，注视投篮目标，达到最高点时，向上抬肘伸臂屈腕，将球从指端送出（图 6-1-11）。

图 6-1-11　跳投

4. 反手投篮

动作方法：以从球篮右侧底线突破，到左侧投篮为例。制动起跳，控制冲力，同时上体稍向后仰，抬头看篮筐，将球由胸前直接向球篮方向上举。当右臂快要伸直时手、腕沿小指方向向内捻转，用小指、无名指、中指、食指拨球，使球向侧后旋转碰板投篮。

5. 勾手投篮

动作方法：以运动员横切至篮下接球用右手投篮为例，右脚跨出接球，同时用力侧蹬，接着左脚向篮下跨出一大步，身体重心下降，上体向左侧倾斜，左脚用力蹬地起跳，右腿屈膝上提，右手持球由胸前经体侧向上做弧形摆动，举球到头侧上方最高点，同时目视篮筐，用手腕和手指力量使球碰板投篮。

动作要领：两脚用力垂直跳，腾空放松平衡好，举球头上要稳定，出手时机掌握巧。

6. 虚晃投篮

（1）假动作的目的。无论是什么样的假动作，最根本的目的是摆脱防守。说"摆脱防守"四个字可能不够具体，如何才算"摆脱防守"？可以这样定义，当进攻球员拥有足够的投篮/突破进攻空间即为成功摆脱防守。由于每个球员的进攻空间是不一样的，所以假动作虚晃投篮的效果也会截然不同。另外，假动作并不能直接帮助球员摆脱防守，通常进攻球员会在虚晃投篮之后衔接新的进攻动作，帮助自己彻底摆脱防守。例如，虚晃投篮后防守球员完全起跳，进攻球员应该立刻运球突破获得进攻空间。

（2）虚晃投篮的时机。假动作必须在一定的条件下才能发挥效果。进攻球员面对紧贴的防守者使用虚晃投篮，不仅没有晃动防守的效果，还有被抢断的可能性。所以，虚晃投篮常见于进攻球员空位接球，运球急停之后。因为此时攻防双方之间拥有一定的距离，意味着进攻球员有足够的空间进行投篮，造成进攻威胁。

（3）虚晃投篮的细节。假动作必须要"假"，才能帮助进攻球员收放自如，更快地衔接下一个动作彻底摆脱防守。大家在做虚晃投篮的时候，往往假动作会很浮夸，导致进攻球员失去低重心速度的优势。正确的虚晃投篮应该仅有上半身晃动，下半身需要保持膝关节弯曲，稳定重心，随时做好下一个动作发力的准备。虚晃的同时眼睛看向篮筐，眼睛是投篮的瞄准器，配合目光移动能使虚晃投篮更有效果。

（五）持球突破

持球突破是持球队员将合理的脚步动作与运球技术相结合，快速超越防守队员的攻击性很强的一项进攻技术。

持球突破由蹬跨、转体探肩、推按球和加速四个环节组成。

① 蹬跨。队员在突破前，两脚左右开立，略宽于肩，屈膝降低身体重心，重心落在两脚之间，两脚踵稍提起。双手持球于胸腹之间，注意保护球。突破时，用虚晃或瞄篮等假动作吸引对手，用移动脚前掌内侧蹬地的同时，中枢脚用力碾地，上体前倾并转体，重心前移，以带动移动脚迅速向突破方向跨出。跨出的第一步要稍大，以缩小后蹬腿与地面所成的角度，增加后蹬力量，争取第一步就接近甚至超越对手。第一步落地后，膝关节要保持弯曲，脚尖指向突破方向，以便第二步的蹬地加速。② 转体探肩。在蹬地跨步、上体前移的同时，要转体探肩，使身体重心继续前移，加快突破速度，同时占据空间有利位置和保护球。③ 推按球。在蹬跨、转体探肩的同时，将球由体前推引至远离防守队员一侧，并在中枢脚离地前推按球离手，球落于跨出脚前的外侧，用远离对手一侧的手运球，使球反弹高度在腰膝之间。④ 加速。在完成上述动作后，已获得起动的初速度，这时中枢脚要积极、有力地蹬地，加速超越对手。

以上几个环节，几乎是在同一时间完成的，它们之间紧密衔接，相互影响。只有熟练地掌握这几个环节，动作连贯，一气呵成，才能达到突破的目的。

1. 原地持球交叉步突破

动作方法：以右脚做中枢脚从防守队员左侧突破为例。突破时，左脚向左侧前方迈出一小步，把防守队员引向自己左侧的同时，用左脚前掌内侧迅速蹬地，向右侧前方跨一大步，上体稍右转，左肩向前下压，重心向右前方移动，将球推引至右侧，用右手推按球于左脚右侧前方，接着右脚蹬地加速超越对手。

动作要领：积极蹬地，起动突然；转体探肩应与跨步相连；推按球离手必须在中枢脚离地之前；跨步脚尖指向突破方向。整个动作要协调连贯。

2. 原地持球同侧步突破

动作方法：以左脚做中枢脚从防守队员左侧突破为例。突破时，在上体积极前倾的同时，右脚迅速向右前方跨一大步，同时上体右转，左肩积极下压。左脚内侧用力蹬地，在左脚离地前，用右手推按球于右脚外侧前方，然后左脚迅速跨步抢位，加速运球超越对手。

动作要领：起动要突然，跨步、运球要快速连贯，中枢脚离地前球要离手。

3. 背后运球的急停拉回

急停拉回主要是利用突破时防守者要跟随进攻者的突破快速后退，突然的急停拉回会让防守者措手不及，此时防守者会给进攻者留下巨大的空间。以右手右侧运球进攻为例，右手向前运一次球，此时左脚是迈出的，然后在球弹回右手的时候，右脚向前迈出一大步，注意这一步一定要大，右手运球将球拉回至左手，可以从体前拉回，也可以从胯下或背后拉回，建议从胯下或背后拉回，因为后两种相对于从体前变向的拉回对球的保护更好，且拉回之后一般都会和防守者拉出很大的空间，这时候可以直接选择向后撤步投篮。

（六）防守

防守是指在篮球比赛中防守队员为了争夺对篮球的控制权，合理地运用脚步移动、手臂动作和抢占场上有利位置，限制进攻队员进攻技术的运用，破坏进攻队员的进攻意图，打乱进攻队员进攻节奏，争取比赛主动权的一项基本技术。

1. 全面防守

动作方法：两脚分开站立微微比肩宽，身体重心放低，两腿微微弯曲，双手伸开。由于重心放低身体会向前略倾斜，这个防守动作的优势是能全面地防守对手的进攻方向，给对手的进攻造成干扰。

2. 单面防守

动作方法：两脚分开略比肩宽，身体重心放低，两腿微屈，下半身的动作与"全面防守"动作一样，区别在于手臂的动作，而且主要防守左右两侧的其中一侧。

3. 贴身防守

动作方法：贴身防守姿势相对于前面提到的防守更贴近进攻对手，拉近两人的距离，更容易找到进攻对手的失误机会，但是贴身防守对身体对抗能力的要求较高，防守时下半身要有一只脚卡住位置，一只手弯曲顶着进攻对手的身体，另一只手则干扰进攻对手。

（七）抢篮板球

抢篮板球是当投篮不中后，双方争夺从篮板或篮圈上反弹球的技术，包括抢占位置、判断球的落点、起跳、抢球和得球后动作等，是篮球比赛攻防战术的重要组成部分。

以下主要介绍抢占位置、起跳和抢球三部分。

1. 抢占位置

要设法抢占对手与球篮之间的有利位置。抢进攻篮板球时要判断球的落点，利用各种假动作冲抢；抢防守篮板球时要注意用转身挡人的动作，先挡人后抢篮板球。不论抢进攻还是防守篮板球，都要抢占对手与球篮之间的位置。

2. 起跳

起跳前两腿微屈，重心降低，上体稍前倾，两臂屈肘举于体侧，重心置于两脚之间，注意观察判断球的反弹方向，及时起跳。起跳时两脚用力蹬地，同时两臂上摆，手臂上伸，腰腹协调用力，充分伸展身体，并控制身体平衡。

3. 抢球

分双手、单手和点拨球。双手抢篮板球时，指端触球瞬间，双手用力握球，腰腹用力，迅速将球拉近胸腹部位，同时两肘外展，以保护球。单手抢篮板球时，跳起达到最高点，指端触球后，迅速屈指、屈腕、屈肘收臂，将球下拉，另一只手扶球护球于胸腹部位。点拨球是在跳起到最高点时，用指端点拨球的侧方、侧下方或下方。

三、篮球战术

篮球战术是篮球比赛中队员所运用的攻守方法的总称，是队员个人技术的合理运用和队员之间相互协同配合的组织形式。其目的是更好地发挥本方队员的技术与特长，制约对方，力争掌握比赛的主动权。

（一）进攻战术

1. 传切配合

传切配合是队员利用传球和切入组成的简单配合。

配合方法：④传球给⑤后，④立即摆脱对手向篮下切入，接⑤的回传球投篮（图6-1-12）。

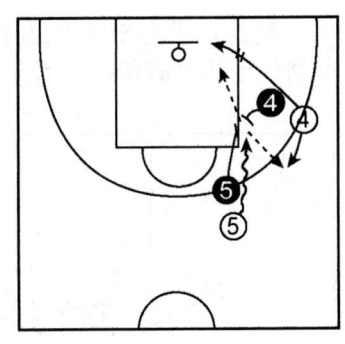

配合要点：切入队员要掌握好切入时机，利用好假动作和速度；传球队员注意用假动作吸引牵制对手。

易犯错误：切入时动作的突然性不够，切入时没有明显的动作、方向和速度的变化；持球队员给切入队员的传球不及时、不到位，隐蔽性不强。

2. 长传快攻

图6-1-12　传切配合

长传快攻只有发动和结束阶段，它最大的特点是结构简单，速度快，参加的人数少和成功率高。但由于传接球距离较长，传球的准确性比较难控制。

配合方法：以抢后场篮板球长传快攻为例，⑤抢到后场篮板球后，首先观察场上情况，寻找长传快攻机会。⑥判断⑤有可能抢到篮板球时，便立即起动快下，争取超越防守队员接⑤的长传球完成进攻（图6-1-13）。

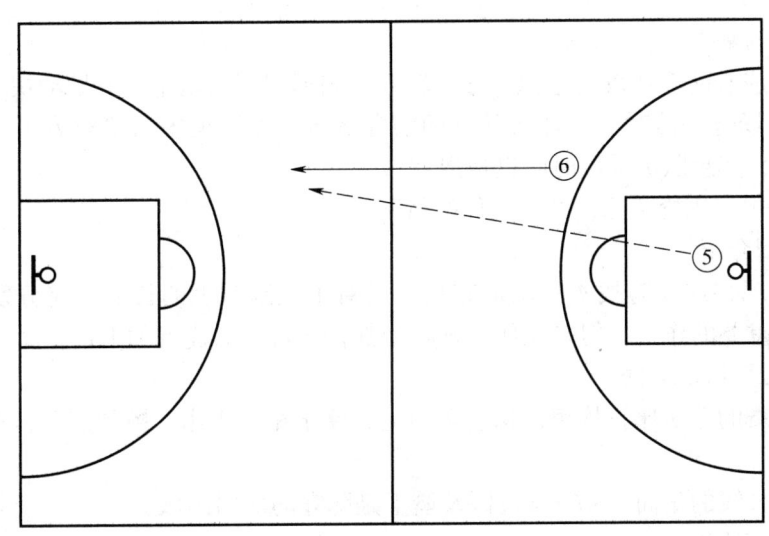

图6-1-13　长传快攻

（二）防守战术

1. "关门"防守

"关门"防守是临近的两个队员靠拢协同防守突破的配合。

配合方法：当⑤从正面突破时，④与⑥进行"关门"配合（图6-1-14）。

配合要点：在防守队员积极堵截持球队员的突破路线的同时，临近突破一侧的防守队员要及时快速地向同伴靠拢进行"关门"配合。

易犯错误："关门"的行动不统一，"关门"不紧，给突破者留有空隙通过；"关门"配合成功后，回防自己对手的速度慢。

2. 交换防守配合

为破坏对方掩护配合而及时交换防守对手的配合方法。

配合方法：⑤挡住△为持球的④做掩护，④运球突破，△应果断通知△交换防守，并堵住他的突破路线（图 6-1-15）。

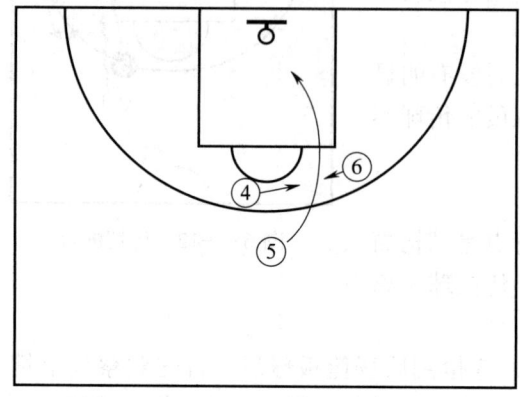
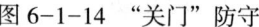

图 6-1-14 "关门"防守

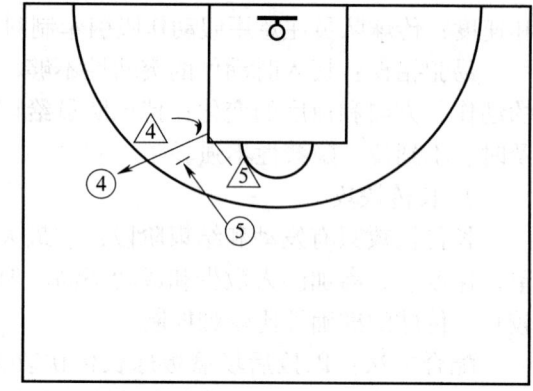

图 6-1-15 交换防守

3. 防守快攻

防守快攻的基本要求为：

（1）首先应有防守快攻的意识，在攻转守的刹那即开始阻止对方发动快攻的行动。

（2）对方场抢得球时距持球人就近的防守队员应立即夹击封堵对方第一传，破坏或延误对方快攻，其余队员采取时间迅速退守。

（3）退守中伺机抢断球，并重点保护篮下。

（三）阵型介绍

阵型是实现整体攻防战术的队形布局，它对于克制对手的长处，充分发挥本队的优势，具有非常重要的作用，但是任何一种阵型都存在自身的优点和不足。

1. "2-1-2"区域联防

优点：队员的分布比较均衡，移动距离近，便于相互协作，控制篮下，有利于抢篮板球和发动快攻。

缺点：三分线的正面、30°～45° 区及篮下是防守的薄弱区域。

2. "3-2"区域联防

优点：这种防守队形加强了外围防守，有利于防守外围中、远距离投篮和抢断球发动快攻。

缺点：两个场角及限制区是防守的薄弱区域，也不利于抢篮板球。

3. "2-3"区域联防

优点：这种区域联防加强了篮下和底线的防守，有利于抢篮板球。

缺点：正面及 35°～45° 区是防守的薄弱区域。

4. "1-3-1"区域联防

优点：这种防守队形加强了正面、罚球区和两侧的防守，有利于分割进攻队员前、后、左、右之间的联系，造成进攻队员之间传球困难，有利于防止正面、罚球区和两侧的投篮，以及抢篮板球发动快攻。

缺点：两个 50°～70° 区、底线及两个场角是防守的薄弱区域。

5. "2-2-1" 区域防守

（1）"2-2-1" 区域紧逼。如果进攻方让自己最好的持球队员来发界外球，然后接回传球推进的话，可以使用 "2-2-1" 区域紧逼。这样做的目的就是不让球发到这个最好的持球队员手中，而是让其他并不适应持球推进的队员去拿球，这样对方失误的可能性就会增加。

（2）"2-2-1" 阻绝防守。这种全场紧逼要尽力阻绝界外球发出，争取使进攻方 5 秒违例。如果对方由后卫来接界外发球，可以采用这种防守。

这种情况下，防守队员一般不干扰发球。四名防守队员一对一盯防进攻队员阻绝发球路线，尽量不让球发出，由剩下的一名队员拖后来防止长传上篮。

进攻方可能会利用掩护来拉出传球空间，所以，防守方要时刻准备快速换防或者挤过。

四、篮球比赛规则

（一）比赛时间与场地

1. 比赛时间

篮球比赛分为上、下两个半时，每半时为 20 分钟（比赛净时）。每个半时分为两节，每节 10 分钟，每节休息 2 分钟，两个半时中间的休息时间为 10 分钟。

2. 比赛场地

篮球比赛应在一块长 28 米、宽 15 米的平坦场地上进行，其规格如图 6-1-16 所示，其中所有线宽 5 厘米，颜色相同。

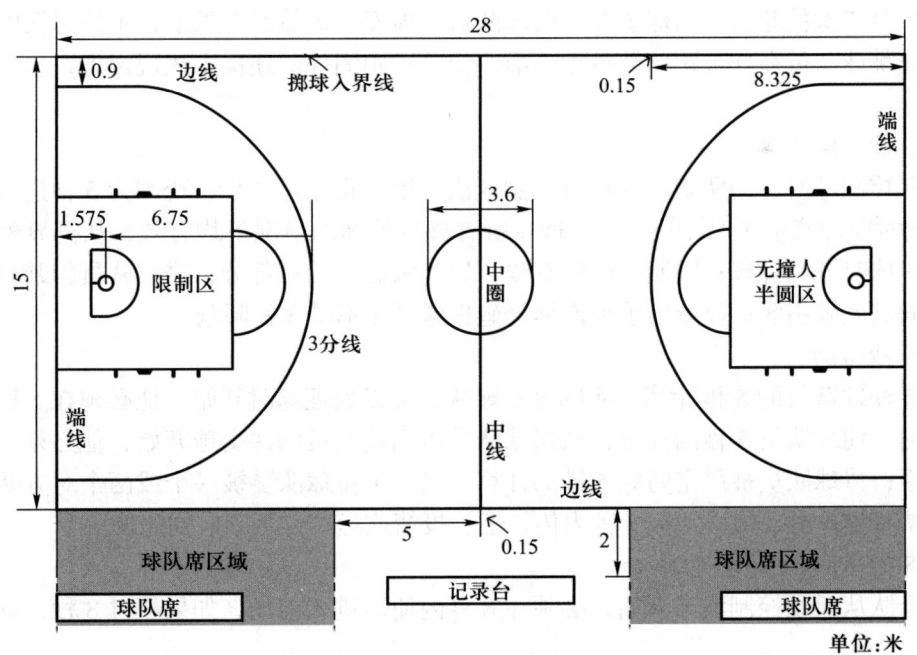

图 6-1-16　篮球比赛场地示意图

（二）违例

1. 带球跑

运球时，在球离手前，中枢脚不准离地；投篮或传球时，中枢脚可以提起，但须在脚着地前将球出手。违反以上规定，即为带球跑。确定中枢脚是判断持球队员是否带球跑的关键。队员双脚着地接到球，可以用任一脚做中枢脚。一脚抬起的一刹那，另一脚就成为中枢脚。队员在移动或运球中接到球，他可以按下列情况停步并确定中枢脚：① 双脚同时着地，则任一脚都可以是中枢脚。一脚抬起的一刹那，另一脚就成为中枢脚。② 两脚分先后着地，则先触地的脚是中枢脚。③ 一脚着地，队员可以跳起那只脚并双脚同时着地，则哪只脚都不是中枢脚。

2. 非法运球

队员控制球后，将球掷、拍或滚，在球接触其他队员之前再与球接触则为非法运球。队员一次运球完毕，不得再次运球，否则是非法运球。

3. 球回后场

判断球回后场的三个因素是：队员在前场控制球；在前场最后触球；在后场最先触球。缺少上述三个因素的任何一因素，都不构成球回后场违例。

4. 罚球违例

罚球时队员应遵守下列规则：罚球队员应在 5 秒之内投篮出手，并使球触及篮圈；罚球时，罚球队员不得接触罚球线或罚球线前的地面；罚球时，双方队员不得进入罚球区域扰乱罚球队员等。违反上述规定，即判违例。

5. 跳球违例

跳球时队员应遵守下列规则：当裁判员抛的球达到最高点之前，任何一个跳球队员都不得拍球；在拍球前跳球队员不得离开自己的位置；每一跳球队员只能拍击球两次；每一跳球队员第二次拍球后，当球触及非跳球队员、地面、球篮或篮板前，不得再接触球；跳球时，非跳球队员在球被跳球队员拍击前，应站在圆圈外。违反上述规定者，应判为跳球违例。

6. 3 秒违例

某队控制球时，同队队员在对方限制区内停留不得超过 3 秒，否则为 3 秒违例。判断 3 秒违例时应注意以下三个问题：3 秒在所有掷界外球的情况下均有效，从掷界外球队员可以处理球时开始计算；限制区的所有线，属于限制区的一部分，进攻队员脚踏限制区的线就如同进入限制区；投篮出手和连续抢篮板球投篮不受 3 秒限制。

7. 5 秒违例

掷界外球队员的 5 秒计算：从掷界外球队员可以处理球时开始，他必须在 5 秒内将球掷入场内；罚球队员 5 秒的计算：从罚球队员得到裁判员的递交球开始，他必须在 5 秒内将球离手；持球队员被严密防守 5 秒的计算：当一个持球队员被一个或两个对方队员积极挥臂封堵、抢球时，他必须在 5 秒内传、滚、投篮或运球，否则应判违例。

8. 8 秒违例

一个队从后场控制活球开始，必须在 8 秒内使球进入前场，如果超过 8 秒，则判 8 秒违例。

9. 24 秒违例

某队在场内控制着一个活球时，必须在 24 秒内投篮出手，否则应判 24 秒违例。进攻队完成投篮的条件是：① 在 24 秒结束之前，球必须离开队员的手；② 球离开队员的手后，球必须与篮板接触。如果在 24 秒哨响前球出手后未接触篮圈，为 24 秒违例。发球权将判给对方。

10. 干扰球违例

判断干扰球违例要注意以下三个问题：① 投篮和传递中的球，球在篮圈水平面上下落时，进攻队员不得触及此球。如果进攻队员违反规定，不管是否投中均无效，由对方在违例就近边线掷界外球。② 投篮的球，当球在篮圈水平面上下落时，防守队员不得触及此球。如果防守队员违犯此规定，无论投篮命中与否，根据投篮地点判给投篮队员得 2 分或 3 分。③ 投篮的球，当球在篮圈上时，攻守队员都不得触及球篮和篮板，进攻队员违犯此规定得分无效，防守队员违犯此规定，无论投篮命中与否，判给进攻队得 2 分或 3 分。如果攻守双方队员同时违例，则不得分，由双方违例队员在就近的圆圈内跳球。

判违例后即成为死球，除干扰球和发球违例有特别规定外，其他违例都应该使违例队失去球权，由对方在违例就近边线掷界外球。

（三）犯规及其罚则

当违反规则涉及与对方队员发生不合理的身体接触或不道德的行为时称犯规。它包括侵人犯规、故意犯规、双方犯规、技术犯规和进攻犯规等。

1. 侵人犯规

比赛中，双方队员发生不合理的身体接触，出现以下几种情况之一的，都应判为犯规：阻碍无球的对方队员行进而发生身体接触的；妨碍对方行动自由而发生身体接触的；从背后防守而发生身体接触的；队员通过伸展手臂、肩、髋、膝或过分地弯曲身体成不正常姿势，以拉、推、撞、绊来阻碍对手行进或使用粗野动作的；用手触及对方的；运球队员冲撞行进路线上对方队员的；队员掩护位置和距离选择不当发生冲撞的；等等。

罚则：判犯规队员侵人犯规 1 次，并要登记，然后做出相应判罚。如被侵犯的队员未做投篮动作，应由被侵犯队的队员在犯规就近点的边线掷界外球继续比赛。如果被侵犯的队员在做投篮动作，则应根据投篮命中与否，分别再做处理：若投中，得分有效，再判给 1 次罚球；若未投中，在三分区投篮判 3 次罚球，二分区投篮判 2 次罚球。如该队员犯规已达 5 次（包括技术犯规）则取消继续参加该场比赛的资格。全队每半时累计犯规已达 7 次（4×12 分钟比赛全队每节累计犯规达 4 次时）由受到侵犯的队员罚 2 次球。

2. 故意犯规

队员不是为了抢球，而是故意地去和对方队员发生身体接触，为故意犯规。

罚则：登记该队员犯规 1 次，判给对方 2 次罚球。如对做投篮动作的队员犯规，投中有效，追加罚球 1 次；如未投中，判 2 次或 3 次罚球。无论罚球投中与否，均由罚球队在边线中点掷界外球。

3. 双方犯规

双方队员同时相互犯规，则为双方犯规。

罚则：如果发生双方犯规时某队已经控制球，则由该队就近掷界外球；如果两队都未控制球，由双方犯规队员在就近的圆圈内跳球，继续比赛；如果在犯规的同时某方投球中篮有效，则由另一方在端线外掷界外球，继续比赛。

4. 技术犯规

故意或连续不遵守比赛规则，不服从裁判，做出不符合体育道德精神的行为，均视为技术犯规。技术犯规不仅包括场内和场上比赛队员的犯规，还包括场外替补队员、教练员、随从人员的犯规以及比赛中间休息期间的犯规。

罚则：宣判队员技术犯规，由对方队长指定任一队员罚球2次；宣判教练员、助理教练员、替补队员、随从人员技术犯规要登记在教练员名下，由对方罚球2次；无论罚球投中与否，都由罚球队在边线中点掷界外球。犯规性质严重或坚持不改者，则取消其比赛资格。

5. 进攻犯规

（1）有球犯规。① 防守队员在持球进攻队员的进攻路线上，并在进攻队员与自己产生明显身体接触前，已经占据合法防守位置，且以躯干接触，防守队员可以横移、后撤，一脚或双脚跳起，但不能向进攻队员前移。面对持球进攻队员不考虑时间和距离因素，如果面对无球队员，需要考虑时间和距离因素。② 在进攻中，进攻队员使用肘部、肩部、膝部等身体坚硬的部位对防守队员进行有意的明显侵犯，即便防守队员没有上述①的情况，进攻队员也被判进攻犯规。

（2）无球犯规。① 进攻方在进行掩护挡拆战术时，掩护者对防守者做出明显的推揉，或在掩护时脚步进行了明显移动，则被判作无球掩护犯规，这是一种无球进攻犯规。② 进攻方无球球员在落位时对对方球员进行非法的身体接触，也会被判作进攻犯规，如挤位时的推揉等。

（四）暂停与换人

1. 暂停

2×20分钟比赛，每队上半时内允许暂停2次，下半时允许暂停3次；4×12分钟比赛，每队在每半时（2节）的比赛时间内可以允许暂停3次。每一决胜期内允许暂停1次，每次暂停时间为1分钟。没有用完的暂停次数，不准挪到下半时或决胜期使用。每次暂停必须由教练员直接向记录台事先提出，遇到暂停时机记录台应立即发出暂停信号。遇到下列情况之一均可暂停：宣判跳球时；宣判犯规时；宣判对方违例，本队掷界外球时；教练员请求暂停后，如对方投篮得分，也可以给予暂停；因特殊情况裁判员可以鸣笛暂停，但教练员不能进行场外指导。

2. 换人

已达第5次（4×12分钟的比赛为第6次）犯规的队员或已被取消比赛资格的队员应在30秒内被替换。替补队员必须做好准备，亲自到记录台前报告被替补队员的号码，然后坐在替补队员席上，经球场裁判员准许后，方可进入场地替换。遇到下列时机，记录台鸣笛通知临场裁判员换人：请求暂停已被准许时；宣判争球时；宣判犯规时；队员受伤不能继续比赛时；裁判员因任何原因中断比赛时；掷界外球的队允许换人（另一方也可以请求换人），但跳球的队员不能由其他队员替换时。

第二节 排球运动

排球运动是一项由两支人数相等的队伍在被球网隔开的两个均等的场区内进行的集体隔网对抗球类运动。排球运动起源于1895年美国马萨诸塞州霍利奥克市，由韦廉姆·G.摩根发明。1900年左右，排球自美国传入加拿大。1905年，排球传入古巴、巴西等国家，成为当时风靡美洲的一项时尚运动。1949 年，首届世界男子排球锦标赛在布拉格举办。

一、排球运动的健康益处

排球运动是一项隔网对抗运动，其对抗性不强。经常进行排球运动能够增强人体的骨骼、肌肉、神经、呼吸、血液循环等功能。排球运动能够锻炼人的速度、弹跳力、柔韧性和灵敏度，因为这项运动要求运动员反复地、随时地完成跳跃、奔跑移位、倒地扑救等动作。经常进行排球运动能使人的体能、体质迅速地增强。另外，作为一项集体合作的运动项目，排球运动还可起到培养团队精神及塑造顽强、果断、机智等优秀品质的作用。

（一）改善心肺功能

经常参加排球运动能增强呼吸肌的收缩能力，对呼吸系统有直接的锻炼作用，可使肺活量明显增大。虽然排球场地较小，但进行排球运动时经常需要移动和起跳，对于心脏有较高的锻炼价值。

（二）增强肌肉力量

进行排球运动时需要高度身体协调，几乎身体的每个部位或肌肉都在为击球或传球的动作而发力。所以进行排球运动时全身肌肉在协调中完成每项动作。半蹲、快速移动等运动方式也能促进肌肉的协调和提高肌肉的耐力。

（三）促进身体生长

长期进行排球运动有助于身体的生长，同时，进行排球运动时的蹦跳、半蹲和短跑等动作会刺激生长素的分泌。

（四）改善体形及姿态

排球运动是一项全身性运动，因此排球是一个可以塑造身材、减少脂肪的运动项目。全身不协调、上下半身脂肪不均匀的人通过参加排球训练，可以达到改善体形的目的。

（五）调节神经系统

排球运动能让神经系统更灵活，对诸如精神不集中、神经衰弱等问题的调节可收到意想不到的效果。排球运动不仅可以锻炼身体，而且能提高人的心理素质。在赛场上，心理素质好的运动员表现就会灵活而且反应敏捷。

（六）提高心理素质

排球运动能使神经系统更灵活，反应更敏捷。同时，排球运动是集体性项目，参加团队的活动不仅可以增进人际交往，释放心理负能量，舒缓心理压力，还可以培养团队精神。

二、排球技术

排球技术是指运动员在比赛规则允许的条件下采用的各种合理的击球动作和配合动作的总称。它是排球运动的基础和重要组成部分。排球技术具有攻防两重性、时间短促的特点，主要由步法和手法组成，同时与视野活动、躯干活动和意识活动配合并与其融为一体。

（一）准备姿势

正确的准备姿势按身体重心高低可分稍蹲、半蹲和低蹲三种。其中半蹲运用最多。

半蹲准备姿势：两脚开立，距离比肩稍宽，两脚尖适当内扣，脚后跟抬起，膝关节弯曲，大小腿之间成90°，上体前倾，重心着力点在前脚掌跖指根部，两肩前探超出膝关节，两臂自然弯曲置于胸腹之间，抬头看球，随时准备移动（图6-2-1）。稍蹲和低蹲与半蹲基本相同，只是两膝与躯干弯曲程度大于或小于半蹲。

图6-2-1 半蹲准备姿势

（二）移动

1. 一步移动

为了提高弹跳高度或运用重叠拦网，在拦网准备时，站位可离网一步远的距离，这样就便于向前或斜前方做一步助跑起跳，但须做好制动动作，保持垂直向上起跳。

动作方法：后脚蹬地，前脚向前或向侧迈出一步，后脚迅速跟上成接球前的准备姿势。

2. 并步移动

向两侧近距离移动时采用。其特点是能保持面对球网，便于观察，也便于随时起跳，但移动速度较慢。

动作方法：两脚前后站立，与肩同宽，两膝微屈，身体重心位于两脚之间，重心稍靠于前脚，上体稍前倾，两臂放松，自然置于胸前，并步时，前脚向来球方向跨出一步，后脚迅速蹬地跟上。

3. 滑步移动

主要用于短距离移动，即来球距体侧稍远。

动作方法：两脚平行站立略比肩宽。向左滑步时，左脚先向左侧迈出一步，右脚同时迅速跟上做滑步。

4. 跑步移动

移动距离较远时采用。特点是移动距离远、速度快，但对制动要求高。

动作方法：跑步时一脚蹬地起动，另一脚迅速向前跟上，两脚交替进行，两臂配合摆动，不要过早做击球动作的准备，以免影响跑步速度。球在侧方或后方时，应边转身观察球边进行跑动。

5. 跨步移动

当来球低、速度快、距离身体1米左右时运用较多。跨步移动可以单独使用，也可与滑步移动、跑步移动的最后一步结合。

动作方法：两脚前后站立，跨步时，一腿用力蹬地，另一腿向来球方向跨出一大步，后腿随重心前移自然跟上，两手做好迎球动作。

（三）发球

发球是排球比赛的开始。队员在发球区用一只手将自己抛起的球直接击入对方区的技术动作称为发球。它是排球比赛的一项重要的进攻性技术，并随着排球运动的发展而不断创新与提高。

排球发球技术分为正面下手发球、正面上手发球、侧面下手发球、上手飘球、勾手大力发球、勾手飘球、高吊球、跳发球等。

1. 正面下手发球

动作方法：以右手发球为例，面对球网，两脚前后开立，左脚在前，两膝微屈，上身稍前倾，重心偏后脚，左手持球于腹前。抛球时，左手将球轻轻抛起在身前右侧，离手高约20厘米。右臂伸直，向后摆动。借右脚蹬地力量，身体重心随着右手向前摆动击球而移至前脚上。在腹前以全手掌或握拳击球的后下方。手触球时，手指手腕紧张，手伸直。击球后，随着击球动作，重心前移。

2. 正面上手发球

动作方法：发球前，面对球网站立，两脚自然开立，左脚在前，左手托球于身前。发球时，左手将球平稳上抛，高度适中。抛球的同时臂屈肘后引，上体稍向右转，抬头、挺胸、展腹。击球时蹬地，转体，迅速含胸收腹，并带动右臂猛烈向前摆动，手臂伸直以掌根平面击球的中下部，手腕快速推压，重心前移，随即进入场地（图6-2-2）。

图 6-2-2　正面上手发球

3. 侧面下手发球

这种发球动作简单易学，但球速慢、力量小、攻击性较弱，适用于初学者。

动作方法：发球前，左侧对球网，两脚开立，左脚靠近球网，两膝微屈，上体前倾，重心偏后脚，左手持球于腹前，右臂自然下垂。抛球时，左手将球平稳地抛在体前右侧，离手一球多的高度。在抛球的同时，右臂伸直，以肩关节为轴向后摆动。击球时，右腿蹬地，身体重心随着右手的向前摆动前移，在腹前用掌根击球的后下部，重心随击球动作前移，并迅速进场比赛（图6-2-3）。

4. 上手飘球

动作方法：与正面上手发球相同，但站位离端线距离变化较大。发远距离飘球时，距离端线要远些；发近距离飘球时，站的距离要近些。左手将球平稳抛至右肩前上方，稍靠前些，离身体水平距离约半个手臂，抛至相同于击球点的高度，这样便于直线

图 6-2-3　侧面下手发球

加速挥臂去击球。在抛球的同时，右臂屈时抬起并后引，肘部略高于肩，两眼注视球。当球上升至最高点时，收腹带动手臂快速挥动，以掌根部坚硬平面击球的后中下部，使作用力通过球体重心。击球时，五指并拢，掌心向前，手腕紧张并后仰，用力快速、突然、短促，击球后可作突停或下拖动作，不能有推压动作。击球后，迅速进场比赛。此发球对挥臂速度要求较高。

5. 勾手大力发球

动作方法：发球队员左肩对球网，两脚左右开立，与肩同宽，两膝弯曲，上体前倾，重心落在两脚之间，左手或双手持球于胸腹前，两眼注视着对方。左手或双手将球平稳抛至左肩上方，高度约1米，抛球同时，右腿弯曲，重心移至右脚，上体向右侧转动和倾斜，右臂向身体右侧后下方摆动，同时挺胸抬头，两眼注视球体。击球时，右脚用力蹬地，身体向左转动带动手臂沿弧形轨迹向上挥动，在右肩前上方击球。同时身体重心移至左脚，手臂充分伸直保持高点击球，手掌手指自然张开呈勾形，以全手掌击球的后中下部，击球瞬间，手腕手掌要做迅速的明显向前推压动作，使球成上旋飞行。

6. 勾手飘球

动作方法：发球队员左肩对球网，两脚左右自然开立，约与肩同宽，身体重心放在两脚之间，左手持球于胸腹前。左手将球平稳抛向左肩前上方，抛至相同于击球点的高度。在抛球的同时，右臂伸直向身体右侧后下方摆动，身体重心移动至右脚。当球上升到最高点时，右脚蹬地，身体向左侧转动，带动手臂沿弧线挥动，在右肩前上方以掌根部坚硬平面击球后中下部，击球一瞬间，手腕稍后仰并保持紧张，用力集中，但不能有推压的动作，然后迅速进场比赛。

7. 高吊球

动作方法：发球队员右肩对网站立，两脚自然开立，右脚在前，身体重心在右脚上。两膝微屈，上体微前倾。左手将球抛在脸前，让球在身前一臂之远的地方下落。在抛球的同时，右臂向后摆动，然后借助于蹬地展腹动作，右臂强烈向上挥动，击球前，手臂突然加屈肘动作，以加大前臂挥动速度，在腹前以虎口击球的下部偏左处，使球在旋转中高高上升。

8. 跳发球

动作方法：发球队员自然站立，单手或双手持球于腹前，注意观察场上情况。抛球时助跑迈出第一步的同时将球高抛在右肩前上方，落点在助跑线上，高度和距离要符合个人特点，以跳起最高点击球为准。抛球离手瞬间可加手指手腕动作，使球在空中产生旋转。紧接着，迈出第二步，两臂自然摆动，眼睛注视球，最后右脚跨出一大步，两臂在体侧划弧摆动，并使左脚迅速跟上，屈膝蹬地跳起，使身体腾空。击球时在腾空后，加大挺身展腹，使身体呈反弓状。右臂屈肘上举，手掌自然张开。当身体在最高点时，以猛烈收腹和提肩带动手臂向前方挥动，在手臂伸直的最高点，用全掌击中球的后中下部，击球点不宜靠前。触球瞬间手掌包满球，并主动屈腕推卷，使球快速向前旋转。击球后，身体可随球飞行落入场内，落地时要注意平衡，防止受伤。跳发也可不加助跑，而用原地起跳发球过网。左撇子则动作相反。

（四）垫球

垫球是排球技术之一，它是在全身协调用力的基础上通过手臂的迎击动作，使来球从垫击面上反弹出去的一项击球技术。垫球是接发球、接扣球、接吊球、接拦回球和处理各种难球的主要方法，是保证本方进攻的基础。

1. 正面双手垫球

动作方法：当球飞到距腹前一臂距离时，两臂快速前伸插入球下，直臂向前上方蹬地抬臂，击球点保持在距腹前约一臂距离处，将球准确地垫在击球部位上，同时配合蹬地送腰的动作，身体重心随击球动作前移。手臂的角度与来球弧度、旋转及垫球的目标、位置有关。来球角度高，手臂应当抬得平些；来球角度低平，则手臂与地面夹角应大些。这样才能使球以适当弧度反弹飞向目标（图6-2-4）。

图6-2-4　正面双手垫球

动作要领：两臂夹紧插球下，抬臂送体腕下压；蹬腿跟腰前臂垫，转体重心要变化。

2. 背向垫球

动作方法：当球在体前或体侧时，一脚迅速向前或向侧跨出一大步，重心向前移动，跨出脚的同侧臂向前伸出，插入球下，用虎口或掌根或手背或前臂击球的后下部或底部。击球时，手腕顺势向上翘起，以便使球向上飞起。

3. 体侧垫球

动作方法：垫球者两臂夹紧迅速向来球方向伸出，移动方向的手臂高于另一侧臂，两手臂垫球部位对正来球，垫球时核心收紧，蹬地送臂，同时向垫球方向旋髋以配合发力，须垫击来球的中下部。

4. 正面低姿势垫球

动作方法：判断和移动对准来球后，两臂自然伸直、并拢，含胸收腹，做好垫球的准备。当球来到腹前时，身体重心前移，两臂前伸并向上抬，迎击来球。击球时，两手互握，手腕下压，使两前臂外展，用前臂的前部击球的后下部。击球点一般在腹前。触球时，配合蹬腿、吸腹的全身协调动作，用提肩、抬臂前送的力量，将球垫出。垫球用力的大小，要以来球的力量和垫出目标的远近而定。

5. 单手垫球

动作方法：单手垫球多在无法用双手垫球的情况下采用。体侧单手垫球方法是一脚迅速向侧前方跨出一大步，重心移至跨出的腿上，以跨出腿的同侧臂迅速伸出用虎口或小臂击球的后下部。在体前可用手背平面击球，手臂要伸直，有抬击动作。

【垫球技术练习方法】

1. 在较简单的条件下巩固垫球技术

（1）原地做徒手模仿垫球动作练习。

（2）垫固定球。两人一组，一人持球于腹前，另一人用垫球动作击球体会垫球部位和用力动作，要求蹬腿、抬臂协调用力。

（3）自垫球。一人一球连续向上自垫，垫球高度可固定，也可高、低结合。

（4）抛垫球。两人一球相距4~5米，一人将球抛至另一人的腹前，同伴将球垫回。

（5）移动垫球。两人一组，一人抛出不同距离、方向、速度和高度的球，另一人在移动中采取正面、侧面、跨步低姿或背向等法将球垫回。

（6）对垫球。两人相距4~5米，做连续对垫球练习，尽量采用正面垫球。

（7）对墙连续垫球。要求手臂角度固定，全身协调用力。

（8）转换方向垫球。三人一组，三角连续垫球。可任意或按顺时针、逆时针的方向依次垫球。先不结合球网，熟练后逐渐结合球网三角垫球。

（9）二人一组，相距7~8米，一人发球，另一人垫球。

2. 在较复杂的条件下巩固垫球技术

（1）两人一组，一人向各个方向交替抛出两个球，另一人移动将球垫回。

（2）三至四人一组，迎面跑动连续垫球。

（3）四人一组，三角跑动垫球。

（4）连续防多球。一人向同伴前、后、左、右连续抛球，另一人连续移动垫球。

（5）垫击从对方抛来的球。

（6）垫重球。两人相距4~5米，甲抛球给乙，乙扣给甲垫球；乙将甲垫回的球接住，然后抛给甲扣，乙又将球垫回，如此交替练习垫重球。

（7）传、扣、垫球综合练习。两人相距4~5米，甲传球给乙，乙扣球给甲，甲垫球给乙，乙传球给甲，甲扣球给乙，乙垫球给甲，如此交替练习。

（8）移动垫扣球。

（9）垫击扣球后再垫击吊球。

（10）垫击对方从高台上扣过来的球。

（11）三人一组接发球，调整传球练习。

（12）三人一组垫、调、扣练习。

动作技巧：首先要做好准备姿势。判断好来球的落点之后，迅速移动到落点处，对正来球，成半蹲准备姿势站立，准备迎击来球。接着要形成正确的手形。当球接近腹前时，两手掌根靠紧，两手手指重叠后手掌互握，两拇指平行手腕下压，两前臂外翻形成一个平面。这样，在击球时，以腕关节以上10厘米桡骨内侧平面部位承受来球的冲力，产生合理的迎击球力量，将球柔和地垫出，以提高到位率。然后要准确击球。当球飞行到腹前一臂距离时，两臂夹紧前伸，插到球下，向前上方蹬地抬臂，迎击来球，垫击球的后下部，身体重心随击球动作前移，击球点应保持在体前。击球者要协调用力，针对不同的来球力量，采取不同的用力方法。

垫轻球时，击球主要靠手臂上抬力量以增加球的反弹力，同时配合蹬地、跟腰动作，使身体的重心向前上方移动，整个手臂要适当放松，便于灵活地控制垫球的方向和力量。垫击中等力量来球时，要控制垫球的力量，主要靠来球本身的反弹力将球垫起。垫重球时，应采取收腹含胸的动作，帮助手臂随球后撤并适当放松，以缓冲来球的力量，在撤臂缓冲的同时，用微小的手臂和手腕动作控制垫球的方向和角度。最后要掌握好手臂的角度，根据来球的角度和球所要垫出的方向、位置和落点，运用反射角近似于入射角的原理，调整手与地面的角度以及左右转动手臂平面来控制垫球的方向。

（五）传球

排球运动中，传球是利用手指、手腕的弹击动作将球传至一定目标的击球动作。主要用于二传，它在进攻和反攻中起着串联和纽带的作用。传球动作可分为正面传球、背传球、侧传球和跳传。本节主要介绍正面上手传球。

面对出球方向的传球动作，称为正面传球。正面传球是最基本的传球方法，是其他一切传球技术的基础。正面传球主要用于二传，为进攻创造条件，在比赛中起着组织进攻的作用；同时也是一项防守技术，可接对方的处理球、吊球和被拦回的高球；正面传球还可以用来吊球和处理球，起到进攻的作用。

1. 动作方法

（1）准备姿势。采用稍蹲准备姿势，抬头目视来球，双肘弯曲自然抬起，双手置于脸前。

（2）手型。手触球时，两手应自然张开呈半球形，使手指与球吻合，手腕稍后仰，拇指相对，小指在前；传球时用拇指内侧、食指全部、中指的二三指节触球，无名指和小指在球的两侧辅助控制出球方向，两肘适当分开，自然下垂。

（3）迎球。当球接近额前时开始蹬地、伸膝、伸臂，两手微张，从脸前向前上方主动迎击来球。

（4）击球。击球点应保持在额前上方约一球远，击球部位一般在球的后下方（图6-2-5）。

图6-2-5 正面上手传球

（5）用力。传球主要靠伸臂力量与下肢蹬地力量的协调配合，通过球压在手上使手指手腕产生的反弹力将球传出。

（6）击球后动作。击球后身体重心随击球动作前移，全身放松成准备姿势状态，准备下一个击球动作。

2. 正面上手传球动作常见错误

（1）手型不正确，不能形成半球状。

纠正方法：一抛一接实心球，自抛自接，接住后自我检查手型。距墙40厘米左右连续传球，并不断检查和纠正手型。

（2）击球点过前或过后。

纠正方法：击球点过前，多做自传；击球点过后，多做平传或平传转自传。

（3）传球时臀部后坐，用不上蹬地力量。

纠正方法：理解协调用力的重要性；一人手压球，另一人做传球的模仿练习。

（六）扣球

扣球是排球技术中攻击性最强的一项技术，它在比赛中占有重要地位，是得分、得发球权的主要手段，也是进攻中最积极有效的武器。扣球是战术配合中的最终目的，强有力的、富有战术目的的扣球，可使对方难以防守和组织反击，从而掌握比赛的主动权。

1. 正面扣球

正面扣球是扣球中的一种基本方法。正面扣球时运动员面对球网，便于观察，准确性较高，也可根据对方防守布局，随时改变扣球路线和力量，有利于控制击球落点。因而正面扣球是最好的进攻方法（图6-2-6）。

图6-2-6　正面扣球

动作方法：

（1）准备姿势。站在离网3米左右处，两脚自然开立，两膝微屈，上体稍前倾，两臂自然下垂，观察二传来球，随时准备向各个方向助跑起跳。

（2）助跑。助跑是为了获得一定的水平速度，增加弹跳高度，并且选择适当的起跳点。助跑的时机、方向、步法、速度、节奏是根据来球的方向、速度和弧线决定的。因此，要全面熟练掌握一步、两步、三步及多步助跑的步法。

以两步助跑为例：助跑时，左脚先向前迈出一步，接着右脚再迅速跨出一大步，左脚及时并上，落在右脚侧前方，两脚尖稍内收准备起跳。

助跑的第一步要小，目的是对正上步的方向，使身体获得向前的水平速度，第二步要大，目的是接近球和提高助跑的速度，右脚落地支撑点在身体重心之前，有利于制动。

（3）起跳。在助跑跨出最后一步的同时，两臂绕体侧向后引，左脚在落地制动的过程中，两臂自后积极向前摆动，随着双腿蹬地向上起跳，两臂配合起跳用力上摆。

（4）空中击球。起跳后，挺胸展腹，上体稍向右转，右臂向后上方抬起，身体呈反弓形。挥臂时，以迅速转体、收腹动作发力，带动肩、肘、腕各部位关节成鞭甩动作向前上方挥动。击球时，五指微张呈勺形并保持紧张，用全手掌包满球，以掌心为击球中心，击球的后中部，同时主动用力屈腕屈指向前推压，使击出的球加速上旋。击球点在起跳和手臂伸直最高点的前上方。

（5）落地。空中完成击球动作后，身体自然下落，为了避免腿部负担过重，应用双脚的前脚掌先着地，同时顺势屈膝，缓冲身体下落的力量。

2. 近体快球

在二传队员附近约50厘米处扣的快球称近体快球。近体快球主要是进攻速度快，常常使对方来不及拦网和防守。近体快球不但进攻效果好，而且具有较强的掩护作用，是副攻手必须掌握的技术。

技术要点：近体快球的助跑路线一般同网的夹角保持在45°左右为宜，扣球队员助跑时要随一传队员传出的球同时到网前，当球落在二传队员手上时，扣球队员应在二传队员体前约一臂距离处迅速起跳，快速挥臂，将刚传出网口（球网上沿）的球扣过网。击球时，利用含胸收腹动作带动前臂和手腕迅速挥动，用全手掌击球的后上方。

（七）拦网

拦网是队友靠近球网，将手伸向高于球网处阻挡对方来球，并触及球的行动。拦网具有强烈的攻击性，可以直接拦死、拦回对方的扣球，动摇对方的信心，给对方造成心理压力。拦网是防守的第一道防线，是反攻的重要环节。拦网可以将对方有力的扣球拦截，减轻后排防守的压力。

1. 单人拦网

动作方法：

（1）准备姿势。队员面对球网，两脚左右开立，约与肩同宽，距网30~40厘米。两膝微屈，两臂屈肘置于胸前。

（2）移动。常用的步法有一步、并步、交叉步、跑步等。无论采用哪种移动步法，都要做好制动动作，以保证向上起跳时避免触网和冲撞同队队员。

（3）起跳。原地起跳时，两腿屈膝，重心降低，随即用力蹬地，两臂以肩发力，在体侧近身处，做划弧动作前后摆动，帮助身体迅速跳起。移动后的起跳，其起跳动作与原地起跳一样，但要注意制动并使移动与起跳动作紧密衔接。

（4）空中动作。起跳时，两手从额前沿球网向上方伸出，两臂伸直并保持平行，两肩上提。拦网时，两臂应伸过网去接近球。两手自然张开，屈指屈腕呈半球状。当手触球时，两手要突然紧张，手腕下压盖在球的前上方（图6-2-7）。

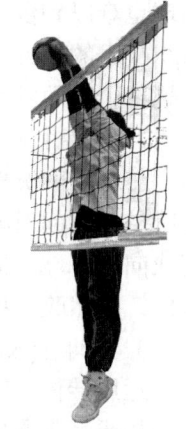

图6-2-7 单人拦网

（5）落地。拦球后，要做含胸动作，以保持身体平衡。手臂要先后摆或上提，从网上收回至本方上空，再屈肘向下收臂，以免触网。与此同时，屈膝缓冲，双脚落地，随即转身面向后场，准备接应来球或做下一个动作准备。

动作要领：判断移动及时跳，两臂摆动伸网沿；提肩压腕张手捂，眼看扣球拦路线。

2. 集体拦网

集体拦网是两人或三人参加的拦网，网上拦截面较宽，拦网成功率较高。集体拦网除尽量发挥个人的拦网技术外，应着重注意相互间的配合。集体拦网重点是对拦网的判断，还有位置和起跳时间的选择，应尽量组成统一屏障，当其中一名队员触到球时即完成集体拦网。集体拦网只有前排球员可以起跳拦网，后排球员不能起跳拦网，拦网的触球不计入队球的击球次数。另外，在不妨碍对方球员活动的情况下，球员可在拦网时将手及手臂伸越球网，但不能在对方球员完成攻击前越过球网触球。对方的发球不可以拦网。

拦网的技巧：注意二传手传球之前的手形。要随着扣球者起跳，扣球者起跳扣球时距离球网越远，拦网者起跳越晚。还要留意扣球者的肩膀，当扣球者的肩膀转动时，要尽快移动到他的对面，还需要盯紧扣球者的手和眼睛，拦网的角度要正对扣球手。

三、排球战术

排球战术是运动员在比赛中根据排球运动规则、排球运动的规律、比赛双方的具体情况和临场变化，合理有效地运用所掌握的技术，采取有目的、有意识、有组织的个人和集体配合的行动。排球战术按参与战术的人数划分为个人战术和集体战术两大类。个人战术和集体战术划分为进攻与防守两大体系。集体战术又进一步分为接发球及其进攻（简称"一攻"），接扣球及其进攻（简称"防反"），接拦回球及其进攻（简称"保攻"），接传、垫球及其进攻（简称"推攻"）4 个战术系统。

（一）个人战术

1. 发球个人战术

把球发给对方接发球差的队员；把球发给插上准备二传的队员；把球发给接发球连续失误而表现紧张、急躁的队员；把球发给技术发挥不好而情绪低落、士气不旺的队员；把球发给刚上场的队员；把球发给最强的进攻队员或打快攻的队员，使其难于参与进攻；把球发到对方几人之间的空当，造成对方让球或抢球的现象；把球发到进攻线前面的 2 号或 4 号区，使队员接球后难于跑动进攻；把球发到底线附近或发到两侧死角，使对方即使接到球也难以到位；把球发在插上队员附近，破坏对方预期战术配合；把球发到二传不便于组织战术的地方；时而发到对方后场区，时而发到对方前场区；时而发大力旋转球，时而发飘球；时而发重球，时而发轻球；时而以进攻性发球为主，时而以准确性发球为主。

2. 二传个人战术

传球瞬间突然改变传出方向，让对方事先看不出传球方向；以眼睛或手势示意某一扣球队员，引起对方的注意，但突然把球向后或向前传出；看准来球先做转体动作，佯做向前或向后传球，但突然把球向后或向前传出；采用跳传、晃传动作传球，迷惑对方；佯作二传，突然改为单手吊球、二次球进攻、传到对方空当或跳传转移。

3. 扣球个人战术

运用转体、转腕扣球技术，达到突然改变扣球路线的目的；运用高点超手扣球，或改为轻扣或吊入空挡；运用起跳后在空中的停留时间延迟扣球时机，使拦网难以奏效；运用向两侧打手出界，破坏对方拦网；运用平打使球触拦网手后飞向后场；运用轻扣或吊球将球打到拦网手上，使球随对方拦网人一同落下；运用轻扣使球打到对方拦网手上弹回再次组织进攻；避开身材高大和技术好的拦网队员，选择身材矮、弹跳差的队员为突破口；将球扣到对方防守差的队员或场上的空当处。

（二）集体战术

个人战术是掌握队友间协作配合的基础，但个人战术要通过小组和全队战术练习来提高，而小组和全队配合的关键是使设计的各种练习尽量接近比赛中的实际；不论进攻还是防守中队员之间的协同配合，都是按照一定的信号联系进行的，要在练习中逐步建立熟练的战术配合。

1. 阵容配备

阵容配备是指比赛时场上人员的搭配布置。阵容配备的目的是合理地把全队的力量搭配好，更有效地发挥每一个队员的特长和作用。在组织阵容时，应根据队员的身体素质、技术水平合理安排其在阵容中的位置，把进攻力量强的和防守技术好的队员搭配开，使每一轮次都有较强的进攻能力和较好的防守能力；主攻手、副攻手和二传手分别安插在对称的位置上，以便在轮转时保持比较均匀的攻防力量；根据战术需要和队员间的默契程度，把平时配合较好的进攻队员和二传队员安排在相邻的位置上；扣球好的主攻手一开始站在最有利的位置上，如4号位；防守好的队员应站在后排；本方有发球权时，发球好的队员最好站在1号位；发球权在对方时，发球好的队员可站在2号位；一传较差的队员尽可能不要安排在相邻的位置上，避免形成薄弱区域。

根据各队不同的技术水平和战术特点，一般有以下三种阵容配备。

（1）"四二"配备（图6-2-8）。即场上两个二传手、四个攻手（其中两个主攻手、两个副攻手），安排在对称的位置上。每一轮次前排都有一个二传队员和两个进攻队员，便于组织前排二传传球的两点进攻和后排二传插上传球的三点进攻。"四二"配备中，每一个进攻队员必须熟悉两个二传队员的传球特点，相互间的配合比较困难。

（2）"五一"配备（图6-2-9）。即场上一个二传队员、五个进攻队员。为弥补有时主要二传队员来不及传球所出现的被动局面，通常在二传队员的对角位置上，配备一名有进攻能力的接应二传队员。二传队员在前排时采用两点进攻，二传队员在后排时采用进攻和拦网。"五一"配备中，全队进攻队员只需适应一名二传队员传球的习惯、特点，容易建立配合间的默契。但防反时，二传队员如果在后排，要插上传球，难度较大。

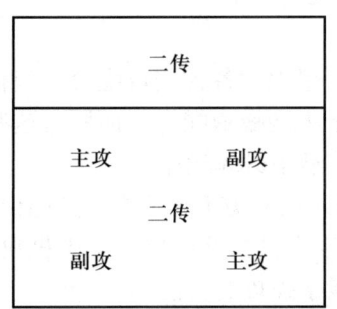

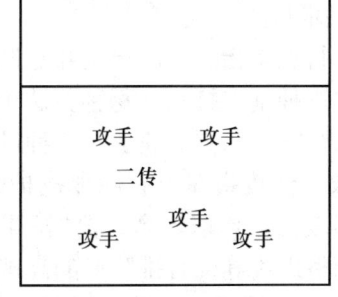

图6-2-8　"四二"阵容配备示意图　　　　图6-2-9　"五一"阵容配备示意图

（3）"三三"配备。即三名能攻的队员与三名能传的队员间隔站位，使每一轮次都有传有扣，是初学者常用的阵容配备。

2. 位置交换

排球规则规定，发球以后，队员在场上可任意交换位置。利用这一规则，各队通常采用专位进攻、专位防守的方法。一般来说，在前排的主攻队员换在4号位，拦网好、移动快、连续起跳能力强的副攻队员换到3号位，二传队员换到2号位；在后排，主攻队员换到 5 号位，副攻队员换到 6 号位，二传队员换到 1 号位。这种位置交换，使队员专位化，便于发挥每个队员的特长，有利于让队员集中学习训练掌握某项实用技术。但专位化也容易造成队员技术的不全面。

换位时应注意：换位前，应按规则的要求站位，防止"位置错误"犯规；当发球队员击球后，立即迅速换到预定位置；对方发球时，应首先准备接球，然后再换位，以免影响接发球；本方发球时，换位队员应面向对方场区，观察对方动态；成死球后，应立即返回原位，及早做好下一个球的准备。

（三）进攻战术

进攻战术是指在接对方发过来、扣过来、拦过来和传、垫过来的球后，全队所采取的有目的、有组织的配合进攻行动。进攻战术又可分为进攻战术阵型和进攻战术打法两方面。

1. 进攻战术阵型

进攻战术阵型即进攻时的采取的队形。进攻时所采用的阵型是基本一致的，不外"中一二""边一二""插上"三种阵型。

（1）"中一二"进攻战术阵型。3 号位队员作二传，将球传给 4 号、2 号位队员进攻的组织形式。其优点是一传向网中 3 号位垫球比较容易，因而有利于组织进攻，适合初学者采用；二传队员在网前接应一传的移动距离近，向 2 号、4 号位传球的距离较短，容易传准。缺点是战术变化少，对方容易识破进攻意图。

（2）"边一二"进攻战术阵型。2 号位队员作二传，将球传给 3 号、4 号位队员进攻的组织形式。其优点是右手扣球者在 3 号、4 号位扣球比较顺手，战术变化较多。缺点是 5 号位接一传时，向 2 号位垫球距离较远；一传垫到 4 号位时，二传传球较为困难。

（3）"插上"进攻战术阵型。二传队员由后排插上前排作二传，把球传给前排 4 号、3 号、2 号位队员进攻的组织形式。其优点是能保持前排三点进攻，战术配合变化多，并能利用网的全长组织进攻。缺点是对插上二传队员的要求较高。

2. 进攻战术打法

进攻战术打法是指二传队员与扣球队员之间所组织的各种进攻配合。包括强攻、快攻和两次球进攻三种基本打法。每种打法中又有若干不同战术配合。而所有这些打法又都可以在"中一二""边一二""插上"三种进攻战术阵型中具体运用。

（1）强攻。强攻指在没有同伴掩护的情况下，在对方有准备的拦防情况下，强行突破的进攻。强攻的二传球较高，根据不同的二传球位置，可以分为集中进攻、拉开进攻、围绕进攻、调整进攻等，后排队员的高球进攻也属于强攻的打法。

（2）快攻。快攻指二传传出的各种平快球，以及用这些平快球做掩护所组成的各种战术配合。快攻可以分为平快球进攻、自我掩护进攻、快球掩护进攻三类。平快球进攻常用的有前快、背快、短平快、平拉开、背溜、调整快、远网快、后排快、单脚起跳快等。自我掩护进攻包括时间差、空间差的进攻。快球掩护进攻包括各种交叉进攻、夹塞进攻、梯次进攻、前排快攻掩护后排进攻的本位进攻等。

（3）两次球进攻。两次球进攻指一传来球较高，又在网前适合扣球的位置上，前排队员跳起来直接进行扣球，如遇拦网，就在空中改做二传，把球转移给其他前排队员进攻的打法。

（四）防守战术

1. 接发球

当对方发球时，本方处于防守地位，也是组织第一次进攻的开始。事先站好位置，摆好阵型，是接好发球的基础。站位的阵型，不仅要有利于接球，也要有利于本方所采用的进攻战术。同时，还要根据对方发球的特点，采取不同的阵型。通常多采用五人接发球站位阵型和四人接发球站位阵型。

（1）五人接发球站位阵型。除一名二传队员站在网前或从后排插上准备二传不接发球外，其余五名队员都担负一传任务的接发球站位阵型。其优点是队员均匀分布，每人接发球的范围相对减小；接发球时，已站成了基本的进攻阵型，组织进攻比较方便，适合接发球水平不太高的球队。其缺点是一传队员从 5 号位插上时距离较长，难度大；3 号位队员接球时，不便组成快攻战术；不利于队员间的及时换位；队员间模糊地带较多，配合不默契时，容易互相干扰。

（2）四人接发球站位阵型。插上二传队员与同列的前排队员均站在网前不接发球，其他四人站成弧形接发球的站位阵型。其优点是便于后排插上和不接发球的前排队员及时换位；其缺点是接发球的四人要有较高的判断、移动能力和掌握较好的接发球技术。

2. 接扣球

接扣球的防守与组织反攻是密不可分的，只有防守成功才能富有成效地组织反攻。接扣球的防守战术是前排拦网与后排防守的整体配合，根据对方进攻情况、本队队员特长、防守后的反攻打法，一般可分为不拦网的防守阵型、单人拦网的防守阵型和双人拦网的防守阵型。

（1）不拦网的防守阵型。在对方进攻较弱，没有必要进行拦网时，可以采用不拦网的防守阵型。这种阵型与五人接发球站位阵型相似，前排进攻队员要撤到进攻线后，准备防守和防守后的反攻；后排队员后退，准备防后场球；二传队员留在网前，准备接吊到网前的球和组织进攻。

（2）单人拦网的防守阵型。当对方扣球威胁不大、扣球路线变化不多、轻打中吊球较多时，可以主动采用单人拦网的防守阵型。拦网队员拦扣球人的主要进攻路线，不拦网队员及时后撤防守前区或保护拦网队员，后排队员后撤加强后场防守。

（3）双人拦网的防守阵型。对方水平较高、进攻力量较强、进攻路线变化较多时，多采用这种防守阵型，即两人拦网、四人接球。

（五）攻防转换

1. 攻守转换

当球扣入对方场区后，进攻的一方应立即转入防守状态。当球扣过网或二传不慎传球过网后，前排队员应迅速靠网前站位，准备拦网；后排队员由上前保护扣球，迅速退守原位，准备防守。

2. 守攻转换

当对方扣球过网后，防守一方在防守的一刹那就转入了进攻。这是由于后排队员在防守来球时，必须根据本队所采用的进攻战术，有目的地将球送至预定目标，并根据保护扣球的部署，立即跟进并保护前排队员进攻。前排参加拦网的队员，在完成拦网动作之后，必须立即后撤，准备接应或反攻扣球。前排未参加拦网的队员，在后撤防守之后，转入接应或反攻扣球。

四、排球比赛规则

（一）比赛场地与设备

1. 比赛场地

排球比赛场地为 18 米 ×9 米的长方形，四周至少有 3 米空地，场地上空至少 7 米内不得有障碍物。国际排协世界级及正式比赛，无障碍区自边线以外至少 5 米，自端线以外至少 8 米没有障碍物，无障碍的比赛空间自地面以上至少 12.5 米没有障碍物（图 6-2-10）。

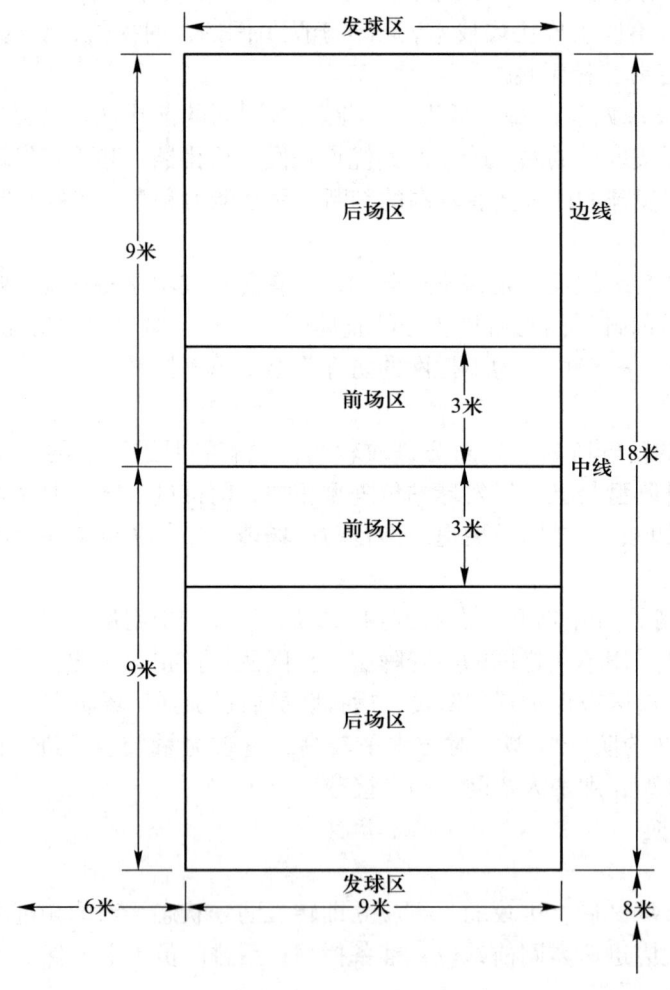

图 6-2-10 排球比赛场地

2. 球网

场地中线上空架有球网。网宽 1 米，长 9.50 米，挂在场外两根圆柱上。女子网高 2.24 米，男子网高 2.43 米。球网两端垂直于边线和中线的交界处各有 5 厘米宽的标志带，在其外侧各连接一根长 1.80 米的标志杆。

3. 比赛用球

排球的圆周为 65～67 厘米，重量为 260～280 克，气压为 0.40～0.45 千克/平方厘米。

（二）球员位置

1. 自由人

自由人是专职防守的球员，主要负责一传和防守。通常自由人是全队反应速度最快和一传技术最好的队员。由于自由人不需要在网前进攻，所以对自由人的身高没有特别的要求。在比赛中，自由人穿着和其他队员不同颜色的球衣。自由人在同一局比赛中可以随意替换不同的球员，不占用换人名额。

2. 二传手

二传手的职责在于组织全队的进攻，他们负责在二传时将球送至攻手最适宜扣球的位置。移动快速、传球精准是一个二传手的必备素质。一位好的二传手可以利用每一位攻手的特点，组织快速多变的战术，所以，二传手必须相当了解队伍各位置攻手的特性与习惯，在比赛中更要保持清楚的头脑与思维。

3. 主攻手、接应

主攻手是在靠近标志杆进攻的球员。惯用右手的主攻手最适合在 2 号位（主攻手）进攻；相对地，惯用左手的主攻手最适合在 2 号位（接应）进攻。由于二传传向主攻位置的球大多都是高球，因此主攻手往往采用很长的助跑，有充分的时间助跑起跳。在进攻中，主攻手通常依靠强力扣杀得分。主攻手还需要掌握一传技术，因为在对方发球时，他们通常作为自由人以外的第二一传点。随着排球的发展，后排主攻手不仅需要接一传，还有进攻的任务，所以在比赛中，通常会有 4 个进攻点。

4. 副攻手

副攻手是经常靠近二传手打快攻的球员。副攻手专职拦网，因为他们必须阻挡来自对方副攻手的快攻，并且需要从中间向两边快速移动以组织双人拦网。通常副攻手是队中最高的球员，且要求有很好的防守技术。

（三）赛制规则

（1）排球为 5 局 3 胜制，每局 25 分，决胜局 15 分。

（2）排球运动由两队各六名选手组成，每队的球员都有自己固定的位置，三名网前选手和三名靠近底线的选手。每一方击球过网不得超过 3 次。

（3）运动员不得持球，不得连续击球两次，身体的任何部分不能触网。可以用身体的任何一个部位击球，但是如果球从球员身上的某一部位弹到另一部位时，将被认作两次击球，按违例计算。

（4）前 4 局比赛采用 25 分制，每个队只有赢得至少 25 分，并同时超过对方 2 分时，才胜 1 局。正式比赛采用 5 局 3 胜制，决胜局的比赛采用 15 分制，一队先得 8 分后，两队交换场区，按原位置顺序继续比赛到结束。在比赛的决胜局（第五局），先获 15 分并领先对方 2 分为胜。正式排球比赛应有第一、第二裁判员各 1 人，记录员 1 人，司线员 2～4 人。

（四）发球

发球队员必须在第一裁判员鸣哨允许发球后 8 秒内将球发出。球被抛起或持球手撤离后，必须在球落地前，用一只手或手臂的任何部位将球击出。球只能被抛起一次或持球手只能撤离一次，但拍球或在手中摆弄球是允许的。发球队员在击球时或击球起跳时，不得踏及场区（包括端线）和发球区以外的地面；击球后，可以踏及或落在场区内或发球区以外的地面。

（五）排球比赛方法

1. 基本规则

比赛时双方各据一边，每队上场队员 6 人，分前后排站位，比赛由获得发球权一方的后排右边队员在发球区用一只手或手臂将球击过网开始。每方最多击球 3 次（拦网除外）就要使球过网，不得持球，同一名队员不能连续击球 2 次，比赛不间断进行，直到球落地、出界或某一队不能将球击回。当发球队胜一球时，原发球队员继续发球；当接发球队胜一球时，获得发球权并按顺时针方向轮转，由前排右队员转至后排右队员进行发球。

2. 比赛中的击球

队员的身体任何部位都允许触球。

（1）4 次击球犯规。每个队最多 3 次（拦网除外）击球就要将球击回对方场区，如果超过则判为 4 次击球犯规。

（2）持球犯规。队员在击球时没有清晰地将球击出，或接触球时有较长的停滞，如捞、捧、推搡、携带球都应判持球犯规。

（3）连击犯规。一名队员连续击球 2 次，或球连续触及其身体的不同部位，则为连击犯规。

3. 网下穿越

在不妨碍对方比赛的情况下，允许队员在网下穿越进入对方空间。队员的一只（两只）脚或一只（两只）手部分越过中线触及对方场区的同时，其余部分接触中线或置于中线上空是允许的。队员身体的任何其他部位都不允许接触对方场区。在比赛中断后队员可以进入对方场区。

4. 触网

排球规则规定触网为犯规，击球行为触及标志杆以内球网部分为犯规，击球行为包括但不限于起跳。队员可以触及网柱、网绳以及标志杆以外的其他任何物体，包括球网本身，但不得干扰比赛。由于被球击入球网而造成的球网触及队员，不为犯规。队员在无试图击球的情况下偶尔触网不算犯规。无试图击球，意指已经完成了击球动作和击球试图。比如完成扣球动作或掩护扣球动作之后，偶尔触网则不算犯规。队员在球网附近的犯规包括过网击球犯规、过中线犯规、触网犯规和网下穿越进入对方空间妨碍对方比赛犯规等。对方进攻性击球前或击球时，在对方空间触及球为过网击球犯规。比赛进行中，队员整只脚、手或身体其他任何部分越过中线并接触对方场区，为过中线犯规。比赛过程中，队员触网或触标志杆不是犯规。但队员在击球时或干扰比赛情况下的触网或触标志杆为犯规。

5. 进攻性击球

除发球和拦网外，所有直接向对方的击球都是进攻性击球。前排队员可以对任何高度的球完成进攻性击球，但触球时必须在本方空间。后排队员可以在进攻线后对任何高度的球完成进攻性击球，但起跳时脚不得踏及或越过进攻线，击球后可以落在前场区。

6. 拦网

拦网是指队员靠近球网，将手伸向高于球网处阻挡对方来球的技术。触及球的拦网行动则完成了拦网。只有前排队员允许拦网，后排队员不得拦网。如后排队员将球拦回，则为犯规；如拦球到本方场区，则为本队的第一次击球；前排队员的拦网触球不算作本队的一次击球，因此本队拦网后还可以再击球三次。拦网时，队员可以将手或手臂伸过球网，但不得影响对方击球，过网拦网触球应在对方队员完成进攻性击球之后。在一个拦网动作中，允许球迅速而连续地触及一名或更多的拦网队员。

第三节　足球运动

足球运动被誉为"世界第一运动"，是全球体育界最具影响力的体育运动，是如今世界上最受欢迎的运动之一。足球运动最早起源于中国，在中国古代称作"蹴鞠"，经阿拉伯人由中国传至欧洲，后逐渐演变发展为现代的足球运动。现代足球运动始于英国。足球运动是一项以脚为主控制和支配球，两支球队按照一定规则在同一块长方形球场上互相进行进攻、防守对抗的体育运动项目。足球运动具有运动对抗性强、战术多变、参与人数多的特点。

一、足球运动的健康益处

足球运动是一项全身性、综合性的集体运动项目，具有很高的健身价值。足球运动中要进行各种形式的有球和无球活动，如接球、运球、抢断、奔跑、跳跃等，这些身体活动能有效地发展人的体能、耐力，改善人的身体成分等。

（一）强健体魄

足球运动能加速体内的代谢，使人气血流通加快，脏腑的功能也变得强劲，肝胆、胃肠的功能都得到加强，从而促进消化。消化系统好的人，更容易拥有一个好体质，不易生病。

（二）有效预防心血管疾病

足球运动时，由于肌肉的紧张活动，心脏工作增加，心肌的血液供应和代谢加强，心肌纤维增粗，心壁增厚，心脏体积增大，外形圆满，搏动有力。这说明足球运动是预防心血管疾病的良方。

（三）增强心血管功能

足球运动可以增强心脏功能，使每搏输出量增加，能使动脉血管壁的中膜增厚，平滑肌细胞和弹力纤维增加；使骨骼肌肉的毛细血管分布数量增加，分枝吻合丰富；使冠状动脉口增粗；心肌的毛细血管数量增加，这均有利于包括心脏在内的器官供血和机能的提高。

（四）锻炼呼吸系统

足球运动比篮球运动、羽毛球运动的运动量都要大，通常体质弱的人是难以承受的，因为来回跑整个球场几圈，人已非常疲惫，要是体力不支，会出现喘气的情况。但由此也可看出，足球运动有利于提高人的呼吸系统机能。

（五）提高腿部力量

长期坚持踢球，在足球场上往返奔跑，能够使机体血液循环加快、腿部肌肉力量加强。如果想锻炼腿部力量，不妨多踢足球。

（六）增强团队合作意识

足球运动在场上主要有守门员、后卫、中场、前锋等几个位置，是一项能体现团队协作的体育项目。每支队伍都需要经过长期的磨合才能产生默契的合作，每位队员与队友之间建立强烈的信任感，才有可能取得最终的胜利。

二、足球技术

复杂多变的技术动作是足球运动的主要内容。在比赛中不仅需要运用支配球、争抢球的技术动作，而且需要为能够支配球和争抢球而采取行动的动作。正是这种在比赛中符合规则的有球和无球的攻守动作构成了当今复杂多变的足球技术动作内容。

（一）踩、拨球

踩、拨球是一种快速熟悉球性的足球练习动作，应在练习中掌握脚触球的部位，双脚踩、拨球时两脚的交换要快且有节奏。

1. 原地双脚交替踩球

动作方法：球在身前，触球部位为前脚掌，踩在球的正上方。踩球时，脚尖上翘，重心靠上，双脚交替踩球，注意抬头，两臂前后自然摆动（图6-3-1）。

2. 原地左右拨球

动作方法：两腿分开略比肩宽，球放在两脚之间，左右脚内侧脚弓触球，拨球的位置为足球左右两侧中间位置，重心靠上，左右脚快速来回拨球（图6-3-2）。

图6-3-1 原地双脚交替踩球   图6-3-2 原地左右拨球

（二）颠球

颠球是指用身体的某个或某些部位连续不断地将处于空中的球轻轻击起的动作，是增强球感、熟悉球性的有效方法。颠球时，用脚背正面击球最为常见，也是最简单、最重要的颠球练习。此外，还有脚内侧、脚外侧、大腿、肩部、胸部、头部击球、触球。

1. 双脚脚背颠球

动作方法：脚向前上方摆动，用脚背击球，击球时踝关节固定，击球的下部。双脚可交替击球，也可一只脚支撑，另一只脚连续击球，然后换脚。击球时用力均匀，将球始终控制在身体周围（图6-3-3）。

图6-3-3　双脚脚背颠球

易犯错误：脚击球时踝关节松弛，用力不稳定。

纠正方法：适当保持踝关节紧张，击球的中下部，以膝关节为轴屈伸小腿。

2. 双脚内侧、外侧颠球

动作方法：抬腿屈膝，用脚的内侧或外侧向上摆动，击球的下部，双脚内侧或外侧交替击球。

易犯错误：脚在触球时脚内翻或小腿向上摆动不够，没有使球垂直向上。

纠正方法：加强柔韧性练习，两人一组，一人坐在地上两腿屈膝，脚掌相对，成盘腿状，脚跟尽量靠近大腿，另一人在身后两手其扶膝关节用力下压，持续几秒后，交换进行练习，此练习可提高脚内翻和小腿向上摆的幅度。

3. 大腿颠球

动作方法：抬腿屈膝，用大腿的中前部位向上击球的下部，两腿可交替击球，也可一只脚做支撑，用另一侧的大腿连续击球（图6-3-4）。

4. 头部颠球

动作方法：两脚开立，膝关节微屈，用前额部位连续顶球的下中部。顶球时，两眼注视球，两臂自然张开，以维持身体平衡（图6-3-5）。

易犯错误：击球时间和部位不准，难以控制球的方向和高度。

纠正方法：颈部稍紧张用力控制好顶球点，并加强收腹和屈膝伸腿蹬地协调用力的练习。

图6-3-4　大腿颠球　　　　　　　图6-3-5　头部颠球

【颠球技术的辅助练习】

（1）踢毽子练习。用两脚面交替踢毽子，动作同颠球。目的是提高下肢和脚部协调交替用力和随机控毽的能力，初步建立颠球的动力定型。

（2）踢用细绳系着的毽子。一手握着绳子的一端，用两脚面交替踢系着毽子的绳的另一端。要求动作做法同脚部颠球。这样做的目的是发展下肢与脚部动作的灵活性和协调性，为脚部颠球建立初步的动作条件反射。

（3）颠手球练习。颠手球的目的是在球与脚部接触面变大，且接触部分在不同位置的情况下，提高脚面与下肢和神经系统协调控球能力，为接下来的颠球练习建立牢固的动力定型，同时为脚部颠球动作自动化顺利过渡做合理的技术铺垫。

（三）踢球

踢球是足球运动中最基本的技术，指运动员有目的地用脚把球击向预定目标的技术。踢球技术的脚法很多，包括脚内侧踢球、脚内侧踢定位球、脚内侧踢空中球、脚背正面踢球、脚背内侧踢球、脚背外侧踢球等方法。

1. 脚内侧踢球

特点：脚与球的接触面积大，出球比较平稳、准确。出球力量较小。

动作方法：脚内侧踢球在脚与球接触过程中有两种方法。一种是推送踢法。这种踢法脚触球时，踢球腿要继续前摆，这样踢球脚与球接触的时间较长，出球易平稳（见图6-3-6）。另一种是敲击踢法。踢球时，踢球腿的大腿摆动不大，只是小腿快速前摆击球，击球后，小腿突然停止前摆，该动作接触时间短促，动作有力。

图6-3-6　脚内侧踢球

易犯错误：踢球腿膝关节外转不够，脚尖没有翘起；摆腿动作太紧张，成直腿扫球动作；踢球脚掌内翻。

纠正方法：调整支撑脚的位置，在脚触球的同时蹬地送髋，保持水平方向移动。

2. 脚内侧踢定位球

动作方法：直线助跑，支撑前的最后一步稍大些，支撑脚站在球的侧面约15厘米处，脚尖正对出球方向，支撑腿膝关节微屈。在支撑脚着地时，踢球腿大腿带动小腿由后向前摆动，在前摆的过程中大腿外展，当膝关节的摆动接近球的正上方时小腿做爆发式摆动，在触球前将脚跟送出使得脚内侧部位所形成的平面与出球方向垂直，踢球脚掌与地面平行，脚尖微微翘起，踝关节功能性地紧张使脚型固定，触（击）球后身体做随前移动，髋关节向前送。

易犯错误和纠正方法：支撑脚位置偏后，踢球时身体或臀部后坐，脚触击球的后下部等。踢出球偏高。踢球脚的后摆较小或没有后摆，而仅是将球踢出以致前摆过分，造成踢球无力或出球较高。纠正时，加大最后一步助跑，让支撑脚立足与摆动腿形成相应的距离来提高后摆的幅度即可。踢球腿摆动不稳定，触球点不准确，使球产生不应有的旋转和准确性降低，并且又影响了出球与力量。只要在脚触球前看准球部位多加练习，即可得到纠正。脚趾屈得不够，以至不能用脚的正确部位触球，出球力量和方向均受到影响，且易损伤脚趾。

3. 脚内侧踢空中球

动作方法：根据来球速度和运行轨迹及时移动到位，踢球腿大腿抬起（屈）并外展，小腿屈并绕额状轴后摆，利用小腿绕额状轴由后向前摆动，当摆至额状面时与球接触，击球的中部。

易犯错误和纠正方法：对球的速度和高度判断不准确，造成摆腿击球时间不当，出现踢空现象。纠正时，先是用手抛球来控制球的速度，体会摆腿击球的时机，一般来说，在判断准球的高度的同时，球速越快，摆动越小；反之，球速较慢则摆动加大。踢球的部位不准，出球偏离目标的原因在于不能适当地使踢球腿抬起与来球高度形成相配合的击球点。只要根据来球的高度选择好踢脚腿的摆动，如踢接近髋关节高度的球时，上体应往踢球腿侧偏，使踢球腿能抬至相应的高度。

4. 脚背正面踢球

腿背正面踢球，是初学者必须严格掌握的基本技术动作。脚背正面踢球是用脚背正面的楔骨和跖骨的末端构成部位触球的一种踢球方法。其特点是踢球腿的摆幅大、摆速快，踢球的力量大，出球的性能变化小，出球方向较单一。

动作方法：脚背正面踢定位球时，直线助跑，最后一步稍大并积极着地，支撑脚落在球的侧方 10～12 厘米处，脚尖正对出球方向，膝关节微屈，踢球腿在支撑脚前跨和助跑的最后一步蹬离地面时，顺势向右摆起，小腿屈曲。在支撑脚着地的同时，以髋关节为轴，大腿带动小腿由后向前摆动，当膝关节摆至接近球正上方的刹那，小腿做爆发式前摆，脚背绷直，脚趾扣紧，以脚背的正面击球的后中部，踢球腿随球继续提膝前摆（图 6-3-7）。

图 6-3-7 脚背正面踢球

易犯错误：支撑脚的位置靠后，造成踢球时身体后仰，踢球的后下部，出球偏高；踢球腿前摆时，小腿过早前摆，造成直腿踢球，出球无力；摆腿方向不正；踢球时，因怕脚尖触地，脚背不敢绷直，造成脚趾触球。

纠正方法：调整支撑脚的位置，身体稍向前移，触球时蹬地送髋；踢固定球练习，注意屈脚趾，用正确部位触球。

5. 脚背内侧踢球

脚背内侧踢球是用脚背内侧的几个楔骨、趾骨末端部位接触球的一种踢球方法。其特点是踢球腿的摆幅大、摆速快，踢球的力量大，由于助跑方向、支撑脚选位灵活性较大，出球的方向变化幅度较大。因此，可踢出平直球、远距离弧线球等，也便于转身踢球。

动作方法：脚背内侧踢定位球时，斜线助跑，助跑方向与出球方向成45°。支撑脚以脚掌外沿积极着地，踏在球的侧后方20~25厘米处，屈膝，支撑脚尖指向出球方向，身体稍向支撑脚一侧倾斜。在支撑脚着地同时踢球腿以髋关节为轴，大腿带动小腿由后向前摆，当身体转向出球方向，膝关节摆到接近球的内侧正上方的刹那，小腿做爆发式前摆，脚尖稍向外转，脚面绷直，脚趾扣紧，脚尖指向斜下方，以脚背内侧踢球的后中部（踢高球时，击球的中下部），踢球腿随球继续前摆。

易犯错误：支撑脚的位置偏后，踢球时上体后仰，易把球踢高；踢球脚尖外转不够，接触部位不正确；没有直向出球方向摆腿，形成划弧动作以致出球点偏外。

纠正方法：控制好助跑速度与节奏；注意力集中，踝关节绷紧，肌肉关节紧张，成直腿摆动。

6. 脚背外侧踢球

特点：脚背外侧踢球除具备脚背正面踢球的特点外，由于具有踢球时脚踝灵活性较大和摆腿方向变化较多等特点，它是踢各种距离弧线球和弹拨、削球的主要方法。

动作方法：脚背外侧踢定位球（平直球）时，助跑、支撑脚的位置和踢球腿的摆动，基本上与脚背正面踢球相同，只是用脚背外侧接触球。在踢球腿的膝关节摆到接近球的正上方的刹那，小腿做爆发式前摆，膝关节和脚尖内转，脚面绷直，脚趾扣紧，以脚背外侧部位踢球的后中部，踢球腿随球继续前摆。

易犯错误：踢球时，膝关节和脚尖内转不够，造成接触球部位不正确；支撑脚靠后，造成踢球时身体后仰，踢球的后下部，以致出球偏高。

纠正方法：做徒手模仿练习，在强调支撑脚位置的同时，采用分解动作和固定球，进行体会动作的练习。在练习中固定脚型，稳固脚的击球部位，增大支撑腿最后一步跨出的距离，使后摆腿充分伸展，膝关节放松。强调用中等以下力量击球，控制击球点，运用敲击的方式固定脚型，使踢出的球达到低、平、直的效果。

【踢球技术的辅助练习】

（1）无球的模仿练习。

（2）踢定位球、地滚球、空中球或反弹球、弧线球练习。可对足球墙、网自练，也可采用各种形式的对练；练习距离可由近至远；由踢固定目标到踢活动目标。

（3）结合运球、接球的综合性技术练习及射门练习。

【踢球的动作要点提示】

（1）支撑脚要对准出球方向，位置要选准。

（2）助跑最后一步要稍大，大腿带小腿，摆速要快。

（3）脚形要控制好，触球部位要准确，否则影响踢球的力量和准确性。

（四）停球

1. 脚内侧停地滚球

动作方法：支撑脚正对来球，膝关节微屈，停球腿屈膝外转并前迎。脚尖稍翘起，当脚与球接触前的一刹那开始后撤，在后撤过程中用脚内侧接触球，将球控制在衔接下一个动作需要的位置上（图6-3-8）。

易犯错误：触球时，停球脚的踝关节过于紧张，不利于缓冲，球停得离身体过远；脚离地过高，使球通过。

图6-3-8　脚内侧停地滚球

2. 脚内侧停反弹球

动作方法：支撑脚踏在球落点的侧前方，膝关节弯曲，上体稍前倾并向停球方向微转，同时停球脚提起，踝关节放松，用脚内侧对准球的反弹路线。当球落地反弹刚离开地面时，用脚内侧推压球的中上部。如果要把球停向左侧，支撑脚应踏在球落点的左侧方，脚尖指向左侧，同时上体也向左侧前倾。

易犯错误：对球落地的时间判断不准，传球漏过或停不稳。

3. 脚内侧停空中球

动作方法：根据来球的高度，将停球脚举起前迎，脚内侧对准来球路线，在脚与球接触前的刹那开始后撤。在后撤过程中，用脚内侧接触球，把球控制在衔接下一个动作需要的位置上。

易犯错误：因判断来球不准而举腿过早。

4. 脚掌停地滚球

动作方法：支撑脚站在球的侧后方，膝关节微屈，脚尖正对球，同时停球脚提起，膝关节自然弯曲，脚尖翘起高过脚跟（脚跟离地面稍低于球），踝关节放松，用脚前掌触球的中上部（图6-3-9）。

易犯错误：用脚掌踩球，使球漏过或停球不稳；踝关节过于紧张，停球不稳。

5. 脚掌停反弹球

动作方法：停反弹球时，支撑脚踏在球落点的侧后方。当球着地一刹那，用脚前掌对准球的反弹路线，触球的后上部。如需要把球停到身后，在脚掌接触球的刹那，脚尖稍大压并做回拉，并以支撑脚为轴快速转身。

易犯错误：落点和落地时间判断不准确，使球漏过。

图6-3-9　脚掌停地滚球

6. 脚外侧停地滚球

动作方法：停球脚稍提起，膝关节和脚内转，以脚外侧正对来球，在支撑脚的前侧接触球的侧后方（偏支撑脚的一侧）接触球时，要向停球脚外侧轻拨，将球停在侧前方或侧方。

易犯错误：停球脚的踝关节没有放松，停球不稳。

7. 脚外侧停反弹球

动作方法：面对来球，支撑脚的膝关节微屈。停球脚在支撑脚前方稍提起，脚内翻，使停球脚的小腿与地面成一定角度，踝关节放松。当球刚反弹离开地面时，用脚外侧触球的侧上部，将球停在体侧。

易犯错误：对球的反弹路线判断不准，将球漏过。

8. 大腿停球

动作方法：停球腿的大腿抬起，以大腿中部对准下落的球，肌肉适当放松。在大腿与球接触前的刹那，大腿迅速撤引挡球，使球落于衔接下一动作的需要位置上。

易犯错误：停球腿过于紧张，不能较好地缓冲来球力量；停球腿下撤过迟，使球不能随腿下撤。

9. 胸部停球

动作方法：准备停球时，面对来球，两脚前后开立，两臂自然张开，重心前移，挺胸迎球。当球运行到与胸部接触前的刹那，重心迅速后移，收胸、收腹挡住球，以缓冲来球力量，将球停在身前（图 6-3-10）。

图 6-3-10　胸部停球

易犯错误：停球时，球在空中的位置选择不准，未能用正确部位接触球；收胸停球时，收胸和收腹过晚，未能缓冲来球力量；没有收下颌。

10. 腹部停球

动作方法：身体正对来球前跑，当球落地反弹与腹部接触前，腹部主动前挺推球或上体前倾推压，使球落在体前衔接下一个动作需要的位置上。

易犯错误：对球的落地时间判断不准，停不到球；停球没有主动前挺推球，影响跑动速度和衔接下一个动作。

（五）头顶球

头顶球是指运动员用头的某一部位顶击球，用于进攻中的传球、射门和防守中的抢断。

1. 前额正面原地头顶球

动作方法：身体正对来球方向，眼睛注视运动中的球，两脚左右开立（或前后开立），膝关节微屈，重心置于两脚间的支撑面上（或后脚上），两臂自然张开，当球运行到将垂直于地面的垂线时，两腿用力蹬地，迅速向前摆体，微收下颌，在触球瞬间颈部做爆发式振摆，用前额正面击球中部，上体随球前摆。

2. 前额正面原地跳起头顶球

这种技术在本方或对方传来高球时运用。

动作方法：两膝屈，重心下降，然后两脚用力蹬地起跳，同时两臂屈肘上摆，在身体上升阶段展腹挺胸，两臂自然张开，眼睛注视来球，身体自然成背弓。当球运行至身体额状面时，迅速收腹，上体前摆，触球瞬间颈部做爆发性振摆，用前额正面将球顶出。同时两腿向前做振摆，球顶出后两腿屈膝屈踝落地。

3. 前额正面跑动跳起头顶球

动作方法：一般助跑跳起顶球时都使用单脚起跳。根据来球的速度、运行轨迹，选好起跳位置，及时跑到起跳点，起跳前一步稍大些，起跳脚用力蹬地跳起，同时另一腿屈膝上摆，两臂屈肘自然上提。其余各环节与原地跳起头顶球相同。

4. 前额侧面原地跳起头顶球

动作方法：起跳动作及第一环节与前额正面原地跳起头顶球相同。在起跳后的身体上升阶段上体向出球的相反方向侧摆，在身体达到最高点时，上体急速向出球方向摆出，颈部扭摆甩头，用前额侧面击来球的后中部，将球击向预定的目标。落地时屈膝以缓冲落地力量并保持身体平衡。

【头顶球技术的辅助练习】

（1）徒手模仿顶球动作练习。

（2）两人一球，一人抛球，一人头顶，或一人一球，自抛自顶，或用吊球进行练习，体会顶球部位和动作要领。

（3）两人一球，相距 5 米，自抛自顶给对方，或一人一球对墙练习。

（4）两人一球，一抛一顶，连续对顶或一进一退中顶。

（5）三人一球，做三角顶球练习比赛，在规定时间内，以连续顶球次数多者为胜。

（六）抢球与断球

在足球运动中，足球抢球、断球是指防守队员有目的地运用身体的某一部位，将对手控制下或传递中的球夺过来、踢出去、破坏掉的技术动作方法。在足球比赛中，抢球、断球是运动员获得球的主要手段之一，是球队转守为攻的主要途径，也是运动员个人防守能力的综合体现。

抢球与断球步骤方法：

（1）判断位置。准确判断是进行有效抢断的前提，是移动选位的依据。抢球时，守方要对攻方的动作意图、动作时机、动作变化、控球距离等情况进行分析判断，并据此选择和调整自己的防守站位。一般来说，抢球的站位应是在对手与本方球门线中点的连线上。当对手背对球门时，可贴身紧逼以防其转身。若对手已转身对着球门方向，则应本着以堵为主、堵中放边的原则选位，并伺机抢球。

（2）上步抢断。上步抢断包含抢断时机和抢断动作的成分。在个人防守中，防守要具有攻击性，只要有把握，就要积极抢前断截对方的球，从而在气势上给对方造成压力。而在对手控稳球时，则应注意在封堵过程中找机会抢断，切忌盲目扑抢。

（3）衔接动作。抢球、断球除在危急情势下具有破坏的性质，多数情况下是为了获得球和控制球。抢球、断球动作的结束，应是控球动作的开始。因此，在进行抢球或断球时就应考虑后续的动作。一旦抢断成功，重心要能够向球的方向快速移动到位，保证抢断、控球动作的连贯性。

1. 正面抢断

在对方带球队员迎面而来时可采用这种抢断。

动作方法：两脚前后稍开立，两膝稍屈，身体重心下降，并平均落在两脚上，面向对手。当对方球脚触球即将着地或刚刚着地时，立即抢球。抢球脚的脚弓对正球，并跨出一步，膝关节弯曲，上体前倾身体重心移至抢球脚上。如对方已有准备，在双方脚同时触球时，脚触球后要顺势向上提拉，使球从对方脚背滚过，身体迅速跟上，把球控制住。双方上体接触时，防守队员可用合理部位冲撞对方，使之失去平衡，将球控制在自己脚下。

2. 侧面抢断

当防守队员与带球队员并肩跑动，或两人争夺迎面来球时，双方都可采用这种抢断。

动作方法：当与对方平行跑动争球时，身体重心要降低，两臂贴紧身体。在对方靠近自己的脚离地时，可用肩和上臂做合理的冲撞动作，使对方身体失去平衡，从而把球抢过来。

【抢球与断球技术的辅助练习】

（1）两人一球，球放在中间，两人面对面均离球一步，两人同时做跨步用脚内侧抢球的模仿练习。

（2）两人一球，甲脚前放一个球，乙做跨步抢球的模仿练习。

（3）两人一球，甲慢速运球，乙迎面上去跨步抢球，练习两人同时夹住球的提拉动作。

（4）两人一组，相距4米，中间旋转一球，按教师的手势两人同时做跨步抢球及同时夹住球的提拉动作。

（5）两人一组，相距7~8米，一人直线运球，另一人正面跨步抢球。

（6）两人一组，并肩慢跑观察对手身体重心移动，练习掌握冲撞时间和冲撞动作。

（7）两人一球，一人直线运球，另一人从侧面冲撞抢球。

（8）每人一球，对静止球做铲球练习。

（9）教师轻推滚动球，队员在慢跑中做铲球练习。

（10）两人一组，一人慢速运球，另一人在慢跑中做铲球练习。

（七）掷界外球

掷界外球，是继续进行足球比赛的一种方式。比赛中，任意一方队员将足球碰出边线，则由另一方队员掷界外球。掷界外球是一次很好的组织进攻的机会。如能将球掷得既远又准，就会加快进攻的速度。掷界外球方法有原地掷界外球和助跑掷界外球两种。

1. 原地掷界外球

动作方法：面对出球方向，两脚开立，两手自然张开，持球的侧后部，屈肘将球举至头后，上体后仰膝微屈。掷球时，两脚用力蹬地，收腹摆体、挥臂、甩腕，将球从头后经头顶掷出。整个动作可用移重心、蹬地、挺髋、挥臂、甩腕、拨指几个动作来概括。要求从蹬地开始发力，由下至上协调连续地将球掷出。

2. 助跑掷界外球

动作方法：双手持球于胸前，在助跑迈出最后一步时，上体后仰成背弓，同时将球上举至头后。掷球时的动作与原地掷界外球动作相同，通过助跑的速度能将球掷得更远。

掷界外球规则：

（1）掷界外球时要面向出球方向，双手持球举至头后，两臂用力要一致，掷球动作要连贯，两脚均不得离地，如违反上述规定均视为犯规，把球判给对方掷界外球。

（2）如果掷球不在球出界的地点掷入场内，由对方队员在原出界处掷界外球恢复比赛。

（3）另一种犯规是当掷球队员有动作后，没有把球掷出而交给队友，应判违例。掷界外球时双脚不得踏到边线，否则视为违规。

【掷界外球技术的辅助练习】

（1）两人一组，分别站在两条相距15米的白线外，并且以地面上的白线为边线，按照规则的规定做互掷界外球练习。

（2）掷远练习。方法同上，逐渐加大两条白线的距离。

（3）两人一球相对站立在两条相距15米的白线外，开始时甲向乙用力掷球，待球落地后，乙接球在甲掷球落点处用力向甲掷球，球落地后甲接球在球落点处重复以上练习。如此反复进行一定次数，双方向前移动的距离长者为胜方。

（八）守门员技术

守门员技术是指守门员围绕球门所采取的有效防御性行动和组织发动进攻时所采用的动作方法的总称。守门员技术也分为无球技术和有球技术两大类。无球技术包括准备姿势和移动动作；有球技术包括接球、扑接球、拳击球、托球、掷球和踢球等。

守门员技术同时也是一种位置技术，包含多种技术要素。但从其防守行动的过程来分析，可大致分为以下几个阶段：

（1）观察判断。这是守门员防守的第一步，视野既要开阔，纵观全局，了解攻防队员的位置关系和动态变化，又要有所侧重，以攻防转换的发展为核心。在观察的基础上，通过思维分析进行判断，从场上形势的变化和对手跑位来判断其进攻意图。

（2）移动选位。守门员的选位是指通过有目的的移动调整自己与球和球门的位置关系。在观察判断的基础上，守门员要根据来球的发展变化，进行相应的移动和选位。

（3）准备姿势。准备姿势是指守门员采取防守行动前的身体姿态。其动作是两脚平行站立，上体略前倾，两腿自然屈蹲，脚跟稍提，重心落在前脚掌上，两臂在体前自然屈伸，掌心向下，手指张开，眼睛注视来球，使身体处于"一触即发"的良好状态。

（4）防守应答。防守应答是指守门员对那些对球门构成威胁的来球做出相应反应。在出击防守时判断要准确、动作要果断、时机要恰当；门区防守要求守门员判断准确、反应敏捷、动作及时到位。

（5）接球后的行动。守门员接到球后，即意味着防守的结束和进攻的开始。因此，守门员要具有强烈的快速进攻意识，并具有发动进攻的能力。接到球后第一反应是能否发动快攻，要迅速观察前场队员的行动和意图，只要前场队员处于有利位置并采取前插的动作，就应及时将球传出，发动有利的快攻。

1. 接地滚球

主要分为直腿式和跪撑式两种。

动作方法：

（1）直腿式。两腿自然并立，脚尖正对来球，上体前屈，两臂并肘前迎，两手小指靠近，手掌对球。手触球的刹那随球后引屈肘、屈腕，两臂靠近将球抱于胸前。

（2）跪撑式。多用于向侧移步接球。接左侧球时，左腿屈，右腿跪撑于左脚附近，距离不得超过球的直径，其余动作与直腿式接球相同；接右侧球时，动作相同，方向相反。

2. 接平空球

平空球指膝以上、胸以下的空中球。

动作方法：面对来球，两手掌心向上，两手小指相靠，前迎接球。上体前屈，当手触球时两臂向后撤引缓冲，将球抱于胸前。

3. 接高空球

动作方法：面对来球，两臂上伸，两手拇指相对呈"八"字形，其余四指微屈，手掌对球。在最高点手触球瞬间，手指、手腕适当用力，缓冲来球并将球接住，顺势转腕屈肘、下引将球抱于胸前。

4. 拳击球

动作方法：准确判断来球运行路线，及时移动到位，握紧拳，在接近球的刹那迅速出拳击球。拳击球有单拳和双拳击球，单拳击球动作灵活，摆动幅度大，击球力量大。双拳击球接触球的面积大，准确性高。

5. 托球

动作方法：判断来球运行路线后，向后跃起托球。托球时手指微张，手掌向外翻转，用手掌前部触球的下部，使球改变运行轨迹，成弧线越过球门横梁。

6. 扑侧面球

动作方法：异侧脚用力蹬地，双手快速向侧伸出，一手置于球后，另一侧手置于球的侧后上方。同时身体向同侧脚方向倒地，落地时以小腿、大腿、臀、肘外侧依次着地，落地后抱球团身。

7. 扑平空球

动作方法：近侧脚用力蹬地使身体跃起，身体在空中伸展，手指用力抓住球，接球后以球、肘、肩、上体、臀、腿外侧依次着地并迅速团身。

8. 手掷球

动作方法：守门员常用单手肩上掷球的方法将球掷出。两脚前后开立，两膝弯曲，单手持球，屈臂于肩上。掷球时，持球手臂后引，同时身体随之侧转，重心移到后脚上，然后后脚向后蹬地，用转体和挥臂、甩腕的力量将球掷向预定的目标。

9. 脚踢球

动作方法：将球置于体前，在球自由下落过程中踢球，踢球时应注意踢球部位的准确性。

> 【守门员技术的辅助练习】
> ① 各种动作模仿练习。
> ② 两人一组，相距 4~6 米，一人掷地滚球，另一人接地滚球练习。
> ③ 两人一组，相距 6~7 米，一人掷各种高度的球，另一人接球。
> ④ 各种踢球动作的模仿练习。
> ⑤ 对足球墙踢球练习。
> ⑥ 队员分两组，相距 15 米左右，呈"一"字形纵队相对而立，由各组第一人开始跑动中踢球，踢完后跑到对方排尾，依次循环。

三、足球战术

足球战术是足球比赛中为了战胜对手，根据主客观的实际情况所采取的个人和集体配合的手段的综合表现。战术在比赛中可以将集体的力量组织起来，发挥每一个队员的特长，根据队员和自己的情况，采用一定的阵型和配合方法，使队员在技术、身体素质、战术意识等方面发挥较高水平，从而取得优异的比赛成绩。

（一）足球比赛阵型

足球比赛阵型是指为了适应区域防守、节奏控制、无球跑动的需要，全队队员在场上的位置排列和职责分工。各阵型的名称按队员排列的形状而定。阵型的顺序通常按照从后场到前场的顺序、从中路到边路的顺序排列，这也正是阵型数字的顺序。也就是说，阵型数字的一般结构是：后场 - 中场 - 前场（如 442 阵型、433 阵型等），或后场 - 中场 - 中前场 - 前场（如 4231 阵型等）。

足球比赛阵型中各球员的位置及职责：

（1）守门员。主要职责是守住球门，观察场上比赛变化情况，组织和指挥全队的攻守。

（2）边后卫。主要负责防守对方的边锋或插入边锋位置的其他队员，并与中后卫协同防守，相互补位，封锁直接进攻球门的去路。本队进攻时，也可伺机插上助阵，起边锋的作用。

（3）中后卫。是防守的支柱，主要职责是防守球门前中央最危险的区域，制止对方射门，并与边后卫和另一中后卫协同防守，相互补位，还应起到攻守组织和指挥的作用。

（4）前卫。活动在锋线队员和卫线队员的中间地带，主要职责是控制中场，是防守的屏障，又是前沿攻击的纽带。进可以攻，退可以守，并能及时插上或远射，起到全队的核心作用。

（5）中锋。主要职责是突破射门或插上接传中球射门。其次是通过交叉换位，左右策应，扰乱对方防线，为同伴创造插上、切入或射门的机会，是本队的"尖刀"和"射手"。由攻转守时是全队的第一道防线。

（6）边锋。主要职责是从边路突破对方的防线，带球切入射门或底线传中或包抄射门。防守时要紧盯防守自己的边后卫，不让其自由助攻，并协助本方边后卫防守对方边锋。

（二）个人进攻战术

个人进攻战术包括跑位、传球和运球突破。其中运球突破主要包括：

（1）强行突破。强行突破是突破人突然推拨球与快速起跑相结合的个人战术动作。

（2）假动作突破。假动作突破是突破人通过伴做运球动作，通过身体或腿部的虚晃动作来迷惑对手，使对手产生错误的判断而做出突破的动作。

（3）变速运球突破。当对手在自己身体侧面时，通过侧身掩护运球的同时，利用运球速度的变化，达到摆脱对手的目的。

（4）人球分过突破。人球分过突破是指球和突破人分别从防守者的不同两侧通过突破对手的方法。此方法要求突破球员拥有较好的起动能力与身体素质。

> 【个人进攻战术的练习】
> （1）理解各种个人进攻战术的基本概念。
> （2）通过5对5的模拟比赛进行个人进攻战术的示范与训练。
> （3）学生演示个人进攻战术，老师与学生共同分析与讨论。
> （4）学生分组进行3对2或5对3比赛，让学生体会个人进攻战术。

（三）局部进攻战术

局部进攻战术是指在进攻过程中两个或几个队员之间的配合方法，是集体配合的基础，也是整体进攻战术的根基。配合形式大概分为传切配合、交叉掩护配合、二过一配合。

1. 传切配合

局部进攻战术中运用最多的就是传切配合，控球队员将球传给切入的进攻队员以达到突破对方防线的目的。在球场的局部区域，当进攻方控球队员受到防守方盯防时，需要通过传球来破坏对方的防守，此时进攻方跑位队员的向前切入就显得相当重要。一般在边路进攻时可采取直传斜切和斜传直切的配合方法，在中路则以斜传斜切为主。传球队员和跑位队员的传切配合能够起到成功突破对方封锁线的作用，从而达到进攻效果。除了局部的传切配合，当一侧进攻受阻时，还可以通过长传转移到另一侧，无人防守的切入队员得球后可顺利展开进攻。

2. 交叉掩护配合

局部区域两名进攻队员在运球突破时交叉换位，以自己的身体掩护同伴越过对方防守队员，这种战术就是交叉掩护配合，是局部进攻战术的重要配合形式。交叉掩护配合成功有两个基本要素：其一是进攻队员必须用自己的身体护住球并挡住两名防守队员，将球交给同伴后，要继续向前跑动；其二是接球队员必须主动迎面跑向运球同伴，交叉距离贴近，接球后快速向前带球。

3. 二过一配合

二过一配合是足球比赛中比较常用的过人配合战术，局部区域两名进攻队员通过两次连续传球配合，越过一名防守队员。二过一根据传球和跑位的路线分为多种形式，主要包括直插斜传二过一、斜插直传二过一、斜插斜传二过一、回传反切直传二过一等。

二过一配合注意事项：

（1）传球脚法以脚内侧居多，二过一配合一般都是短距离传球，脚内侧出球比较准确平稳。

（2）踢墙式二过一配合的"墙"并不是静止不动的，而是要快速跑动调整位置直接传球以达到最佳配合效果。

（3）二过一配合的控球队员要有动球突破的企图和行动，给防守队员造成压力，吸引防守队员注意力，不能过早暴露二过一配合的意图。

（4）二过一配合机会瞬息万变，要求传球方向、力量、旋转等恰到好处，特别是踢墙式二过一，第一传的质量直接影响到第二传的效果。

（5）要非常重视第二传的时机，既要观察同伴的跑速和位置，又要观察防守队员的位置和跑动方向。比赛中经常会出现球传过去，队员却跑过了或者没跑到位的现象，就是因为没有把握好第二传的时机。

（四）全队进攻战术

全队进攻战术是指比赛中一方获得球权后，通过队员之间的传递配合达到射门的目的而采用的配合方法。与局部进攻战术相比较，全队进攻战术的进攻面比较广。

1. 边路进攻

利用球场两侧区域发起进攻的方法叫边路进攻。边路进攻是全队进攻战术的主要形式之一，其主要特点是有利于发挥进攻速度，打破对方防线制造缺口。

2. 中路进攻

中路进攻是利用球场中间区域组织的进攻，这种进攻虽能直接射门，但难度最大，因中路防守最为严密，靠前的攻击手必须是反应极其敏锐、意识强、技术高、敢于冒险、速度快和善于跑位策应的队员。

3. 快速反击

比赛中当攻方进攻时，后卫线往往压至中场附近，防守人数也由于插上进攻和助攻而相对减少，此时如能抓住对方防区空隙较大和回防较慢的机会，乘其丢失球权发动快速反击，往往能取得良好的效果。

（五）个人防守战术

个人防守战术是指为控制对手所采用的个人战术行动。个人战术行动体现着全队整体战术的特征。

1. 选位与盯人

选位是指防守队员根据位置职责和临场情况，选择适当的防守位置。盯人是指在正确选位的基础上，对防守的对手实施监控或严密控制其进攻的行动。

2. 断球

断球是指将对方的传球从途中截下来或破坏掉的战术行为。断球是转守为攻最主动、最有效的战术行动，能在对方来不及反抢的状态下发动快速反击。

（1）断球的要素。

① 正确的判断。要正确判断持球队员与接应队员的意图，预测传球的时间和路线。

② 合理的位置。在正确选位的基础上，偏向有球一侧移动，并"松动"防守。

③ 恰当的时机。对方传出球的一刹那，先于接球队员快速插向传球路线，将球截断下来。

（2）断球的注意事项。

① 隐蔽断球意图。不要紧逼盯防接球队员，这样既可防止对方传切自己身后空当，又可诱使对方向自己身前的对手传球，陷入自己断球的圈套。

② 顾全防守全局。断球前要分析攻防全局的态势，以少防多时，断球一定要慎重，一旦失误，将造成全局的被动。

③ 断球后反击。断球后要抓住时机，发动快速反击。

3. 抢球

抢球是指将对方控运的球抢过来或破坏掉的战术行动。

（1）抢球的要素。

① 正确的站位。抢球首先要选择在持球对手与本方球门中心之间站位，这是对方运球突破的必经之路。

② 合理的距离。通过移动，与持球对手保持最适宜的距离。

③ 准确的时机。抓住对手接控球未稳或控、运球两个触球动作之间的时机，将球抢下来或破坏掉。

（2）抢球的注意事项。

① 抢球时首先要站稳，不要被对方假动作迷惑，也不要盲目出脚，以免被对方突破。

② 抢球时可主动采用向一侧假抢，诱使对方向另一侧运球而实施真抢的方法。

③ 抢球动作要勇猛，既抢球又卡位。

④ 抢球后衔接动作要快，及时控球发动进攻。

⑤ 如果抢球不成功，要快速转身，及时换位回防。

（六）局部防守战术

1. 补位

补位是足球比赛中局部区域集体配合进行防守的一种方法。当防守过程中一个防守队员被对手突破时，另一个队员应立即上前进行堵封。

2. 围抢

围抢是指比赛中在某局部位置上，防守一方利用人数上的相对优势（通常是两三个队员）同时围堵对方的持球队员，以求在最短时间内达到抢断或破坏对方的目的。

（七）全队防守战术

1. 人盯人防守

人盯人防守基本上就是每个人专门盯防自己的防守对象，防守对象跑到哪里，自己就得跑到哪里，不交换防守对象，不受防守区域限制，后方队员主要由最后的拖后中后卫进行区域保护和补位。

2. 混合防守

混合防守是人盯人防守加区域防守的结合。这种防守体系中的盯人是将对方中最具有突破威胁者或组织者紧紧盯住，通常是两个中后卫中的一个去实施，另一个成为拖后中后卫"清道夫"。这种防守体系对盯人中后卫的个人防守能力、体能、意志要求较高。

3. 区域防守

区域防守是对进入自己防守区域的对方队员实施盯人防守。当对方进攻队员交叉跑位到另一个防守区域时，本方防守队员和该区域防守队员交换防守任务，一般不越区盯人，不受对方的牵引。防守队员由在其身后的队员来保护和支援。当对方强行突破或无球跑动切入接球时防守队员就要紧追盯防。

4. 造越位战术

造越位战术是利用越位规则而设计的一种防守战术，是一种以巧制胜的省力打法，是一种重要的防守手段。但由于其配合难度较大，搞不好会适得其反，让对手钻空子。因此该战术往往为水平较高的球队所采纳，但在一场比赛中也不常多次运用。

（八）定位球战术

定位球战术是指在比赛中，利用"死球"后重新开始比赛的机会组织进攻与防守配合的战术方法。

1. 掷界外球的进攻战术

掷界外球时，同队队员应积极跑动，交叉掩护，拉出空当，将球掷到有利于进攻的位置。在对方罚球区附近的边线掷界外球时，应由掷球较远的队员直接将球发至球门前，同队队员包抄射门。掷界外球进攻战术配合应注意：

（1）同队队员配合要默契。

（2）接应队员摆脱要突然，在摆脱过程中可结合手势、暗号，使掷球队员了解自己的意图。

2. 掷界外球的防守战术

当对方队员掷界外球时，防守队员要对离掷球位置较近的进攻队员进行紧逼、干扰，破坏对方完成掷界外球的战术配合。防守掷界外球时应注意：

（1）防守队员要有人干扰掷球队员，防止对方打快攻。

（2）对有可能直接得界外球的对方进攻队员要紧逼，尽量不使对方进攻队员空切突破进球。

（3）防守队员之间注意互相保护。

【足球战术练习内容】

（1）训练是为了比赛的需要，比赛需要什么战术就练什么战术。训练内容源于比赛，在比赛中战术方面暴露的问题，就应在训练中加以解决。

（2）局部战术是战术练习的重要环节，抓好局部战术才能保证全队攻守战术的实施。

（3）比赛的原则及个人战术要求，是战术练习的重要部分，队员要深刻理解，并严格贯彻执行。

（4）从特定情况下接近于比赛的防守练习，逐渐过渡到全场比赛，这样就可以使队员根据每个位置的职责提高个人攻守战术能力和全队攻守战术配合。

（5）常进行定位球战术的攻守配合训练。

【足球战术练习方法】

（1）个人战术的练习方法。

① 摆脱与跑位。

② 选位与盯人。

③ 运球突破。

（2）基本配合的练习方法。

① 传抢练习。以人数相等或不等的两组进行抢球练习。其活动范围、参加人数，可根据训练目的而定。

② 小场地比赛或扁宽场地的攻守练习。

③ 半场攻守练习。

④ 全场比赛。

四、足球比赛规则

（一）比赛场地与时间

1. 比赛场地

国际足联曾规定世界杯决赛阶段比赛场地为长 105 米、宽 68 米。国内一些比赛的场地可因地制宜，长度最长 120 米、最短 90 米，宽度最长 90 米、最短 45 米，但边线的长度必须长于球门线的长度，场内各区域的面积不得变更。球门两门柱的距离为 7.32 米，横梁下沿距地面 2.44 米。

2. 比赛时间

足球比赛分为两个半场，每半场 45 分钟，中场休息不得超过 15 分钟。在每半场比赛中损失的所有时间应被扣除，这些时间包括：替换队员；对伤势的估计；将受伤队员移出场地进行治疗的时间；拖延时间；任何其他原因损失的时间。根据裁判员的判断扣除损失的时间。

（二）比赛物品及人员

1. 球

足球比赛用球应为球体，它的外壳应用皮革或其他许可的材料制成，在它的结构中不得使用可能伤害运动员的材料。足球圆周不长于 70 厘米、不短于 68 厘米；重量在比赛开始时不多于 450 克、不少于 410 克；压力在海平面上等于 0.6~1.1 个大气压力。

2. 队员人数

一场比赛应有两个队参加，每个队上场队员不得多于 11 名，其中必须有一名守门员。如果任何一队少于 7 人则比赛不能开始。正式比赛中，各队每场比赛最多可以使用 5 名替补队员。

3. 队员装备

队员必需的基本装备是：运动上衣，短裤（如穿紧身内裤，必须与短裤的主色使用同一颜色），护袜，护腿板，足球鞋。每个守门员的服装颜色必须有别于其他队员、裁判员和助理裁判员。

4. 裁判员

每场比赛由一名裁判员控制，他具有全部权力去执行与比赛有关的竞赛规则。他的权限和职责是：执行裁判规则；与助理裁判员及第四官员一起控制比赛；确保比赛用球符合规则要求；确保队员装备符合规则要求；记录比赛时间和成绩；有权决定因其他人违反规则和外界干扰停止、推迟或终止比赛；如果他认为队员受伤，可根据伤情不同，采用不同的处理方法；掌握有利条款的运用；确保未经批准的人员不得进入比赛场地等情况。

5. 助理裁判员

每场比赛应委派两名助理裁判员。他们的职责为出现下列情况时应示意：当球的整体越出比赛场地时；应由哪一队踢角球、球门球或掷界外球；当处于越位位置的队员可以被判罚时；当要求替换队员时；当发生裁判员视线外的不正当行为或任何其他事件时。助理裁判员还应协助裁判员控制比赛。助理裁判员如有过分干预或不适合表现时，裁判员可解除其职责并将报告提交有关部门。

（三）比赛方法

1. 比赛开始或重新开始

比赛开始前，裁判员召集双方队长，用投币的方式选择场区。开球时球应放定在中点上，当球被踢向前移动时比赛即刻进行。开球队员直接将球踢进对方球门，算进一球。

2. 比赛成死球和比赛进行

（1）比赛成死球。下列情况比赛成死球：当球不论在地面或空中全部越过球门线或边线时；当比赛被裁判员停止时。

（2）比赛进行。其他所有时间均为比赛进行中，包括：球从球门柱、横梁或角旗杆弹回场内；球从比赛场地上的裁判员或助理裁判员身上弹回场内。

3. 计胜方法

当球的整体从球门柱及横梁越过球门线，而此前未违反竞赛规则时，即为进球得分。在比赛中进球较多的队为胜者。如两队进球数相等或均未进球，则比赛为平局。竞赛规程应说明，若比赛结束时为平局，是否采用决胜局或国际足球理事会同意的其他步骤决定比赛胜负。

4. 越位

队员较球和最后第二名对方队员更接近于对方球门线，即为处于越位位置。队员处在越位位置本身并不是犯规。队员下列情况为不处于越位位置：队员在本方半场内；队员平齐于最后第二名对方队员；队员平齐于最后两名对方队员。处于越位位置的队员，在同队队员踢或触及球的一瞬间，裁判员认为出现下列情况视为越位犯规。

（1）干扰比赛。

（2）干扰对方队员。

（3）利用越位位置获得利益。

如果队员直接从下列情况下接到球，则没有越位犯规：球门球；掷界外球；角球。

对于任何越位犯规，裁判员应判给对方在犯规发生地点踢间接任意球。

5. 犯规与不正当行为

（1）判罚直接任意球。可判罚直接任意球的犯规共有10种情况。这10种情况又分为前6种和后4种，在前6种情况前可冠以一段话，即"裁判员认为，如果队员草率地、鲁莽地或使用过分的力量实施下列 6 种犯规中的任何一种，将判给对方踢直接任意球"。以下为判罚直接任意球的 10 种情况：

① 踢或企图踢对方队员。

② 绊摔或企图绊摔对方队员。

③ 跳向对方队员。

④ 冲撞对方队员。

⑤ 打或企图打对方队员。

⑥ 推对方队员。

⑦ 为了得到对球的控制而抢劫对方队员控制的球，于触球前触及对方队员。

⑧ 拉扯对方队员。

⑨ 向对方队员吐唾沫。

⑩ 故意手球。这是指队员故意用手或臂部触球，以非法获益的行为。裁判员应严格区分故意与无意，凡故意或蓄意手球应判罚，无意或意外手球不予判罚。

（2）判罚间接任意球。

可判罚间接任意球的犯规共有 9 种情况，其中前 5 种是针对守门员的，后 4 种是针对非守门员队员的。

① 用手控制球超过 6 秒。

② 在发出球之后未经其他队员触球，再次用手触球。

③ 用手触及同队队员故意回传的球。

④ 用手触及同队队员直接掷入的界外球。

⑤ 拖延时间。

⑥ 动作具有危险性。

⑦ 阻挡对方队员。

⑧ 阻挡对方守门员从其手中发球。

⑨ 违反规则中未提及的其他任何犯规而停止比赛，则被警告或罚令出场。

（3）可警告的犯规。

如果队员违反下列 7 种犯规中的任何一种，将被出示黄牌并被警告：

① 犯有非体育道德行为。

② 以语言或行动表示异议。

③ 持续违反规则。

④ 延误比赛重新开始。

⑤ 当以角球或任意球重新开始比赛时，不退出规定的距离（9.15 米）。

⑥ 未得到裁判员许可进入或重新进入比赛场地。

⑦ 未得到裁判员许可故意离开比赛场地。

（4）罚令出场的犯规。

如果队员违反下列 7 种犯规中的任何一种，将被出示红牌并被罚令出场：

① 严重犯规。

② 暴力行为。

③ 向对方或其他任何人吐唾沫。

④ 用故意手球破坏对方的进球或明显的进球得分机会（不包括守门员在本方罚球区内）。

⑤ 用可判为任意球或点球的犯规破坏对方向本方球门移动者的明显进球机会。

⑥ 使用无礼的、侮辱的或辱骂的语言及动作。

⑦ 在同一场比赛中得到第 2 次黄牌警告。

6. 任意球、罚球点球

（1）任意球。

凡判罚直接任意球或间接任意球，必须具备下列 4 个基本条件：

① 犯规队员是场上队员。

② 队员违反规则的有关规定。

③ 犯规地点是在比赛场地内除罚球区外的任何地方。

④ 犯规时间是在比赛进行中。

（2）罚球点球。

当队员在比赛进行中，于本方罚球区故意违反可判罚直接任意球的任何一项规定时，即被罚球点球。

罚球点球可以直接进球得分。除主罚队员及对方守门员外其他队员应处于比赛场地内罚球区和罚球弧外。

7. 掷界外球、角球

（1）掷界外球。掷界外球不能直接得分，掷界外球时没有越位。

（2）角球。角球可以直接射入对方球门得分，踢球门球时没有越位。

第四节　乒乓球运动

乒乓球运动是站在乒乓球台两端的选手，用手中的球拍在中间隔放一个球网的球台两端轮流击球的一项球类运动。

乒乓球运动于 19 世纪末起源于英国。据说，当时有两位英国网球爱好者有一次在室外进行网球较量，难分难解时天公不作美，下起大雨，两名血气方刚的青年人只好躲进了学校的食堂里，把饭厅的桌子拼了起来，中间用几块砖头隔开，用网球拍对打起来，后来旁观者觉得很有意思，便纷纷仿效，这项运动如旋风般席卷欧洲。最早叫"TABLE TENNIS"，译成中文是"桌上网球"。到 1900 年左右，出现了由赛璐珞制成的球，由于球与拍撞击发出"乒"而落台时发出"乓"的声音，故而又称"乒乓球"。

乒乓球运动设备简单、运动量可大可小，是深受人们喜爱的具有广泛适应性、趣味性和娱乐性的大众体育项目，同时还具有很强的竞争性，它不受年龄、性别和身体条件的限制，是极易开展和普及的运动项目。

经常参加乒乓球运动可以有效地发展灵敏度和协调性，提高动作速度和身体活动的能力，改善心血管系统机能，促进新陈代谢，增强体质，并有助于培养机智果断、顽强拼搏、勇于进取的优良品质和作风。乒乓球，被称为中国的"国球"，是一种在全世界流行的球类体育项目，主要技术包括进攻、对抗和防守。

一、乒乓球运动的健康益处

1. 锻炼安全

由于乒乓球运动是隔网对抗，所以它比足球运动、篮球运动等有身体接触的体育项目更具有安全性，适合喜欢健身的中老年爱好者。

2. 全面健身

乒乓球运动能全面锻炼人的身体，使人体的呼吸系统、消化系统及运动系统等得到全面锻炼。

3. 健心益智

乒乓球运动在发展人体的速度、灵敏度、力量、耐力、协调性等身体素质的同时，也能提高人体的思维能力，促进智力发展，还能锻炼和培养人的勇敢、顽强、机智、果断等良好的心理品质。

4. 培养协作精神

乒乓球运动使人的反应更快，思维更敏锐，动作更协调，乒乓球比赛中的双打还可以加强团队合作的精神，培养两人的默契感。

5. 舒压怡情

乒乓球运动还能调节人的情绪，缓解压力和焦虑，使人心情愉快，性格开朗大方。

二、乒乓球技术

（一）握拍法

目前世界上主要的握拍法有直握法和横握法两种。两种握法均有各自的优点和缺点，应根据自身的特点来确定握拍方法。

1. 直握拍法

拇指和食指的第一、二指关节弯曲并自然平均地钳住拍柄，拍柄贴住虎口，其他三指自然弯曲重叠，中指第一指关节顶在拍背 1/3 处（图 6-4-1）。

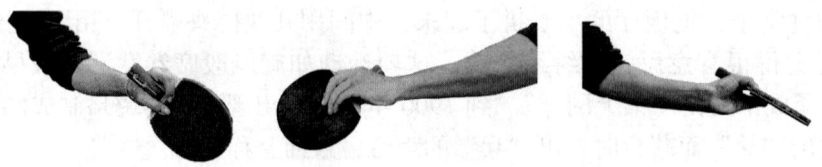

图 6-4-1 直握拍法

2. 横握拍法

中指、无名指小指自然弯曲握住拍柄，拇指压在球拍正面，食指自然伸直放于球拍的背面，拍肩贴于虎口（图 6-4-2）。

图 6-4-2　横握拍法

（二）基本姿势（右手为例）

两脚开立，比肩稍宽，左脚稍前，右脚稍后，前脚掌内侧着地，两膝自然弯曲，重心在两前脚掌之间，含胸收腹，身体略前倾，执拍手的手臂自然弯曲，放松置于身体右侧腹前。

（三）基本步法

步法是乒乓球技术环节的一个重要组成部分，是及时准确地使用与衔接各项技术动作的枢纽，亦是执行各项战术的有力保证。具有良好的步法，就能够经常保持最佳的击球位置，使击球的速度、力量、旋转得到充分的发挥。乒乓球的基本步法有单步、跨步、跳步、并步、交叉步 5 种。

1. 单步

一脚为轴，另一脚向前、后、左、右不同方向移动，重心随之跟上（图 6-4-3）。

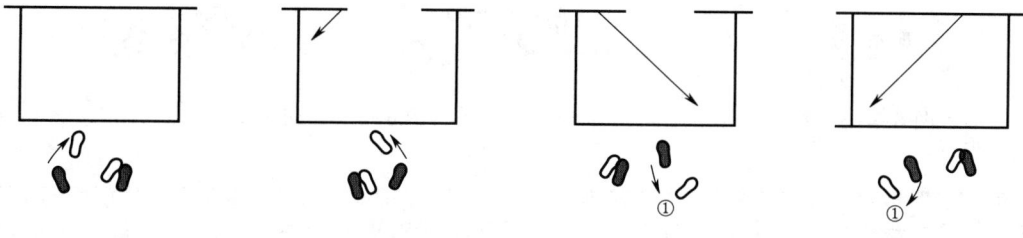

图 6-4-3　单步

2. 跨步

一脚蹬地，另一脚向移动方向跨一大步，为防止跨步后重心不稳，蹬地脚应随后跟上半步或一小步（图 6-4-4）。

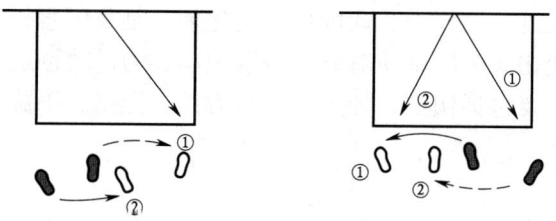

图 6-4-4　跨步

3. 跳步

跳步时以来球异方向的脚用力蹬地为主，双脚有瞬间的腾空，用力大的脚先着地，另一只脚跟着落地（图 6-4-5）。

145

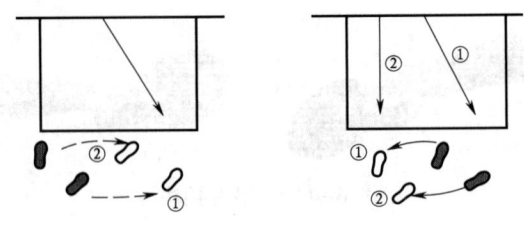

图 6-4-5　跳步

4. 并步

一脚先向另一脚移（或叫并）半步或一小步，另一只脚在并步脚落地后向同方向移动（图 6-4-6）。

5. 交叉步

先以靠近来球方向的脚作为支撑使远离来球方向的脚向来球方向跨一大步。在体前（侧）瞬间成交叉状态，身体随之向来球方向转动，支撑脚再跟着向移动方向迈出一步（图 6-4-7）。

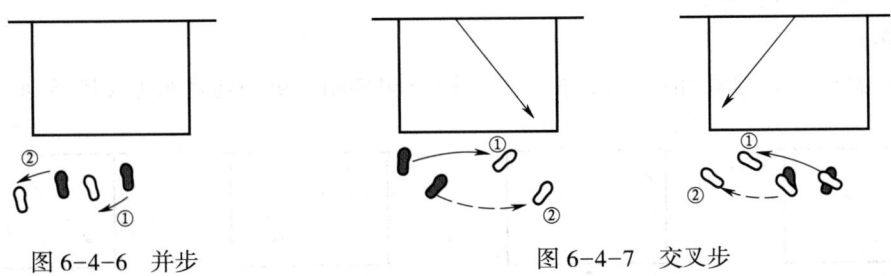

图 6-4-6　并步　　　　　　　　　　　图 6-4-7　交叉步

【基本步法的练习】

（1）台前徒手模仿各种步法练习。

（2）结合挥拍动作进行各种步法练习。

（3）结合身体素质练习，增强下肢起动速度和爆发力。

（四）推挡

推挡的特点是站位近、动作小、速度快、变化多，是我国直拍打法的一项重要基本技术。比赛中通过落点变化来牵制调动对方，争取主动，为进攻创造有利时机，也能起到积极防御的作用。推挡主要包括快推、加力推、减力挡、推挤、下旋推挡等。以下主要介绍快推、加力推和减力挡。

1. 快推

击球前，上臂靠近身体并适当后撤引拍，拍形基本与台面垂直，球拍略高于来球或与球同高，击球时，手臂迅速前迎，在来球的上升期触球，前臂手腕用力向前将球推出，触球的中上部，食指用力压拍（图 6-4-8）。

图 6-4-8　快推

2. 加力推

动作幅度比快推大，当球弹至上升后期或高点期时，利用伸髋和转腰动作加大手臂向前的推击力，并用中指顶住球拍。

3. 减力挡

击球前不用撤臂引拍，可稍屈前臂调整球拍位置，当球弹起时，手臂身体前移迎球，触球瞬间控制好拍形，不要向前用力撞球，甚至还可略有后缩动作，借来球力将球反弹回去（图 6-4-9）。

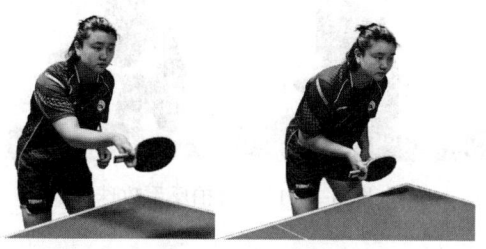

图 6-4-9　减力挡

【推挡技术的练习】

（1）徒手做推挡模仿动作，体会动作要点。

（2）在台上两人互推斜线或直线，待熟练后逐渐增加力量和速度。

（3）一人攻球，另一人推挡。定点定线，两人轮换。

推挡时应注意的问题是：上臂和肘远离身体右侧会影响前臂发力；左脚过于靠前或右脚在前会难以运用腰髋之力；手臂不会后撤引拍，击球距离太短，不易控制球和发力。

（五）攻球

攻球具有力量大、速度快等特点，是比赛中争取主动、克敌制胜的重要手段，各类打法都必须掌握攻球技术。攻球技术统分为正手攻球和反手攻球。按通常的惯称攻球技术又可分为快攻、快点、快拉、快拨、突击、杀高球、中远台攻球等技术。以下主要介绍正手攻球、直拍反手攻球、横拍反手攻球。

1. 正手攻球

成基本姿势，击球前身体稍向右转，腰带臂横摆（忌大臂后拉牵肘）引拍至身体右侧，重心落于右脚，体臂夹角 35°~40°，前臂自然弯曲约 120°，球拍略前倾，手腕自然放松，击球时，右脚稍用力蹬地，腰向左转带动手臂向球上方挥动迎球，触球瞬间，前臂用力收缩，触球的中上部，手腕辅以发力，身体重心由右脚移到左脚，球拍因惯性顺势挥至头左侧，球击出后，迅速还原，手臂放松，准备下一板击球（图6-4-10）。

图6-4-10　正手攻球

2. 直拍反手攻球

两脚平行开立或右脚稍前，上体稍左转，前臂后摆，引拍至腹前左侧击球时前臂向右前上方挥动，肘部内收，食指控制好拍形，击球的中上部，手腕辅助发力（图6-4-11）。

图6-4-11　直拍反手攻球

3. 横拍反手攻球

两脚平行开立，腰、髋略向左转的同时，带动前臂向后引拍，手腕稍后屈，肘部略前出，击球的前臂手腕向球右方发力，触球的中上部，前臂和手掌背部的运行方向决定击球方向（图6-4-12）。

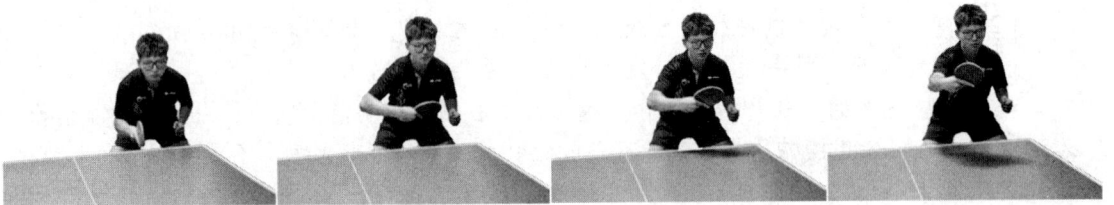

图6-4-12　横拍反手攻球

【攻球技术的练习】
（1）原地徒手及持拍模仿动作，注意身体重心的交换和腰、臂协调一致用力。
（2）结合步法，在移动中进行攻球模仿动作。
（3）一人发平击球，另一人练习攻球，打一板后再重新发球。
（4）多球练习。一人喂球，另一人练习攻球。

（5）两人一推一攻练习。要求固定落点和线路，先轻打力求板数，随着技术质量的提高再增加力量。

（6）两人对攻斜线、直线，力量由轻到重，多打板数，体会触球时的肌肉感觉。

（7）一点对两点或多点的连续攻球，要求陪练方用推挡推至对方两点或多点，主练者攻到对方的一点。

（8）结合性技术，如左推右攻，推挡侧身及推挡侧身扑正手等（开始应有规律，待到熟练后再到无规律）。

攻球时应注意的问题是：引拍时，大臂直向后拉会出现牵肘，影响击球力量；手腕过分僵硬或上翘会影响手腕的灵活性；直拍反手发力时，肘部支出横拉会使攻球侧旋；横拍反手攻球时，手腕乱动，拍面角度不固定会影响命中率。

（六）搓球

搓球是一项过渡性技术，用它对付下旋来球比较稳健，常为进攻创造条件，也是初学削球时必须掌握的入门技术。根据击球方位搓球可分为正手搓球和反手搓球。根据击球时间、回球落点和旋转搓球又可分为快搓、慢搓、摆短、劈长、转与不转及侧旋搓球。

1. 正手搓球

击球前，身体稍向右转，向右上方引拍，击球时，前臂和手腕向左前下方用力，将球击出（图6-4-13）。

图6-4-13　正手搓球

2. 反手搓球

站位近台，击球时，拍面后仰，屈臂后引，前臂向前用力为主，配合手腕动作，根据来球旋转的程度调节拍面角度和用力方向，来球下旋强，拍触球的底部，向前用力大些，来球下旋弱，拍触球的中下部，向下用力大些（图6-4-14）。

图 6-4-14　反手搓球

【搓球技术的练习】
（1）徒手模仿动作，注意前臂、手腕的发力方法。
（2）自抛球在台上，弹起后，将球搓过网，反复体会前臂、手腕发力摩擦球的动作。
（3）搓接固定旋转、落点的发球。
（4）斜线或直线对搓，在熟练的基础上结合练习各种搓球。
（5）搓球和攻球结合练习。
搓球时应注意的问题是：前臂、手腕僵硬、不会摩擦，只是碰击球，易吃旋转；滥用手腕，造成臂、腕用力脱节。

（七）发球

发球是乒乓球比赛中每一分的开始，是乒乓球技术中唯一不受对方制约和限制的技术，在规则允许的范围内，可以最大限度地施展自己的战术意图。发球的种类很多，根据旋转可分为转与不转和侧旋发球等。

以正手发下旋与不转球为例。

持球手将球抛起后，持拍手向后上方引拍，拍呈横状并略微前倾。

（1）发下旋球时，手臂向前下方挥摆，用球拍下部靠左的位置摩擦球的底部，触球瞬间手腕有一爆发力。

（2）发不转球时，动作的轮廓与发下旋时一致，用球拍下部偏右的位置触球的中下部，触球瞬间用拍推球。

【发球技术的练习】
（1）徒手做抛球接发球的模仿动作。
（2）两人一个发球，一个接球，只进行发接球练习，要求定点线。
（3）结合规则对发球的要求进行练习。
（4）发球结合抢攻，提高发抢意识。

（八）接发球

首先要判断好来球的旋转性能、力量、速度和落点，然后决定回击方法和还击技术。接平快球和上旋球时，可用推挡和攻球来回击；接下旋球时，应将球拉起，击球的中下部，也可用搓球、削球或提拉、弧圈球等技术还击。接侧旋球（包括侧上、侧下）时，可把球回击到对方球拍移动的相反方向，用推挡、攻球等方法还击。

（九）弧圈球

弧圈球是一种上旋力非常强的进攻技术，它与攻球相比，在对付强烈下旋球及低于网的来球时更加稳健，因此被广泛使用。

1. 正手弧圈球

左脚在前，右脚稍后，身体略向右扭转，腹微收，髋稍向右后方压转，左肩略高于右肩。击球时，右脚掌内侧蹬地，以腰、髋的扭转带动手臂向左上方挥动，击球瞬间，快速收缩前臂，直拍的中指（横拍的食指）应加速手腕在触球瞬间的甩动。

（1）加转弧圈球。手臂在腰的带动下向后下方引拍，球拍低于来球，在来球的下降期或高点后期，摩擦球的中部或中上部，向上发力为主，略带向前（图6-4-15）。

图6-4-15　加转弧圈球

（2）前冲弧圈球。重心稍高于加转弧圈球，手臂自然向后引拍，球拍与来球同高或稍低于来球，在来球的上升后期或高点期，摩擦球的中上部或中部，向前发力为主，略带向上。

2. 反手弧圈球

两脚基本平行开立，腰、髋略向左转，稍收腹，肘关节略向前出。前臂向左后方划一小弧引拍，手腕下垂。击球时，两脚向上蹬伸，展腹，腰、髋略向右转，以肘关节为轴，前臂向上方发力，手腕配合用力，摩擦球的中上部（图6-4-16）。

图 6-4-16　反手弧圈球

【弧圈球技术的练习】

（1）徒手做模仿动作，认真体会动作要领。

（2）自抛自拉练习。体会腰、臂协调用力。

（3）一人发平击球或下旋球至某一点，一人练习拉弧圈球。体会正确的击球点和触球瞬间的摩擦动作（可用多球进行练习）。

（4）一人推挡，一人拉弧圈球。定点定线。要求动作先较轻，随着技术的提高再增加力量和旋转。

（5）两点或三点对一点连续拉弧圈球。要求拉弧圈球者在左右移动中进行练习，范围由小到大，落点从有规律到无规律。

（6）对搓斜球，其中一方侧身抢拉弧圈球或反手拉弧圈球。

（7）一点搓两点，另一方搓中抢拉弧圈球。

注意事项：不会运用身体重心的力量，只靠手臂发力会影响击球的力量和旋转；手臂伸得过直，球拍沉得过低，整个动作向上太多会导致缺少向前的力量；撞击球力量过大，摩擦力小，易吃旋转；引拍时向后拉手过多，球拍离身体太近，不易发力。

（十）削球

削球是一种防御性技术，具有稳健性好、冒险性小的特点。通过旋转和落点的变化，调动对手，伺机反攻削球，从而使对手被动，甚至失误。

1. 正手削球

右脚稍后，体略右转，双膝微屈，拍形近似垂直，引拍至肩的高度。在来球的下降期，前臂在上臂的带动下随着身体重心的移动向下、向前、向左挥动，触球的中下部，手腕控制好拍形并有一摩擦球的动作。

2. 反手削球

左脚稍后，体略左转，拍形竖立，引拍至肩的高度。前臂在上臂的带动下，随身体重心的移动向下、向前、向右挥动，在来球下降前期触球的中下部，手腕控制好拍形并有一摩擦球的动作。

【削球技术的练习】

（1）徒手模仿动作，做好引拍、挥拍等动作。

（2）用正手或反手削对方发来的平击球。

（3）斜线对斜线或直线对直线，用正手或反手削对方拉过来的球。

（4）一点削多点，或多点削一点。从有规律到无规律。

（5）削球与攻球、推挡结合练习。

注意事项：拍形过分后仰，易出高球或出界；引拍不到位限制了前臂的下切动作，难于移搓攻步选位，导致用手够球，难于控制球和加转。

三、乒乓球战术

（一）发球抢攻战术

发球抢攻战术是我国直板快攻打法的"杀手锏"，是力争主动、先发制人的主要战术。各种类型打法的运动员都普遍采用发球抢攻战术来抢占每个回合的上风。发球抢攻战术运用的效果主要取决于发球的质量和第三板进攻的能力。

发球抢攻战术因打法类型的不同而有所差异，但常用的发球抢攻战术主要有以下几种：

（1）正手发转与不转球。

（2）侧身正手（高抛或低抛）发左侧上（下）旋球。

（3）反手发右侧上（下）旋球。

（4）反手发急球或急下旋球。

（5）下蹲式发球。

（二）接发球战术

接发球战术与发球抢攻战术同样重要，在某种意义上讲，接发球水平的高低可以反映运动员的实战能力以及各项基本技术的应用程度。事实上，接发球者只是暂时处在被控制状态，如果破坏了发球者的抢攻意图或者为他制造了障碍，减弱了对方抢攻的质量，也就意味着已经脱离被控制状态，变被动为主动了。常用的接发球战术有以下几种：

（1）稳健保守法。

（2）接发球抢攻。

（3）盯住对方的弱点处，寻找突破口。

（4）控制接发球的落点。

（5）正手侧身接发球。

（三）搓攻战术

搓攻战术是进攻型打法的辅助战术之一，主要利用搓球旋转的变化和落点的变化为抢攻创造机会。这一战术在基层比赛中被普遍采用。搓攻战术也是削球型打法争取主动的主要战术之一。常用的搓球战术有以下几种：

（1）慢搓与快搓结合。

（2）转与不转结合。

（3）搓球变线。

（4）搓球控制落点。

（5）搓中突击。

（6）搓中变推或抢攻。

（四）对攻战术

对攻战术是进攻型打法在相持阶段常用的一项重要战术。快攻类打法主要依靠反手推挡（或反手攻球）和正手攻球（或正手弧圈球）的技术，充分发挥快速多变的特点来调动对方。常用的对攻战术有以下几种：

（1）紧逼对方反手，伺机抢攻或侧身抢攻、抢拉。

（2）压左突右；调右压左。

（3）攻两大角；攻追身球。

（4）变化击球节奏，加力推和减力挡结合，发力攻、拉与轻打轻拉结合，也可造成对手的被动局面。

（5）改变球的旋转性质，如加力推后、推下旋；正手攻球后，退至中远台削一板，此时对方往往来不及反应，可直接得分或创造机会球。

（五）拉攻战术

拉攻战术是以攻为主的选手对付削球的主要战术。为了发挥拉攻战术的效果，首先要具备连续拉的能力，并有线路、落点、旋转、轻重等变化，其次要有拉中突击和连续扣杀的能力。常用的拉攻战术主要有以下几种：

（1）拉反手后，侧身突击斜线或中路追身球。

（2）拉中路杀两角或拉两角杀中路。

（3）拉一角或杀另一角。

（4）拉吊结合，伺机突击。

（5）拉搓结合。

（6）稳拉为主，伺机突击。

（六）削中反攻战术

削中反攻战术主要靠稳健的削球限制对方的进攻能力，为自己的反攻创造有利条件。它不仅增强了削球技术的生命力，也促进了攻防之间的积极转化。常用的削中反攻战术主要有以下几种：

（1）削转与不转球，伺机反攻。

（2）削长短球，伺机反攻。

（3）逼两大角，伺机反攻。

（4）交叉削两大角，突击对方弱点。

（5）削、挡、攻结合，伺机强攻。

（七）弧圈球战术

由于弧圈球战术把速度和旋转有效地结合起来，稳健性好，适应性强，许多著名选手已用它去替代攻球或扣杀，常用的弧圈球战术有以下几种：

（1）发球抢攻。

（2）接发球果断上手。

（3）相持中的战术运用。

四、乒乓球比赛规则

（一）乒乓球比赛场地、器材

乒乓球比赛场地的地面应是坚硬不滑的硬木，每块比赛场地的标准为长 14 米、宽 7 米，球场上空 5 米以内不得有障碍物；比赛场地须用 75 厘米高的墨绿色或淡蓝色挡板围住，同邻近的场地及观众隔开；标准乒乓球台由两块台桌组成，每块长 1.37 米，总长 2.74 米，台面的宽度为 1.525 米、厚 3.5 厘米，台面与地面相距 76 厘米，乒乓球台面四周为宽 2 厘米的白线，分别称为边线和端线，台面中间 3 毫米宽的白线为中线，其上架以长 1.83 米、高 15.25 厘米的球网（图 6-4-17）。

（二）定义

（1）球处于比赛状态的一段时间，叫作一个"回合"。

（2）不予记分的回合叫作"重发球"。

（3）记分的回合叫作"得分"。

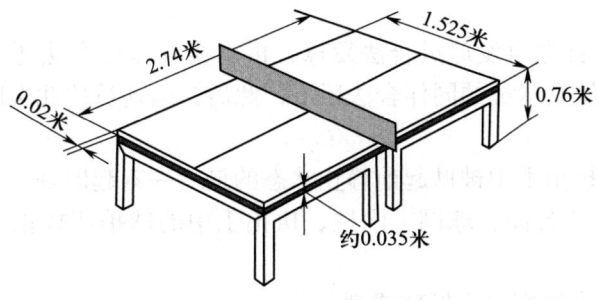

图 6-4-17　乒乓球运动场地

（4）握着球拍的手叫作"执拍手"。

（5）用握在手中的球拍或执拍手手腕以下部分触球叫作"击球"。

（6）"阻挡"：对方击球后，处于比赛状态的球尚未触及本方台区也未超过比赛台面或其端线，却先触及本方运动员或其穿戴的任何物品。

（三）合法发球

（1）发球时，球应放在不执拍手的手掌上，手掌张开和伸平。球应是静止的，在发球方的端线之后和比赛台面的水平面之上。

（2）发球员须用手把球几乎垂直地向上抛起，不得使球旋转，并使球在离开不执拍手的手掌之后上升不少于 16 厘米。

（3）当球从抛起的最高点下降时，发球员方可击球，使球首先触及本方台区，然后越过或绕过球网装置，再触及接发球员的台区。在双打中，球应先后触及发球员和接发球员的右半区。

（4）从抛球前球静止的最后一瞬间到击球时，球和球拍应在比赛台面的水平面之上。

（5）击球时，球应在发球方的端线之后，但不能超过发球员身体（手臂、头或腿除外）离端线最远的部分。

（6）运动员发球时，有责任让裁判员或副裁判员看清他是否按照合法发球的规定发球。

① 如果裁判员怀疑发球员某个发球动作的正确性，并且他或者副裁判员都不能确信该发球动作不合法，一场比赛中此现象第一次出现时，裁判员可以警告发球员而不予判分。

② 在同一场比赛中，如果运动员发球动作的正确性再次受到怀疑，不管是否出于同样的原因，不再警告而判失一分。

③ 无论是否第一次或任何时候，只要发球员明显没有按照合法发球的规定发球，他将被判失一分，无须警告。

（7）运动员因身体伤病而不能严格遵守合法发球的某些规定时，可由裁判员作出决定免予执行，但须在赛前向裁判员说明。

（四）合法还击

对方发球或击球后，本方必须击球，使球直接越过或绕过球网装置，或者触及球网装置后再触及对方台区。

（五）击球次序

（1）在单打中，首先由发球员合法发球，再由接发球员合法还击，然后两者交替合法还击。

（2）在双打中，首先由发球员合法发球，再由接发球员合法还击，然后由发球员的同伴合法还击，再由接发球员的同伴合法还击，此后，运动员按此次序轮流合法还击。

（六）比赛状态

当球在发球员不执拍手中被抛起前静止状态的最后一刻起即处于比赛状态，直到：

（1）球触及除比赛台面、球网、网柱、执拍手中的球拍或执拍手手腕以下部位外的任何东西。

（2）或者这个回合被判为重发球或判一分。

（七）重发球

（1）出现下列情况应判重发球。

① 如果发球员发出的球，在越过或绕过球网装置时，触及球网装置，此后成为合法发球或被接发球员或其同伴阻挡。

② 如果接发球员或同伴未准备好时，球已发出，而且接发球员或其同伴均没有企图击球。

③ 由于发生了运动员无法控制的干扰，而使运动员未能合法发球、合法还击或遵守规则。

④ 裁判员或副裁判员暂停比赛。

⑤ 在双打时，运动员错发、错接。

（2）在下列情况下可暂停比赛。

① 要纠正发球、接发球次序或方位错误。

② 要实行轮换发球法。

③ 警告或处罚运动员。

④ 比赛环境受到干扰，以致该回合结果有可能受到影响。

（八）得一分

除被判重发球的回合，下列情况运动员得一分：

① 对方运动员未能合法发球。

② 对方运动员未能合法还击。

③ 运动员在发球或还击后，对方运动员在击球前，球触及了除球网装置外的任何东西。

④ 对方击球后，该球越过本方端线而没有触及本方台区。

⑤ 对方阻挡。

⑥ 对方连击。

⑦ 对方用不符合规定的拍面击球。

⑧ 对方运动员或其穿戴的任何东西使球台移动。

⑨ 对方运动员或其穿戴的任何东西触及球网装置。

⑩ 对方运动员不执拍手触及比赛台面。

⑪ 双打时，对方运动员击球次序错误。

⑫ 执行轮换发球法时，接发球运动员或其双打同伴，包括接发球一击，完成了 13 次合法还击。

（九）一局和一场比赛

（1）在一局比赛中，先得 11 分的一方为胜方，10 平后，先净胜 2 分的一方为胜方。

（2）一场比赛由奇数局组成（可采用五局三胜或七局四胜制）。

（3）一场比赛应连续进行，但在局与局之间，任何一名运动员都有权要求不超过两分钟的休息时间。

（十）轮换发球法

（1）如果一局比赛进行到 10 分钟仍未结束（双方都已获得至少 9 分时除外），或者在此之前任何时间应双方运动员要求，应实行轮换发球法。

① 当时限到时，球仍处于比赛状态，裁判员应立即暂停比赛。由被暂停回合的发球员发球，继续比赛。

② 当时限到时，球未处于比赛状态，应由前一回合的接发球员发球，继续比赛。

（2）此后，每个运动员都轮发一分球，直至该局结束。如果接发球方进行了 13 次合法还击，则判发球方失一分。

（3）轮换发球法一经实行，该场比赛的剩余部分必须继续实行，直至该场比赛结束。

第五节　羽毛球运动

现代羽毛球运动始于英国，19 世纪 60 年代，一批退役的英国军官把印度的"普那"游戏（球用圆形硬纸板插上羽毛制成，板是木质的，一种类似羽毛球运动的游戏）带回英国。早期的场地呈葫芦状，中间狭窄处张挂球网，后来加以改进，形成现代羽毛球运动场地。1873 年，在格拉斯哥附近的鲍弗特公爵的伯明顿庄园里进行了羽毛球表演，为了纪念这项运动便以伯明顿这个庄园命名羽毛球运动，所以英语中的羽毛球运动被称为"badminton"。1877 年第一次成文的羽毛球规则在英国出版，由国际羽联制定了会员国共同遵守的羽毛球规则。

一、羽毛球运动的健康益处

羽毛球运动是一项趣味性强、基本技术较易掌握、规则简单、场地较小、器材简便、易于开展的球类运动。它的最大特点是：不受性别、年龄、身体条件和技术水平的限制，运动量可大可小，根据个人的身体条件和技术情况进行锻炼或比赛，不需要特殊的场地，两人两只球拍一只球即可不挂网、不计分地进行练习。因此，羽毛球运动深受人们的喜爱，极易普及与推广。

参加羽毛球运动带来的健康益处主要有以下几个方面：

1. 促进全身机能的提升

无论是进行有规则的羽毛球比赛还是作为一般性的健身活动，都要在场地上不停地进行脚步移动、跳跃、转体、挥拍，合理地运用各种击球技术和步法将球在场上往返对击，从而增大上肢、下肢和腰部肌肉的力量，加快锻炼者全身血液循环，增强心血管系统和呼吸系统的功能。据统计，进行高强度羽毛球运动，运动者的心率可达 160~180 次 / 分；进行中强度羽毛球运动，运动者的心率可达 140~150 次 / 分；进行低强度羽毛球运动，运动者的心率也可达 100~130 次 / 分。长期进行羽毛球锻炼，可使心跳强而有力，肺活量加大，耐久力提高。此外，羽毛球运动要求练习者短时间对瞬息万变的球路作出判断，果断地进行反击，因此，它能提高人体神经系统的灵敏度和协调性。

2. 不同人群可通过调节运动量达到不同的身心效果

羽毛球运动适合于男女老幼，运动量可根据个人年龄、体质、运动水平和场地环境的特点而定。青少年可将羽毛球运动作为促进生长发育、提高身体机能的有效手段，运动量应为中强度，活动时间以 40~50 分钟为宜。适量的羽毛球运动能促进青少年增长身高，培养青少年自信、勇敢、果断等优良的心理素质。老年人和体弱者可将羽毛球运动作为保健康复的运动，运动量应较小，活动时间以 20~30 分钟为宜，以达到出出汗、弯弯腰、舒展关节的目的，从而增强心血管和神经系统的功能，预防和治疗老年心血管和神经系统方面的疾病。对儿童来说，羽毛球运动可作为活动性游戏来进行锻炼，让他们在阳光下奔跑跳跃，并要求他们以击到球为目标，培养他们不畏困难、不怕吃苦、不甘落后的品质。

二、羽毛球技术与战术

（一）羽毛球技术

1. 握拍法

握拍法可分正手握拍法和反手握拍法两种。

（1）正手握拍法。用握拍手手掌同一个朝向的拍面击球叫正手击球，正手击球时的握拍方法为正手握拍法。

方法：握拍时，先用左手拿住拍颈，使拍面与地面垂直。再张开右手，使手的小鱼际靠在拍柄底托处，虎口对准拍柄的内侧小棱边，然后小指、无名指和中指并拢握住拍柄，小指与无名指在柄的末端应稍紧，负责不使球拍脱手，食指与中指稍微分开，用食指和拇指轻松地环扣住拍柄（图6-5-1）。

（2）反手握拍法。用握拍手手背同一个朝向的拍面击球叫反手击球，反手击球时的握拍方法为反手握拍法。

方法：在正手握拍法的基础上，拍柄稍向外转，食指收回，拇指第二指节顶贴在拍柄内侧的宽面上，其余四指并拢握住拍柄，手心与拍柄之间应有一个明显的空洞（图6-5-2）。

图6-5-1　正手握拍法　　　　　　　　图6-5-2　反手握拍法

2. 发球

（1）发球的基本姿势。

① 正手发球。

站位：单打时，一般站在发球区内离发球线1米左右的中线附近。双打时站位可稍靠前。

姿势：左脚在前，右脚在后，两脚间距同肩宽，上身自然伸直，重心在右脚上。右手握拍向后、侧举起，肘部稍屈。左手用拇指、食指、中指夹持球的中部，并将球举在身前，两眼注视对方的位置和准备接球的情况（图6-5-3）。

② 反手发球。

站位：站在发球区内较靠近前发球线的位置上。

姿势：右脚在前，左脚在后，上身自然伸直，重心放在右脚上，左手以拇指、食指和中指捏住球，球置于腹前，右手反手握拍，肘部略抬起使拍框下垂于左腰侧，两眼注视对方的位置和准备接球的情况（图6-5-4）。

图6-5-3　正手发球　　　　　　　　图6-5-4　反手发球

（2）发球的种类。

① 发高远球。做好准备姿势，左手放开球，以转体和上臂的挥动带动前臂由后向前挥拍，当球拍与球即将接触前，前臂快速挥动，并带动手腕向前上方闪动，击球点应在右侧前下方，拍面与地面的仰角大于145°。在球击出后，球拍随惯性向前上方挥摆，重心也由后脚移到前脚。

② 发平高球。发平高球是指发出球的弧线高度比高远球低，并使球飞向对方后场底线附近的一种发球方法。它可以迫使对方匆忙向后移动接球，从而限制对方大力扣杀等。

正手发平高球：做好准备姿势，发球方法与发高远球基本一致，主要运用前臂带动手腕发力，拍面与地面的仰角为120°~130°。

反手发平高球：做好准备姿势，主要以前臂带动手腕从左下方向右上方快速挥拍，用反拍面正击球托，拍面与地面的仰角为120°~130°。

③ 发平快球。发平快球是指发出的球既平又快，直接飞向对方后场底线附近的一种发球方法。它突然快速，往往使对方来不及做准备，是抢攻的主要发球技术。

正手发平快球：做好准备姿势，发球方法与发高远球相似，区别在于正手发平快球时，击球前前臂快速摆动，手腕和手指突然向前发力击球，拍面与地面的仰角在110°左右，击球的方向应更平直一些。

反手发平快球：做好准备姿势，发球方法与反手发平高球相似，区别在于反手发平快球时，拍面与地面的仰角在110°左右，击球的方向应更平直一些。

④ 发网前球。发网前球是指发出的球贴网而过，落在对方前发球线附近场地内的一种发球方法。它可以限制对方做进攻性的回击，但要有较高的技术。

正手发网前球：做好准备姿势，以前臂和手腕带动挥拍，幅度要小，力量稍轻，拍面稍后仰，握拍较放松，利用手腕与手指力量从右向左横切推送，使球贴网而过。

反手发网前球：做好准备姿势，以前臂带动手腕使球拍从左下方向右前上方做半弧形挥动，用球拍对球做横切推送动作，使球贴网而过。

【发球技术的练习】
（1）按各种发球的技术要领反复做挥拍模仿练习。
（2）用细绳把球吊在击球点（身体右侧前下方）的高度，反复进行发球练习。
（3）人体左侧对着墙（距离60厘米）做发球挥拍练习。
（4）在对方场地上画好圆圈，把球发到圈内。

3. 击球

羽毛球的各种挥拍击球技术统称击球。击球依据动作特点可分为高手击球、网前击球和低手击球三大类，这里重点介绍前两类。

（1）高手击球。高手击球是指击球点高于头部的击球。它分为高远球、平高球、扣杀球和吊球等。

① 高远球。

正手高远球：击球时，首先看准来球的方向和高度，采取步法移动到适当位置，击球点选择在右肩稍前的上空，身体半侧向球网，左脚在前，右脚在后，身体重心落在右脚的前脚掌上，然后将球拍举到肩上，拍面朝网准备挥拍击球。当球下落到接近击球点时，胸部扩张，握拍手的前臂向后移动，肘关节向后侧提高，使球拍引至头后，自然伸腕，接着在右腿蹬地和腰腹协调用力下，大臂带动前臂向上，肘关节迅速上升，前臂明显向前甩出，触球时，手臂伸直，闪动手腕把球击出，身体重心由右脚移到左脚上。

反手高远球：准备击球时，改成反手握拍，步法到位后，右脚前叉跨到左侧底线，背向球网，身体重心在右脚，球拍举在左胸前，拍面向上，双膝微屈，击球时下肢由屈到伸。当球在右侧上空下落时，以大臂带动手腕闪动，在右侧上方伸直手臂向后击球，并伴随右腿的蹬力，迅速转体面向球网，迈出右脚回中心位置。

头项高远球：准备击球时，上体向左稍后仰，右脚在后，球拍绕过头顶后，再从左上方向前挥动，用前臂带动手腕以鞭打状产生爆发力，将球击出，击球点选择在头顶前上方或左前上方，击球托的后下底部。

② 平高球。击平高球的方法与击高远球的方法是基本一致的，它们的技术特点和要求的区别在于击平高球时，在击球点上的拍面仰角小于击高远球时的拍面仰角，更好控制球的飞行弧线和落点。

③ 扣杀球。扣杀球是指把高球在尽量高的击球点上用大力挥击下压到对方场区内的一种击球方法。这种球力量大、弧线直、落地快，给对方的威胁很大，是进攻的主要技术。

正手扣杀球：准备击球时，身体右转并后仰，左脚在前，右脚在后，挺胸呈弓形，右臂在右后上摆起，手腕后伸，然后肘部带动前臂全速前上挥动，当击球点在肩的前上方时，前臂内旋，腕前屈微收，闪腕发力杀球，球拍正面击球托的后部，使球直线下行。

反手扣杀球：准备击球时，背向球网，反手握拍上举，肘部往右上摆起，前臂快速往右上并稍外旋，手腕内收闪动，挥拍切击球托的后下部，使球向前下直线飞行。如果要扣杀斜线球，则挥拍切击球托的左侧后下部。

头顶扣杀球：方法与头顶高远球的方法相似，区别在于头顶扣杀球时，击球的力量比击高远球大，发力方向是向前下方的，击球点稍前些，拍面角度要小些。

④ 吊球。把对方击来的高远球从后场还击到对方场地并轻轻落于网前区，称为吊球。它是后场进攻的主要技术之一。

正手吊球：准备击球时，身体半侧向球网，左脚在前，右脚在后，拍转到身后，然后手臂向上挥拍，在击球的一刹那，突然减慢速度，用手指控制拍面，手腕快速闪动，拍面切击球托的下部。如果要吊对角网前球，拍面向左下方切击球托的左侧后下部；如果要吊直线球，拍面由后上稍往右前切击球的后下部。

反手吊球：准备击球时，背对球网，反手握拍上举，肘部往右上摆起，前臂快速往右上并稍外旋，手腕内收闪动，球拍切击球托的后下部，使球向前下直线飞行。如果要吊对角网前球，球拍切击球托的左侧后下部。

头顶吊球：准备击球时，身体半侧向，左脚在前，右脚在后，上臂往右上挥动，前臂稍向肩后摆，手腕稍后伸，然后由右后上稍往右前切击球托的后下部，球拍与地面的仰角应控制在 90° 左右，使球向下直线飞行。

（2）网前击球。网前击球是一种可以调动对方，使战术多变的击球方法。它包括搓球、推球、扑球、钩球等。

① 搓球。准备击球时，右脚在前，左脚在后，成弓箭步，球拍前伸，然后前臂稍外旋，手腕稍后伸，内收闪动，用手腕和手指控制球拍，搓切来球的右下底部。

② 推球。动作与搓球基本一样，只是在击球的一刹那，拍面几乎与网平行，借助腕部的转动及手指的力量向前快速闪动，将球快速推到对方的底线附近。

③ 扑球。准备击球时，蹬步上网，身体右侧扑向网前，迅速举拍向前，拍面用腕部和手指的力量向前下方闪击，触球后球拍立即回收。

④ 钩球。动作与搓球基本一样，只是在击球的一刹那，拍面斜向对方右（左）网前，用腕部带动手指由伸腕到收腕，肘部也随之回收，触球托的右（左）后部。

【击球技术的练习】

（1）按动作要领反复做各种击球动作的徒手练习。

（2）用细绳把球吊在各种高度上，反复练习各种击球。

（3）两人用球做原地定点练习，互相观察动作是否正确。

（4）步法移动并做各种击球练习。

（5）用各种击球方法将球击入对方场地内的圆圈内，进行准确性练习。

---

4. 步法

步法是指运动员在场上为了跑到适当的位置击球而采取的快速、合理、准确的移动方法。羽毛球的步法包括起动、移动、到位配合击球和回动 4 个环节。步法移动一般都是从场地中心位置开始，按移动方向可分为上网步法、两侧移动步法和后退步法。右手持拍者，到位击球时的最后一步一般都是右脚在前，而左脚总是靠近中心位置，像轴心一样。

（1）上网步法。

① 蹬跨步上网步法。左脚后蹬，侧身将右脚向球的方向跨出一大步击球。向右前场上网，用正手击球；向左前场上网，用反手击球。

② 两步蹬跨上网步法。右脚稍前，左脚稍后，上网时，左脚向右前方迈一步，紧接着右脚跨一大步到位。向右前场上网，用正手击球；向左前场上网，用反手击球。

③ 前交叉蹬跨上网步法。右脚稍前，左脚稍后，上网时，右脚向右前方迈一小步，左脚接着前交叉再迈一步，紧接着左脚后蹬，侧身将右脚向球的方向跨一大步，用正手击球。或稍向左转身，以右脚向左前场迈一步，左脚再迈一步，紧接着左脚后蹬侧身将右脚向前跨一大步，用反手击球。

（2）两侧移动步法。

① 向右侧蹬跨步。右脚稍前，左脚稍后，移动时，左脚用力起蹬，右脚向右侧跨出一大步到位。

② 向右并步加蹬跨步。右脚稍前，左脚稍后，移动时，左脚先向右脚并一步，紧接着左脚掌内侧用力起蹬，右脚向右侧跨出一大步到位。

③ 向左侧蹬跨步。右脚稍前，左脚稍后，移动时，左脚用力起蹬向左，右脚同时左跨一步到位。

④ 向左蹬转跨步。右脚稍前，左脚稍后，移动时，左脚先向左后侧方退一步，紧接着右脚经左脚前向左侧跨一大步到位，成背对网姿势。

（3）后退步法。

① 三步并步后退右后场。右脚稍前，左脚稍后，后退时，右脚先后撤一步，左脚跟着后撤一小步，紧接着右脚再向右后撤一步，成侧身对网姿势。

② 三步交叉步后退右后场。右脚稍前，左脚稍后，后退时，右脚往右后侧蹬转后退一小步，左脚接着经右脚后面交叉退一步，紧接着右脚再后撤一大步到位，成侧身对网姿势。

③ 两步后退左后场。右脚稍前，左脚稍后，后退时，左脚先往左后蹬转撤一小步，紧接右脚经左脚前向左后侧方跨出一大步到位，成背对网姿势。

④ 三步后退左后场。右脚稍前，左脚稍后，后退时，以左脚前掌为轴，右脚向左后方蹬转，使身体转向左后方，同时，右脚经左脚前向左后场区跨一步，成背对网姿势，接着左脚迈一步，右脚再迈一步。

【步法技术的练习】

（1）徒手按照各种步法的动作要领进行单个步法练习。

（2）进行固定线路的多方向步法练习。

（3）进行随意线路的多方向步法练习。

（4）结合其他技术进行综合练习。

（二）羽毛球战术

1. 单打战术

（1）发球战术。根据对手站位、反击能力、回击球的球路等，可采取不同的发球方法，以取得前几拍的主动权。

（2）接发球战术。要力争不让对方有进攻的机会，把球回击到远离对方所站位置的落点上，或回击到对方移动方向相反的位置上，或回击到对方技术薄弱的环节上，迫使对方被动回球，以取得进攻机会。

（3）压后场战术。当对手后退步法较慢、反击能力较差或者急于上网时，可采用反复攻对方后场底线的打法。另外，遇到初学者的技术不熟练、后场还击力量差时，也可采用这种打法。

（4）吊前击后战术。对付上网步法较慢或网前球出手慢的对手时，先以吊、放、搓网前球迫使对方到网前，然后用推、杀或平高球突击对方的后场。

（5）四方球结合突击战术。这种战术用来对付体力差或反应及步法都慢的对手较为有效。它以快速、准确的落点来攻击对方场区的四角，调动对方来回奔跑，并在对方来不及回位时，向其空当位置进攻。

2. 双打战术

（1）攻人战术。集中力量攻击对方两队员中较弱者。尽量使对方的特长得不到发挥，从而使其弱点更充分地暴露。

（2）后攻前封战术。两队员前后站位，后场队员以强攻扣杀迫使对方防守，前场队员要立即移动到对方回球的位置准备封网封杀。

（3）攻中路战术。当对方分左右站位时，将球攻到两人之间的空当区，使对方争抢回球或互相让球而造成失误。

（4）攻压底线战术。以平高球或高球压住对方底线两角，这是对付后场进攻能力较差的对手或者为了消耗对方体力而常用的战术。

三、羽毛球比赛规则

（一）羽毛球比赛场地

1. 球场

球场应是一个长方形，根据图 6-5-5 所示，用宽 4 厘米的线画出。场地线的颜色最好是白色、黄色或其他容易辨别的颜色。所有场地线都是它所确定区域的组成部分。网柱或代表网柱的条状物应放置在边线上。

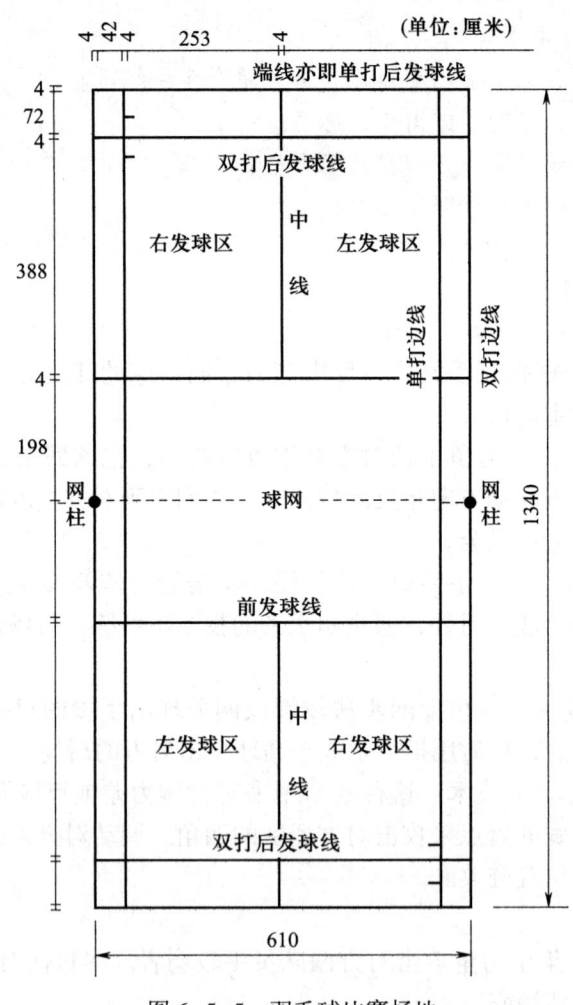

图 6-5-5 羽毛球比赛场地

2. 网柱

网柱两端离地面的高度为 1.55 米，球网中央离地面的高度为 1.524 米。网柱必须稳固地同地面垂直，并使球网保持紧拉状态。网柱或代表网柱的条状物应放置在边线上。

（二）羽毛球比赛方法

1. 比赛分类

羽毛球比赛分为男子单打、女子单打、男子双打、女子双打、男女混合双打 5 项。

2. 计分方法

除非另有商定，一场比赛均采用三局两胜制，采用每球得分制。率先得到 21 分的一方赢得当局比赛；如果双方比分打成 20 比 20，获胜一方需超过对手 2 分才算取胜；如果双方比分打成 29 比 29，则率先得到第 30 分的一方取胜。

3. 挑边方法

比赛前，双方应掷挑边器。赢的一方将在接发球和选择场区间作出选择，输方在余下的一项中作出选择。

4. 交换场区

（1）在第一局结束和第三局开始前，双方交换场地。

（2）在第三局中，有一方先得 11 分时，双方仍应交换场区。

5. 比赛的连续性

（1）一场比赛自第一次发球起到比赛结束应连续进行。下列情况除外：① 每场比赛的第二局与第三局之间，允许有不超过 5 分钟的间歇。② 遇有运动员不能控制的情况，主裁判员可根据需要暂停比赛，保留原得分数，续赛时由该分数算起。

（2）任何情况下，都不允许运动员为恢复体力或喘息或接受场外指导而暂停。

（3）除非特殊情况（比如地板湿了，球打坏了），运动员不可再提出中断比赛的要求。但是，每局一方以 11 分领先时，比赛进行 1 分钟的技术暂停，让比赛双方进行擦汗、喝水等。

（4）除上述规定的间歇时间外，运动员未经主裁判员允许，不得在一场比赛结束之前接受场外指导或离开场地。

（5）只有裁判员有权暂停比赛。

6. 发球

（1）发球员和接发球员应站在斜对角的发球区内，脚不触及发球区和接发球区的界线。

（2）从发球开始到球发出之前，发球员和接发球员的两脚必须都有一部分与球场地面接触，不得移动。

（3）发球员的球拍应首先击中球托。

（4）在发球员球拍击中球的瞬间，整个球应低于 1.15 米。

（5）在击球瞬间，发球员应使整个拍头明显低于发球员的整个握拍手部。

7. 违例

（1）球从网孔或网下穿过，球不过网，球触及运动员的身体和衣服，球触及球场外其他物体或人。

（2）比赛中，球拍与球的最初接触点不在击球者网的这一边（击球者在击中球后，球拍可以随球过网）。

（3）击球时，球停滞在球拍上，紧接着被拖带抛出。

（4）同一运动员两次挥拍，连续两次击中球。

（5）比赛时，运动员的球拍、身体或衣服触及球网或球网的支撑物。

（6）运动员的球拍或身体从网上侵入对方场区。

（7）运动员的球拍或身体从网下侵入对方场区导致妨碍对方或分散对方注意力。

（8）比赛时，运动员故意分散对方注意力的任何举动，如喊叫、故作姿态等。

（9）同方两名运动员连续击中球。

（10）球触及运动员球拍后继续向其后场飞行。

（11）发球时，球挂在网上、停在网顶或过网后挂在网上。

8. 重发球

（1）遇不能预见或意外的情况，应重发球。

（2）除发球外，球过网后挂在网上或停在网顶，应重发球。

（3）发球时，发球员和接发球员同时违例，应重发球。

（4）发球员在接发球员未做好准备时发球，应重发球。

（5）比赛中，球托与球的其他部分完全分离，应重发球。

（6）司线员未看清，裁判员不能作出裁决时，应重发球。

（7）重发球时，最后一次发球无效，原发球员重新发球。

9. 死球

（1）球撞网并挂在网上，停顿在网顶。

（2）球撞网或网柱后开始向击球者网的这一方地面落下。

（3）球触及地面。

（4）宣报"违例"或"重发球"。

10. 发球区和接发球区

（1）单打。

发球员的分数为 0 或双数时，双方运动员均应在各自的右发球区发球或接发球；发球员的分数为单数时，双方运动员均应在各自的左发球区发球或接发球。如"再赛"，发球员应以该局的总得分，按规定站位。

（2）双打。

一局比赛开始和每次获得发球权的一方，都应从右发球区发球。只有接发球员才能接发球。每局开始首先发球的运动员，在该局本方得分为 0 或双数时，都必须在右发球区发球或接发球；得分为单数时，则应在左发球区发球或接发球。每局开始首先接发球的运动员在该局本方得分为 0 或双数时，都必须在右发球区接发球或发球；得分为单数时，则应在左发球区接发球或发球。同伴站位与之相反。如有再赛，则以该局本方总得分，按规定站位。

11. "违例"的判罚

（1）发球方"违例"，则判换发球权。

（2）接发球方"违例"，则判发球方得分。

12. 发球错误的判罚

（1）运动员发球顺序或方位错误，在下一次发球前发现，如此球为发球方获胜，应判胜球无效，由原来一轮的发球员在应站的方位上重发球。

（2）接发球运动员站错方位，在下一次发球前发觉，如此球为接发球方获胜，也应判胜球无效，纠正方位，重发球。

（3）发生上述两种错误，如发生错误的羽毛球单、双打共用场地一方输球，则应判比赛有效，不再重发球，也不再纠正运动员的方位或顺序，直到该局比赛完毕。

（4）如运动员的上述错误在下一次发球后才发现，应判比赛有效，不再重发球，也不纠正运动员的方位或顺序，直到该局比赛完毕。

第六节　网球运动

网球运动起源于法国。相传12—13世纪，法国的传教士就常常在教堂的回廊里，用手掌击打一种类似小球的物体，以此来调节单调的教堂生活。渐渐地，这种活动传入法国宫廷，并很快成为王室贵族们的一种娱乐游戏，当时，他们把这种游戏称为"掌球戏"。最初这种游戏只是在室内进行，后来移到室外，即在一块开阔的空地上，将一条绳子架在中间，两边各站一人，双方用手来回击打一种裹着头发的布球。

14世纪中叶，法国王储将这种游戏使用的球赠予英国国王亨利五世，于是这种游戏便传入了英国。当时这种球的表皮是用埃及坦尼斯镇所产的最为著名的绒布——斜纹法兰绒制作的，英国人就将这种球称名为"tennis"（英文，网球的意思），并且流传下来。到现在我们使用的球还保留着一层柔软的绒面，"tennis"也就成了网球运动的专用语。

网球运动的特点是球小、速度快、变化多。在室内外都可以进行，运动量可大可小，不同年龄、不同性别、不同身体条件的人均可参加此项活动。它可由两人组成单打比赛，四人组成双打比赛，也可由不同性别组成男女混合双打比赛。经常参加网球运动，可增强体质，促进身体的全面发展。

一、网球运动的健康益处

1. 提高身体素质

一个网球运动员在力量、速度、耐力、柔韧性和灵敏性方面都必须具备良好的素质。特别是随着网球技术的不断发展，上网打法已相当普遍，运动员在发球或接发球之后都积极争取时机跑到近网处做空中截击、高压动作，这时要照顾到前后左右4个方位的来球，如果没有精确的预测能力、快速的灵敏反应，以及熟练的截击、高压技术，就不能适应这种打法。

可见，只有具备了良好的全面的身体素质，才能保证网球技术、战术的正常发挥。也就是说，网球运动对发展人的全面的身体素质具有积极的促进作用。比如，网球运动需要长时间连续来回地移动和击球，这能使人的反应灵敏，使人起动快、移动迅速，并能在较长一段时间内保持这种快速活动能力。

2. 促进体格均衡发展

网球运动是一项全身性的运动项目。击球时，下肢用力蹬地，随着转体，带动手臂；用球拍击球过程中，需要上下肢协调配合，需要颈部、肩部、胸部、背部、腰部、腿部的大小肌群共同参与工作，协同完成动作。经常进行网球运动，不但可以使人体颈、肩、脊柱、髋、踝等部位都得到很好的锻炼，而且有利于改善和矫正身体姿势，使人体各部位协调发展，形成健美的体形。

3. 增强呼吸系统功能

网球运动是一项有氧和无氧运动互相交替，以有氧运动为主的体育运动。在运动中，活动者在底线打对攻战，或是不停地在底线或两侧来回奔跑，或是到网前救小球，这能够有效地提高运动者的肺活量。一些高水平运动员为了适应激烈的比赛，经常要进行一些野外活动，如长跑、登山、游泳等，以增大肺活量，从而提高体能。

4. 强化人的心理品质

网球运动是一项需要全身各部位肌肉参与的运动，若是单打比赛，场上只有对手和自己，所有的难题只有依靠自己去面对和解决。因此，网球也是一种智力对抗活动，需要参与者精力高度集中，每球必争。当球员面临被对手破发的危险时，还需要稳定的心理素质。因此，经常参加网球运动有助于锻炼意志，培养自信和临危不惧等优良心理素质。

5. 缓解压力、放松身心

网球运动可以充分使人身心放松。上班族有工作上的压力，学生族有课业上的压力，中年人承受着养家糊口的烦忧等诸多问题。如何缓解压力，如何培养健康的生活方式已成为困扰现代人文明健康生活的一个重要课题。研究表明，适当的运动可以增进体能并增强免疫力。选择适合自己的运动并配以充足的休息，是疏解压力、提高免疫力的最佳手段。在网球运动中，个体需全神贯注排除一切杂念进行快速奔跑击球、大力扣杀等活动，这有利于缓解疲劳、困倦等，有助于身心摆脱压抑和束缚，因而网球运动可以有效促进人的身心健康。

二、网球技术

（一）握拍法

1. 握拍法分类

在所有的网球技术中，最基本的是握拍法，它能直接影响球拍面接触球的角度。目前世界上流行的握拍法主要有四种，即东方式握拍、西方式握拍、大陆式握拍和双手握拍。

（1）东方式握拍分正手和反手。正手握拍又称握手式握拍，用食指底部关节压住拍柄右垂直面；反手握拍是在正手握拍时，左手握紧拍颈，将右手向内转动90°，食指底部关节压住拍柄上平面。

（2）西方式握拍可分为西方式正手握拍和西方式反手握拍。西方式正手握拍是将球拍平放，手掌从上面握住拍柄，食指底部关节压住拍柄的右下斜面；西方式反手握拍是将正手握拍时的球拍面翻过来，用同一拍面击球。

（3）大陆式握拍，又称握锤式握拍。正反手击球都是一种方法，不需要变换握拍方式，即用食指底部关节压住拍柄右上斜面。

（4）双手握拍一般用于反手击球，握拍方法变化很多。常见的一种握拍方法是左手的东方式正手握拍加上右手的东方式反手握拍，右手握在拍柄底端，左手握在拍柄上端。

双手握拍也用于一些少儿的正手击球，握法与双手反拍相同，但是左右手的上下位置是颠倒的。双手击球不管正手、反手，一定要将来球方向同侧的手握在拍柄上端，另一只手握在拍柄的下端（图6-6-1）。

2. 握拍法的选择

（1）正手击球的握拍法。正手击球有平击球、上旋球、切削球等几种打法。一般教学都采用东方式握拍平击球技术，这种方法易于掌握，便于击打不同高度的来球，因此特别适合初学者学习。随着技术的提高，如本人的自身条件许可，想加强正手上旋球的威力，可以选择西方式握拍，这种方法比较适合打高点球，但较难处理低点球。正手削切球技术一般选择大陆式握拍的效果比较好（图6-6-2）。

图 6-6-1　双手握拍　　　　　　图 6-6-2　大陆式握拍

（2）反手击球的握拍法。用反手击球时，一般运动员常常选择东方式反手握拍和双手握拍的方法，其中最基本的是东方式反手握拍，这种方法在击球时动作流畅，比较容易处理高点球和低点球，击球点的有效范围较大。双手握拍较适合力量不足或初学者，这种方法比较好掌握，便于对球施加上旋、容易发力；不足之处是较难击打较高或较低的来球，对步法要求较高，击球点的有效范围也较小。

（3）发球和高压球的握拍法。通常情况下，发球和高压球的握拍法是相同的。在初学阶段，一般先用东方式正手握拍练习，等具有一定基础以后，再将握拍方法变换为大陆式握拍。

（4）上网截击球的握拍法。在初学阶段，正手截击球时，提倡采用东方式正手握拍练习；反手截击球也采用东方式反手握拍练习。等到网前截击的球感增强后，再选择正反手都不需变换握拍法的大陆式握拍。

（5）挑高球的握拍法。正手挑高球时，基本以东方式正手握拍为主；反手挑高球时，以东方式反手握拍为主。双手握拍也可以用来挑上旋高球。

（二）基本步法

为适应激烈比赛的需要，步法训练越来越受到教练员和运动员的重视。没有灵活的步法，就不可能及时抢占有利的击球位置，无法有效地回击来球。网球运动中有句俗语：手法是基础，步法是关键。由此可见步法在网球运动中的重要性。步法不好，再漂亮的手法也将失去意义。同时，步法的好坏与专项身体素质练习及技术水平都有一定的关系，因此在进行步法训练时，必须与专项身体素质练习及技术训练相结合。

1. 正手击球的步法特点

（1）东方式正手击球要充分利用身体重心的前后移动来打球，因此一定要保证向前迈步击球的步法。一般常采用关闭式步法，侧身迎来球。击球前重心在后脚，击球时重心移至前脚（图6-6-3）。

（2）西方式正手击球主要用转肩的力量来提拉上旋球，所以击球时重心落在后脚上，常采用开放式步法（图6-6-4）。

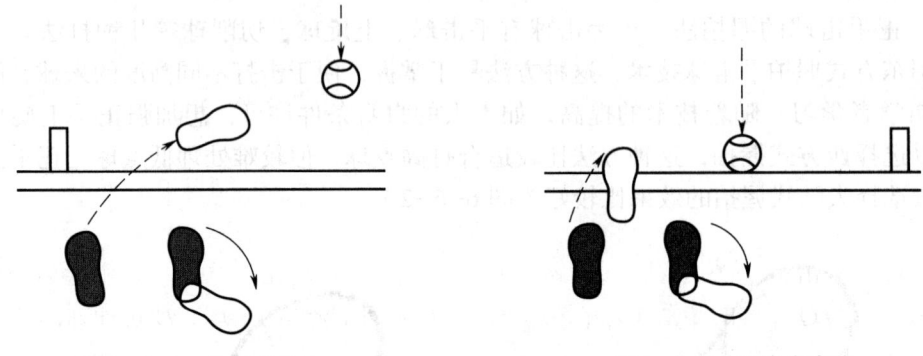

图6-6-3　关闭式步法　　　　　　　　图6-6-4　开放式步法

2. 反手击球的步法特点

（1）单手反拍击球时，右脚要跨过左脚，保持背对来球，击球时重心在前脚（图6-6-5）。

（2）双手反拍击球，基本有两种站姿。一种是侧对来球站立，另一种是双脚对球网开放式站立（图6-6-6、图6-6-7）。

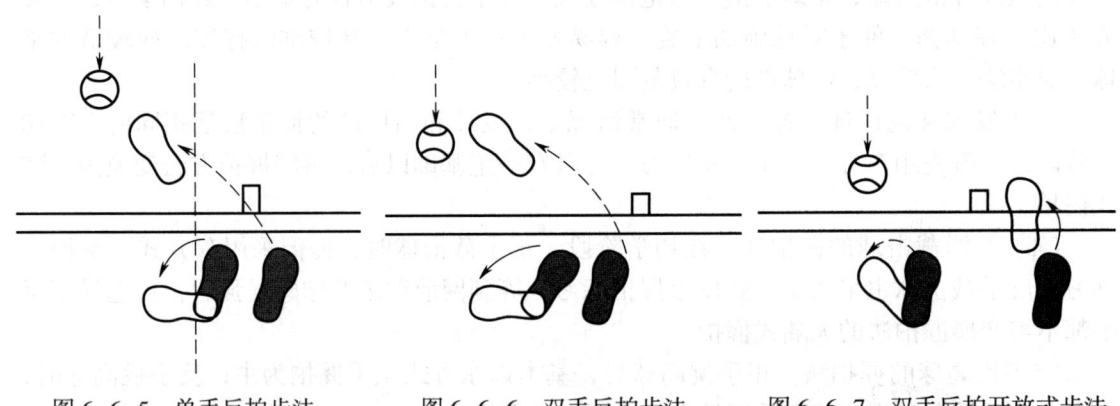

图6-6-5　单手反拍步法　　图6-6-6　双手反拍步法　　图6-6-7　双手反拍开放式步法

3. 发球的步法特点

发球时，不论是站在右区还是在左区发球，都要保持右脚的脚尖指向右网柱，并且两脚尖的连线指向相应的发球区。开始挥拍前，重心在前脚，然后随向下、向后挥拍的同时将重心后移，再随着上举拍向前蹬腿，利用重心前后移动的力量来增加发球速度（图6-6-8）。另一种是后脚靠拢前脚的发球步法。随着上举拍的结束，准备向上击球之前，让后脚靠近前脚，平稳地向前移动重心，保持双脚同时向上发力击球（图6-6-9）。

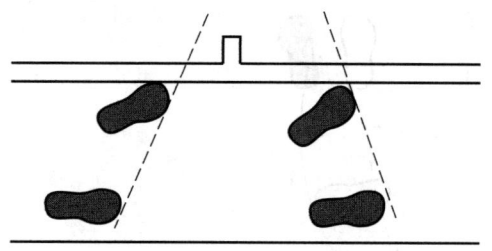

图 6-6-8 发球站位步法

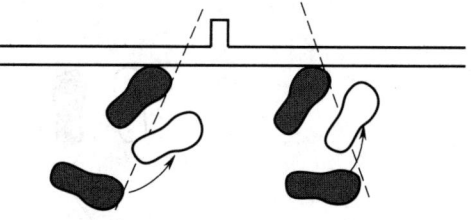

图 6-6-9 后脚靠拢前脚发球步法

4. 截击球的步法特点

正手截击球，针对三种不同情况的来球，有三种步法。第一种是恰好在正手击球位置的来球，同正手击球步法一样，向前跨出左脚，侧对来球迎击；第二种是稍远离身体的来球，采用左脚跨过右脚的步法击球；第三种是直接奔向身体的来球，要迅速撤右脚，再顶住左脚用重心前移来挡击球（图 6-6-10）。反手截击球步法与正手截击球步法相同，只是左右脚运动相反（图 6-6-11）。

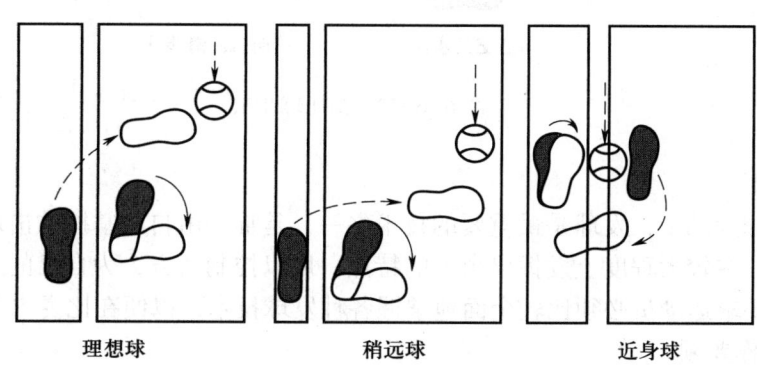

图 6-6-10 正手截击球步法

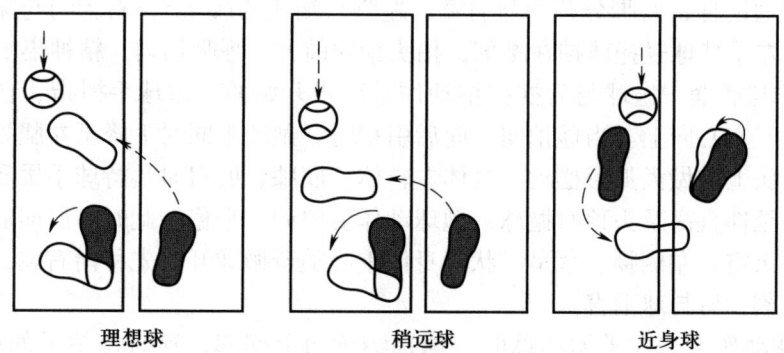

图 6-6-11 反手截击球步法

5. 高压球的步法特点

高压球时一定要保持侧对来球，右脚与底线平行，左脚尖稍指向右网柱。常用的高压球步法有两种，一种是向后交叉步法，另一种是向后侧滑步法（图 6-6-12）。

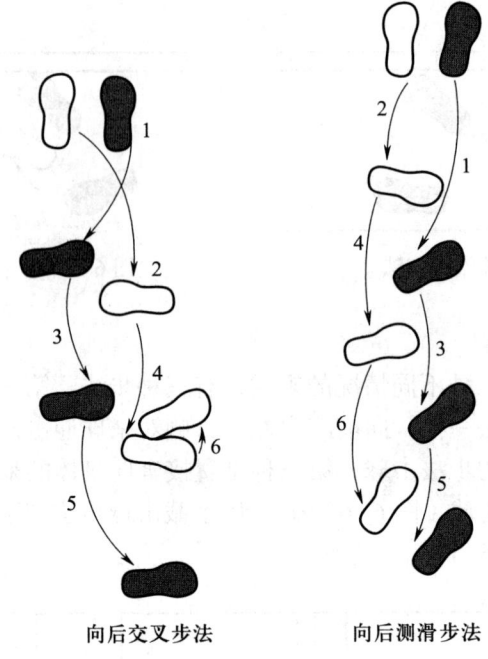

向后交叉步法　　　　向后测滑步法

图 6-6-12　高压球步法

（三）发球

在现代网球运动中，发球是最重要的技术之一，是唯一由自己掌握的击球法。它可以不受对方制约，在较大程度上发挥出个人的特点，用以控制对方，为自己的进攻创造有利条件。为此，要求运动员必须比较全面地掌握各种发球技术，以便在比赛中争得主动。

1. 发球动作要领

（1）握拍法。大陆式或东方式反手握拍法。

（2）准备姿势。全身放松，侧身站立在端线外中场标记近旁（单打），左肩对着左边网柱，面向右边网柱，两脚分开约与肩宽，左脚与端线约成 45°，右脚约与端线平行，重心在左脚上。左手持球轻托球拍在腰部，拍头指向前方。呼吸均匀，精神集中。

（3）抛球与后摆。抛球与后摆拉拍动作是同步开始的。抛球手拇指、食指和中指三指轻轻托住球，掌心向上。当球拍向下向后引拍时，抛球手同时下降至左腿处，紧接着当球拍从身后向头上方做大弧形摆动，身体左转体、屈膝、展肩时，持球手柔和地在身前左脚前上举，直至伸直高及头顶时抛球，抛球动作要协调、平稳。此时右肘向后外展约同肩高，拍头指向天空，左侧腰、髋呈弓状，身体重心随着抛球开始先移向右腿，然后平稳地开始前移，此刻，肩与球垂直。

（4）击球动作。当左手抛出球时，球拍继续向上摆起，这时握拍手的肘关节放松，向前转动的身体和右肩自动化地使手臂产生一个完美的绕圈，当球下降至击球点时，迅速向上挥拍击球，左脚上蹬，使手臂和身体充分伸展。当身体向前上方伸展击球时，肩、手臂已经回转，双肩与球网平行。挥拍击球时，握拍手腕带动小臂有一个旋内的"鞭打"动作，这就是发球发力的关键动作，也是其他诸如重心前移、蹬腿、转体、挥拍等力量集聚的总和。

（5）随挥动作。球发出后，身体向场内倾斜，保持连续的完整的向前上方伸展的随挥动作。球拍挥至身体的左侧，重心移向前方，做到完全自然地跟进并保持身体平衡（图6-6-13）。

图 6-6-13　发球动作

2. 发球的分类及其方法

发球基本分三类：平击发球、切削发球和上旋发球。每一种发球都有自己的特点和用途，好的发球具有相当大的攻击性，并使发出的球在力量、速度、旋转和落点方面有变化。

（1）平击发球。平击发球在诸类发球中是球速最快的发球法，也称炮弹式发球。该发球不但球速快，而且反弹力低。如果发球者身材高大就可以借助高点击球的空中优势直接进攻对方；如发球者身材矮小或女选手就不宜使用平击发球，因为这种发球虽然力量大、球速快、威胁大，但命中率比较低。平击发球时的击球点应在身体的右前方，以拍面中心平直对准球，击球的后中上部。此时手腕的向前抖甩和前臂的旋内"鞭打"非常重要，身体充分向上向前伸展，以获得最高击球点，提高发球命中率。

（2）切削发球。这是一种以右侧旋转为主的发球法，就是由球的右上往左下切削击球。由于切削发球的飞行轨迹及弹跳方向，该发球不但球速快、威胁大，而且容易提高命中率，因此被世界上很多运动员采纳。发球时把球抛到右侧斜上方，球拍快速从右侧中上方至左下方挥动，击球部位在中部偏右侧，使球产生右侧旋转。

（3）上旋发球。这是一种以上旋为主、侧旋为辅的发球法。由于球的旋成分多于切削发球，使球产生一个明显的从上向下的弧形飞行过网，发力越强，旋转成分越多，弧形就越大，命中率也越高，落地后球高弹跳到对方的左侧，迫使对方离位接球，给对方造成很大的压力，同时为发球上网带来了足够的时间。

【发球技术的练习】

① 掌握正确的发球握拍法，即大陆式握拍或东方式反手握拍，只有这两种握拍法才能发出不同旋转的球。② 重视抛球练习，好的发球都有一个准确而又稳定的抛球，因此要反复练习抛球。③ 徒手做发球前的准备姿势，模仿抛球及发球的完整动作，多体会放松、准确、协调、完整、舒展的发球动作。④ 在场地上用多球进行抛球与击球

结合的练习，边模仿、边练习、边体会。⑤ 先练习发不定点球，后练习发定点球，逐步提高难度，即在发球区内不同的落点设立目标练习"打靶"，以提高命中率和准确性。⑥ 教练员在安排发球时，可要求在规定的时间内发一定的命中数量或在一定数量内要求一定的命中率，以此来提高发球的命中率和准确性。⑦ 练习发不同性能的球，并熟练掌握。

（四）接发球

1. 正确的握拍法

应根据个人的习惯握拍法来决定，大陆式握拍正反拍击球无须变换握拍；东方式握拍或西方式握拍正反拍击球须变换握拍，当球一离开对方的球拍，就应该决定是否要转变握拍，向后小拉拍时改换握拍要做得迅速及时，才能还击好接发球，特别是在快速场地上更需要争取时间。

2. 准备姿势及站位

接发球的准备姿势无固定，只要能以最快的速度还击球即可。当对方发球前，可以膝盖弯曲，两腿开立。当对方抛球准备击球时，可以重心起来两脚快速交替跳动，并判断来球位置，迎前回击。接发球的站位要根据对方的发球水平和自己接发球的水平、习惯、场地和战术需要而定，大致应站在对方能发到内外角的底线上，接第一发球时站位稍后些，接第二发球时站位略前。

3. 击球动作

击球动作一般根据对方的发球质量和速度快慢而定，击球动作一般介于底线正反拍击球动作和截击球动作之间。面对发球差、速度慢的选手，可用自己的底线正反拍动作来接对方的发球。而面对发球好、速度快的选手，可用网前截击球的动作来顶接对方的发球，这样接出的球近乎平击，很有威胁。接好发球的关键在于快速的判断、迅速的反应、充分的准备。击球点在身体前面，接发球时，一旦判断来球的方向，即向后转动双肩，并马上向前迎击来球。接大力平击发球时，球靠近身体，大多向左侧身用反拍顶击球，而用正拍侧身抢攻需要有更快更早的动作，即迎上去顶击球，要握紧球拍，手腕保持固定，使拍面正对来球，身体的向前动作加上发球者的球速将提供接发球所需要的力量（图 6-6-14）。

图 6-6-14　接发球

（五）抽击球

网球的抽击球分为底线正拍抽击球、底线反拍抽击球、侧身抽击球、中场抽击球四大部分，包括平击、上旋、下旋、混合旋转等各种抽击法。每种抽击法的特点不同，所起的作用也不一样。以下主要介绍底线正拍抽击球、底线反拍抽击球和侧身抽击球。

1. 底线正拍抽击球

① 握拍法。正确的握拍法应是东方式正手握拍或东西方混合式握拍。② 准备姿势。正确的底线正拍抽击球总是提前进入准备状态，因为正手击球需要时间较长的挥拍动作。准备时，面对球网，两脚分开与肩宽，身体前倾，双膝微屈，重心落在前脚掌上，右手握拍，左手轻托拍颈，拍面垂直地面并指向对方，注意力集中准备迎击来球。③ 后摆动作。

当反应对方击球朝正拍来时，就应该开始向后拉拍，转髋的同时转动双肩，带动拍子向后引，呈弧形做后摆或直接向后拉拍，肘关节弯曲并稍抬起，与此同时左手向前伸出，以保持身体平衡。④ 击球动作。从拍子由后摆进入向前挥动时，一定要向前迎击球，借助转髋和腰的快速、短促扭转用力，利用离心力大力摆动身体并挥击球拍，此时应紧握球拍固定手腕，肘关节微屈，击球点在轴心脚的侧前方。⑤ 随挥动作。击球后随挥动作的去向意味着球的方向。击球后，球拍沿着球飞行的方向继续向上挥动，肘关节向前上方跟进前伸，转体动作也由后摆时的侧身对网转向正面对网，拍子随挥至左肩上方结束，动作放松，同时马上还原准备回击下一次来球（图 6-6-15）。

图 6-6-15　底线正拍抽击球

2. 底线反拍抽击球

① 准备姿势和握拍法。准备姿势与底线正拍抽击球准备动作相同。当判断出对方来球方向是反拍时，握拍法由东方式正手握拍或东西方混合式握拍转成东方式反手握拍。② 后摆动作。左手轻托住球拍的颈部，转动双肩。右肩侧身对网，几乎是背对球网，同时右脚向左侧前方约 45° 跨出，全身自然放松，注意力集中，握拍手肘关节弯曲并贴近身体。③ 击球动作。要把球打得既凶又准，必须要向前迎击球，击球点在轴心脚右脚的侧前方，双手握拍反拍击球点在左脚的侧前方，力争打上升球，因为上升球比下降球有更快的速度和更大的力量可以借助，所以回击球的速度也比较快。当向前挥拍击球时，朝着球网一鼓作气地回身转腰，拍面垂直于地面，肘关节微屈并外展，手腕紧锁，并由下向前上方奋力挥出。在将要击球时刻，身体重心由后脚移向前脚，使身体重心有利于击球。④ 随挥动作。由于腰的扭转，击球后使身体面向球网，为了控制球，跟进动作时球拍应向上挥到肩或头部的高度，同时保持身体平衡并准备下一拍的击球（图 6-6-16）。

图 6-6-16　底线反拍抽击球

3. 侧身抽击球

以底线正拍侧身抽击球为例，动作要领基本同底线正拍抽击球。① 准确判断来球，以正手握拍法和底线正拍抽击球技术为基础。② 提高步法的移动能力，不但要移动到击球位，还要迅速调整好球与身体的距离。③ 发力时重心由右脚迅速转向左脚，腰部发力并带动手臂，此时步法以开放式为好，挥拍击球方向应跟随球击出的方向（图 6-6-17）。

图 6-6-17　侧身抽击球

（六）高压球

（1）高压球的动作与发球动作相似，握拍法也与发球握拍法相同。当对方挑高球时，应立即侧身转体并用短促的垫步向后退，同时侧身，持拍手上举，在头部位向后引拍，重心在两脚前脚掌上，后腿弯曲，随时准备跳跃扣杀。

（2）准备击球时，非持拍手上举指向来球方向，击球法与发球时击球一样，击球点在右眼前上方。如果挑起高压，用后脚起跳，转体，挺胸，收腹，击完球后用左脚着地，同时右脚向前跨，准备再上网截击。

（3）近网高压击球点可偏前，便于下扣动作的完成，远网后场高压击球点可稍后，击球动作向前下方挥击，以防下网。

（4）击球后的跟进动作尽量与发球一样完整，起跳高压时要保持身体平衡。

（七）截击球

截击球可分为中场截击和近网截击，又可分为低球截击和高球截击。中场截击又分为正拍中场截击和反拍中场截击。

1. 正拍中场截击

（1）面对球网，两脚分开与肩同宽，膝关节微屈，重心在两脚前脚掌上，在对方击球前脚跟提起，转髋转肩，左脚向侧前方做 45° 跨步，以转肩来带动球拍后摆，后摆动作不超过肩，肘关节微屈，手腕成 45°，拍面略开。

（2）截击时手腕紧固，击球点在左脚尖的延长线上，以短促而有力的动作向前迎击来球，触球部位在球的中下部。

（3）由于中场截击距离较长，所以击球后的跟进动作随着球的行进路线要稍长些，但不能太长，否则会影响下一段击球的准备动作。然后向网前逼近，准备近网截击或高压。

2. 反拍中场截击

（1）准备动作与正拍相同，判断来球后，向左侧转肩转髋，同时左手托拍颈向后引拍，拍面略开至身体前面，后引动作不超过左肩。

（2）击球时右脚向侧前方 45° 跨出，重心前移在后脚上，同时向前向下截击来球，击球点位于右脚尖前面，手腕固定，肘关节微屈，利用前臂与手腕向前下方击球。

（3）击球后的跟进动作与中场正拍一样，稍长一些，但要简短，随时准备截击下一板球。

三、网球战术

（一）双打战术

1. 发球局战术

双打中的发球局与单打中的发球局一样，是直接对对方实施进攻并以发球为龙头带动网前及抢网战术的运用，发球局战术包括发球上网、发球上网抢网、澳大利亚战术。

2. 接发球局战术

接发球局战术运用的成功与否，取决于接发球的质量，为了变被动为主动，接发球时不能只在底线被动挨打，而是要采取主动进攻、积极上网的战术。在运用接发球局战术时要根据对方发球及网前的攻势，提高己方接发球的质量，做到灵活机动，防止瞎打瞎冲。接发球局的战术包括接发球双上网战术、接发球双底线战术、接发球网前抢网战术等。

（二）单打战术

单打战术的运用要有独立作战的能力，头脑冷静，适应能力强，既能控制球路，又能大力抽杀，积极主动进攻。在战术的运用上，能灵活多变。根据自己的技战术特点，把各种战术有机地结合起来运用。单打战术主要有上网型打法、底线型打法以及综合型打法等战术。

四、网球场地

网球场地分硬地、土地、草场、涂塑料地和沙地。硬地是水泥或沥青球场，球落地后反弹高、速度快，属快速场地，这种球场对上网打法很有利；土地是黄泥球场，球落地后的速度较慢，属慢速场地，适宜以稳守为主的底线型打法；草地属中速场地，适于混合型打法；涂塑料地和快速场地相近；沙地则属慢速场地。

1. 场地各线的宽度

① 全场除端线可宽至 10 厘米外，其他各线的宽度应为 2.5～5 厘米。② 全场各区的丈量除中线外，都从各线的外沿计算。

2. 场地各线的长度

① 边线长 23.77 米。② 端线长单打为 8.23 米，双打为 10.97 米。③ 发球线至端线 5.485 米；发球线至球网地面 6.40 米。④ 发球区每半场有左右两个区，长 6.40 米，宽 4.115 米。⑤ 中点位于端线中心，长 0.10 米，宽 0.05 米。⑥ 网柱高 1.07 米，球网中央高 0.914 米。⑦ 场地周围空地，端线外至少要有 6.40 米，边线外至少要有 3.66 米（图 6-6-18、图 6-6-19）。

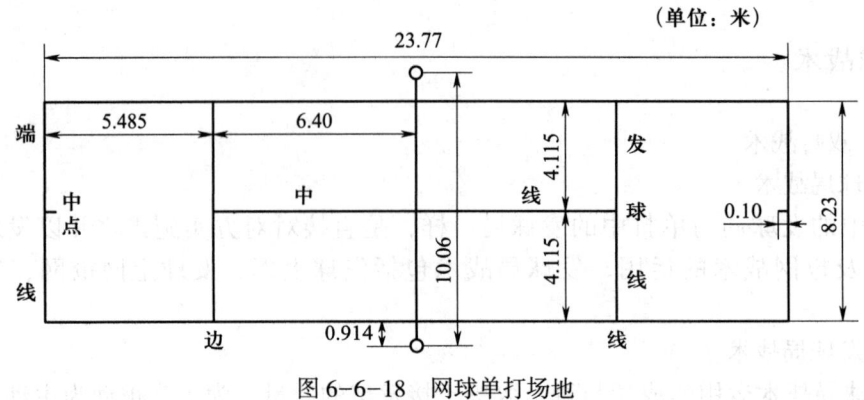

图 6-6-18　网球单打场地

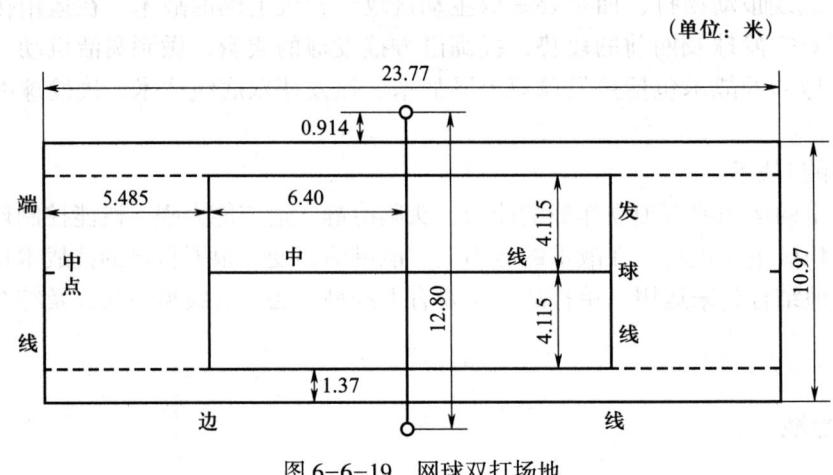

图 6-6-19　网球双打场地

第七节　现代木球运动

　　现代木球运动不同于民族传统木球运动。现代木球运动于 20 世纪 90 年代发源于我国台湾，发明人翁明辉受宋元时期盛行的捶丸运动启发，综合高尔夫球和门球的特点，历时两年发明了这项新兴的休闲体育项目。

　　现代木球运动以球、球杆和球门为运动器具，以天然草地或沙滩地为运动场地，以球杆击球过球门的杆数为胜负依据，具有竞技比赛和休闲娱乐双重特征。

一、现代木球运动的健康益处

　　现代木球运动集民族传统体育和现代体育之优势，具备健身功能、健心功能和社会功能，对人的健康具有显著的促进作用。

　　1. 增强身体素质

　　现代木球运动追求在愉快的运动体验中获得身体素质的提升，是休闲运动的代表性项目。对参与者的身体素质要求不高，只要掌握一定的技术和规则，便可因人而异地参加该项运动。现代木球运动的运动过程轻松愉悦，运动环境绿色环保，以小强度、长时间的有氧运动形式达到增强身体素质的目的。

2. 促进心理健康

我国古代运动项目捶丸具有调养血脉、畅快四肢、怡养精神的作用，现代木球运动完美地继承了这一功能，从传统体育养生角度促进人的全面发展，调节心理、养护血脉、陶冶情操、促进健康。运动参与者通过参加木球运动，体验胜利或技术水平提高带来的精神快慰和身心满足，娱乐性贯穿运动始终，使人身心健康、精神愉悦、生活多姿多彩。

3. 增加社会交往

现代木球运动注重礼仪行为规范，运动员在该规范的不断影响下，逐步实现个性心理的良好发展，因而该运动能促进人的社会化。运动过程中，运动员沐浴在大自然之中，举首白云、低头芳草，有利于增进人与人之间的交流，使人与自然关系和谐。

二、现代木球技术

现代木球的器材比较简单，包括球杆、球和球门（图6-7-1）。根据球道类型及击球阶段，现代木球技术可分为挥杆技术和推杆技术两部分。挥杆技术和推杆技术分别有不同的握杆、站姿、球位和瞄准动作要领。

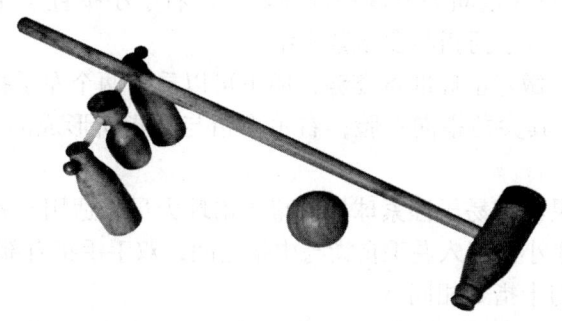

图 6-7-1　现代木球运动器材

（一）挥杆技术

挥杆技术贯穿现代木球运动攻门前的所有击球过程，是现代木球运动最基本的技术，在现代木球运动中起着关键作用。挥杆技术包括握杆、站姿、置球、瞄准和挥杆动作5个彼此融合的环节。环环相扣、整体协调、力度恰当、流畅自如是完成挥杆技术的基本要求。

1. 握杆

握杆是指球员手握球杆的位置和方法，是身体和球杆衔接的唯一桥梁，是控制击球轨迹最重要的技术环节。

握杆力度和握杆类型是握杆技术的两个基本因素。握杆力度要适当，握杆太紧或太松都无法准确控制击球点，导致击球偏离理想轨迹；握杆类型因球道和球员不同而不同，可灵活选用。

球杆分为杆头、杆茎、杆把三个部分。根据双手的握杆位置和联结方式，握杆分为十指式、重叠式和连锁式三种类型，下面以向左侧击球为例，分别介绍其技术特点和动作要领。

（1）十指式。双手靠拢，十指排列握杆（图6-7-2a）。

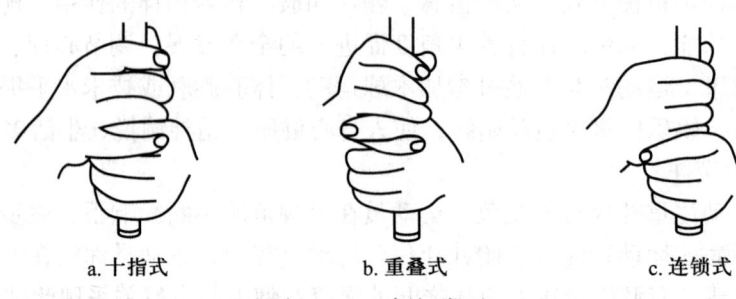

a.十指式　　　　b.重叠式　　　　c.连锁式

图6-7-2　握杆类型

动作要领：球杆斜置于体前，杆把在上，杆头在下。

左手从杆把上端2~3厘米开始握杆，杆把斜置于手掌食指第二关节至小指根部下方。食指微勾杆把下方，掌根压在杆把上方，其余手指依次握紧，拇指尽量内收，拇指与食指间密合。

举起球杆，右手紧贴左手上方握球杆，两手保持灵活，掌心相对，右手食指、中指、无名指和小指均以第2~3指间关节逐一握住杆把，右手小指置于左手食指上方。右手食指有扣住杆把的感觉，双手拇指与食指紧密结合。

将杆头放回地面，做好击球准备姿势，向下可以看到两个左手指节。左手拇指与食指所形成的"V"字形，其尖角指向右脸；右手拇指与食指所形成的"V"字形，其尖角指向右肩。

该握法手腕翻转灵活，易于握紧球杆，集中击球力量，适用于各个年龄段。

（2）重叠式。右手小指嵌入左手食指与中指之间，双手手指有部分重叠（图6-7-2b）。

动作要领：基本与十指式相同。

该握法手感好，易于双手平衡用力，适用于灵活性和技巧性较强的球。

（3）连锁式。左手食指和右手小指互相勾在一起（图6-7-2c）。

动作要领：基本与十指式相同。

该握法杆头速度快，易于控制球杆。

另外，现代木球运动中最长球道为130米，采用十指式击球便可达到足够距离，所以十指式常被采用。

2. 站姿

站姿是指球员握好球杆准备击球时身体各部位所处位置和状态。正确站姿能保证身体各部分在挥杆前处于平衡状态，为连贯挥杆做好充分准备，增加击球稳定性和准确性。

（1）站姿要点。双手握杆，两脚自然站立，与肩同宽。双脚尖向外打开约15°，两膝微屈，上体稍前倾，背部自然挺直，双臂自然伸直放松，双肩与双臂呈倒三角形，左肩稍高于右肩，头部稍偏向右侧。双眼自然向下俯视，正好看到杆头，身体左侧朝向出球方向。

除做好以上基本要点外，根据球的距离，还要注意以下几点：

　　两脚间距离：球离球门越近，两脚间距离越窄，适当调整两脚间距离有利于身体的转动及稳定性，有助于力量的发挥。

　　身体重心：球离球门由远至近，身体重心逐渐由左脚尖、左脚跟延长线偏向双脚中间。

　　球杆与身体关系：球杆顶端一般与身体距离一个拳头，球离球门近时更近些，球离球门远时更远些。

　　（2）站姿方式。根据双脚站立位置和球行进方向的关系，站姿分为平行式站位、开放式站位和闭锁式站位三种方式。

　　平行式站位是指球员两脚尖的连线与击球路线平行。这种姿势，球员的两脚尖连线、腰部、肩部、手都与目标线平行。平行式站位是最基本的标准站姿，是球员的首选站位。一般发球或击打靠近球道中间的球时使用。

　　开放式站位是指在平行式站位的基础上，球员左脚稍向后退，采用此站法所击出的球路会向左偏。开放式站位常用于球靠近右边线时。

　　闭锁式站位是指在平行式站位基础上，球员右脚稍向后退。采用此站法所击出的球往往会向右偏。闭锁式站位常用于球靠近左边线时。

　　3. 置球

　　置球是指在准备击球时，球与两脚的位置与距离。一般来说，球的位置应该在两脚之间偏左，离左脚尖 20～30 厘米。根据挥杆幅度、击球距离和推杆击球等，可以在此距离上适当调整球位。

　　挥杆击球时，球离球门越远，球的位置越靠近左脚尖。

　　推杆击球时，球离球门越近，球的位置越靠近右脚跟。

　　4. 瞄准

　　为了使球达到预期的方向和路线，需要瞄准技术。瞄准包含击球前瞄准和击球时瞄准。

　　击球前瞄准：杆头瓶底置于球体后方 2 厘米左右，从球体正后方观察，用杆头瓶底对准球的后中部，使球门、球和杆头三者一线，杆头瓶底的指向就是击球的方向。

　　击球时瞄准：站立握杆时，杆面、视线、肩关节、臀部、膝关节与双脚都必须平行对准目标或球门，即与球行进路线平行。

　　5. 挥杆动作

　　身体转动和双臂摆动构成整套挥杆动作。挥杆动作是身体左右转动，带动双臂和球杆划出圆弧的过程，与高尔夫球开球打法原理相似。挥杆动作大致可分为上杆、下杆、送杆、收杆 4 个部分，下面分别进行介绍。

　　（1）上杆。杆头从瞄球的位置开始，通过左肩右转，手臂、手和球杆同时移动，带动球杆头沿着目标线向球后方移动。当杆身运动至与目标线和地面平行时，从身体右侧看，靠双肩的转动发力。挥杆达到杆身与地面垂直时，左手臂与地面平行，双手、手臂和球杆处于身体的前方，左手臂和杆身间呈"L"形，肩转动约 60°，右手腕弯曲。

　　挥杆达到顶点时，杆身近似与地面平行，头部相对躯干保持不变，眼睛注视球，肩以颈椎为中心向右转动 90°，同时髋部转动 45°，左手臂保持伸直，右手臂维持内弯，右上臂与右前臂成直角，右手腕达到最大弯曲。身体重心转移至右脚内侧，右膝稍内扣，左肩转至下颌时，上杆动作完成。

（2）下杆。在到达挥杆顶点时，球杆和身体没有停顿，只是在改变球杆方向时，挥杆的速度减慢，上杆的完成就是下杆的开始，此时头保持不变，髋、肩的回转，身体的重心逐渐移到左脚上，顺势下拉球杆。即将触球时，手臂继续随身体的回转向下挥杆，右臂保持贴近身体，手腕保持上翘。到下杆底部时，双肩和双臂保持三角形，借着身体转动产生的惯性，带动杆头与双手顺势下挥的力量，将球击出。左臂和球杆几乎成直线，髋部继续向左转动，身体重心落在左脚尖上，右腿起支撑和平衡的作用。

（3）送杆。杆头击到球后，身体持续向左转，重心也随着左移，双手继续往前送，右手臂翻转，在左手臂上面，杆头指向目标，右脚跟离地，右肩稍微下沉，头部保持不变。

（4）收杆。重心完全转移，落在左脚跟外侧，头部和上体转向目标，背部挺直，右脚跟抬起，右大腿靠近左大腿，双手与球杆至左肩上方，形成自然、放松的收杆动作。

根据上杆幅度，挥杆动作一般分为大幅度挥杆、中幅度挥杆和小幅度挥杆三种类型。

（1）大幅度挥杆。大幅度挥杆动作是以身体自然流畅的扭转将球杆带到高处，然后利用身体回转带动双臂和球杆所产生的惯性将球击出去。要点跟上面挥杆动作分析原理相同，一般在中、长距离球道开球时使用。

（2）中幅度挥杆。挥杆动作幅度中等，从起杆开始到上杆中途，杆身与地面平行或略超过地面（即挥杆动作达到二分之一的幅度），左手臂打直，右手臂随着挥动幅度的加大而逐渐弯曲。击球滚动的距离为 30~50 米。一般在中距离球道、短距离球道开球和长距离球道击打第二杆时使用。

（3）小幅度挥杆。挥杆幅度较小，从起杆开始到上杆动作，左、右手臂相对都比较直，手臂、球杆和躯干形成的夹角小于 90°，一般在弯道的拐弯处或门前球调整至有效过门区域时使用。

（二）推杆技术

在现代木球运动中，球员必须在规定的 12 或 24 道不断运用推杆技术使球靠近球门或直接推杆攻门。推杆技术对结束每道球、每场球起着决定性作用。推杆技术由握杆、站姿、置球、瞄准和推杆动作组成。根据站位、握杆和技术原理，推杆技术可分为侧面推杆技术与正面推杆技术。

1. 侧面推杆技术

侧面推杆技术跟挥杆技术有着相似的技术特点，有利于动作的迁移，常常被采用。

站姿：两脚自然站立略小于肩宽，上体稍微前倾，双膝稍微弯曲。

置球：球位于左脚脚跟的延长线上，距离脚尖 15~20 厘米。

瞄准：击球前，从球的正后方观察，用球杆球瓶的瓶底部位对准球的后中部，使球杆的球瓶、球体和球门的球杯三个实体点成一直线；击球时，杆面、视线、肩关节、臀部、膝关节与双脚平行对准目标或球门，即与球行进路线平行。

握杆：由于球杆摆动的幅度较小，只做钟摆动作，可采用挥杆时使用的十指式或采用手腕稳定性较高的握杆方式即左手的食指压住右手的后三指。

推杆动作：以肩关节为支点，以双臂和球杆为摆臂，做预摆，回摆击球与送杆连贯钟摆动作产生的力量将球击打出去。

2. 正面推杆技术

在有效过门区域，当攻门角度很偏时适当采用正面推杆技术攻门成功率较高，但该技术与其他技术区别较大，不利于动作的迁移，不提倡使用。

站姿：面向球门，双脚前后站立略大于肩宽，双膝弯曲。

置球：球体位于前脚脚掌的外侧，距离前脚脚掌 5 厘米左右。

瞄准：从球的正后方观察，用球杆球瓶的瓶底部位对准球的后中部，使球杆的球瓶、球体和球门的球杯三个实体点成一直线。

握杆：采用双手分开握杆，即一只手握住球杆的握把部位，另一只手握住球杆中部偏下端。

推杆动作：以右手习惯为例。右臂伸直，右手下握杆，左前臂屈 90°，左手握杆处握杆为支点，靠右手臂和球杆为摆臂，做预摆，前摆击球连贯钟摆动作产生的力量将球击打出去。

三、现代木球战术

完成一场现代木球比赛，需要统览所有球道类型和道面状况，根据对手水平和自己的既定目标制定不同的战术策略。每次击球的力度、方向控制及出现失误时的打法，是运动员战术策略关键环节。

每场正规比赛有 2~3 场，每场设置 12 个球道。根据长度，球道可分为短距离球道（50 米以下）、中距离球道（51~80 米）和长距离球道（81~130 米），根据形状，球道可分为直道和弯道。

（一）直道战术

1. 长距离球道的特点与策略

根据现代木球运动规则关于球道的规定，正规比赛的球道至少设计两个长度在 81~130 米的长距离球道，一般为又长又宽的直道，宽度 5 米以上，标准杆为四或五杆。长距离球道通常设有 30 米超越线，球员在发第一杆时，必须超过 30 米超越线，否则将被罚计一杆，如在 30 米超越线以内出界，将被罚计两杆，如在 30 米超越线后出界，一般按出界球处理。

（1）大幅度挥杆直接打法。增加挥杆幅度，加大击球力量，使第一杆球达到 50 米以上。第二杆根据球与球门的距离再次策划战术，100 米以上的球道，连续两次大幅度挥杆，使球尽量靠近球门，第三杆调整至有效攻门区域。球龄较长、技术稳定、心理素质过硬的球员经常使用这种策略。

（2）中幅度挥杆分段打法。采用半挥杆技术，减小击球力量，保障击球准确性，适当增加击球杆数。对于身体条件不够或大幅度挥杆动作技术掌握程度差的球员，采用该战术可以减少失误，因而适合初学者，也适合有 30 米超越线规定的球道使用。

掌握大幅度挥杆，用好长距离直道战术是打好现代木球比赛的前提。

2. 中距离球道的特点与策略

中距离球道一般在 51~80 米，一般设计为直道或弯道，中距离直道宽度 4 米以上，标准杆为三或四杆。

一般采用中幅度挥杆直接打法。如球道较短时，使用中幅度挥杆，第二杆调整至攻门有效区域，第三杆攻门。如球道较长时，使用中幅度挥杆，第二杆击球靠近球门，第三杆调整至攻门有效区域，第四杆攻门。

正规比赛中，中距离球道最多，熟练掌握中幅度挥杆，运用好中距离直道战术，是现代木球比赛取得胜利的重要条件。

3. 短距离球道的特点与策略

正规比赛至少有两个 50 米以下的短距离球道，一般为直道，宽度 3 米以上，标准杆为二或三杆。

一般采用中幅度挥杆直接打法。以球门为目标，根据挥杆击球的距离，降低挥杆幅度，减小击球力量，使球直接进入有效攻门区域。

短距离球道是球员追求一杆过门奖的最佳球道，球员可根据比赛积分状况和比赛目标，决策是否采用一杆过门技术和战术。

（二）弯道战术

根据现代木球运动规则关于球道的规定，12 个球道至少有 4 个弯道，每个弯道都是组合型的，一般分为规则球道和不规则球道两种。

1. 规则球道的特点与策略

规则球道拐角处有明显角度，如"L""V""Z"字形弯道。

"L""V""Z"字形球道击球时，尽量把球击到由两个拐角点连线、球道外线起点经过内拐点的延长线与外线组成的有效区域。

2. 不规则球道的特点与策略

不规则球道的拐点不明显或一条球道有多处拐点。

采用分段打法，把球调至有利于击打第二杆的拐点处。合理控制挥杆幅度，避免击球出界，是该类球道的关键战术。

（三）出界球战术

现代木球运动场跟高尔夫球场的区别在于场地小、球道窄、界线明显，球员在击球时，易受技术、心理、球道等因素影响造成出界。

1. 远距离出界球

提早出界意味着球离球门距离远，调整好站位与方向、稳定心态是战术关键。

左边出界时，采用闭锁式站位，减少挥杆幅度与力量。右边出界时，采用开放式站位，减少挥杆幅度与力量。调整因出界造成的心理压力，放松心情，调整技术要领，避免再次出界。

2. 球门区边线出界球

短距离球道发球或球门前调整时，球在球门区边线出界，以出界球处理后，球不在有效攻门区域。

击球至球门 1 米左右的位置，为下一杆推杆过门做准备。要点是避免直接攻门而造成再次失误。

3. 底线出界球

短距离球道发球、门前调整和攻门时，由于用力过大，造成球在底线出界。

根据出界点与球门的角度不同，采取不同的战略。如果出界点与球门角度较好，可以直接攻门；否则，宜采取先调整再攻门的策略。

（四）坡度战术

1. 斜坡

为了增加比赛难度，使比赛富有挑战性，球道会设置在斜坡上。下面介绍上坡和下坡倾斜地形的击球策略。

面对上坡倾斜地形时，选择上坡球站位，保持脊柱垂直地面，双肩与臀部平行斜坡，重心压在右脚，以球门为目标，加大挥杆幅度与力量，以上身力量为主进行挥杆击球。

面对下坡倾斜地形时，选择下坡球站位，保持脊柱垂直地面，双肩与臀部平行斜坡，重心压在左脚，以球门前 2~5 米为目标，减小挥杆幅度与力量，以双手和手臂力量为主进行挥杆击球。

2. 侧坡

进行现代木球比赛时，除会出现上面介绍的上下斜坡外，还会出现侧坡球。

球位高于脚位时，缩短握杆长度，重心在前脚掌，瞄准时要瞄向目标右侧，以上身力量为主进行挥杆击球。

球位低于脚位时，增加握杆长度，膝关节加大弯曲，站位加宽，重心靠近脚跟，瞄准时要瞄向目标左侧，以双手和手臂力量为主进行挥杆击球。

击打侧坡球时，除了要按上面要求外，还应注意方向与力度的结合。

（五）攻门战术

过门是攻门的目标，调整好球位与球门的角度是攻门战术的重点，运用好攻门战术是现代木球比赛取得胜利的关键。

1. 有效攻门区域

木球球门的前后各有一个有效区域。以球门的酒杯为中心画一条球门垂线，酒杯正前方和正后方各有一个 90° 的扇形区域，此即为有效攻门区域。

在有效攻门区域内，直接做推杆动作，就可达到想要的过门结果。在有效区域攻门，切忌大意、分心，造成多杆，影响下一道的情绪，造成不必要的失误。

现代木球比
赛规则

2. 无效攻门区域

有效攻门区域之外，即为无效攻门区域。

切忌盲目攻门，应该选择好站位与目标方向，把球调整至有效攻门区域。

第七章

传统体育类健身方法

健身养生是亘古不衰的话题，如今在全民健身、体医结合的大背景下，我国民族传统健身养生文化依然焕发着它的无限魅力与生机，受到越来越多人的重视。在我国历史发展的长河中，人们的养生观念也逐步得到提升。从古至今我国就非常重视养生，并对传统养生有科学的理论和实践，我国传统体育养生更是注重身与心的统一，强调良好的身体状态是内外共同作用的结果，在运动过程中，追求身心统一的境界。传统养生、健身类体育项目中的太极拳、武术、气功主张心神宜静，形体宜动，把身体与心理结合起来进行同步修炼，强调人的生命体机能的整体优化，力求达到人与宇宙万物和谐共处。本章将介绍武术、健身气功、跆拳道、散打的相关理论知识与健身基础动作。

第一节 武术

武术作为中华民族创造的一项优秀文化精粹，不仅蕴含着丰富的文化意蕴，又有健身、教育、娱乐等多方面的功能，受到世界各地人们的青睐。如今，我国正不断推进健康中国和体育强国建设，武术具有众多功能，在其中也发挥着重要作用，也承担着重要的历史使命。学习武术对武术的传承、推广与发展以及增强国家软实力，助力实现体育强国具有重要的现实意义和价值。

一、武术的概念

武术在不同的历史阶段中，具有不同的名称和内容。从武术的源起和发展几个具有代表性的阶段来看，"武术"最早出自萧统所创编的诗文"偃闭武术，阐扬文令"。1961 年，《武术》这本本科讲义写道："武术是以拳术、器械套路和有关的锻炼方法所组成的民族形式体育。它具有强筋壮骨、增进健康、锻炼意志等作用，是我国具有悠久历史的一项民族文化遗产。"这一定义概括了武术的许多内容，唯独没有说到武术的"技击"特性。直到1988 年冬季，全国武术专题论文研讨会从逻辑学的角度对武术的概念进行重新界定，将其定义为"以技击动作作为主要内容，以套路和格斗为运动形式，注重内外兼修的中国传统体育项目"，并将这一概念沿用至今。

二、抱拳礼

中国是礼仪之邦，而习练武术最重要的就是礼节，礼节即有礼（理）有节。"未曾学艺先学礼，未曾习武先习德"，这句话表明习武之前先学武德，而抱拳礼是武德最直接的体现。拳礼又称请拳，表示习武者互相尊敬、互相学习、团结和谦让的意思。

（一）动作要领

并立步，身体自然站立，立腰挺胸收腹，左手四指并拢伸直成掌，大拇指屈拢，右手握拳，屈卷紧握，大拇指扣压在食指、中指的第二指节上。双手从体侧向胸前合抱，两小臂微内旋，两臂撑圆，平举于胸前，左手掌心贴于右手拳面，左手指尖与下颌平齐，拳掌与胸相距 20~30 厘米（图 7-1-1）。

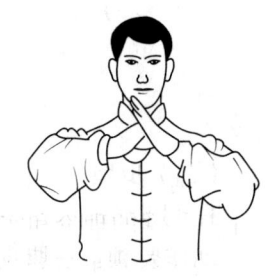

图 7-1-1 抱拳礼示意图

（二）拳礼内涵

右手握拳，寓意尚武；左手掩拳，寓意崇德，以武会友；左掌四指并拢，寓意四海武林团结奋进；屈左大拇指，寓意虚心求教，永不自大；两臂屈圆，寓意天下武林是一家，切磋技艺，互相学习，共同提高。

三、武术基本功

武术基本功以长拳类的基本功练习方法为主，通常将武术基本功分为肩功、腰功、腿功、手型、手法、步型、步法、跳跃、平衡、跌扑滚翻和组合动作进行教学。武术基本功训练主要由冲拳训练、基本步形训练、步法训练、腰部训练、手眼训练、推掌训练、腿部训练、桩功训练等组成。武术基本功是初学者的入门功夫，更是武术教学的基础和关键。通过基本功和基本动作的练习，身体各部位都能得到比较全面的训练，并能较快地发展武术的专项身体素质，为学习拳术和器械套路、提高运动技术水平打下良好的基础。但是，因为武术内容丰富，拳种流派众多，各门各派基本功的练习法也不尽相同。

（一）手型

1. 拳

动作要领：四指并拢伸直，然后向内屈卷紧握，大拇指扣压在食指、中指的第二指节上。拳分拳眼、拳面、拳背、拳心和拳轮五个部位（图 7-1-2a）。

2. 掌

动作要领：四指并拢伸直，大拇指一、二指节屈曲，紧贴于虎口部位。掌分掌心、掌背、掌指、掌根和掌外沿（图 7-1-2b）。

3. 勾

动作要领：五指略屈并拢，大拇指指肚与其他四指指肚捏合在一起（图 7-1-2c）。

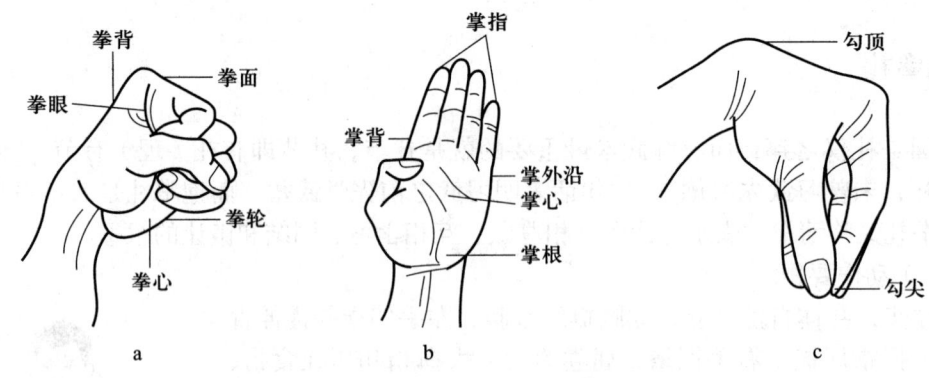

图 7-1-2　拳、掌、勾示意图

（二）步型

1. 弓步

动作要领：一脚向前方迈出一大步，约为脚长的 4~5 倍，同时膝关节弯曲，大腿与地面保持近于水平，膝关节与脚尖垂直，另一腿挺膝伸直。两脚全脚掌着地，上体正对前方。左腿在前为左弓步，右腿在前为右弓步（图 7-1-3）。

2. 马步

动作要领：两腿平行开立，两脚间距离三个脚掌的长度，然后下蹲，脚尖平行向前，内扣。两膝向外撑，膝关节不能超过脚尖，腰板挺直，大腿与地面平行（图 7-1-4）。

图 7-1-3　弓步

图 7-1-4　马步

3. 仆步

动作要领：两腿左右分开，两脚距离为脚长的 4~5 倍，一腿屈膝全蹲，全脚掌着地，膝部与脚尖外展；另一腿伸直平仆，接近地面。两脚全脚掌着地。左腿伸直为左仆步，右腿伸直为右仆步（图 7-1-5）。

4. 虚步

动作要领：两脚跟并拢，脚尖外展呈"八"字，然后一只脚向前迈出，两腿弯曲，降重心，挺胸，膝关节不过脚尖。虚步要求前腿虚、后腿实，虚实分明。要把身体的主要力量放在支撑腿上，虚步腿占三分力量（图 7-1-6）。

5. 歇步

动作要领：两腿交叉下蹲，前脚尖外撇 45°，全脚掌着地；后脚足跟提起，前脚掌着地，臀部下坐于小腿上，身体挺起，目视侧前方（图 7-1-7）。

图 7-1-5 仆步

图 7-1-6 虚步

图 7-1-7 歇步

（三）韧带拉伸

1. 正压腿

动作要领：两腿伸直，左脚跟放在运动器械上，脚尖勾起，上体立腰挺胸向前下方振压。在压腿的过程中，循序渐进，不可急于求成（图 7-1-8）。

2. 侧压腿

动作要领：右腿支撑站立，左腿从体侧放置到合适高度的器械上勾起脚尖，两腿伸直，腰部挺立，上体向一侧下方振压，上体完全侧倒。两腿交替进行（图 7-1-9）。

3. 仆步压腿

动作要领：仆步平仆腿脚尖里扣，膝关节外展，全蹲腿脚尖外展，跨步展开；臀部向下压动，臀部以贴近地面为目标拉伸（图 7-1-10）。

图 7-1-8 正压腿

4. 压肩

动作要领：两腿分腿支撑站立，双手上举，与肩同宽，身体向前屈约90°，扶住运动器械或墙壁，进行肩部拉伸练习（图 7-1-11）。

图 7-1-9 侧压腿

图 7-1-10 仆步压腿

图 7-1-11 压肩

（四）直摆性腿法

1. 正踢腿

动作要领：身体直立，两脚并立，两臂侧平举，两手成掌型，向肩部两侧直臂展开；左脚上半步，左腿支撑，右脚脚尖勾起，右腿向前额猛踢；目视前方。左右行进间交替进行（图 7-1-12）。

2. 里合腿

动作要领：与正踢腿起始动作一样，两脚并步站立；两肘伸直，两掌分别向两侧推掌，两臂与肩同高，右掌心向右侧，左掌心向左侧，两掌指尖向上；目视前方；左脚向前上一步，左脚尖向前，重心前移，重心落于左腿；右脚脚尖勾起，右腿向右侧上方踢起，经面前向左侧上方摆动，直腿落在左腿旁。左右腿行进间交替进行（图7-1-13）。

图 7-1-12 正踢腿　　　　图 7-1-13 里合腿

3. 外摆腿

动作要领：与正踢腿起始动作一样，首先身体直立，两脚并立，左脚向右前方上半步，右脚尖勾紧，右腿向左侧上方踢起，经面前向右侧上方摆动，直腿落在左腿旁；目视前方。左右腿行进间交替进行（图7-1-14）。

4. 侧踢腿

动作要领：与正踢腿起始动作一样，首先身体直立，两脚并立，左脚向右脚的右侧方上步，左脚尖外展，左脚尖向左侧；重心前移落于左腿；右肘弯曲，右掌向后收于左肩前，指尖向上，掌心向后，左肘微屈，左掌向上摆至头上，指尖向前，掌心向上；目视前方；右脚脚尖勾起，右腿向右侧前方踢起。左右腿行进间交替进行（图7-1-15）。

图 7-1-14 外摆腿　　　　图 7-1-15 侧踢腿

（五）屈伸性腿法

1. 弹腿

动作要领：两脚并立；右腿屈曲提起，脚面绷直，与腰同高；提膝接近水平时，要迅速猛力挺膝，向前弹踢，力达脚尖。大腿与小腿成一直线，高与腰平（图 7-1-16）。

2. 蹬腿

动作要领：两脚并立；右腿屈曲提起，勾脚尖，与腰同高；提膝接近水平时，迅速猛力向前平蹬，力达脚跟。大腿与小腿成一直线（图 7-1-17）。

3. 侧踹腿

动作要领：预备势成交叉步，右腿伸直支撑；左腿由屈到伸，脚尖里扣，用脚掌猛力踹出；上体倾斜，目视左侧方（图 7-1-18）。

图 7-1-16　弹腿　　　　　图 7-1-17　蹬腿　　　　　图 7-1-18　侧踹腿

（六）击响性腿法

1. 单拍脚

动作要领：支撑腿伸直，另一腿脚面绷平向上踢摆，同侧手在额前迎拍脚面。击拍要准确响亮（图 7-1-19）。

2. 里合腿击响

动作要领：左腿支撑时，左膝要伸直；里合腿击响时，右脚尖要勾起，脚掌内收，面向躯体方向；用左手去迎击右脚掌。要在腿踢至头上方时完成击响，里合腿时，要快起右腿，收髋，轻落右腿（图 7-1-20）。

3. 外摆击响

动作要领：同里合腿击响，但腿由里向外摆，可用两掌在面前依次迎击脚面（图 7-1-21）。

图 7-1-19　单拍脚　　　　图 7-1-20　里合腿击响　　　图 7-1-21　外摆击响

（七）扫转性腿法

1. 前扫腿

动作要领：上身正直，支撑腿屈膝全蹲作轴；扫转腿伸直，脚尖内扣，脚掌擦地，迅速扫转一周以上（图7-1-22）。

2. 后扫腿

动作要领：上身前俯，两手推地，支撑腿全蹲作轴；扫转腿伸直，脚尖内扣，脚掌擦地，迅速后扫一周（图7-1-23）。

图7-1-22　前扫腿

图7-1-23　后扫腿

（八）手法

1. 冲拳

动作要领：两脚开立与肩同宽，两手握拳抱至腰间，拳从腰间旋臂向前快速击出，力达拳面，一手出拳，另一只手置于腰旁，两手交替（图7-1-24）。

2. 推掌

动作要领：掌由腰间旋臂向前立掌推击，速度要快，臂要直，力达掌外沿（图7-1-25）。

3. 亮掌

动作要领：臂微屈，抖腕翻掌，举于体侧或头上（图7-1-26）。

图7-1-24　冲拳　　　　　图7-1-25　推掌　　　　　图7-1-26　亮掌

四、五步拳

五步拳是中国传统武术中的一种基础拳法，属于查拳派的入门套路，也是学习国标武术入门的基本拳术组合套路，是青少年学习武术的初级必学套路。它包含武术中最基本的弓、马、仆、虚、歇五种步型和拳、掌、勾三种手型，以及上步、退步步法和搂手、冲拳、按掌、穿掌、挑掌、架打、盖打等手法。通过五步拳的练习可以增进身体的协调能力，掌握动作与动作之间的衔接要领，提高动作质量，为进一步学习武术打下基础。

（一）并步抱拳

身体直立，两脚并拢，双手握拳抱于腰间，拳面与小腹在同一个平面，双肘后顶，向左摆头，目视左前方（图7-1-27）。

（二）左弓步搂手冲拳

左脚向左横跨一大步成马步，同时左拳变掌向左搂出，掌指朝上，虎口撑开，目视左方。左掌变拳收回腰间，拳心朝上。马步向左拧腰转髋成左弓步，右拳同时内旋击出，拳心向下，力达拳面，目视前方（图7-1-28）。

图7-1-27　并步抱拳　　　　图7-1-28　左弓步搂手冲拳

（三）弹腿冲拳

右拳外旋收回腰间，拳心向上。左拳拧旋击出，同时右脚向前弹出，脚面绷平，力达脚尖。左拳拳心向下，上身直立，目视前方（图7-1-29）。

（四）马步架打

右脚前落成马步，左拳变掌向上撩架，右拳向前击出成平拳，目视右方（图7-1-30）。

（五）叉步盖掌

左腿移动到右腿的左后方，成交叉步，身体直立，挺胸收腹。左手变拳收回腰间，右手变掌，由身体侧方收到耳朵旁，再向前盖至身体左前方，手臂与肩部同高，呈椭圆形（图7-1-31）。

图7-1-29　弹腿冲拳　　　　图7-1-30　马步架打　　　　图7-1-31　叉步盖掌

（六）歇步冲拳

向左转身，左脚后撤至右脚后方，左掌变拳收回腰间，右拳变掌从上向左下横盖，目视前方。下蹲成右歇步，右掌变拳收回腰间，左拳平拳击出，目视前方（图7-1-32）。

（七）提膝穿掌

左拳变掌下横盖，起身右腿直立，左脚提膝，同时右拳变掌从腰间向右上方穿出，目视右掌（图7-1-33）。

图7-1-32　歇步冲拳　　　　　　　图7-1-33　提膝穿掌

（八）仆步亮掌

左脚向左落步成左仆步，左掌向左下方穿出，目视左方（图7-1-34）。

（九）虚步挑掌

右脚向前上步成右虚步，左掌顺势向上向后成下勾手。右掌向前向上挑出，掌指向上，右肘微屈，目视前方（图7-1-35）。

（十）并步抱拳收势

左脚向右脚并拢，双手变拳收回腰间。向左摆头，目视左前方，还原成预备姿势（图7-1-36）。

图7-1-34　仆步亮掌　　　　图7-1-35　虚步挑掌　　　　图7-1-36　并步抱拳收势

五、二十四式简化太极拳

二十四式简化太极拳也称简化太极拳，是1956年由国家体委（现为国家体育总局）组织太极拳专家汲取杨氏太极拳之精华编串而成的。尽管简化太极拳只有24式动作，但相比传统的太极拳套路来讲，其内容更显精练，动作更显规范，并且也能充分体现太极拳的运动特点。太极八法五步是国家体育总局为了更好地推广太极拳，在现有各流派太极拳的基础上，从最为核心的八法五步技术入手，即掤、捋、挤、按、采、挒、肘、靠八种手法，以及进、退、顾、盼、定五种步法，进行系统的提炼和整理而成的。它动作结构简单，内涵丰富，易学易练，是较为理想的太极拳入门套路。

（一）起势

两脚并拢，身体自然直立，双臂自然垂直置于身体两侧，左脚向左柔和缓慢开步，比肩稍宽；两臂向身体前侧平举，与肩同高同宽，两手心向下，屈膝下蹲按掌，两掌下按至腹前（图7-1-37）。

（二）左右野马分鬃

（1）接上式，收左脚，两手心相对成抱球状，身体重心移至右腿上，同时右手臂收于胸前平屈，左手臂收于腹前平屈，左脚向右脚内侧收成丁字步；身体左转出，左脚向左前方迈步成左弓步，同时左手经体前向左上分出，掌心斜向上，右手向下按于右髋旁，成左弓步分手。

（2）身体向后坐撇脚，身体重心由左腿移至右腿，左脚尖翘起，左脚尖翘起外展45°，跟右腿，两手心相对成抱球状，重心移至左腿，右转出步，成右弓步分手。

（3）身体向后坐撇脚，上体微右转，跟左腿，两手心相对成抱球状，身体左转出步，左手经体前向左上方划弧分出，成左弓步分手（图7-1-38）。

图7-1-37 起势　　　图7-1-38 左右野马分鬃

（三）白鹤亮翅

（1）接上式，右腿由弓步向前跟半步，手臂在胸前抱球，身体后坐，身体随右手微向右转，再向左转，面向右前方，眼视右手；右手向上划弧，上手心转向上。身体重心移至右腿，右腿屈曲，左脚向前稍移动，脚尖点地，成左虚步。

（2）同时上体再微向左转，目视向前方，两手随转体缓慢由左下向右上分开，右手上提停于右额前，手心向左后方，左手落于左髋前，手心向下，指尖向前，眼平视前方（图7-1-39）。

（四）左右搂膝拗步

（1）接上式，右手体前下落，向后上方举至右肩外侧，左臂由身体左侧收在腹前平屈，再从左下方向右上方划弧至右胸前，掌心

图7-1-39 白鹤亮翅

向下，左脚收至右脚内侧，脚尖点地，目视右手。身体向左转，左脚向前迈出，同时右手屈回由耳侧向前推出，左手向下由左膝前搂过落于左髋旁，成左弓步搂手。

（2）右腿屈膝，重心移至右腿，左脚尖翘起微向外撇，身体左转，重心移至左腿，右脚收到左脚内侧，脚尖点地，左手划弧至左肩外侧，右手向左下划弧落于左脚前，成右弓步搂手。

图7-1-40 左右搂膝拗步

（3）左腿慢慢屈膝，身体后坐，重心移至左腿，右脚尖翘起微向外摆，身体右转，重心移至右腿，左脚收到右脚内侧，脚尖点地；同时右手向外翻掌由右后向上划弧至右肩外侧，肘微屈，手与耳同高，手心斜向上；左手随转体向上、向左下划弧落于左脚前，手心斜向下眼视右手，成左弓步搂手（图7-1-40）。

（五）手挥琵琶

接上式，右脚向前进半步，身体重心在左腿，身体后坐，重心移动右腿上，身体顺势右转，左脚稍微前移，呈左虚步，随后左脚跟着地，脚尖勾起，右腿膝关节微屈，左手由左下向上挑掌，掌指与鼻齐平，掌心向右，手臂略屈，右手收回放在左臂肘部里侧，掌心向左，两手成侧立掌合于身体前面（图7-1-41）。

（六）左右倒卷肱

（1）接上式，身体先右转，右手翻掌经腹前由下向后上方划弧平举，臂微屈，左手随即翻掌向上，目光随着向右转体先右视再左视，右臂屈肘折向前，右手经耳侧向前推出，手心向前，左腿轻轻提起向后（偏左）退一步，身体重心移到左腿上，成右虚步。

（2）右脚随转体以脚掌为轴扭正，眼视右手，上体微向左转，同时左手随转体向后上方划弧平举，手心向上，右手随即翻掌，掌心向上，眼随转体先左视再转向前方视右手，成右倒卷肱；右倒卷肱姿势，身体先右转，左手向前贴耳侧推出，腿后撤一步，重心由左腿变向右腿，变成左虚步，成左倒卷肱。

（3）同上左右倒卷肱动作环节一样，再进行一次右倒卷肱和左倒卷肱，完成左右倒卷肱动作（图7-1-42）。

图7-1-41 手挥琵琶　　　图7-1-42 左右倒卷肱

（七）左揽雀尾

（1）接上式，收左脚，重心移至右腿，两手心相对成抱球状，左脚收于右脚内侧成丁字步；身体微向左转，左脚向左前方上步，左臂向左前方掤出，右手向右下落放于右髋旁，成左弓步分手。

（2）左手向左侧上引，右手翻掌向上，身体后坐右转，双臂下捋，两手经腹前向右后上方划弧，直至右手心向上，高与肩平，身体转正，右手往前，左手往前上方，右手搭于左手，弓步前挤；后坐分手屈肘收掌，弓步按掌（图7-1-43）。

（八）右揽雀尾

（1）接上式，收右脚，重心移至左腿，两手心相对成抱球状，右脚收于左脚内侧成丁字步；身体右转，右脚向右前方上步，右臂向右前方掤出，左手向左下落放于左髋旁，成右弓步分手。

（2）右手向右侧上引，左手翻掌向上，身体后坐左转，双臂下捋，两手经腹前向左后上方划弧，直至左手心向上，高与肩平，身体转正，左手往前，右手往前上方，左手搭于右手，弓步前挤；后坐分手屈肘收掌，弓步按掌（图7-1-44）。

（九）单鞭

接上式，重心移至左脚，身体左转，右脚扣转，同时右手从上往下落于右腹前，再向右上方划弧，手经过胸前时掌心向里，转到侧面时，掌心向外，左手向下经腹前向右上划弧停于右肩前，收左脚，重心移至右腿，右手由掌变为勾手，前手与肩平，右手略高于肩，上体微向左转，左脚向左前方迈出，右脚跟后蹬，成左弓步；身体重心移向左腿的同时，左掌随上体的继续左转慢慢翻转向前推出，手心向前，手指与眼齐平，向前弓步推掌（图7-1-45）。

图7-1-43 左揽雀尾　　　图7-1-44 右揽雀尾　　　图7-1-45 单鞭

（十）云手

（1）接上式，收右脚，重心移至左腿，右手经左下方向右上划弧，手经过胸前时掌心向里，转到侧面时，掌心向外，左手经右下方向左上划弧。

（2）继续左腿向左开步，收右脚，重心移至左腿，右手再经左下方向右上划弧，手经过胸前时掌心向里，转到侧面时，掌心向外，左手再经右下方向左上划弧（图7-1-46）。

（十一）单鞭

接上式，重心落在右腿上，左脚尖点地；右手变为勾手，前手与肩平，右手略高于肩，上体微向左转，左脚向左前方迈出，右脚跟后蹬，成左弓步推掌（图7-1-47）。

（十二）高探马

接上式，右脚向前跟半步，身体重心移至右腿上，右手变掌，身体后坐，两手心翻转向上，右掌经右身旁向前推出，左手收至左侧腰前，手心向上；同时左脚微向前移，脚尖点地，成左虚步推掌（图7-1-48）。

图 7-1-46　云手　　　　　　图 7-1-47　单鞭　　　　　　图 7-1-48　高探马

（十三）右蹬脚

接上式，收左脚，两手收于胸前相互交叉（蹬右脚右手在外），左脚提起向左前方进步；身体重心前移，右脚向左脚靠拢，脚尖点地，右腿提膝，右脚向右前方慢慢蹬出，同时双手微向上掤，经面前向两侧平撑分开，腕与肩平，掌心向外，成分手蹬脚（图 7-1-49）。

（十四）双峰贯耳

接上式，右腿屈膝收回，左手由后向上、向前下落至体前，两手向下划弧，分落于右膝盖两侧；右脚向右前方落下，重心前移，两手下落变拳，两拳相对，高与耳齐，拳眼斜向内下，成右弓步贯拳（图 7-1-50）。

（十五）转身左蹬脚

（1）接上式，身体后坐，身体重心移至左腿，上体左转，右脚尖里扣，同时两拳变掌，由上向左右划弧分开平举，重心再移至右腿，左脚收到右脚内侧，脚尖点地。

（2）两手由外圈向里圈划弧合抱于胸前，两手臂左右划弧分手平举，掌心向外，同时左腿屈膝提起，左脚向左前方慢慢蹬出（图 7-1-51）。

图 7-1-49　右蹬脚　　　　　图 7-1-50　双峰贯耳　　　　图 7-1-51　转身左蹬脚

（十六）左下势独立

接上式，左腿屈膝收回，右手变成勾手，左手由上向右下落，右腿屈膝下蹲，成左仆步，转身，左手下落左腿内侧向前穿出，身体重心前移，左脚跟为轴，左腿前弓，右腿后蹬，右脚尖内扣，右勾手下落，勾尖向后，右腿慢慢提起平屈，成左独立式，同时右勾手变掌，屈臂立于右腿上方，左手落于左髋旁，提膝挑掌（图 7-1-52）。

（十七）右下势独立

接上式，右脚落于左脚旁，左脚前掌为轴脚跟转动，身体随之左转，同时左手向后平举变成勾手，左腿屈膝下蹲，成右仆步；右手下落右腿内侧向前穿出，身体重心前移，右脚跟为轴，右腿前弓，左腿后蹬，左脚尖里扣，左勾手下落，勾尖向后，左腿提起平屈，成右独立式，同时左勾手变掌，屈臂立于左腿上方，右手落于右髋旁，提膝挑掌（图7-1-53）。

（十八）左右穿梭

接上式，身体左转，左脚落于右脚旁，两手在胸前成抱球状，身体右转，右脚向右前方迈出，向前出步，成右弓步架推（图7-1-54）；身体往后坐，身体重心移到右腿，两手在胸前成抱球状，左转出步，成左弓步架推。

图7-1-52　左下势独立　　　　图7-1-53　右下势独立　　　　图7-1-54　左右穿梭

（十九）海底针

接上式，右腿跟进落手，身体重心移至右腿，左脚稍向前移步，右手下落经体前向后，左脚尖点地成左虚点，同时身体稍向右转，右手再随身体左转，由右耳旁斜向前下方插出，左手向前、向下划弧落于左髋旁，成虚步插掌（图7-1-55）。

（二十）闪通臂

接上式，左脚回收，两手向上举，左脚向左前迈出，重心前移，左腿屈膝成左弓步，同时右手屈臂上举，左手由胸前随重心前移慢慢向前推出，出步翻掌，成左弓步架推（图7-1-56）。

图7-1-55　海底针　　　　　图7-1-56　闪通臂

（二十一）转身搬拦捶

接上式，身体后坐，重心移至右腿，左脚内扣，收右腿，右手变拳，右拳经胸前向前翻转搬出；跟步旋臂，左手落于左髋旁，身体重心移至右腿上，左腿向前迈出一步，左手上起经左侧向前上划弧拦出，掌心向前下方；同时右拳向右划弧收到右腰旁，掌心向上，眼视左手；左腿前弓成左弓步，同时右拳向前打出，拳眼向上，高与胸平，左手附于右前臂里侧，出步裹拳拦掌，成左弓步打拳（图7-1-57）。

（二十二）如封似闭

接上式，两手穿臂翻掌，身体后坐收掌，左脚尖翘起，身体重心移至右腿，两手在胸前翻掌，向下经腹前再向上、向前推出；腕部与肩平，手心向前，左腿前弓成左弓步，成左弓步推掌（图7-1-58）。

图7-1-57　转身搬拦捶　　　　　　　　图7-1-58　如封似闭

（二十三）十字手

接上式，身体后坐，重心移至右腿，左脚内扣，两臂侧举，右脚随着体转稍向外摆，成右侧弓步；重心移至左腿，右脚尖里扣，随即向左收回，两脚与肩同宽，两手向下经腹前向上划弧交叉合抱于胸前，两臂撑圆，腕高与肩平，右手在外，成十字手（图7-1-59）。

（二十四）收势

接上式，收左脚，双手合抱于胸前，两手向外翻掌，手心向下，旋臂分手，两臂慢慢下落，两腿随手臂动作缓慢蹬直，两掌下落至大腿侧，然后成并步直立，成收势（图7-1-60）。

图7-1-59　十字手　　　　　　　　图7-1-60　收势

六、武术竞赛规则

（一）竞赛分类

竞赛按参与人数可分为：个人赛、团体赛、个人及团体赛。

按年龄可分为：成年赛、青少年赛、儿童赛。

按拳种内容可分为：各单练拳术和器械的个人项目比赛、对练项目比赛、集体项目比赛、综合项目比赛。

（二）竞赛项目和集体表演项目

1. 竞赛项目

（1）流传有序的各武术拳种流派的传统套路，包括单练的拳术、器械，对练和集体项目。

（2）在群众中广泛流传的其他武术套路，包括各种规定套路的拳术、器械和功法项目。

2. 集体表演项目

以武术动作为主要内容，并具有一定艺术性的集体武术综艺表演项目。

（三）竞赛年龄分组

儿童组（A组）：12周岁以下。

少年组（B组）：12周岁至17周岁。

青年组（C组）：18周岁至39周岁。

中年组（D组）：40周岁至59周岁。

老年组（E组）：60周岁和60周岁以上。

（四）竞赛顺序的确定

在竞赛监督委员会和总裁判长的监督下，由编排记录组运用计算机程序进行分组排序，确定项目竞赛顺序和运动员上场顺序。

（五）检录

运动员须在赛前30分钟到达指定地点报到，参加第一次检录，并检查服装和器械。赛前20分钟进行第二次检录，第三次检录时间为赛前10分钟。

（六）礼仪

运动员听到上场点名时、完成比赛套路后和裁判长宣布最后得分时，应向裁判长行抱拳礼。

（七）计时

运动员由静止姿势开始肢体动作时，计时开始；运动员结束全套动作后并步站立，计时结束。

（八）示分

运动员的比赛结果，公开示分。

（九）弃权

不能按时参加检录与比赛者，按弃权论处。

（十）名次和等级奖项的评定

1. 名次评定

（1）个人项目、对练项目和集体项目名次。

按比赛的成绩高低排列名次。得分最高者为该单项的第一名，次高者为第二名，其他依次类推。

（2）个人全能名次。

根据规程规定，按各单项得分总和进行评定，得分最高者为全能第一名，次高者为第二名，其他依次类推。

（3）团体名次。

根据竞赛规程关于团体名次的确定办法进行评定。

2. 得分相等的处理

（1）个人项目、对练项目和集体项目得分相等的处理。

① 两个无效分的平均值接近有效分的平均值者列前。

② 两个无效分数的平均值高者列前。

③ 两个无效分数中，低无效分数高者列前。

④ 如仍相等，名次并列。

（2）个人全能得分相等时，以比赛中获单项第一名多者列前；如仍相等，则以获得第二名多者列前，依次类推；如获得所有名次均相等，则名次并列。

（3）团体总分相等时，以全队获得单项第一名多者列前；如仍相等，则以获得第二名多者列前，依次类推；如获得单项名次均相等，则名次并列。

3. 等级奖项的评定

个人项目、对练项目、集体项目分别设一、二、三等奖。确定获奖等级的方法是按各项最后得分排序，各奖项的比例由竞赛规程规定。

（十一）集体表演项目的评定

（1）集体表演项目奖项设一、二、三等奖。确定获奖等级的方法是按得分排序，各奖项的比例由竞赛规程规定。

（2）集体表演项目也可设置其他特别奖项。集体表演项目设置的特别奖项由竞赛规程规定。

（十二）套路完成时间的规定

（1）个人项目和对练项目。完成套路时间为50秒至2分钟（太极拳、太极剑和功法项目除外），运动员演练至1分30秒时，由裁判长鸣哨提示。

（2）太极拳、太极剑项目。① 太极拳项目。完成套路时间为4~6分钟，运动员演练至4分钟时，由裁判长鸣哨提示。② 太极剑项目。完成套路时间为3~4分钟，运动员演练至3分钟时，由裁判长鸣哨提示。

（3）功法项目。完成套路时间为2~4分钟，运动员演练至2分30秒时，由裁判长鸣哨提示。

（4）集体项目。完成套路时间不得超过4分钟。

（5）集体表演项目。完成套路时间不得超过6分钟。

（6）运动员比赛时完成套路的时间以裁判组的秒表所计的时间为依据。运动员比赛时裁判组用2块秒表计时。当运动员完成套路的时间不符合有关规定，同时裁判组的2块秒表所计时间又不相同时，以较接近规定时间的1块秒表所计时间为准。

（7）根据竞赛性质和竞赛内容，可在规程中对完成套路时间做出相应的规定。

（十三）集体项目人数的规定

集体项目不少于6人，集体表演项目人数不限或按照竞赛规程规定。

（十四）配乐

（1）配乐项目按规程规定执行。

（2）凡配乐项目必须使用纯音乐，音乐主题与套路主题相和谐。

（3）动作开始的前奏曲和动作结束后的音乐尾声，须控制在 15 秒以内；音乐须使用光盘、MP3 播放器等录制，比赛音乐须独立录制和备份。

（4）各代表队须在配乐项目比赛前第一次检录时，将本队音乐光盘、MP3 播放器等进行检录，交至放音员处，并配合放音员完成本队比赛音乐播放。

（十五）未完成套路规定

运动员未完成比赛套路不予评分。

（十六）重做

运动员因主客观原因造成比赛套路中断，可以申请重做一次。重做项目可安排在该类项目最后，若出现最后一名选手重做，则允许休息 5 分钟后上场。

（十七）服装

（1）裁判员应穿统一的武术裁判服装。

（2）运动员可穿具有运动特色、项目特色、民族特色、时代特色的适合于武术运动的比赛服装和武术鞋。

（3）规程可以根据竞赛性质、内容统一规定运动员的比赛服装。

（十八）竞赛场地

（1）个人项目和对练项目的竞赛场地为长 14 米、宽 8 米，场地四周内沿应标明 5 厘米宽的白色边线，场地的长和宽均由边线的外沿开始计算。场地周围至少有 2 米宽的安全区域。

（2）集体项目的竞赛场地为长 16 米、宽 14 米，场地四周内沿应标明 5 厘米宽的白色边线，场地的长和宽均由边线的外沿开始计算。场地周围至少有 1 米宽的安全区域。

（3）竞赛场地的地面空间高度不少于 8 米；两个场地之间的距离在 4 米以上；场地灯光垂直照度和水平照度应在规定范围之内。

（4）竞赛场地应有明显场地编号标志；场地周围应设置仲裁录像和电子示分屏的位置；场地一侧设置裁判席。所有设置均应保持与场地边线 2 米以上距离。

（5）裁判席右侧后方运动员临场处，应设置 2~4 名运动员临场席。

（十九）竞赛器械

可以使用任何武术器械或竞赛规程规定的器械。

（二十）竞赛项目评分方法与标准

1. 评分方法

（1）各竞赛项目的满分为 10 分。

（2）裁判员评分。

裁判员根据运动员现场技术演练发挥的水平，与"等级评分总体要求"的相符程度，按照评分的等级标准，并与其他运动员进行比较，确定运动员的等级分。在此基础上，减去"其他错误"的扣分即为运动员的得分。裁判员评分可到小数点后 2 位数，尾数为 0~9。

（3）应得分的确定。

3 名裁判员评分时，取 3 名裁判员评出的运动员得分的平均值为运动员的应得分；

4 名裁判员评分时，取中间 2 名裁判员评出的运动员得分的平均值为运动员的应得分；5 名裁判员评分时，取中间 3 名裁判员评出的运动员得分的平均值为运动员的应得分。应得分可取到小数点后 2 位数。

（4）裁判长对评分的调整。

当评分中出现明显不合理现象时，在示出运动员最后得分之前，裁判长可调整运动员的应得分。裁判长调整分数范围为 0.01~0.05 分。如需调整更大幅度方可纠正明显不合理现象时，裁判长须经总裁判长同意，调整分数范围扩大为 0.05~0.1 分。

（5）最后得分的确定。

裁判长从运动员的应得分中减去"裁判长的扣分"，或加上"裁判长的调整分"，即为运动员的最后得分。

2. 评分标准

（1）等级分的评分标准为技术演练综合评定评分标准。

（2）裁判员执行的其他错误内容及扣分标准。

① 遗忘：扣 0.1 分。

② 出界：扣 0.1 分。

③ 失去平衡：晃动、移动、跳动扣 0.1 分。

④ 器械、服装影响动作：扣 0.1 分。

⑤ 器械变形：扣 0.1 分。

⑥ 附加支撑：扣 0.2 分。

⑦ 器械折断：扣 0.3 分。

⑧ 器械掉地：扣 0.3 分。

⑨ 倒地：扣 0.3 分。

⑩ 对练项目：击打动作落空，扣 0.1 分；误中对方，扣 0.2 分；误伤对方，扣 0.3 分。

（3）裁判长执行的其他错误内容及扣分标准。

① 完成套路时间不足或超出的规定。

运动员完成套路时间，凡不足规定时间或超出规定时间在 5 秒以内（含 5 秒），扣 0.1 分；不足规定时间或超出规定时间超过 5 秒，但在 10 秒以内（含 10 秒），扣 0.2 分；不足规定时间或超出规定时间达 10 秒以上，扣 0.3 分，最多扣 0.3 分。

运动员超过规定时间扣分已达 0.3 分时，裁判长应请运动员立即收势停止比赛。此种情况应视为运动员完成套路。

② 运动员在规定套路比赛中每漏做或多做一个完整动作，扣 0.1 分。

③ 运动员因主观原因未完成套路，经裁判长同意可重做一次。运动员重做后，裁判长在其应得分的基础上，扣 1 分。运动员因客观原因未完成套路，可重做一次，不扣分。

④ 集体项目比赛的人数，少于竞赛规程规定的人数，每少 1 人，扣 0.5 分。

⑤ 配乐不符合竞赛规程规定者，扣 0.1 分。

⑥ 传统拳种各流派项目在演练中出现竞技项目《武术套路竞赛规则》中所规定的 B 级及 B 级以上的难度动作，每出现一次，扣 1 分。

第二节 健身气功

健身气功是以机体形体活动、呼吸吐纳、心理调节相结合为主要运动形式的民族传统体育项目，是中华优秀传统文化的重要组成部分。健身气功是根据中华传统文化的人体生命整体观，通过调心、调息、调身有机统一的锻炼，增进人的身体健康状况，激发人的潜力，使身心达到高度和谐的民族传统体育技能。一直以来，健身气功被视为中华民族的文化精粹，具有悠久的历史和深厚的文化意蕴，作为一种特有的身体锻炼方法在传统体育养生中占有非常重要的地位。

一、八段锦

（一）八段锦的概念

八段锦是一套由八个动作组成的功法。它的特点是简单易学，并具有显著的医疗和健康益处。从北宋开始流传至今，已有 800 多年的历史，是一种有益于健康、易于自学的自我健身运动。它具有浓郁的中华传统文化和内涵，深受中国传统哲学的影响。古人把这套动作比作"锦"，寓意五彩缤纷、美丽华贵，体现其动作优美舒展、编排精巧。习练八段锦无须器械且不受地域限制，简单易学，老少皆宜，节省时间，效果非常显著。

（二）八段锦的动作特点

1. 柔和缓慢，坚实连贯

柔和是指身体动作缓慢，不拘小节，轻松自如，舒展大方。缓慢的表现就是身重平稳，虚实分明。坚实指运动沿弧线摆动，不是直来直往，无棱角，每一段的表现手法都能贯穿和呼应，符合人体生理自然弯曲。连贯要求动作的变化在姿势的衔接和转换上是一致的，没有停滞、没有突进、没有停顿。

2. 松紧相连，动静相兼

松是指身体和精神上的放松。放松要求在整个动作过程中，身体由浅到深、由内到外得到放松，缓解紧张感。紧是动作的瞬间，是指练习适当用力，并体现在动作的结束和开始。动和静两种运动主要是指身体外在表现的节奏。动是指锻炼者轻松自在，动作贯穿始终。静表现在练习中，舒缓放松的动作从下沉到内隐，表面上是轻微的停顿，但内力不松懈。因此，松与紧、动与静的结合，是八段锦的主要动作特点之一。

3. 神形相兼，气寓之中

八段锦的神是指人的精神状态和意识活动，形是指人的运动。形与神密不可分，彼此直接相关，神与形被视为一个整体。八段锦是一种内外锻炼，是强调精神与身体的结合，以及呼吸的锻炼，以训练姿势协调内外环境，全身肌肉和关节，可以完全适度自由伸展，促进身体器官系统功能，对提高体质、减少疾病有很大帮助。

（三）八段锦的健康益处

1. 消除疲劳，矫正肩背

八段锦第一式是"两手托天理三焦"，这段动作是四肢和躯干的伸展运动，与伸懒腰很相似，可以加强四肢和躯干的伸展活动，促进胸腹腔血流的再分配，有利于肺部的扩张，使呼吸加深，吸进更多的氧气，对消除疲劳有一定的作用。八段锦是全身性的伸展活动，又伴随深呼吸，可以调理内脏各部，对腰背肌肉骨骼有良好作用，有助于矫正肩内收和圆背等不良姿势。所以经常伏案学习和工作的年轻人也可以练一练八段锦，提高生活质量。

2. 加强身体血液循环

八段锦第二式是"左右开弓似射雕"，这段动作的重点在胸部，用中医术语来说就是重点在上焦。这节动作影响所及，包括两手、两臂和胸腔内的心肺，通过扩胸伸臂可以增强胸肋部和肩臂部肌肉，加强身体血液循环，使腰部各组织、各器官，特别是肾脏、肾上腺等功能得到增强，既有助于防治常见的腰肌劳损等病，又能增强全身机能。

3. 调理脾胃，防治胃肠病

八段锦第三式是"调理脾胃臂单举"，这段动作是一手上举，一手下按，上下用力对拉，使两侧内脏器官和肌肉进一步受到牵引，特别是使肝、胆、脾、胃受到牵拉，使胃肠蠕动和消化功能得到增强，久练有助于防治胃肠病。

4. 增强颈部肌肉活动，防治颈椎病

八段锦第四式是"五劳七伤往后瞧"，这段动作是头部反复向左、向右转动，眼球尽量往后看，显然是一种头部运动。头部运动对促进头部血液循环、增强颈部肌肉活动有较明显的作用，有助于预防和治疗颈椎病，保持颈部肌肉正常的运动功能，改善高血压和动脉硬化患者的平衡功能，减少眩晕感觉。而且对消除大脑和中枢神经系统的疲劳以及一些生理功能障碍等也有促进作用。

5. 增强体质

八段锦第五式是"摇头摆尾去心火"，这段动作是个全身性动作，对整个身体都有良好作用。摇头摆尾，旋转身体，可放松精神，提高全身各器官系统的功能，增强体质。

6. 锻炼腰肌

八段锦第六式是"两手攀足固肾腰"，这段动作既有前俯，又有后仰，可充分伸展腰背肌肉，同时两臂也尽量向下伸展，坚持练两手攀足可使腰肌得到锻炼，并能增强下肢柔韧性。

7. 增强眼肌，防治近视

八段锦中的第四式"五劳七伤往后瞧"和第七式"攒拳怒目增气力"，分别有加大眼球活动范围和瞪眼怒目的动作，可以增强眼肌，防治近视。

8. 放松精神

八段锦第八式"背后七颠百病消"，这个动作简单，颠足而立，拔伸脊柱，下落振身，可以放松精神，疏通经络，按摩五脏六腑。

（四）八段锦的锻炼要领

1. 预备式

（1）调身。两脚并拢，自然站立，目视前方。双臂自然下垂于体侧，手掌朝内。

躯干及头颈部保持中正，轻闭双唇，舌尖轻贴上腭，眉心舒展，下颌微收，似笑非笑（图7-2-1）。

（2）调息和调心。鼻吸鼻呼，自然呼吸或逆腹式呼吸；意守下丹田（本功法所指下丹田即肚脐"神阙穴"的深处），内心安静，与周围环境融为一体。

（3）提示。预备式注意身体与内心都要放松，心平气和。

（4）主要作用。本式可使练习者身体放松，注意力集中，逐渐进入身心安静的练功状态。

2. 第一式：两手托天理三焦

（1）调身。重心右移，左脚向左迈开一步，两脚掌心约与肩同宽，平行站立。两手从体侧捧气向前，转掌心向上，双手十指交叉于小腹前。手掌体前捧气上托，当两臂抬至肩、肘、腕相平时，在胸前翻手掌向外再向上，双臂伸直，上托于头顶，两脚踩地，停顿数秒。松开交叉的双手，自体侧向下划弧拢气，慢慢落于体侧，左脚收回。接着重心左移，右脚向右迈开一步，重复如上动作，左右交替6~9次（图7-2-2）。

（2）调息和调心。逆腹式呼吸，两手上升时吸气，托天停顿时屏息，两手下落时呼气；意想两手捧气上升、下落。

（3）提示。两手上托时注意小腹微回收，不要挺肚，不要翘臀。上托到极致时，要注意保持上下抻拉感，此时可以屏住呼吸片刻，以不憋气为度。

3. 第二式：左右开弓似射雕

（1）调身。重心右移，左脚向左迈开一步，大致两肩宽，双腿屈膝下蹲成马步，两手自体侧拢气上升，抬至胸前交叉，左手在外成剑指，右手在内握固。接着向左做拉弓状，剑指指尖向上，转头凝视远方，拉至极致，停顿片刻。两腿直起，两手臂伸展向下划弧拢气，还原体侧。再换右侧，重复如上动作，左右交替6~9次（图7-2-3）。

图7-2-1　预备式　　　图7-2-2　两手托天理三焦　　　图7-2-3　左右开弓似射雕

（2）调息和调心。逆腹式呼吸，两手上升时吸气，拉弓时呼气，拉弓如满月停顿时屏息；左右拉弓时，如弓箭伺机待发，体会左右抻拉、心胸开阔的感觉。

（3）提示。左右拉弓时，做弓箭手与剑手之手臂处在同一水平线上。马步高度可因人而异，注意保持腰背中正竖直。

4. 第三式：调理脾胃臂单举

（1）调身。重心右移，向左迈开一步，两脚与肩同宽，两臂自然下垂，掌心向内。

两手捧气上升，指尖相对，置于中脘穴。右手转掌心向下，左手上托，至胸前指尖向右，至面部指尖向前，至头侧指尖向左，至头上方指尖向后，至臂伸直指尖向右，与此同时右手下按，逐渐转指尖向前，置于右大腿侧，停顿片刻。左手自左上方缓缓划弧拢气下落，右手顺势划弧转掌心向内，随后收回左足，两手向下划弧拢气，自然下垂，置于体侧，还原到预备式。再出右脚，重复如上动作，左右交替6~9次（图7-2-4）。

（2）调息和调心。手上升时吸气，上撑下按停顿时屏息，下落回收时呼气；意守中脘穴，默念并体会"健运脾胃，升降正常"。

图7-2-4 调理脾胃臂单举

（3）提示。单举时，上升的手呈螺旋状上升，上撑下按时，力在掌根，意守中脘，舒展身体，体会中焦脾胃被拉伸的感觉。注意用力均匀，保持身体中正不偏倚。

5. 第四式：五劳七伤往后瞧

（1）调身。两脚并拢，两手从体侧拢气回收，两手重叠，敷于肚脐（掌心向里，男左手在里，女右手在里）。逐渐从上向下转动脊椎，向左侧背后望去，保持肩和胸不动，感受颈椎和胸椎形成二争力，随后胸椎从上向下缓缓向左转，保持腰椎和髋不动，感受胸椎和腰椎形成二争力，再将腰椎和髋缓缓向左转，保持脚踝不动，感受周身与脚踝形成二争力，停顿片刻。再从下向上逐渐将下肢、腰椎、胸椎、颈椎缓缓转向正面。再转头向右侧背后望去，重复如上动作6~9次。

（2）调息和调心。向后转动时吸气，停顿后瞧时屏息，回转身体时呼气；意守肚脐深处的下丹田，体会周身轻松，神意悠闲，如仙鹤收翅，起身四顾（图7-2-5）。

6. 第五式：摇头摆尾去心火

（1）调身。左脚向左横跨一大步成马步，两手自体侧拢气向前，向上到膻中穴前，再向下，两手反按大腿上，指尖相对。头向左侧倾斜，左肩沉降，左髋沉降，催动右髋与尾骨向右侧上翘摆动，目视右足尖的延长线方向，右臂绷直，左臂弯曲，以助尾部摆动。停顿片刻，躯干再缓缓摆至正位。随着两腿缓缓伸直，顺势两手臂向上、向外、向下划弧拢气回收，缓缓下落于体侧，同时收回左腿。再换右脚向右横跨，重复如上动作，左右交替6~9次（图7-2-6）。

图7-2-5 五劳七伤往后瞧

图7-2-6 摇头摆尾去心火

（2）调息和调心。两手拢气上升时吸气，下落按于大腿时呼气。摇头摆尾时吸气，停顿时屏息，躯干逐渐摆正回收时呼气；吸气时意守下丹田，呼气、屏息时意守足心涌泉。

（3）提示。此式在摇头摆尾时，要注意是左右方向，不要做旋转。整个脊柱以腰部为轴，两端的颈部与尾椎处做左下右上的对向拉伸。

7. 第六式：两手攀足固肾腰

（1）调身。两手经体前捧气上升，按于两肋，指尖相对，温熨片刻，两手向后摩运，按于腰部，温熨片刻。头后仰，尾骨上翘，挺胸收肘，停留片刻后缓缓摆正。两腿伸直，身体从上到下慢慢前俯，两手顺势沿腰臀部、双下肢后侧下至足跟部，再向前贴于足尖，做收腹、拱腰、头面贴腿、两手攀足的动作3次。随后从下到上缓缓伸直腰背，双手上升，重复如上动作6~9次（图7-2-7）。

图7-2-7 两手攀足固肾腰

（2）调息和调心。头往后仰，尾骨上翘，挺胸收肘时吸气，摆正时呼气。收腹、拱腰、头面贴腿时吸气，放松时呼气；两手按于腰部时，意守肾脏。两手攀足时，意守肾腰部。

（3）提示。身体后仰应以身体平衡稳固为度，保持全脚掌着地。向下弯腰时注意脊柱从上向下逐节弯曲，两手攀足时两腿膝关节要保持挺直，不可弯曲，并且切勿翘头。弯腰的程度要量力而行，不要强求。

8. 第七式：攒拳怒目增气力

（1）调身。重心右移，左脚横跨一大步变马步，两手拢气上升，提至两侧腰间握固成拳，拳心向上。将左拳向前冲出，同时旋转腕部变成拳心向下，同时怒目圆睁，注视左拳冲出的远方，右手位于腰间向后拉。左拳小指、无名指、中指、食指、拇指依次打开，掌心向下，立掌转掌心向前，指尖向上，转动指尖先向左、向下，再向前，掌心向上，拇指、食指、中指、无名指、小指依次屈曲成拳握固。两拳收回腰间，随后变掌，向两侧拢气回收，收回左脚。再伸出右脚，重复如上动作，左右交替6~9次（图7-2-8）。

图7-2-8 攒拳怒目增气力

（2）调息和调心。两手拢气上升吸气，置于腰间屏息，出拳开指呼气，立掌转掌屏息，合指收拳吸气，拢气回收呼气。意守下丹田，合指收掌时意想收气入体。

（3）提示。此式操作重点看似在于双手，实则是力发全身。将全身之意、气、力贯于拳掌，使全身形、气、神都得到充分的锻炼。

9. 第八式：背后七颠百病消

（1）调身。两臂自然下垂置于体侧，两手自体侧向前拢气上升，至小腹肚脐前，转掌心向下，两手随着下按置于体侧，指尖向前，同时足跟上提，停顿片刻。足跟下落着地，两手掌心向内，还原体侧，全身放松。重复如上动作6~9次（图7-2-9）。

图7-2-9 背后七颠百病消

（2）调息和调心。两手拢气上升、转掌下按、足跟上提时吸气，停顿时屏息，足跟下落时呼气；足跟上提时意守百会，引领周身气机上升，足跟下落时意守涌泉，引领周身气机沉降，并体会周身放松。

（3）提示。脚跟上提时，注意头顶百会上领，会阴上提，收腹不要挺肚子，同时沉肩坐腕下按，尽量拔伸脊柱督脉，并掌握好身体平衡。脚跟下落时，速度要适中，开始要略有缓冲。

二、五禽戏

（一）五禽戏的概念

五禽戏发源于亳州，是东汉医学家华佗继承古代导引养生术，依据中医学阴阳五行、脏象、经络、气血运行规律，观察禽兽活动姿态，用虎、鹿、猿、熊、鸟等动物形象、动作创编的一套养生健身功法。五禽戏的五种动作各有特点、各有侧重，但又是一个整体，如能经常坚持综合练习，则能起到调养精神、调养气血、补益脏腑、通经活络等作用，对高血压、冠心病、神经衰弱等慢性疾病，均有较好的治疗和康复作用。五禽戏自华佗编创至今，已有1 800多年，在其发展的历程中，自始至终秉承着防治未病、延年益寿的养生宗旨。五禽戏真实反映了我国人民群众健身文化的发展变迁，开创了祛病健身的体育医疗先河，展现了养生哲学和道家文化的深厚审美底蕴，具有重要的历史价值和养生医疗价值。

（二）五禽戏的健康益处

1. 促使机体强筋健骨

习练五禽戏有促进经络气血流通、强筋健骨等作用。五禽戏训练强度和形体动作难度适中，属于有氧运动。现代研究表明，适当的有氧运动有利于促进机体气血运行，促进血液循环和青少年儿童骨骼发育，可以增强机体骨质密度，延缓骨质钙化。除此之外，五禽戏还可以作为康复治疗手段，具有强筋健骨，促进机体的肌肉、骨骼和关节等康复的作用。五禽戏的虎戏对应锻炼的脏腑是肾脏，虎戏的三种术式皆以运动腰肾为主，能加快腰肾气血津液的运化，有效促进肾脏生精化髓，值得在老年人中推广应用。

2. 促使机体协调平衡

五禽戏术式动作经改编后站立姿势多为直立或半蹲，直立又分为双腿站立和单腿站立，其中需要用单腿站立的术式有鹿戏的梅鹿伸腰式、猿戏的白猿摘果式、鸟戏的白鹤飞翔式和虎戏的翻身扑按式，需要屈膝半蹲的有白猿抓痒式。这些术式动作都需要习练者屏气凝神，意守丹田和足底的涌泉，以支撑脚为核心，脚趾抓牢地面，调匀呼吸，思想专注于保持形体平衡，才能更好地控制左右大脑的形体支配思维能力，使形体立稳而不乱。有研究认为，五禽戏通过系统、科学的核心力量训练，能有效提高形体的协调性和平衡性，可以提升身体柔韧素质、静态和动态平衡能力。

3. 使人怡情养趣

五禽戏术式动作是模仿五种动物，是古代导引功法中唯一以"戏"命名的，之所以以"戏"命名，就是因为华佗寓意习练五禽戏要像玩游戏一样，即要本着玩耍嬉戏的心态来习练。五禽戏具有趣味性，使人乐在其中，兴趣盎然，从而愉悦身心。研究表明，五禽戏能有效改善患者焦虑、抑郁的不良情绪，促进身心的良性循环，使习练者保持心情相对舒畅，而事实也证明习练五禽戏确实能够调节人的心态，使人保持乐观的心情。习练五禽戏所带来的身心愉悦感也是使习练者能够坚持习练的动力和培养兴趣的前提，习练者也可由此以趣养性，以性养形。

（三）五禽戏的锻炼要领

五禽戏动作分为起势调息和鹿、猿、熊、鸟、虎五种术式。习练开始做起势调息，两掌做上提与下按动作，配合小周天功法，吸气收腹气达劳宫，呼气松腹气返丹田，提与按相结合，一提一按重复做三遍，形动而神趋静，以达到形体放松、静心凝神、呼吸调达的境界。

鹿戏分为梅鹿伸腰、转颈运闾和成鹿亮角三式，鹿戏动作轻盈优美，手形呈鹿角状，鹿戏注重对胸肋部的运动。习练鹿戏时，需双足着地，回头顾盼两次，然后左脚右伸、右脚左伸 2~3 次。较之虎戏的威猛，鹿戏则显得安详，需要以意领气，气蓄于丹田，能使气盈溢而散布到人体内各处，配合呼吸，气行血走，血液循环周流。正如华佗所述，血脉通，病不得生（图 7-2-10）。

猿戏分为白猿攀枝、白猿摘果和白猿抓痒三式。习练猿戏时，需双手攀物悬空，伸缩躯体七次，或以下肢钩住物体使身体倒悬，然后手钩物体做引体向上七次。猿戏灵巧，仿效猿的动作，外可练肢体灵活，内可抑情志动荡，即可练心。心神主血脉，血脉疏通可提神，因此，久练猿戏能够灵活脑筋、增强记忆、开阔心胸，也可防治健忘、心脑血管疾病等（图 7-2-11）。

图 7-2-10　鹿戏　　　　　　　　　　图 7-2-11　猿戏

熊戏分为黑熊探爪、笨熊游走和笨熊晃体三式。习练熊戏时，需仰卧，两手抱膝抬头，躯体向左、右倾，侧着地各七次，然后蹲起，双手左右按地。熊戏沉稳，模仿熊的形象，取其体笨力大敦厚之性。习练时，意随形动，形随意动，达到形意一体。熊戏主脾胃，练熊戏能起到四肢筋腱、肌肉发达、增长力气、灵活关节、强身壮体的作用（图 7-2-12）。

鸟戏分为白鹤飞翔、群鹤落滩、白鹤扑地、飞鹤展翅、群鹤净身和降落岩石六式。习练鸟戏时，需一足立地，两臂张开做鸟飞状，然后取坐位，下肢伸直，弯腰用手摸，再屈伸两臂各七次。鸟戏轻盈，仿效鸟展翅飞翔的动作，具有调节气脉、增强肺活量、疏通经络、灵活关节、疏导真气通三关达顶门之效，使上下运行而得安静，神静则气足，气足而生精，精

图 7-2-12　熊戏

溢而化气，从而达到精、气、神三元合一，体健身轻，延年益寿（图7-2-13）。

虎戏分为猛虎觅食、摇头摆尾和翻身虎扑三式。习练虎戏时，需手足着地，身躯前纵后退三次，然后引腰、昂头，如虎行步，前进、后退七步。虎戏气势威猛，能升肾水之气以固肾，肾气固则精气足，气足则五脏六腑皆固。久练能通督脉，督脉通诸脉皆通，精力自然充沛（图7-2-14）。

图7-2-13　鸟戏　　　　　　　　　　　　　　　图7-2-14　虎戏

第三节　跆拳道

跆拳道是一项利用拳和脚进行对抗的技击运动，通过竞赛、品势和功力检测等运动形式表现，可以使习练者增强体质，培养习练者坚忍不拔、尊师重道的良好品质。由于跆拳道国际化程度的提升、广泛的普及和受欢迎程度，以及其独特的文化内涵和体育价值，在2000年悉尼奥运会上，跆拳道被列为正式比赛项目。现在，全球有上千万人习练跆拳道，其已成为人们非常喜爱的项目。

一、跆拳道的段位和级别

跆拳道分为十级九段，初学者都从升级开始，一直到入段。在级别中，十级的级别最小，一级最大，然后才可以入段；在段位中，一段最小，九段为最大。初学者一般带白色的腰带，其他颜色的腰带则代表不同的级别，他们分别是：十级——白带、九级——白黄带、八级——黄带、七级——黄绿带、六级——绿带、五级——绿蓝带、四级——蓝带、三级——蓝红带、二级——红带、一级——红黑带、一段至九段——黑带。

二、跆拳道的健康益处

（一）培养自信心
跆拳道演出或实战中能培养随机应变能力，增强自己的表现能力，从而增强自信心和提高心理素质。跆拳道可给大脑许多良好刺激。练习过程不仅是骨骼肌肉的收缩，而且是空间感知、经验、类型识别等右脑功能的综合发挥，因此非常有利于发展空间转换、形体感知等右脑功能，从而提高形象思维和创造力，增强自信心。

（二）发展协调能力

跆拳道需要全身各部位的配合。习练者能通过手部、脚部的动作协调性训练，发展协调能力，提高心血管系统、呼吸系统和中枢神经系统机能。

（三）增强身体的灵敏度和柔韧性

由于经常练习压脚、劈叉、踢腿等，习练者身体的灵敏度和柔韧性增强，力量、控制、稳定性、耐力等方面的身体素质也能得到提高。其动作中的各种踢腿，手臂的上格、下截、拉伸等动作，可使肌肉力量得到增强，肌腱、韧带、肌肉的弹性得以提高，从而增强身体的灵敏度和柔韧性。

（四）锻炼人的毅力

跆拳道训练是一件比较辛苦的事情，在训练过程中可以培养不怕吃苦的精神，磨炼意志，培养坚韧果断、自信自强的品质，从而造就健康的身心。

（五）提高合作能力和集体荣誉感

跆拳道中团队竞技、混双以及团体品势、跆拳舞、跆拳道话剧、自卫术表演等都需要合作，只有配合默契才能表演好。在跆拳道项目合作的过程中可以培养合作精神，增强自律。通过师生间的互敬、活动时的敬礼仪式、学员之间的相互礼让等，让人理解"礼"的含义，知道怎样做才是"礼"的表现，时刻做到"以礼待人"。

（六）促使形体更加优美

处于快速生长发育时期的人，在经过跆拳道训练后，有更好的坐姿、站姿，这些训练能纠正驼背、端肩等形体问题。研究表明，同性别、同年龄的儿童参加跆拳道训练的比不参加跆拳道训练的身高平均高 4~8 厘米。

三、跆拳道的锻炼要领

（一）跆拳道基本技术

1. 准备姿势和步法

（1）准备姿势。准备姿势也称实战姿势或预备姿势，是竞赛跆拳道比赛中双方开始时的基本站立姿势。准备姿势应便于进攻和防守反击以及步法的移动。

动作过程：两脚开立与肩同宽，两臂垂直于体侧。左脚或右脚向另一脚的前方迈出，两脚相距一步距离，前后站立，同时两手半握拳，沉肩，两臂屈肘自然垂放（左脚在后是左架准备姿势，右脚在后是右架准备姿势）。重心落在两脚中间，膝部略弯曲，眼睛平视对方面部，下颚微收（图7-3-1）。

动作要领：两臂所放位置不是固定的，也可以一臂垂直或两臂都垂下。两脚间的距离和重心的高低可根据具体情况进行调整，原则上是在移动时能最快调整好身体重心。若重心下降，大小腿夹角约90°，此为低位准备姿势。

图 7-3-1　准备姿势

（2）步法。在跆拳道技术体系中，步法是其中重要的一环，尤其是运动员刚开始接触跆拳道这项运动时，要用较多的时间来进行专门的步法练习。由于规则限制，在比赛中运动员主要是用腿攻击和防守反击，因此运动员的步法是否灵活，在一定程度上决定了他的进攻和防守反击是否能够达到目的，这也使得步法训练在跆拳道训练中占据着重要地位。

① 上步。

动作过程：右架准备姿势（以下简称"右架"）站立，右脚向前上一步，成为左架准备姿势（以下简称"左架"）。

动作要领：上步时通过向左拧腰转髋完成，两臂在体侧自然上下移动，重心不要起伏过大。

② 后撤步。

动作过程：右架站立，左脚向后撤一步，成为左架准备姿势。

动作要领：后撤步时重心保持平稳移动，通过向左拧腰转髋完成，两臂在体侧自然上下移动。

③ 前跃步。

动作过程：右架站立，两脚同时向前跃进一步，保持右架准备姿势。

动作要领：向前跃步时，重心不宜起伏过大，尽量使重心平稳移动，两脚稍离地即可。

④ 后跃步。

动作过程：右架站立，两脚同时向后回撤一步，保持右架准备姿势。

动作要领：向后回撤时，重心不宜起伏过大，尽量使重心平稳移动，两脚稍离地即可。

⑤ 原地换步。

动作过程：右架站立，两脚原地前后交换，由右架换成左架。

动作要领：重心不宜起伏过大，尽量使重心平稳移动，两脚稍离地即可。

⑥ 垫步。

动作过程：右架站立，右脚向左脚内侧上步，同时左腿迅速抬起以便进攻和防守。

动作要领：右脚垫步时，左脚要迅速提起，重心落在右腿上，右膝微屈。

⑦ 侧移步。

动作过程：第一种步法是以前脚为轴，后脚插向左（右）侧方向移动，用以改变与对手的站位方向；第二种步法是右架站立，右脚先向右（或左）侧移动一步，随后左脚也迅速向右（或向左）侧移动一步。

动作要领：一般是将身体重心移向前脚，以利于后腿攻击。

2. 拳的基本进攻与防守技术

（1）拳的基本进攻技术。拳的进攻技术是跆拳道比赛中较为常用的动作之一，但往往很难得分，不是运动员得分的主要技术，它主要用来防守和配合腿的进攻。运动员右架站立，左手拳则为前手拳，右手拳则为后手拳，这里介绍后手拳的动作过程。

动作过程：右架站立，右脚向后蹬地，腰部与上体快速有力地向左前方扭转，借以增加出拳的速度和力量。在右脚蹬地的同时，右臂快速前伸，肘关节抬起，前臂内旋，拳心向下方转动，使拳面、前臂、肘关节与肩成一条直线。同时身体重心移至左腿上，用拳击打对方胸、腹部（图7-3-2）。

动作要领：用拳击打的一刹那，腕关节要紧张，将拳握紧，同时憋气，以加大出拳的力量；也可以用前手拳击打。一般是为了在距离较近时，出拳击打后使两者间的距离拉大，并趁机使用腿攻技术，如使用劈腿、横踢等。

（2）拳的基本防守技术。在实战中，除了躲闪外，格挡是防守的基本形式。防守技术按身体姿势和防守位置可分为上段防守、中段防守和下段防守。上、中、下的区分以锁骨和髋关节为界限。

图7-3-2 后手拳

① 上段防守。

单臂格挡法：实战姿势开始，当对方的拳或脚攻向自己的头部时，左（右）手（拳）自内向外做格挡动作，将来拳或来脚挡在左前臂外面。单臂格挡法常用的方法为单臂上架法，即以实战姿势开始，当对方的上劈拳或劈腿自上而下击向自己的头顶时，自己的左（右）手臂屈肘自下而上横架于头顶上，阻挡来拳或来脚的攻击（图7-3-3）。

双臂格挡法：即当对方连续攻击自己的头颈两侧时，可几乎同时用左右臂上举格挡对方的双侧进攻。双臂格挡法常用双臂交叉上架法，即当对方臂拳或臂腿自上而下大力下劈时，迅速前腿弓步，两臂交叉自下而上架挡来拳或来腿。要点是手臂要用力，但动作幅度要小。

图7-3-3 单臂上架法

② 中段防守。

单臂格挡法：当对方的拳或脚攻向自己中段部位（锁骨以下至髋关节以上部位）时，用左臂向内或向外格挡对方的来拳或来脚。

按掌格挡法：当对方攻击自己中段下部时，自己重心迅速稍后移，同时前手变掌屈肘，向内向下快速按以阻挡对手的拳或脚的攻击。

双臂外格挡法：前脚迈出，同时两臂屈肘交叉置于胸前，拳心向内；随前弓步落地，两臂迅速由胸前向左右两侧分开阻挡来拳或来腿。要点是由里向外格挡时，两臂分开的距离以肩宽为度，两臂外旋，手心向前。

③ 下段防守。

单臂下挡法：前脚向后成弓步，同时，后臂由屈到伸向斜下外截，用手腕格挡；前手变拳置于腰间。

两臂交叉格挡法：后脚前迈成弓步，两臂体前屈肘交叉，手心向内；成弓步时，两臂自胸前向下交叉推击以阻挡对方的低腿进攻。要点是格挡时身体下沉，以增加下截的力量。

3. 脚踢的基本进攻技术

跆拳道以其变幻莫测、优美潇洒的腿法闻名于世，被世人称为踢的艺术，这是跆拳道区别于其他格斗的一个重要特点。跆拳道的腿法讲究变化多端和灵活多样，对人体的柔韧性、大脑反应的灵敏度、身体运动的稳定性都有很高的要求，是对人体机能和体能的综合考验。实战过程中运用脚踢时要根据具体情况，如对方所处位置、暴露的部位、防守的姿势以及双方的距离，选择不同的踢法。跆拳道的基本踢法很多，这里我们介绍下面几种基本进攻技术。

（1）前踢。实战姿势开始，右脚蹬地，髋关节向左旋转，双手握拳置于体侧；同时，右腿以髋关节为轴屈膝上提。当大腿抬至水平或稍高时，髋关节向前送、向前顶，小腿以膝关节为轴向前上方踢出，力达脚尖，整条腿踹直。踢击后迅速放松，右腿沿原路线弹回，将右脚放置在左脚前面成实战姿势（图 7-3-4）。

图 7-3-4 前踢

动作要领：膝关节夹紧，小腿放松，要有弹性；髋往前送，高踢时髋往上送；小腿回收与前踢的速度一样快。主要攻击部位有面部、下颌、腹部和裆部。前踢亦可用于防守。将前踢发力部位由脚尖改换为脚跟时，前踢动作就变为前蹬动作，动作方法要点相同。

（2）侧踢。实战姿势开始，右脚蹬地，右腿以髋关节为轴屈膝提起，两手握拳置于体侧；随即左脚以前脚掌为轴外旋180°，髋关节向左旋转，右腿以膝关节为轴向前蹬伸，右脚快速向右前上方直线踢出，力点在脚跟。发力后沿起腿路线收腿、放松、落下（原处或向前均可），再次回到实战姿势（图 7-3-5）。

图 7-3-5 侧踢

动作要领：起腿时大小腿、膝关节夹紧；踢出发力时头、肩、腰、髋、膝、腿和踝成一直线；大小腿直线踢出，原路线收回。侧踢动作的主要攻击部位有膝部、腹部、肋部、胸部和头面部。

（3）后踢。实战姿势开始，转身后腿后撤背对对方。重心后移至左脚，右脚蹬地后屈膝提起，右脚贴近左大腿，两手握拳置于胸前；随即左脚蹬地伸直，右脚自左大腿内侧向后方直线踢出，力达脚跟。踢击后右脚沿原路线快速收回，成实战姿势（图 7-3-6）。

动作要领：起腿后上体和大小腿折叠收紧；后踢时动作延伸要长，用力延伸；转身、提腿、出脚动作连续一次性完成，不能停顿；击打目标在正后方偏右。后踢动作的主要攻击部位有膝部、腹部、裆部、胸部和头面部。

（4）劈腿。实战姿势开始，右脚蹬地，重心前移至左脚；同时，右腿以髋关节为轴屈膝上提，两手握拳置于胸前，随即充分送髋，上提膝关节至胸部，右小腿以膝关节为轴向上伸直，将右腿伸直举于体前，右脚过头。然后放松向下以右脚后跟（或脚掌）为力点劈击，一直到地面，成实战姿势（图 7-3-7）。

动作要领：腿尽量往高、往头后举、要向上送髋，重心往高起；脚放松往前落，落地要控制；起腿要快速、果断；踝关节要放松。劈腿的主要攻击部位有头顶、脸部和锁骨。

图 7-3-6 后踢

图 7-3-7 劈腿

（5）摆踢。实战姿势开始，右脚蹬地重心前移，右腿以髋关节为轴屈膝上提，两手握拳置于体侧；左脚以前脚掌为轴外旋 180°，右腿继续向前上方伸直，尽量成一条直线，顺势右脚的脚掌用力向右侧屈膝鞭打，上体顺势右转，右腿屈膝回收，右脚落回原处，成实战姿势。

动作要领：提膝、伸直、右侧屈膝鞭打动作要连贯快速，没有停顿；击打点在体前偏右侧，以腿掌为击打点；左脚旋转支撑要保持平衡，踹击后迅速将腿收回。摆踢攻击的主要部位是头部和腹胸部。

（6）后旋踢。实战姿势开始，两脚以两脚掌为轴内旋约 180°，身体随后右转约 90°，两拳置于胸前。上体右转，与双腿拧成一定角度。右脚蹬地并将蹬地的力量与上体拧转的力量合在一起，右腿向后上以髋关节为轴直腿摆起，右脚继续向右后旋摆鞭打，同时上体向右转，带动右腿弧形摆至身体右侧，右腿屈膝回收；右脚落到右后成实战姿势（图 7-3-8）。

动作要领：转身、旋转、踢腿连贯进行，一气呵成，中间没有停顿；击打点应在正前方、成水平弧形；屈膝起腿的旋转速度要快；重心在原地旋转 360°。后旋踢攻击的主要部位有面额和胸部。

图 7-3-8 后旋踢

（7）推踢。实战姿势开始，右脚蹬地，重心前移，右腿以髋关节为轴提膝前蹬，用右脚脚掌向前蹬推，力点在脚掌，推力向正前方（图 7-3-9）。

图 7-3-9 推踢

动作要领：提膝后尽量收紧膝关节；重心往前移，利用身体的重量和力量；推的时候腿往前伸展、送髋；推的路线水平往前。推踢的主要攻击目标是腹部。

（8）横踢。实战姿势开始，右脚蹬地，重心前移至左脚，右脚屈膝上提，两拳置于胸前；左脚前脚掌碾地内旋，髋关节左转，左膝内扣；随即左脚掌继续内旋至180°，左腿膝关节向前抬至水平状态，小腿快速向左前横向踢出；击打目标后迅速放松收回小腿。右腿落回原地成实战姿势。

动作要领：膝关节夹紧，向前提膝走直线；支撑脚外旋180°；髋关节往前，身体与大小腿成直线；严格注意击打的力点在正脚背；踝关节放松，击打的感觉是"面团""鞭梢"。横踢攻击的主要部位有头部、胸部、腹部和肋部。

（9）旋风踢。实战姿势开始，攻方左脚向左侧前方跨一步，左脚内扣落地，身体向右旋转约180°；左脚落地的同时右腿随身体继续右转并向右后摆起，此时身体已转动180°，左脚起跳，在空中用左横踢腿击对方腹部或头部，右脚落地支撑。

动作要领：攻方上步转体动作要迅速果断，左脚内扣落地时脚跟对敌；左脚随身体右转向后侧摆起时不要过高，以能带动身体旋转起跳为宜；左脚蹬地起跳，身体腾空，不过膝，目的是快速旋转出腿；左腿横踢时，右腿向下落地，要快落站稳，即横踢目标的同时右脚落地。

（10）双飞踢。实战姿势开始，攻方先用右横踢攻击对方右肋部，同时，左脚蹬地起跳，身体腾空右转，腾空高度在膝关节以上，但不宜过高；左脚起跳后在空中用左横踢迅速踢击对方胸部或腹部；左右脚交换，右脚落地支撑，左脚横踢目标后迅速前落，成左右势实战姿势。

动作要领：右腿横踢目标的同时，左脚蹬地起跳。左脚起跳后迅速随身体右转横踢目标。两腿在空中交换，右脚先落地。

4. 各种基本技术的练习方法

（1）准备姿势和步法练习方法包括模仿练习法、对镜练习法、多种步法配合练习法、步法配合动作练习法、听口令完成练习法。

（2）格挡练习方法包括徒手练习法、两两配对练习法、格挡后反击练习法。

（3）技术训练方法。

① 自我训练法：对镜练习法、模仿练习法。

② 配合训练法：听口令完成技术动作、踢脚靶练习法、踢组合靶练习（一踢多）。

③ 利用外界条件和环境的练习方法：模拟比赛环境练习法、水阻练习法、踢打沙袋练习法。

④ 条件实战训练法。

⑤ 实战训练法。

（二）基本功和基本技术训练手段

跆拳道的基本技术比较简单，从技术角度而言，一般分两类，一类是脚的技术，指踝关节以下脚的部位所使用的技术，包括横踢、前踢、后踢、侧踢等；另一类是拳的技术，指握紧的拳头使用直拳击打。步法以及各种组合技术均为这两类技术的演变和发展，有人曾经做过统计，两类技术可以变化出 3 200 多种组合。因此，初级训练应当以练好两类技术的基本功为第一目的，为高水平训练打下良好的基础。高水平跆拳道训练应当以实战需要为标尺，从比赛当中发现问题，改进关键技术环节，使其合理、有效、实用。一般训练方式有以下几种：

（1）靶位训练。作为跆拳道训练的常规手段进行。应当多设计移动靶、难度靶和仿真靶位练习。

（2）攻防训练。目的明确，要求严格，有针对性，手段和方法多样，能体现实战战术意图。进行条件或模拟实战训练，设定条件的难度高于竞赛要求，选择好陪练选手及其他模拟手段和方法，防止伤病出现。

（3）智能和心理负荷训练。对运动员的智能因素进行研究与训练，在训练中培养竞赛所需要的心理承受能力。

（4）实战训练。创造与竞赛相同的实战氛围和情境，及时进行技术评定，制定改进措施和办法。

（三）常得分技术

（1）后横踢。此项技术尤其适合在闭势和腾空状态下运用；规则和人体生物力学使得这一技术在比赛中的运用十分普遍。据研究统计，比赛中横踢技术占 80%。

（2）后踢。后踢在比赛中经常可以看到，是跆拳道突出的技术之一，分进攻和反击两类。裁判员在计分时一般对不同类别的后踢在力度和技术幅度上有双重标准。

（3）击头技术。击头技术包括前腿空中变线，或运用横踢、跳踢等技术点击对方头部。① 腾空单击。控制对方距离，腾空状态下运用后旋踢、后踢等技术击头。② 多点突击。连续动作开始，结束动作突然打向对手头部。常见于左右横踢（双飞或多飞）佯攻对手两肋部，最后一击向头部的情况。③ 伺机巧击。在强烈击头意识驱使下，善于选择并制造出最佳击头时机，运用多种技术，巧妙完成对头部的攻击。④ 居高强击。自上而下、无所顾忌地强行对头部进行攻击，多见于"以高打小"的比赛中。⑤ 抢点迎击。"彼不动，我不动；彼若动，我先动"。在对手发动进攻的同时，起腿抢占高点，同时击打。

（四）注意事项

（1）要进行充分的准备活动。在练习跆拳道之前，要做好充分的准备活动，以免在练习跆拳道的时候拉伤筋骨。准备运动一般包括拉筋、慢跑、做关节操等，将各韧带、关节充分活动开，能提高神经与肌肉的兴奋度，有效地克服内脏器官的生理惰性，使机体各器官处于兴奋及运动状态。

（2）跆拳道以礼始以礼终，注意礼节。并步直体站立，上体前屈30°，头部前屈45°鞠躬行礼，礼毕，上体还原成立正姿势。其他如立正、稍息、坐姿等都与平时体育课中动作有区别，应向馆内教练员或老生及时请教规范的姿势。练习跆拳道应注意自身行为举止，衣着不整不应进馆，或不应在道馆内大声喧哗、聊天说笑，不应拿各种器具以及道服玩耍，道馆有垫子的地方不要穿鞋踩在上面，进出道馆时，在馆门口处应向道馆（国旗、道旗）行礼。

（3）注意训练发声。跆拳道在训练过程中发声可以激励精神、提高训练效果，同时借助发声可在一定程度上减少体力消耗，在实战中的发声可以提高个人自信同时起到震慑对手的作用，白带新生初学时可能会感到不习惯，但应该让自己养成良好的发声习惯，以提高训练效果。

（4）参加训练一开始时的国旗道旗礼是一个重要环节，不应故意迟到，这是一种极不礼貌的行为，如有特殊情况迟到准备进队参加训练时，跑步至教练员身边或能看到的地方，鞠躬行礼以示歉意，经教练员同意后进队参加训练；另外，在训练中应将手机关闭或调至振动，如遇特殊情况需要退出训练时应向教练员举手示意，经同意后再离开。

四、跆拳道竞赛规则

（1）比赛采用三回合制，每个回合3分钟，回合之间休息1分钟。跆拳道属于有直接身体碰撞的激烈对抗性项目，运动员比赛时必须穿戴护头、护身、护裆、护臂和护腿。以拳的正面、踝关节以下部位进攻对手髋关节以上、锁骨以下被护具保护的躯干部位，以及以两耳为基准的头部和颈部的前面部分。以得分判定名次，得分多者名次列前。按体重分级别进行比赛。

（2）跆拳道的基本哲学思想是：练习此项运动者必须修身养性，道德教育第一，运动技巧第二。一方面，跆拳道运动前应按规定向对手鞠躬；另一方面，规则要求运动员身上、头上戴护具，并建议在道服内腹股沟、前臂和胫骨上佩戴护具并带护齿。

（3）竞赛。跆拳道比赛分"蓝"和"红"两方，双方以脚踢打对手的头和身体或用拳击打对方的身体而得分。选手可通过下述方法获胜：将对方击出场外，得分最高，使对手被罚分达到3分，或对手被剥夺比赛资格。比赛开始前，裁判分别发出"立正"和"敬礼"指令后，双方立正并相互鞠躬，然后裁判员喊"准备"和"开始"宣布比赛开始。

（4）得分。每个合理的攻击将得分，下述为合理的攻击：① 击打对手的得分部位，除了头外，得分部位还包括腹部及身体两侧，这三个部位标于对手的护具上。禁止击打对方小腹以下部位。② 用规则允许的身体部位击打对手。须用正确紧握的拳头的食指和中指前部或脚踝关节以下的部位击打对方。若三位裁判员中的至少两位对击打进行了认定并记录，则得分有效。

（5）犯规。犯规是跆拳道比赛中的一个重要因素，不仅因为被罚 3 分（在高水平比赛中极为罕见）意味着自动失败，而且仅 1 个罚分就可左右比赛的胜负。跆拳道犯规分"警告"和"扣分"两种。最常见的一种犯规"警告"意味着罚 0.5 分，但是若仅有一次这种犯规则不计入罚分，除非再次犯规而累计罚 1 分。若选手抓、抱、推对方，逃避性地背对对方，假装受伤等，则判警告。"扣分"是另一种更为严重的犯规，将被罚 1 分。典型的犯规行为包括扔对手，在格斗中在对手双脚离地时故意将其放倒，故意攻击对手后背，用手猛击对手的脸部。

（6）击倒。选手被击倒后裁判员如拳击比赛一样开始 10 秒的读秒。在跆拳道比赛中，一方由于对手发力而使其脚底以外的其他任何部位触地则判为被击倒。裁判员也可在选手无意或无法继续比赛时开始读秒。一旦出现击倒，则裁判员喊"暂停"，指示另一方退后，裁判员开始用韩语读秒从 1 至 10。即使被击倒的选手站起来欲继续比赛，他或她必须等待裁判员继续读秒至 8，然后裁判员判定该选手是否能继续比赛。若其无法继续比赛，则另一方以击倒获胜。

（7）胜方。除了决赛以外的其他比赛若以平局结束，则分数高的一方获胜。若双方分数相等，则由裁判员根据比赛中双方表现的主动性来决定在三回合各三分钟的比赛中哪一方占优。若为争夺金牌的决赛，则双方进行第四回合即突然死亡回合的较量，率先得分者获胜，若无人得分，则裁判员通过判断谁在该回合中占优而决定最后的胜方。

（8）比赛区域。比赛区域为大小 12 平方米的正方形场地，建于高于地面约 1 米的平台上，上面铺有弹性的垫子，为安全起见，场地外两侧平台的侧面略微向地面倾斜。场地内，正中是一个 8 平方米的蓝色正方形区域，其外边为红色的警告区，提醒选手正接近边线或平台的边缘。一旦选手的脚踏入警告区则裁判员自动暂停比赛。故意进入警告区可判为"警告"，而故意跨过边线将判为"扣分"。

（9）防护服。跆拳道是一项身体全面接触的运动，要求参赛选手穿防护服，头部、身上、前臂、胫骨、腹股沟佩戴护具。比赛前所有参赛选手将接受检查以确保其穿上所要求的护具。

第四节　散打

散打，又称散手，古称"相搏""手搏""白打"，形成于春秋时期，兴盛于宋元时期。散打是两人按照一定的规则，并运用传统武术中的踢、打、摔等攻防技法制服对方的、徒手对抗的格斗项目，它是武术的重要竞赛形式。现代散打就是常见的以直拳、摆拳、抄拳、鞭拳、鞭腿、蹬腿、踹腿、摔法等技法组成的以踢、打、摔结合的攻防技术。散打没有套路，只有单招和组合，见招拆招。随着习练散打人数的日益增多，世界各地的散打比赛也逐渐增多。

一、散打的健康益处

（一）增强体质，改善心肺功能

散打是一项体育运动，通过学习和训练，能够发展人的力量、耐力、柔韧性、灵敏度等素质；同时散打又是一项对抗性体育运动，可以发展人的心智，使人的身心得到全面的锻炼。坚持散打训练，可强筋骨、壮体魄。散打训练有利于加快机体的新陈代谢，使机体不断地消耗氧气和产生二氧化碳，从而改善心肺功能。

（二）提高柔韧性及力量

散打是一种腿部动作运用较多的运动，除蹬、弹、踹等腿法的运用以外，也需要有非常快的动作转换，这就对髋关节的灵活性及膝关节后侧韧带的伸展性有较高要求。在散打训练时经常做一些有利于攻防转化的练习，不仅能提高适应比赛的能力，也能发展髋关节的灵活性。蹬、弹、踹等腿法的广泛运用，更为发展膝关节韧带、肌腱、肌肉的伸展性创造了条件。散打属于同场对抗比赛项目，在比赛中，要求运动员移动积极，多次重复起动和快速发力，身体在合理接触中频繁冲撞，且比赛的时间较长。

（三）促进心智发展

散打绝不是凭蛮力拼命，而是要讲究方法技巧，要灵活机动地运用战略战术，它是一项以巧取胜的格斗技术。武术中"以小胜大""四两拨千斤"等技击法则，始终是散打技术应用追求的最高境界。因此，散打训练能有效地提高人的反应与应变能力，发展思维的敏捷性与灵活性，尤其是培养人在危难之际保持一种冷静而又从容应对的心理智能，克服胆怯犹豫、紧张鲁莽等不良的心理反应。

（四）锤炼意志

散打能培养习练者勇敢顽强、机智果断等优秀品质，有效缓解由学习带来的紧张情绪和压力。散打训练，从开始的基本动作、基本技术练习，到条件实战、全面实战练习，在每个阶段都对人的意志品质得到不同程度的考验和锻炼。初学散打时，要忍受拉伸韧带的痛苦；攻防练习时，要承受被击打的皮肉之苦；加量加强度时，要克服疲劳之苦；进行实战时，要克服胆怯、犹豫、紧张、冒失等不良心理反应。长期的散打训练，可以培养习练者勇敢、顽强、坚毅，不怕苦、不怕累，敢于拼搏的精神，进而形成成熟、稳健、积极向上的优秀品质。

（五）使人们享受乐趣

武术搏击之所以有很强的生命力，能延续到现在，除与社会文化背景以及运动的本身特点有极大关系外，其搏击形成所具备的较高观赏性，也起到了一定的作用。在历史上，擂台比武除暴安良已传为佳话，当今不仅练习散打的人数增多，而且观看散打比赛、对散打抱有极大热情的观众也日益增多，说明散打比赛不仅刺激、激烈，还能使人们享受散打带来的乐趣，比赛中运动员斗智、斗勇，具有较高的观赏价值。

二、散打的锻炼要领

（一）散打基本技术

1. 拳法技术

（1）左冲拳。

动作方法：右脚微蹬地面，重心微压前脚，同时出左拳向前鼻尖方向直线出击，腕伸直，力达拳峰，直线回收，回到预备势（图 7-4-1）。

图 7-4-1 左冲拳

动作要领：冲拳时，上体不可前俯，应中正，腰髋略向右转。拳面领先，大臂催前臂，臂微内旋，肘微屈（击到时保持击点、拳峰、鼻尖三点一线）。左拳快出快收，切勿停顿；右手动作不受破坏，迅速回到预备势。

易犯错误及纠正方法：① 冲拳时前肘先于拳而动，形成撩拳。强调以拳领先，勿先动肘，或在同伴帮助下以一手拉拳，一手按肘，慢慢体会要领。② 先动前臂，冲拳时以肘关节为轴，只是前臂屈伸，不是以肩为轴，大臂催前臂。同伴两拳前后放，与习练者左拳共成一线上的三点，运行路线要求三点成一线。

用法：左冲拳是一种直线进攻，属于中近距离动作，特点是距离对手较近，易起动，预动小，灵活性强，可主动进攻也可防守反击，但一般与其他动作配合运用效果更好。

（2）右冲拳。

动作方法：右脚微蹬地并向内扣转，转腰送肩的同时，右拳直线向前冲出，力达拳峰，左拳回收至左腮旁（图 7-4-2）。

图 7-4-2 右冲拳

动作要领：右冲拳的发力顺序是起动于右脚，传送到腰、肩、肘，最后达于拳面，但不应有明显的先后次序，这样会使动作脱节。上体向左转动，以加大冲拳力量。还原时以腰带肘，主动回收。

易犯错误及纠正方法：① 上体预前倾，冲拳时，上体向前移动过多，腰没向左拧转。多体会腰绕纵轴方向拧转带动冲拳的要领，克服向前俯身的问题。② 冲拳时前臂、肘关节先动外翻，形成撩拳错误。由教练员或同伴帮助，三点一线，规定运行轨迹并多对镜子练习，仔细体会。③ 后引拉拳，预兆明显。先练转身送肩，然后要求拳肩同出。

用法：右冲拳是主要的正面进攻动作之一。特点为攻击距离长、杀伤力大，是中距离得分的重要手法之一。

（3）左掼拳。

动作方法：上体微向右转，同时左拳向外、向前（由击打目标确定大小臂之间的夹角）微抬时，向里横掼，臂微屈，拳心朝下，力达拳面或拳心，也可力达掌根（以适应较远距离和增加杀伤力），右拳护于腮旁（图7-4-3）。

图 7-4-3　左掼拳

动作要领：力从腰发，腰绕纵轴向右转动。掼拳发力时，臂微屈，肘尖抬至肩平。

易犯错误及纠正方法：① 掼拳幅度过大。面对镜子或同伴帮助，先放松，慢速熟悉动作路线，待动作稳定后再逐渐加大力量与速度。② 翻肘过早，出现甩拳动作。请同伴帮助，一手抬拳，一手按肘，克服翻肘的错误，向前探身。多体会向右转腰发力的要领，或请同伴帮助控制身体前探，控制重心在两脚之间。

用法：左掼拳是中近距离侧面进攻动作。

（4）右掼拳。

动作方法：右脚微蹬地，并向内扣转，合胯并向左转腰，同时右拳向外向前，微抬时，向里横掼，力达拳面或于拳眼侧，也可用拳食指根节为击点，左拳回防，屈臂回收到左腮前（图7-4-4）。

动作要领：右脚内扣，合胯转腰与掼拳发力要协调一致；掼拳发力时肘尖微抬，使肩、肘、腕基本水平。

易犯错误及纠正方法：① 掼拳幅度过大。纠正方法同前。② 翻肘过早，出现甩拳动作。纠正方法同前。③ 向前探身。纠正方法同前。④ 发力脱节，右脚蹬转腰时，注意右肩微内压，注意肩臂之间的夹角。

用法：右掼拳是侧面进攻动作。其特点是能充分借助右脚蹬地转腰的力量，杀伤力大，但进攻路线长，幅度宜小不宜大，在第一环节中主动进攻不常用，此拳法多用于与其他动作组合连续进攻或防守攻击。

图 7-4-4 右掼拳

（5）左抄拳。

动作方法：重心略下沉，上体微左转，左拳由下向前上方勾起，大拳心朝里，力达拳峰（图 7-4-5）。

动作要领：重心略下沉，是为了更好地利用前脚蹬地扭转的反作用力，加大抄拳力量，动作要连贯、顺达，用力要由下至上，腰向右转动，发力短促。抄拳时，左臂应先微内旋再外旋，拳呈螺旋形运行。大小臂间夹角应根据与对手间的距离而确定。

易犯错误及纠正方法：① 左拳向外绕行。面对镜子，不过分追求用力，重点体会拳的运行路线。② 抄拳发力时上体后仰，挺腹。重点体会蹬地转腰的要领及内力的运用。③ 身体重心向上提，歪胯。请同伴帮助，一手按头，一手挟胯，边练习边提示逐步改进。

用法：左抄拳属上下进攻型动作，适用于近距离实战，双方接触时正面攻击对手的胸、腹或下颌。

（6）右抄拳。

动作方法：右脚蹬地，扣膝合胯，微向右转腰的同时，右拳由下向前，向上抄起，拳心朝里，力达拳峰，左手回收至左肩内侧（图 7-4-6）。

图 7-4-5 左抄拳　　　　　　　图 7-4-6 右抄拳

动作要领：右抄拳要借右脚踏地、扣膝、合胯、转腰的力量，发力由下至上，协调顺达。抄拳时，右臂先微内旋再外旋，螺旋形运行。

易犯错误及纠正方法：① 右拳后拉。这多是由于练习者想加大动作力量导致的预摆。

应消除一心只想用劲的心理，着重体会动作路线和全身的协调配合。② 身体向上立起，没有体会合胯转腰的用力方法，过分追求蹬地送髋。请同伴协助控制重心的起伏，如一手按头一手给靶，体会力从腰发出的要领。

用法：右抄拳属近距离上下进攻型动作，在近战中从下面进攻对手的胸、腹、下颌等部位。

（7）鞭拳。

动作方法：以右鞭拳为例，重心微前压，右腿提膝右摆，转身，同时右拳反臂向右侧横向鞭打，拳眼朝上，力达拳背式或拳心朝下（图7-4-7）。

图 7-4-7　鞭拳

动作要领：转体要快，甩头领先，压重心和转体同时。鞭拳时，以腰带肩，肩领大臂，大臂带动前臂，前臂鞭打甩拳。

易犯错误及纠正方法：① 转体停顿，站立不稳。可专门做转体练习与原地右转鞭拳，再慢速组合到正常速度。② 前臂没有动作，形成直臂抡打，力点不准。可原地练习鞭拳，体会甩的前后顺序与发力要领。

用法：鞭拳是侧面进攻型的动作之一，由于能借助到转体的惯性，动作幅度大，动作路线上杀伤力大，用于退守反击时，动作隐秘性强而且突然。

2. 腿法技术

（1）右蹬腿。

动作方法：身体重心前移，左腿直立或稍屈，身体略左转，右腿屈膝前抬，勾脚尖，以脚跟领先向前蹬出，力达脚跟，也可送髋，脚掌下压，力达前脚掌。

动作要领：屈膝高抬，借助惯性，爆发用力，快速连贯。

易犯错误及纠正方法：提膝未过腰，髋、踝关节松懈，力不顺达。身体直立，多做提膝靠胸练习和左右转换的蹬腿练习。注意挺髋并稍前送，亦可多做蹬墙壁、树干、沙包、靶等练习，体会发力和着力点。

（2）左蹬腿。

右腿直立或稍屈，左腿提膝抬起，勾脚，以脚跟领先向前蹬出，力达腿跟也可送髋，脚掌下压，力达前脚掌。

（3）右踹腿。

动作方法：左腿稍屈支撑，身体向左转，同时右腿屈膝前抬，膝靠前胸，大小腿夹紧，小腿外提，脚尖勾起，脚掌正对攻击目标用力向前踹出，力达脚掌，上体可适当侧倾。

动作要领：踹腿时，上体、大腿、小腿、脚掌成一条直线，踹出时，要以大腿推动小腿，直线向前发力。

易犯错误及纠正方法：收腹，展髋，撅臀及上体与腿不能成一条直线，打击距离短，速度慢，力量小等。手扶肋木或其他支撑物，一腿抬起，形成三叠状（胸腹与大腿叠，小腿与大腿叠，腿背与胫骨叠），目视击点，由慢到快反复踹腿，做动作应自然放松，不紧张。

（4）左踹腿。

右腿略屈支撑保持弹性。左腿屈膝抬起靠近胸，大小腿夹紧，腿尖勾起，小腿外摆，腿掌正对攻击目标，展髋，挺胸向前踹出，力达脚掌，身体适当侧倾。

（5）右鞭腿。

动作方法：左腿直立或稍屈支撑，上体左转，稍向左侧倾，同时右腿屈膝前摆，甩髋，大腿带动小腿，绷脚背，随即挺膝向前弹踢小腿，力达脚背或小腿前端，整个过程呈鞭打状发力。

动作要领：脚背紧张用力，膝内扣，大腿带动小腿，甩髋要干脆、快速、有力。

易犯错误及纠正方法：脚背放松，膝不内扣，力点不准，运行路线不圆滑，发力不整。按动作要领多做慢速动作，做到动作不脱节，在鞭打沙包、脚靶时，多体会击打时脚背的触点、肌肉感觉和动作的发力过程，注意动作的整体性和协调性。

（6）左鞭腿。右腿直立或稍屈支撑，上体稍向右侧倾，同时左腿屈膝向右摆动，扣膝绷脚背，随即挺膝向前踢小腿，力达脚背或小腿前端。

（7）右转身后扫腿。

动作方法：身体右后转，做到以头领身，随转体右腿直腿由后向前横扫，脚背绷紧，力达脚掌，目视击点。

动作要领：转体时，以头领先，借助惯性，腰背发力，展髋，挺膝，绷脚背。

易犯错误及纠正方法：弯腰，低头，收腹屈髋，转体不圆滑，无力，击打不到位。多体会以头领身的转体，然后多感觉慢速横扫腿的运行路线与发力，再逐渐加速，在沙包与脚靶上体会动作要领。

（8）左转身后扫腿。右脚向左脚前上步，脚尖内扣，右腿微屈独立支撑，同时以头领身，左后转身，随转体上体稍侧倾，左腿向前横扫，脚面绷平，力达脚掌，目视击点。

（9）倒地前扫腿。

动作方法：左腿下蹲，身体左转两手侧倒向左后方拍地，同时展髋起右脚，右腿向左前方弧线擦地直腿前扫勾踢，脚掌内勾，力达踝关节。

动作要领：低身与转体、倒地要快速连贯，借以带动扫腿，加快动作速度，增强力度。

易犯错误及纠正方法：扫转腿弯曲，脚掌离地，倒地太硬，上下脱节，转体与扫腿不连贯。多做转体倒地扫腿的配合练习，做到倒扫同步完成，体会整体用力的协调性，另外多做侧倒动作。

（10）扶地后扫腿。左腿屈膝全蹲，脚前掌为轴，两手右后方扶地，上体向右后方转体一周，展髋，带动右腿向左后方弧线擦地直腿后扫，脚掌内扣，并勾紧，力达脚后跟（图7-4-8）。

图7-4-8　扶地后扫腿

（二）散打基本技术的训练方法

在散打基本技术的训练中，首先要了解散打基本技术的动作原理，自觉运用训练的原则，熟悉各种训练方法。其次要制订详细的训练计划，必须从易到难循序渐进。最后还要处理好基本技术训练与战术、专项身体素质以及心理训练方法等方面的关系，及时调整基本技术教学训练的内容、方法和训练负荷。

散打基本技术的训练包括预备姿势、基本步法、基本拳法、基本腿法、基本摔法和防守技术。散打组合技术的训练包括进攻组合技术、防守组合技术、攻中有防组合技术和防守反击组合技术。基本技术的训练方法主要有原地规范动作练习、结合步法的动作练习、空击练习、非接触式的攻防练习、模拟练习、打靶练习和条件实战练习等。

1. 原地规范动作练习

在了解熟悉动作要领后，根据动作要领反复进行单个动作练习。复杂的动作技术还应进行分解练习，这时，教练员首先要做好示范动作，反复讲解，并及时发现和纠正习练者学习过程中的错误动作。此时的训练不应要求动作的速度和用力程度，重点体会动作要领、起止路线和作用物体的着力点以及发力的动作机制。通过这种反复练习，不断强化习练者的动作意识，才能使其形成正确的动力定型。

2. 结合步法的动作练习

经过原地练习掌握了规范动作后，再结合相应步法进行单体技术的练习。与步法结合的原则是拳动步动，腿到步到；在摔法中则是"足进肩随即拧腰，套封插别就见跤"。结合步法训练的目的是保持在动态中的平衡和提高行进间完成各种攻防动作的能力，训练的重点就是要解决身体各部位的协调配合，保证及时、隐蔽、准确地完成各种攻防动作。

3. 空击练习

空击练习是熟练自如地掌握动作技术的重要训练手段，并能以此来加强和改善神经传导通路的信息传递功能，进而提高动作的应变能力和反应速度。空击练习可根据掌握技术的程度分为几个步骤或阶段来分别实施：第一，个人单体技术空击。这是针对某一种拳（腿、摔）法或防守方法结合步法反复练习的方法，以提高某一类技术掌握的水平。第二，个人组合技术空击。这是把进攻和防守中的某几种方法编串起来反复练习，以提高组合技术运用的协调能力。第三，随机组合空击。这是通过假设对手，并运用随机的组合技术，进行想象中的攻防练习，以提高技术运用的能力。

4. 非接触式的攻防练习

在排除阻抗条件的前提下，两人进行攻防练习，目的是提高对对方攻防动作的判断和及时做出相应反应动作的能力。非接触式的攻防练习可分为一攻一防式和相互攻防式，还可根据训练要求运用规定的或随机的单体、组合技术进行练习，但动作的速度要与实战水平近似。

5. 模拟练习

为提高某个单体或组合动作的运用能力，教练员或助手使用规定的方法反复地向习练者递招，而习练者则根据递招的具体情况做出相应的攻防动作，以此来提高反应速度，建立起稳定的条件反射，直至动作技术的运用进入自动化阶段。模拟练习多用于防守和防守反击技术的训练。

6. 打靶练习

打靶练习分为打固定靶和打活动靶两种。打固定靶主要是提高动作的力度和耐久力，打活动靶主要是提高反应速度、距离感和准确度。打靶练习还可根据要求分为打技术靶、打战术靶和打素质靶。打技术靶是通过打靶来体验和规范单体及组合技术的练习方法；打战术靶是根据假定情况有针对性地找出规定或随机打法的练习方法，以提高对抗中的战术意识；打素质靶则是以提高动作速度、打击力量和专项耐久力为主要目的练习方法，至于在打素质靶时遇到需要解决某项素质的问题，则应根据训练的内容与计划做出安排。

7. 条件实战练习

条件实战练习是指有条件限制的实战，这是初学阶段或根据阶段训练内容以及为提高某些运动员的某种能力而设置的一种常见的训练手段，具有较强的针对性，是进行实战的基础。条件实战大致可分为拳的实战、腿的实战、摔的实战、拳与腿的实战、拳与摔的实战、腿与摔的实战6种，这些还可根据具体的训练内容和要求进行细化。

（三）散打身体素质训练内容与方法

散打运动员应具备良好的身体素质，其训练的内容和方法包括两大部分，即散打运动员的身体训练（力量、速度、耐力、柔韧性、灵敏度等）和功力训练（击打力和抗阻力）。

1. 发展力量素质常用的方法

（1）发展上下肢最大力量常用的动作。

杠铃屈臂：两脚左右开立，两手反握杠铃提至腹前，以肘关节为轴做两臂屈伸动作。

卧推杠铃：仰卧在长凳上，做卧推杠铃动作。

负重深蹲：肩负杠铃，深蹲起，蹲起时做提踵动作。

（2）发展腹背肌最大力量常用的动作。

高翻杠铃：半蹲正握杠铃，提至胸前，翻转腕关节成胸前握，然后放下。

负重收腹：仰卧，两脚固定，两手持杠铃置于头后，做收腹动作。

负重俯卧体后屈：俯卧，两脚固定，两手持杠铃片置于头后，做身体抬起动作。

（3）发展全身性最大力量常用的动作。

抓举杠铃，挺举杠铃。

（4）发展速度力量常用的方法。

卧推杠铃：负荷，110%~150%，加助力推起，加保护慢放下。

负重弹跳：负重沙袋或杠铃，结合各种步法做连续弹跳。

握轻哑铃冲拳：手握轻哑铃或其他短铁棒，成实战姿势，做各种拳法练习。应和不负重交替进行练习。

握拉力器（橡皮带）冲拳：单手或双手握拉力器，拉力器的另一端固定，成实战姿势冲拳。

负重做腿法练习：腿系沙绑腿，做蹬、踹、弹等各种腿法练习。

（5）发展力量耐力常用的方法。

俯卧撑：身体俯卧，两手屈臂支撑，立即用力伸直。两手亦可握拳或用十指撑地，以增加练习的难度。

推小车：直臂俯撑，身体挺直，由同伴握其双踝抬起其身体，做双手着地快速向前爬行的练习，或两手同时推离地面向前跳行。

俯卧两头起：俯卧在垫子或长凳上，两臂前伸，两腿并拢伸直，两臂和两腿同时向上抬起成背弓，然后积极还原，连续练习。

肋木举腿：背靠肋木，两手抓握横木悬垂，做收腹举腿动作。

蹲步换踢：屈膝全蹲，起立后做一腿侧弹踢动作，两腿交替进行。

单杠引体：两手正握单杠，做引体向上。引体向上时，下颌要高过横杠才能最有效地发展背阔肌。上拉时不要摆动或蹬腿，脚上可系重物，反复练习。

2. 发展速度素质常用的方法

（1）打移动靶法。教练员或同伴拿靶，在移动中突然示靶，运动员应根据不同靶位，快速做出反应，选择相应的组合动作打靶。教练员可以用靶反击，让运动员迅速做出防守动作，准备下一次打靶。

（2）条件实战法。规定一方主动进攻，另一方防守反击，防守反击的一方要根据主动进攻一方的动作，做出选择性反击动作。也可先规定进攻动作和防守反击动作，然后再过渡到任意进攻与防守反击。

（3）实战和比赛法。实战和比赛法是训练散打复杂反应的最好方法，并且要经常与不同的对手进行实战，以增加新异刺激，培养队员随机应变的能力。

（4）"影子"训练法。"影子"训练法又称空击训练法，即想象对手或将自己的影子视为对手做各种防守与进攻的方法。

（5）负重训练法。腿绑小沙袋或手握小铁棒，做空击动作。

3. 发展耐力素质常用的方法

（1）台阶跑。每组持续 10~12 分钟，做 2~3 组，间歇 3~5 分钟。

（2）越野跑。强度以心率为指标，控制在每分钟 150 次左右，负荷时间 30~60 分钟。

（3）跳绳。负荷及间歇同台阶跑。

（4）空击。采用各种进攻与防守动作练习。要求动作快速、连贯、协调，间歇时间短。负荷 2~3 分钟，做 5~8 组，间歇 1 分钟。

（5）打沙袋。用各种拳法和腿法击打沙袋，要求同空击。

（6）打脚靶。用规定动作，前进、后退打靶，要求同空击。

（7）坐桩。采用实战或条件实战，由一人"坐桩"，连续 3~5 局，每局 2~3 分钟，间歇 1 分钟。每局换一体力充沛者与其对阵。

4. 发展柔韧素质常用的方法

（1）肩臂练习。

压肩：两臂、两腿要伸直，振幅应逐步加大，压点集中于肩部。

交叉绕环：两臂伸直上举，左臂向前、向下、向后，右臂向后、向下、向前，两臂同时于体侧划立圆绕环。练习时可交替进行。

（2）腰部练习。

甩腰：要求幅度由小到大，充分伸展背和腹肌。

体后屈：运动员跪坐在垫上，两腿并拢压在臀部下，身体向垫子上仰卧。

（3）腿部练习。

压腿：分正压、侧压和后压三种，将腿放一定高度上进行练习。

踢腿：可扶把踢，也可在行进中踢。常用踢腿方法有正踢、侧踢、后踢和摆踢。

劈叉：前后劈腿，同伴帮助压后大腿根部。左、右劈腿时应将两脚垫高，自己下压或由同伴扶髋关节直压。

5. 发展灵敏素质常用的方法

（1）徒手练习法。弓箭步转体，立卧撑转体跳。

（2）双人练习法。在直径 3 米的圆圈内，二人各占半圆。一人防守，一人设法利用晃动、躲闪等假动作摆脱防守者进入对方防守区。不准拉人、撞人。

（3）躲闪摸肩。二人站在直径为 2.5 米的圆圈内，做一对一摸对方肩部和躲闪的练习。

（4）贴烧饼游戏法。先将运动员分成若干组，每组两人环形站立，另设两人一追一逃，逃者若背贴于某组内环第一名前面，则该组最后一名便成为逃者。如逃者被抓住，则改为追者，反复练习。

（5）打"小鸟"游戏法。运动员分成两组，甲组站立在场地中间做被打击目标——"小鸟"，乙组围成圆圈，持排球或小沙袋等轻器械向"小鸟"投射。"小鸟"被击中下肢部位者下场，全被击中后与乙组交换练习。

6. 增强击打力常用的方法

（1）打沙袋。采用散打技术中各种动作击打沙袋，击打时注意着力点正确（如直拳以拳面接触沙袋，横踢腿以脚踝或小腿下部接触沙袋），击打部位准确，发力充分。还可结合步法练习。

（2）打脚靶。结合步法，用各种方法击打脚靶。

（3）打墙靶。练习者可将一块垫子固定在墙上，高度适宜，练习各种直线性技术动作的发力。

（4）打木桩。武术的一种传统练功方法。可采用各种方法击打木桩，一方面提高击打力，另一方面提高着力点部位的承受能力。

7. 增强抗阻力常用的方法

（1）拍打功训练。

自我拍打：自己对自己的要害部位和易伤部位进行拍打。如拍打手臂、腹部和胸部。

相互拍打：两人相互拍打对方的要害和易伤部位。如用武术中常采用的"八大靠"和横踢腿拍打对方的腹部和后背。

（2）倒地功训练。倒地功训练包括前扑、虎扑、抢背、后倒屈身起、后倒摔、侧倒摔等训练。

（四）注意事项

1. 要做好充分的准备活动

散打是综合性较强的项目。在练习散打之前，准备环节不容忽视，如跑步、跳绳、游戏等；各关节要充分活动开来，做压腿、提腿练习。训练时把准备活动做好，以免活动不开而受伤，主要是拉伤及其他软组织损伤。训练中集中注意力，一走神不但要领记不住，而且也易受伤。在训练最后要放松，这样肌肉恢复时间能够缩短，有利于下一次训练。

2. 练习要循序渐进

散打运动不可操之过急，初学者千万别为了动作潇洒、飘逸力求速成。以压腿为例，初学者应用正确的方法由轻到重、循序渐进进行练习，而不能用力过猛、急于求成。

3. 技术动作训练中应注意问题

注意加强薄弱环节部位的练习和放松肌肉。散打训练中腰部是最容易受伤的一个部位，但腰部又是一个关键发力轴点，不管哪项技术的发力都是由腰部带动，所以在准备活动和练习中，特别要注意腰部力量的练习。在力量练习结束时为使肌肉松弛以免发僵，要加一些辅助性的练习，例如冲刺跑、快速空击或沙袋练习等，这样就能使练习的力量在快速练习中发挥出来，达到预期的效果。在训练结束后两人应相互做肌肉按摩放松 10 分钟。

4. 实战技术训练中应注意问题

注意反应练习和心理锻炼。在初次实战前，要加强反应练习，然后再进行实战练习。在选择对手时应选一个与自己实力相当的对手，这样有利于培养信心，若选择的对手太强，第一次实战就被对手打得很重，会对实战产生一种畏惧心理，这样对以后实战技术的提高与发挥有很大影响。实战练习时要戴好护具，没有护具的部位不要重击，切忌开玩笑、斗气或者有意伤人，要讲武德。练习后应做些调整活动，如慢走、扩胸、转腰、按摩肌肉等，以消除疲劳。不要马上游泳或躺在潮湿的地上，也不要在风口处久留，不要大量喝水。

三、散打竞赛规则与裁判简介

（一）竞赛通则

1. 竞赛性质

武术散打比赛有团体比赛、个人比赛。

2. 竞赛办法

竞赛办法包括循环赛、单败淘汰赛、双败淘汰赛。每场比赛均采用三局两胜制，每局净打 3 分钟，局间休息 1 分钟。

（1）体重分级。体重分级为 48 公斤级、52 公斤级、56 公斤级、60 公斤级、65 公斤级、70 公斤级、75 公斤级、80 公斤级、85 公斤级、90 公斤以上级。

（2）服装护具。运动员必须穿戴大会指定的拳套、护头、护齿、护胸、护裆、护腿、赤脚穿护脚背。穿与比赛护具颜色相同的背心和短裤。65 公斤级及以下级别的拳套为 230克；70 公斤级及以上级别的拳套为 280 克。

（3）竞赛中的礼节。介绍运动员时，运动员向观众行抱拳礼。每场比赛开始前，运动员相互行抱拳礼。宣布结果时，运动员交换站位，宣布结果后，运动员先相互行抱拳礼，然后依次向台上裁判员、对方教练员行抱拳礼，裁判员和教练员回礼。

（二）得分标准与判罚

（1）禁击部位为后脑、颈部、裆部。

（2）得分部位为头部、躯干、大腿和小腿。

（3）禁用方法。在比赛中，禁止使用头、肘、膝和反关节的动作进攻对方；不得使用迫使对方头部先着地的摔法或有意砸压对方；禁用腿法攻击倒地方的头部；不得用拳连击对方头部。

（4）可用方法为除上述禁用方法外的武术各流派的攻防招法。

（5）得分标准。

①得3分。在一局比赛中，一方第一次下台，对方得3分；用转身后摆腿击中对方躯干部位而自己站立者；用主动倒地的动作致使对方倒地，而自己即刻站立者；使用勾踢将对方踢倒而自己站立者。

②得2分。一方倒地，而自己站立者；用腿法击中对方躯干部位者；被强制读秒一次，对方得2分；受警告一次，对方得2分。

③得1分。用手法击中对方得分部位者；用腿法击中对方头部和下肢（脚除外）者；运动员消极8秒，被指定进攻后8秒内仍不进攻，对方得1分；主动倒地3秒不起立，对方得1分；使用方法双方先后倒地，后倒地者得1分。

④不得分。双方下台或同时倒地；双方相打相踢；使用方法主动倒地，对方不得分；抱缠中击中对方。

（6）犯规与罚则。

①技术犯规。消极搂抱对方；处于不利状况时举手要求暂停；比赛中场外进行指导；比赛中有不礼貌或不服从裁判行为；比赛中大声喊叫；有意拖延比赛时间；上场不戴或吐落护齿，有意松脱护具；不遵守礼节。

②侵人犯规。在口令"开始"前或喊"停"后进攻对方；击中对方禁击部位；用不允许的方法击中对方。

运动员在比赛时，每出现一次技术犯规，劝告一次。每出现一次侵人犯规，警告一次。受罚失分达6分者，判对方为胜方。运动员故意伤人，则取消其比赛资格，判对方为胜方。运动员使用违禁药物，局间休息时输氧，则取消其比赛资格。

（7）暂停比赛。

以下情况台上裁判员要及时暂停比赛：运动员倒地（主动倒地除外）或下台时；运动员犯规受罚时；运动员受伤时；运动员相互拖缠无进攻动作或无效进攻超过2秒时；运动员主动倒地超过3秒时；运动员由于客观原因举手要求暂停时；裁判长纠正错判、漏判时；处理场上问题或发现险情时；因灯光、场地等客观原因影响比赛时；运动员对峙，指定进攻一方达8秒仍无进攻时。

（8）胜负评定。

①优势胜利。在一场比赛中，3次有效使用3分动作者（下台除外）；双方实力悬殊，技术强者为该场胜方。被重击（侵人犯规除外）倒地不起达10秒，或能站立但知觉失常；被重击强制读秒（侵人犯规除外）达3次；运动员出现伤病，经医生诊断不能继续比赛者，判对方为胜方。

②局胜利。每局比赛结束时，依据边裁判员的评判结果，判定每局胜负。在一局比赛中，一方受重击被强制读秒（侵人犯规除外）2次；一方2次下台，另一方为该局胜方。2次有效使用3分动作者，为该局胜方。出现平局时，受警告、劝告少者，体重轻者为胜方。

③比赛胜利。一场比赛，先胜两局者为该场胜方。

（三）散打竞赛裁判法简介

裁判员在具备精通规则、熟悉技术、沉着稳重、眼疾手快的素质基础上，还要掌握一定的裁判方法。

（1）想象动作，准确判罚。裁判员要在熟悉各类技术动作的基础上，根据运动员进攻或防守前的各种预兆动作，想象可能运用的技术，以及这类技术动作可能达到的效果。

一旦该技术出现，就能准确地做出客观的判罚。

（2）暂停果断，处理稳重。台上裁判员要对比赛中瞬间出现的各种情况，能够及时果断地喊"停"，以便有暇即刻回顾双方的技术、战术，稳重、准确地做出处罚与得分手势。

（3）跟随主动，看听结合。台上裁判员、边裁判员要将注意力主要集中在主动进攻的一方。同时，不仅要看击打部分，还要听击中时的声音。通过看位移、看防守、听声音判定得分。

（4）明辨方法，注重效果。场上双方运动员所运用的各种技术方法等行为能达到的一定效果是裁判员裁决的主要依据。特别是对于相互缠抱、互踢互打等行为一定要注重是否能够出现应有的效果。

第八章
时尚类健身方法

第一节　轮滑

　　轮滑俗称"滑旱冰"，是一项历史悠久、开展广泛的运动项目，包括速度轮滑、花样轮滑、轮滑球、单排轮滑和双排轮滑。轮滑能增强体质、消除疲劳，还能调节精神，在世界各地有着广泛的群众基础和深厚的文化底蕴，深受世界各国人民的喜爱。

一、轮滑的健康益处

　　轮滑和其他体育运动一样，具有极高的健身价值。参加轮滑锻炼能使人体新陈代谢加快，神经系统、心血管系统、呼吸系统等机能得到改善，同时，有助于提高人体的心理素质。

　　（一）提高身体素质

　　轮滑是一项在运动中灵活变换重心、维持动态平衡的运动，因此，练习轮滑能有效地提高人体的平衡能力。轮滑要把人体全身的重量放在不到1厘米宽的轮刃上，另外，除保持一定的身体姿势滑行外，还要做各种各样的动作。例如，花样轮滑要做向前滑、向后滑、左右转弯、跳跃、旋转、平衡等动作；极限轮滑和滑板要在各种高度、坡度的道具上做跳跃、转体甚至空翻动作，稳定落下后还要继续滑行，尽管支撑面小、滑行速度快，但运动员稳定、精确的动作与在平地上表演无多大差别，可见轮滑运动对提高人体的平衡能力有突出作用。

　　轮滑对提高两腿及两脚的肌肉力量有明显的效果。轮滑的体重负担主要在下肢，人的大肌肉群很多也集中在下肢，两腿除总是蹬地和支撑身体重量外，还要克服由于急转、急停、旋转、跳跃等动作产生的巨大惯性和离心力，因此，轮滑运动员的腿部肌肉都很发达，力量很强。此外，滑轮滑时为了保持平衡和做各种动作，身体各部位的肌肉必须协同用力，因此可以发展协调性。打轮滑球时不仅要具备很强的臂力，以便很好地掌握使用球杆的技术，还要具备全面的身体力量以适应激烈的身体对抗和接触。由此可见，轮滑可以使人的身体素质得到全面的发展和锻炼。

　　（二）改善心血管和呼吸系统机能

　　轮滑的运动量和强度都很大，因而对参加者的心肺功能要求很高。经常参加轮滑锻炼，可以有效地改善心肺功能。据测定，速度轮滑运动员的心脏比一般人的心脏横径约大

4.4 厘米、长径约大 1.5 厘米，这种功能性肥大是心脏肌肉发达的表现，其心脏搏动有力且缓慢。优秀轮滑运动员在安静状态下心脏每分钟只需跳动 50 次左右，而一般人每分钟需跳动 70 次左右。剧烈运动时，运动员心脏跳动每分钟可达 200 次，而一般人心脏每分钟跳动 170 次左右就难以承受了。在对呼吸系统的影响上，由于速度轮滑和轮滑速降的姿势和动作的特点，运动员的膈肌受限，整个方式属于混合式呼吸，因此对胸廓呼吸的要求较高，其胸肌发达、有力量，平时呼吸深而慢，运动时摄氧能力高出常人很多。

另外，经常从事轮滑运动，尤其是户外轮滑运动，不仅能呼吸新鲜空气、促进新陈代谢、改善氧的供应，而且能提高呼吸器官的工作能力，使呼吸器官的机能得到改善，增强呼吸机能。

（三）提升意志力

初学轮滑比较容易，但要想滑得好，就需要下功夫练习了。首先，初学轮滑就像小孩学走路，必然会遇到摔跤的问题，要不怕摔，要学会自我保护，要掌握技巧。这些都是对人意志品质的锻炼和培养。当掌握了一定的技术，要进一步提高时，就需要加大运动量、加大强度、加长时间，这时必然会遇到苦、累的问题。在速滑进行超长距离的滑跑时，在轮滑速降从陡坡上高速下冲时，在极限轮滑的道具上一次次摔下来时，能否敢于练习，能否坚持练习，都是对人的意志品质的极大考验和锻炼。在参加各种比赛时，都会遇到输赢胜负的问题，在赛前、赛中、比分领先或落后时，能否正确对待，都是对人心理素质的极大考验和锻炼。因此，轮滑不仅能全面提高人的身体素质，还能培养人勇敢顽强的精神、坚忍不拔的意志品质以及良好的心理素质。总之，对青少年的成长发育和良好意志品质的培养来说，轮滑是一项极好的运动项目。

二、轮滑的练习要领

（一）直道滑行技术

直道滑行技术包括身体姿势、蹬地、收腿、着地、惯性滑行、摆臂和整体动作配合等。

1. 身体姿势

速度轮滑要减少空气阻力，达到快速滑跑的目的，必须采取特殊的身体姿势。身体姿势的正确与否，对正确完成动作、有效地使用技术及发挥身体潜能都有重要的作用，因此，正确的身体姿势是滑行技术的基础。速度轮滑直道滑跑采用上体前倾的半蹲式姿势，髋、膝、踝三关节成屈的状态。上体放松，两手放在背后，头微抬起，目视前进方向 30~40 米处。滑行中身体重心落在脚心处为宜（图 8-1-1）。髋关节的角度为 90°~100°，膝关节的角度为 110°~120°，踝关节的角度为 65°~70°。这种特殊的身体姿势的优点是减少空气阻力，能够提高速度、节省体力。由于重心相对较低，有利于滑行平稳和控制身体平衡。两腿的弯曲能加大动作幅度，有效延长滑行距离，加强蹬地效果。

根据三关节弯曲角度的不同，可将身体姿势分为高姿势、低姿势两种。高姿势的特点是：有利于提高滑跑频率，减轻内脏器官的压

图 8-1-1　身体姿势

力，体能消耗较小，但是空气阻力较大，蹬地距离短，对维持身体平衡有影响。低姿势的特点是：易于控制身体平衡，蹬地距离长，易形成良好的蹬地角，有助于发力，但体力消耗大，易疲劳。身体姿势要根据个人水平、参加项目、技战术及自然条件等因素决定。一般情况下，力量强的选手或短距离项目采用低姿势，力量弱的选手或长距离项目采用高姿势。

2. 蹬地

蹬地是推动运动员向前滑行的唯一动力来源。蹬地的效果，取决于运动员蹬地用力的方式、角度、方向、力量、速度等技术细节。蹬地是速度轮滑的核心技术。蹬地动作由开始蹬地、用力蹬地和结束蹬地三个阶段构成，合理的蹬地顺序是：展髋的同时伸髋，再伸膝，最后伸踝。

（1）蹬地动作用力的方式。速度轮滑的蹬地方式具有快速用力和逐渐增加速度的特点。在蹬地的开始阶段，由于身体重心位置的变化，未形成良好的蹬地角，蹬地腿所处的关节角度也不是有利的，因此，开始阶段的蹬地速度稍慢。在蹬地的最大用力阶段，由于形成了良好的蹬地角，蹬地腿的各关节角度都处在最有利的状态下，此时，需要加速用力蹬地，同时力值也达到最高水平。

（2）蹬地角。在速度轮滑中，蹬地角可以决定蹬地的力量效果，但前提必须是全力蹬地。轮滑理想的蹬地角为 40°～45°，此时蹬地力量最大。在滑行的过程中，蹬地角并非一定值，从蹬地动作开始到蹬地动作结束，蹬地角不断变化，其角度逐渐减小，到结束蹬地时变成一定值，其变化值为 90°～100°（轮子着地至蹬地结束）。长距离项目及直道的蹬地角较大，弯道的蹬地角较小。

（3）蹬地力量、速度和幅度。滑行的速度依赖于蹬地动作对地面的作用力，作用力与滑行速度成正比，作用力取决于肌肉收缩所做的功和功率（除利用体重蹬地等其他因素外）。功率与蹬地力量、蹬伸速度及做功的距离有关，蹬地过程中要想获得较大的功率，就要加大蹬地的力量和提高蹬伸的速度。在轮滑过程中，由于轮子与地面咬合有脱滑现象，因此，要求动作幅度不要过大，膝关节不要完全伸直。

（4）蹬地方向。在相对静止的条件下，凡是向前的滑行动作，运动员只有向支点后方施以作用力，才能产生推动身体向前的反作用力。速度轮滑中的起跑阶段是向后蹬地的，在疾跑阶段，由于速度逐渐增加，蹬地的方向就要由后逐渐转向侧边，当达到一定的滑跑速度时，蹬地方向应与滑行方向垂直。在滑速较快时，必须向侧边蹬地的原因有二：首先，这是由向前滑行速度大于蹬地速度所决定的；其次，这是由人体下肢形态结构与单排轮的几何形态特点所决定的。

（5）利用体重蹬地。利用体重蹬地是将身体重心控制在蹬地腿上，借助身体重量对地面的作用力来增加蹬地的力量。速度轮滑的用力很讲究利用体重，在破坏平衡后的蹬地过程中，要使重心始终落在蹬地腿上。相关研究发现，蹬地产生的力量大约是体重的 30%。

（6）蹬地的用力顺序及时机。蹬地的用力顺序是指下肢各关节伸展的顺序，它对提高滑速有很大的作用。合理的伸展顺序是先伸展髋关节，然后迅速伸膝、伸踝，这样易形成快速有力的蹬地动作。蹬地的时机是针对蹬地腿开始蹬地动作与浮腿着地动作之间的时间关系而言的。提倡早蹬，但必须有适宜的蹬地角度等为前提。蹬地晚的含义是蹬地过程中，浮腿轮子过早着地，甚至承担体重后蹬地腿才蹬地。较好的蹬地时机是在蹬地腿蹬地的过程中，达到最大用力阶段时，浮腿轮子刚刚着地。

3. 收腿

当蹬地腿完成蹬地动作后，浮腿抬离地面至再次着地前的过程称为收腿。收腿的任务是连接蹬地与着地动作，配合身体重心的转换、保持平衡及放松等。另外，浮腿积极地摆动也有助于蹬地腿发挥蹬地力量。收腿的动作方法是：浮腿的大腿带动小腿以最短的路线拉回，使浮腿的膝关节靠近支撑腿。收腿时髋关节内收、膝关节弯曲形成自然的钟摆动作。

4. 着地

着地动作是指从收腿动作结束至轮子落地的动作阶段。着地包括两个动作阶段：一是向前摆腿动作阶段，二是轮子着地动作阶段。着地的动作方法是以屈大腿的动作为主，从后向前提拉，后轮领先在靠近蹬地腿内侧的前方着地。着地技术很重要，它直接影响惯性滑进和蹬地质量。着地时小腿有明显的积极前送下落动作，并使浮腿充分放松，浮腿轮子着地的角度不要过大，浮腿的轮子在着地瞬间，浮腿暂不承担体重，当蹬地腿蹬地结束的刹那才迅速承担体重。

5. 惯性滑进

惯性滑进是指一条腿从轮子着地后的支撑滑行至开始蹬地的动作阶段。惯性滑进时，除尽量保持已获得的速度外，还要为下次蹬地做好准备。惯性滑进动作持续的时间与项目的类别有关，其技术动作也有区别。长距离滑跑时，滑进持续时间比短距离长，一般为一个单步幅的二分之一；而短距离滑跑则占一个单步幅的 1/3 或 1/4 左右。在支撑滑进过程中，最好利用轮子正面支撑，减少轴向用力，避免轴承压力过大造成的速度损失。

6. 摆臂

摆臂是配合蹬地获得速度的重要因素，短距离项目和长距离项目都要摆臂。通过摆臂可以调节身体平衡和加强蹬地力量，有利于协调整个身体运动和达到战术目的等。摆臂的动作结构与方法：短距离项目采用双摆臂，长距离项目较多采用单摆臂。单摆臂通常摆动右臂，有时在长距离项目的后程也采用双摆臂。摆臂动作的幅度相对较小，摆动时，两臂以肩关节为轴，辅以屈伸肘关节动作完成前后自然摆动动作。双手可以半握拳或保持微屈状态，前摆到颌下，后摆至与躯干平行。摆臂的方向以与躯干的纵轴线之间成 40° 为宜。摆臂动作的节奏要与蹬地腿保持一致，臂与腿的配合动作是蹬地腿的同侧臂向前、异侧臂向后摆动。

7. 整体动作配合

整体动作配合在滑跑过程中主要起到动作之间相互协调、促进、带动和节能的重要作用，同时有利于发挥战术。整体动作配合大体由两个方面构成，即两腿间的动作配合、臂与腿部的动作配合。

（二）弯道滑行技术

弯道滑行技术是轮滑最重要的技术，既要保持高速滑行，又要保持平衡。在弯道滑行的区段也是体现战术意图的重点区域。弯道滑行的基本动作是由弯道滑行的基本姿势、蹬地、收腿、着地、摆臂及全身动作配合构成的，该动作没有单脚支撑自由滑行阶段。

1. 基本姿势

弯道滑行时，基本姿势外观结构是：上体前倾，支撑腿的髋、膝、踝三关节保持屈的状态。在弯道滑行过程中，身体始终向圆心倾斜，并保持鼻与支撑腿的膝关节、前轮都处在同一纵轴平面上，倾斜的幅度较大，蹬地角为40°~45°。单臂或双臂前后自然摆动，身体重心以落在轮子的中部位置为宜（图8-1-2）。

图8-1-2 基本姿势

2. 蹬地

在弯道滑行过程中，根据克服人体向前做直线运动的惯性需要一定向心力的要求，弯道技术动作与直道技术动作相比有明显的不同。以左转为例（下文同），由于身体重心投影点始终在身体的左侧，并在离心力与向心力的作用下，形成了为维持身体平衡使身体重心沿弧线方向运动的规律，这样也自然形成了左脚外侧轮和右脚内侧轮交替、连续、快速向右侧蹬地的动作技术。

蹬地动作结构与方法：在弯道滑行过程中，两腿的蹬地动作有所不同，参与蹬地动作做功的肌群也不同。右腿蹬地动作以伸髋、展髋、伸膝的动作为主，伸踝动作为辅；而左腿的蹬地动作以伸髋、内收髋关节、伸膝的动作为主。

3. 收腿

弯道滑行收腿动作是弯道滑行周期动作的一个阶段，指蹬地腿轮子离开地面时，将浮腿收至支撑腿左侧某一点的过程，它在滑行过程中起到放松肌肉、调节身体平衡及协调配合蹬地腿的蹬伸等作用。

收腿动作结构与方法：为适应弯道滑行的特性，两腿的收腿动作不一致。右腿的收腿动作以内收、屈髋、屈膝关节的动作为主，以伸踝关节动作为辅，膝关节领先，轮子贴近地面向左侧平移，跨过左腿和左脚轮子至左脚轮子左侧稍偏前的适宜位置。左腿的收腿动作为膝关节领先，以伸踝关节动作为辅，使左脚踝保持放松状态，轮子贴近地面向左上方做提拉腿的动作，将左腿收至支撑腿左侧较适宜的位置。

4. 着地

弯道滑行的轮子着地动作过程只是轮子着地的瞬间动作。着地技术由着地方向、着地时机、着地部位和位置等组成。着地在滑行中起到确定滑行方向、调节蹬地时机、协调配合蹬地动作、建立和保持平衡等作用。

着地动作结构与方法：右腿轮子的着地动作为右腿收腿动作结束后，利用右脚伸踝关节的动作，使轮子的正面后轮在支撑腿（左腿）的前内侧较适宜的位置轻轻着地。左腿轮子的着地动作为左腿的收腿动作结束后，利用左脚伸踝关节的动作，使前轮子稍稍翘起，轮子外侧后部在右脚轮子的前内侧较适宜的位置轻轻着地。

5. 摆臂

弯道滑行时，摆臂的重要任务是调节身体平衡，配合蹬地动作，提高蹬地频率，有利于战术发挥。摆臂时，右臂的摆动幅度与直道摆动基本相同，摆动的方向可稍向外侧，摆动的动作是以肩关节屈伸摆动为主。

6. 全身动作配合

全身动作配合在弯道滑行过程中起着相互协调、带动和促进作用，有利于在滑行中节省体能以及发挥各环节的技术和战术意图等。弯道滑行中，全身动作配合由两腿间的动作配合及臂与腿的动作配合构成。

（1）两腿间的动作配合。

以一侧腿的动作为例，其动作顺序是：蹬地—收腿—着地。两腿间的动作配合为：右腿开始蹬地，左腿开始收腿；右腿蹬地最大用力后，左腿轮子着地；左腿开始蹬地，右腿开始收腿；左腿蹬地最大用力后，右腿着地。

（2）臂与腿的动作配合。

两臂的摆动与腿部动作相配合。蹬地腿的同侧臂向前摆动，异侧臂向后摆动，两臂摆至前后最高点时，蹬地腿蹬地动作结束，浮腿轮子着地，两臂前后交替摆动配合。

（三）制动技术

1. 连续转弯减速法

由于在轮滑的转弯技术中，除弯道压步技术外，其他的各种转弯方法都会对滑行的速度产生一定的消耗作用，因此在需要减速或停止的时候，可做连续的惯性转弯或短步转弯动作来消耗滑行的速度，逐渐减速，达到制动的目的。这种方法容易掌握、稳定性强而不易摔倒，适合各种场地和轮滑鞋，但其减速距离长、制动慢。

2. 脚跟停止法

在慢速滑行时将脚前伸，脚尖抬起使脚跟着地，并用适当力量压地，使脚跟处的轮子与地面摩擦，逐渐减速而停止（图8-1-3）。

3. "A"形制动法

在滑行中需要减速或停止时，两脚与肩同宽或稍宽于肩，两膝微屈内扣，以轮子的内刃着地，两脚尖内扣呈"A"形，重心落在两脚中间略偏脚跟处，脚跟向外用力压地面，利用轮子的内刃与地面的摩擦来起到减速制动的作用。此方法可在直线上进行制动而无须转弯，但减速距离较长，制动速度较慢（图8-1-4）。

4. "T"形停止法

当左脚支撑滑行时，上体抬起直立，右脚外翻并横放在左脚后面，两脚呈"T"形，使右脚的轮子横向与地面摩擦。两脚弯曲，重心下降并逐渐移向右脚加大摩擦，从而减速停止（图8-1-5）。

图8-1-3　脚跟停止法　　　图8-1-4　"A"形制动法　　　图8-1-5　"T"形停止法

5. 双脚平行停止法

在快速滑行时，双脚略靠近，身体迅速转体90°，同时带动两脚转体90°，重心快速降低，腿弯曲，用双脚的轮子与地面摩擦从而减速停止。使用这种方法可在很短的时间内达到制动的目的，但它有较高的难度，一般不易掌握，且对滑行场地的平整和光滑度也有很高的要求，因而初学者运用时一定要注意安全、循序渐进。

（四）刹车

1. 直排后刹

直排后刹就是双脚平行，把有刹车的那只脚向前推出，脚尖微向上，让刹车器磨到地面即可。将刹车器越用力地压向地面，就可以越快停下来。刹车时身体重心一定要放低，保持在两脚中间，不可以太前或太后。

2. 八字刹

八字刹包括内八字刹、外八字刹等。内八字刹适用于平缓长下坡，也可用速度较慢时刹车。动作要领为两脚张开成内八字，两脚弯曲蹲低，身体微向前倾，抬头两眼直视前方。由于脚内八，所以会往前滑，此时两脚用力往外撑，就可以慢慢刹车。

3. "T"字刹

单脚前溜，后脚自由足伸直，垂直地放在滑行足后面，类似弓箭步，重心完全置于滑行足上，抬头挺胸收腹，上身保持正直，后脚与前脚的轮子保持垂直，后脚轻轻接触地面，就可慢慢停下。

4. 雪犁刹车

前溜"T"字刹车时看自己的脚是倒"T"字形，雪犁刹车则是正"T"字形。姿势以左脚刹车为例，将右足转90°，左足往左跨一大步再将右脚膝关节弯曲，这时重心很自然地放在右脚上。前溜时右足单足旋转后，再将左足放在地上刹车。此方法制动较大，速度太快时不适合采用。

5. 旋转刹车

旋转刹车亦称二字刹或单侧刹。将两只脚并拢，接下来先稍微蹲低，再把身体提起，顺势将身体转90°，注意转的瞬间需要很平顺地将溜冰鞋转过来。

（五）轮滑练习的注意事项

（1）练习轮滑前，应先做好准备活动，尤其是手腕和下肢各关节及韧带要充分活动。

（2）如有可能，应戴一些防护用具，如轮滑专用的护腕、护肘、护膝及头盔等。现在很多体育商店都有这种轮滑的专用护具。

（3）练习前要检查轮滑鞋的螺丝等紧固部件，以免滑行中因轮滑鞋出问题而受伤。

（4）初学者应在初学场内或规定范围内练习，或尽可能在人少的地方练习，不要任意滑行。初次学习轮滑时，最好有滑行熟练的同伴或辅导员进行辅导。

（5）禁止做危险或妨碍他人的动作，特别是在人多的公共轮滑场内，不能几人拉手滑行，不要在速滑跑道上逆行或与大家滑行方向相反，不要乱蹦乱跳，不要在场内横插乱窜、追逐打闹、突然停止等。

（6）学会在摔跤时做自我保护。

第二节 瑜伽

瑜伽起源于古印度，瑜伽的产生可追溯至公元前 2500 年，是印度哲学六大正统体系之一。古时候，瑜伽修行者在大自然中仔细观察动植物的习性，意要获取动植物中神秘的力量——自然康复能力，以使人的精神和肉体保持健康状态。很多瑜伽修行者把瑜伽称作"宇宙能量与自我的相应"。

从另一个角度来看，瑜伽可以锻炼身心，是一种健身方式。瑜伽修行者认为，瑜伽的终极目的就是能够掌控自己，掌控身体的感觉器官，调适心理。瑜伽将感觉器官、呼吸系统联系起来，从而达到控制身体的目的。换言之，瑜伽不但有利于肌肉和关节练习，还有助于增强神经系统、呼吸系统的功能，并通过激发人的潜能来使得身体保持健康。因此，从广义上讲，瑜伽是哲学；从狭义来说，瑜伽是一项精神与身体融合的运动。

对现代人来说，瑜伽已成为一项追求平衡、放松的运动，瑜伽强调和谐与身心协调。

一、瑜伽的健康益处

（一）促进心肺功能发展

瑜伽练习时呼吸要求"沉静稳定，匀细深长"，要加强呼吸深度，膈肌要有节律地收缩和舒张，以使呼吸肌得到锻炼，提高肺组织弹性，增加胸廓活动度和肺活量，改变胸压和腹压，使内脏得到按摩，使呼吸器官得到良好的血液供应，从而提高身体呼吸功能。

瑜伽体式中的前屈、后展、扭转等体位，使身体的氧耗量增加，改变心输出量，进而使静息心率下降，促进全身的血液循环，反射性地引起血管放松，使血管不易硬化，尤其是一些扭转体式的练习能防止血管硬化，使血管弹性增加，增强心肌力量，提高心血管系统功能。

（二）塑造良好身体形态

瑜伽体式注重人的脊柱健康，通过模仿动物的姿态，锻炼人的脊椎、肌肉、韧带、关节，活化僵硬的关节部位，通畅经络，矫正不良体态，保持脊柱的正常生理曲度和弹性。瑜伽属静态运动，练习者通过呼吸、体位和放松练习，达到舒展身体、塑造形体、疏通经络的效果。瑜伽体式可以拉长肌肉线条，改善肌肉外形，使肌肉变得匀称、线条优美，从而保持优雅、轻盈的身体姿态，塑造健康的体态。

（三）提高身体素质

瑜伽的动作缓慢，没有明显的爆发和跳跃动作。在整个过程中，肌肉和关节在多种角度下完成一系列近于静力性的等张练习，屈伸肌群的负担较大，长期练习能发展下肢骨骼的支撑力量和增大肌肉体积，从而增加下肢肌肉力量和耐力，有利于保持身体平衡和稳定。同时，静态保持的瑜伽体式可以拉长肌肉线条，改善韧带、肌腱的柔韧性，舒展身体。

（四）促进心理健康

练习瑜伽时配合轻柔舒缓的音乐和沉稳细长的呼吸，可以提高心理控制能力和调节能力，使压力大或处于紧张状态下的人集中精神并平静下来，可以减缓心跳、降低压力，使人思想集中。瑜伽冥想能够使人内心变得宁静、安详，使人呼吸均匀，心跳平和，心情放松，获得身心合一的状态。瑜伽练习有利于安定心理、平和心境、改善情绪、增强乐观面对生活的信心，从而促进心理健康。

二、瑜伽的呼吸方式

瑜伽的"呼吸"也称为调息，瑜伽练习需要呼吸配合，在呼吸过程中感知身体的起伏，提高身体的觉知能力，更好地找到身体的平静与内心的安宁。它能使身体变得稳定、放松，能更好地舒展筋骨，并且能最大限度地将氧气吸纳到肺部，对身体的健康有益。深呼吸能安抚人的情绪，使心灵获得平衡。所以，瑜伽的精髓是由呼吸来控制身体的放松、稳定、平衡，以达到身心合一的境界。

以下三种呼吸方式可根据体式的不同而转换。

1. 胸式呼吸

要领：① 选择舒适的瑜伽坐姿。将双手轻放于第 12 肋骨两侧，不要施加压力，保持骨盆中正，腹部内收。② 吸气，在保证腹部内收的前提下感受胸廓下部升高，肋骨向两侧扩张。③ 呼气，感受胸廓回落，肋骨向内收缩。

在吸与呼之间注意腹部微收，感受肋骨像手风琴一样扩张和收缩。

2. 腹式呼吸

要领：① 选择舒适的瑜伽坐姿。将双手放在肚脐两侧，不要施加压力，保持骨盆中正，想象腹部是一个气球。② 吸气，感受腹部隆起，双手被缓缓推出，腹部像气球一样逐渐变得饱满。③ 呼气，感受腹部向着脊柱腰椎方向回缩，腹部像气球排气一样慢慢还原，肚脐内收上提，彻底呼出肺部残留气体。

腹式呼吸是在瑜伽练习中常用的呼吸方式，帮助身体调节在瑜伽练习过程中出现的呼吸紊乱，可让所有的腹部器官得到按摩，锻炼腹肌力量。

3. 完全式呼吸

将胸式呼吸与腹式呼吸两种呼吸方式有技巧地结合便形成完全式呼吸。

要领：① 选择舒适的瑜伽坐姿。② 缓缓吸气，小腹隆起，在保持小腹隆起的前提下继续吸气至肋骨向外扩张，放松胸腔，微微上推锁骨肩部。③ 缓缓呼气，肩部放平，锁骨下移，肋骨向内收缩，放松胸腔呼出浊气，呼气延长，腹部回缩，将残余气体排出。

完全式呼吸需要熟练掌握胸式呼吸和腹式呼吸之后再进行练习，完全式呼吸可以更好地锻炼呼吸肌和腹肌，增强身体耐性、专注力和协调感，使心神宁静下来，心率平稳。

这三种呼吸方式应衔接得顺畅自然。

三、瑜伽呼吸冥想与休息术练习

（一）呼吸冥想

选择舒适的瑜伽坐姿坐于瑜伽垫中央，双手拨动臀部两侧肌肉，让坐骨稳定，双手食指抵住拇指成瑜伽智慧手印轻轻搭放在双膝上，脊柱由下至上延伸，头颅中正，下颌微收，轻闭双眼，舒展眉心，放松面部表情，双肩放松，放慢呼吸节奏。

抛开所有的不安与紧张，让心变得平静祥和，将注意力放在呼吸上，慢慢地将呼吸调为腹式呼吸。想象腹部是一个气球。缓缓吸气，感受腹部微微隆起，像气球一样逐渐变得饱满，感觉新鲜的空气进入身体每个角落，滋养着每个细胞；慢慢呼气，感受腹部向着脊柱腰椎方向回缩，像气球排气一样慢慢还原，肚脐内收上提，感觉体内的浊气全部排出体外。

用心体会身体的一呼一吸，感受呼吸变得均匀、顺畅、自然而稳定后逐渐将呼吸调为自然呼吸。这时感觉身体充满能量。逐渐将意识收回，稍稍拱背低头，放松脊柱，缓缓睁开双眼。完成瑜伽呼吸冥想练习。

（二）休息术

平躺在瑜伽垫上，身体成一条直线，双脚分开，脚尖朝外，两臂自然放在身体两侧，掌心向上，也可双手交叠轻搭在肚脐上，腰背尽量贴合地垫。微闭双眼，停止外在的一切动作，集中意识，放慢呼吸，关注呼吸带给身体的起伏。感受每次吸气能让新鲜的空气滋养身体的每个角落，每次呼气能带走身体的浊气。随着每次呼吸，身体逐渐变得柔软，开始放松身体的每个角落。

放松 10 个脚趾、脚心、脚背、脚后跟，小腿胫骨、小腿后侧，膝盖、膝窝，放松大腿前侧、后侧；放松臀部、髋部，整个骨盆也得到放松；放松尾骨、腰椎、胸椎、颈椎，整条脊柱都得到放松，腰背也变得柔软；放松腹部、腹内器官、胸腔；放松双肩、双臂、双肘、手腕，10 个手指也得到放松；放松的感觉继续向上，放松颈部、后脑勺、发根，连发丝也得到放松；舒展眉毛，眉心打开；放松眼皮、眼球、鼻子、脸颊；感觉双唇变得柔软，双颚微微打开，舌头在放松，耳朵在放松……

此刻的你正在放松，内心告诉自己："我是清醒的，我没有睡着，我只是在做瑜伽休息术练习。"感觉放松的身体很轻很轻，像一片羽毛，慢慢地飘了起来……感觉放松的身体又变得很沉，缓缓地沉向大地……试着深深地吸气，再缓缓地呼气，感受身体由内而外地放松着。

现在慢慢收回意识，轻轻动动手指、脚趾、手腕、脚踝、膝盖，将双手延伸至头顶，伸一个大大的懒腰，告诉自己："舒服极了。"将身体右侧卧，双手撑地，盘坐在地垫上，双手自然搭放在双膝上，调整呼吸，缓缓睁开双眼。完成瑜伽休息术练习。

四、瑜伽饮食

印度的瑜伽修行者根据印度医学体系的阿育吠陀饮食将食物分为三类：悦性食物、变性食物、惰性食物。

悦性食物包括水果、大部分蔬菜、牛奶及乳类制品、坚果、五谷、豆类及大豆制品等。这类食物被认为可以使身体变得健康、轻松、精力充沛，使心灵得到宁静和愉快，有益身心，并能创造一个更精细敏锐的身体和神经系统。

变性食物包括咖啡、浓茶、刺激的调味品、海带、巧克力、汽水等。这类食物被认为可以提供能量、有益身体，但不益于心灵，多吃会引起身心浮躁不安。

惰性食物包括肉类、鱼类、洋葱、芥末、葱、蒜、酒类、烟草以及不新鲜的食物等。这类食物被认为容易引起懒惰、心灵迟钝，对身心无益。

瑜伽经典理论认为，要达到身心的健康平静，应该多吃悦性食物，少吃变性食物，不吃惰性食物。在当代，瑜伽练习者可根据自身饮食体验或医生意见，多观察自身与心灵而做出选择。

五、瑜伽练习的注意事项

（1）保持空腹状态练习瑜伽。进食 2~3 小时后练习为佳，饮用流食 1 小时左右练习，空腹状态能更好地提高身体觉知能力。

（2）瑜伽是一个自我的练习。瑜伽练习时，以自己舒适的维度伸展身体，不攀比。切勿用力推拉，在最有拉伸感的位置配合顺畅的呼吸进行练习，听从身体内心的声音。在练习过程中，关注自身状况，避免出现运动损伤，不盲目与其他练习者攀比，学会接纳身体出现的不足。

（3）穿着能舒展自如并柔软的衣物或瑜伽服，不穿戴有束缚感的饰物，赤脚练习为佳。

（4）选择安静、不喧闹、空气流通、气温适宜且有足够空间伸展肢体的练习场所，并在瑜伽垫上练习。

（5）瑜伽练习结束后，等身体完全放松平复后再进食和洗浴。

（6）瑜伽不是高阶动作的摆放，是身心的合一。

（7）瑜伽的练习顺序：呼吸冥想→体式练习→休息术。

六、瑜伽的常见练习体式

（一）山式站姿

1. 动作要领

双脚内缘线并拢站立，大脚趾相触，十趾分开扒住地垫，膝关节上提，大腿肌收紧，尾骨内卷，骨盆中正，腹部微收，脊柱向上延伸，肩后旋，胸腔上提，下颌微收，头颅中正，双手自然放于体侧，平视前方（图 8-2-1）。

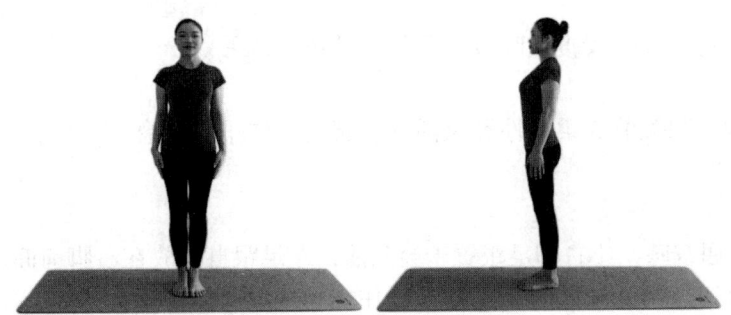

图 8-2-1　山式站姿

保持顺畅的自然呼吸或腹式呼吸。

2. 功效

有助促进脊柱与骨盆正位，纠正不良体态。山式站姿是站姿体式的起始姿势。

（二）山式坐姿

1. 动作要领

双腿并拢自然伸直，勾脚尖，坐骨两侧均匀受力，脊柱向上延伸，下颌微收，头颅中正，两手自然放于体侧，手指尖朝前，平视前方（图 8-2-2）。

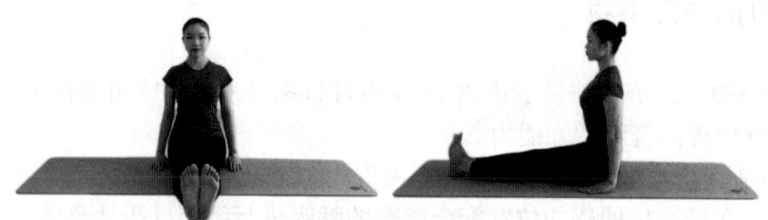

图 8-2-2　山式坐姿

保持顺畅的自然呼吸或腹式呼吸。

2. 功效

有助促进脊柱与骨盆正位，纠正不良体态。山式坐姿是坐姿体式的起始姿势之一。

（三）简易坐姿

1. 动作要领

山式坐姿，屈双膝，两小腿交叉，把两脚分别置于大腿或膝关节下方，两膝外展，双手食指抵住拇指成瑜伽智慧手印轻搭在双膝上，脊柱向上延伸，肩后旋，胸腔上提，大臂下沉放松，目视前方。坐骨两侧均匀受力（图 8-2-3）。

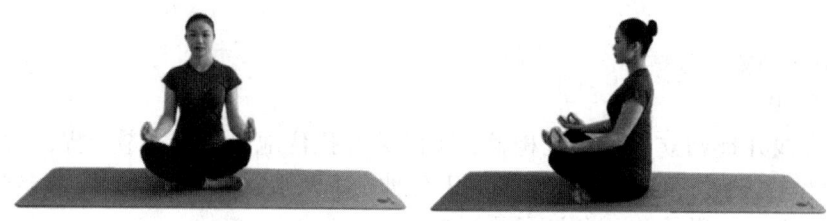

图 8-2-3　简易坐姿

保持顺畅的自然呼吸或腹式呼吸。两腿交替进行练习。

2. 功效

加强髋、膝、踝关节的柔韧性和灵活性，帮助身体平缓气息。

（四）平常坐姿

1. 动作要领

山式坐姿，屈双膝，让右脚足跟置于会阴前，左足跟自然放在右脚前面，保持双脚足跟与会阴成一条直线，两膝外展，双手食指抵住拇指成瑜伽智慧手印轻搭在双膝上，脊柱向上延伸，肩后旋，胸腔上提，大臂下沉放松，目视前方。坐骨两侧均匀受力（图 8-2-4）。

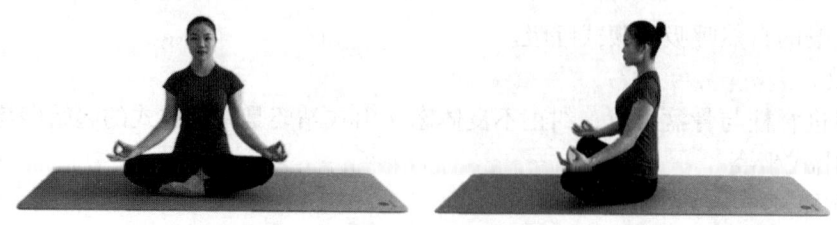

图 8-2-4　平常坐姿

保持顺畅的自然呼吸或腹式呼吸。两腿交替进行练习。

2. 功效

促进骨盆区域血液循环，缓解膝关节僵硬，安定情绪。

（五）金刚坐姿

1. 动作要领

跪立于垫上，小腿胫骨和脚背压实地垫，双膝并拢，两大脚趾交叉或相触，足跟向外打开，臀部坐于脚跟之间，脊柱向上延伸，肩后旋，胸腔上提，大臂下沉放松，两手置于大腿前侧，下颌微收，头颅中正，目视前方（图 8-2-5）。

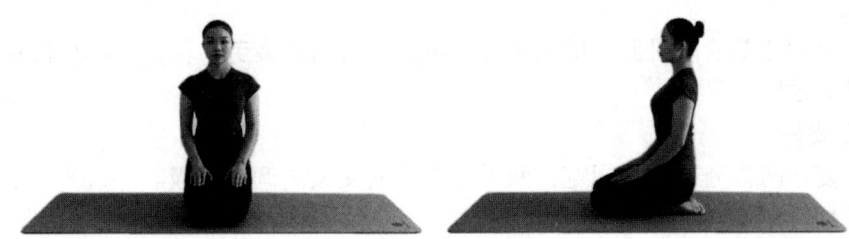

图 8-2-5　金刚坐姿

保持顺畅的自然呼吸或腹式呼吸。

2. 功效

促进骨盆区域血液循环，加强消化系统功能，安定情绪。

（六）猫伸展式

1. 动作要领

金刚坐姿，身体前倾，双手置于双肩下方，中指指向前方，大拇指根部压实地垫，肘窝相对，两膝打开与髋部同宽，大腿与手臂平行同时垂直地垫，背部与地垫平行，小腿胫骨和脚背压实地垫。调整呼吸。

吸气，双肩向外打开，扩展胸腔，脊柱逐节向前延展，抬头，眼睛平视前方。

呼气，腹部内收，拱背，低头，眼睛看向肚脐方向（图 8-2-6）。

图 8-2-6　猫伸展式

保持几组呼吸，还原为起始跪姿。

2. 功效

增强脊柱灵活性，使其更有弹性，缓解肩颈背部疲劳。

（七）下犬式

1. 动作要领

金刚坐姿，身体前倾，双手置于双肩下方，中指指向前方，大拇指根部压实地垫，肘窝相对，两膝打开与髋部同宽，大腿与手臂平行同时垂直地垫，背部与地垫平行，勾脚尖，脚尖踩实地垫。调整呼吸。

吸气，臀部发力向上，抬足跟，提尾骨寻找天花板方向。

呼气，双肩外展，足跟寻找地垫方向，尝试膝关节伸直，脚跟踩地，眼睛看向两膝之间，脊柱延伸，使脊背、头颈在同一条斜线上（图8-2-7）。

保持几组顺畅的腹式呼吸，还原为起始跪姿。

图8-2-7　下犬式

2. 功效

拉伸背部和腿部后侧肌群，增强手臂力量，缓解肩部疲劳，促进头部血液循环。

（八）摩天式

1. 动作要领

山式站姿，两脚分开与髋同宽，两手十指体前交叉。调整呼吸。

呼气，翻转掌心，手臂伸直。

吸气，双手臂向上延伸，大臂来到两耳旁侧，掌心指向上方。

再次呼气时，肩部下沉放松。

再次吸气时，足跟离开地垫，平视前方。

保持几组顺畅的自然呼吸或腹式呼吸，还原为山式站姿（图8-2-8）。

图8-2-8　摩天式

2. 功效

有助促进脊柱与骨盆正位，纠正不良体态，促进肩背部血液循环，提升专注力。

（九）树式

1. 动作要领

山式站姿，将身体重心放在左脚上，屈右膝，将右膝轻轻放置在左大腿根部，或轻搭在左小腿内侧。调整呼吸。

吸气，双手于胸前合掌，或由体侧向上于头顶上方合十，脊柱向上延伸。

呼气，右髋、右膝向外展，尽量和右腿在同一平面上，平视前方。

保持几组顺畅的自然呼吸，尽可能长时间坚持此动作，最后双臂回落，同时缓慢放下右腿，活动双膝。两腿交替进行练习（图8-2-9）。

图 8-2-9 树式

2. 功效

缓解肩部不适，增强脚踝稳定性与腿部肌肉力量，提高身体稳定性和专注力。

（十）战士一式

1. 动作要领

山式站姿，两脚打开一肩半宽，左脚向外打开 90°，右脚内扣 60°，髋部转向左侧，身体中正。调整呼吸。

吸气，双手由体侧发力向上于头顶合十，脊柱向上延伸，肩后旋，扩展胸腔。

呼气，屈右膝，右膝不超过右脚脚尖，左脚踩实地垫，平视前方（图 8-2-10）。

保持几组顺畅的腹式呼吸，尽可能长时间坚持此动作，然后还原为山式站姿。两腿交替进行练习。

图 8-2-10 战士一式

2. 功效

增强大腿力量，锻炼背部肌肉，促进髋部血液循环，提高髋、膝、踝关节的稳定性。

（十一）战士二式

1. 动作要领

山式站姿，两脚打开一肩半宽，左脚向外打开 90°，右脚内扣 60°，髋部面向正前方。调整呼吸。

呼气，屈右膝，膝关节向外展，右膝不超过右脚脚尖，左脚踩实地垫。

吸气，双臂由体侧打开平举并与地垫平行，两手指尖指向两端，脊柱向上延伸，肩后旋，扩展胸腔，眼睛看向右手指尖方向（图 8-2-11）。

保持几组顺畅的腹式呼吸，尽可能长时间坚持此动作，然后还原为山式站姿。两腿交替进行练习。

图 8-2-11 战士二式

2. 功效

有助于双腿的肌耐力、柔韧性协调发展，提高髋、膝、踝关节的稳定性，锻炼手臂肌肉力量。

（十二）战士三式

1. 动作要领

山式站姿。调整呼吸。

吸气，双手由体侧发力向上于头顶合十，脊柱向上延伸，扩展胸腔，将身体重心放在右脚上。

呼气，双手带动身体向前延伸，同时抬起左腿，让头、肩、背、腿在同一条直线上，不翻髋，眼睛看向下方，使身体像一个"T"字，勾脚尖，让身体有向前与向后两个方向的力，腹部微微内收，有利于身体保持稳定（图 8-2-12）。

图 8-2-12　战士三式

保持几组顺畅的自然呼吸，尽可能长时间坚持此动作，还原为山式站姿。两腿交替进行练习。

2. 功效

锻炼腿、臀、肩、背部力量，提高踝关节的稳定性，提升专注力。

（十三）大拜式

1. 动作要领

金刚坐姿，双手无限向前延伸，额头触地，感受两侧腰的舒展。调整呼吸。

吸气，感受胸腔、腰部、背部逐渐扩张变得饱满。

呼气，感受身体的下沉与放松（图 8-2-13）。

图 8-2-13　大拜式

保持几组顺畅的自然呼吸，还原为金刚坐姿。

2. 功效

伸展腰部，缓解身体的紧张感，舒缓气息，放松整个身体，是一个放松体式。

（十四）仰卧式

1. 动作要领

仰卧，身体成一条直线，两脚微分，脚尖朝外，两臂微分，掌心朝上，或双手交叠搭放在肚脐上，腰背尽量贴合地垫，微闭双眼，放松身体（图 8-2-14）。

图 8-2-14　仰卧式

保持几组顺畅的自然呼吸或腹式呼吸。

2. 功效

放松身心，提高身体觉知能力。

七、瑜伽经典拜日式

拜日式，全称为太阳致敬式，由十二式组成，十二式为一个回合，左右各做一个回合完成一遍拜日式。拜日式通常作为瑜伽课程的热身练习，也可作为课下的自我练习，有助于舒展身体，平和身心。

讲解以先右侧练习为主，练习者可根据自身练习习惯先左侧练习再右侧练习。

（一）祈祷式

站立在垫子前端三分之一处，山式站姿，双脚内侧缘并拢，膝盖上提，大腿肌收紧，收腹、收臀，骨盆中正，肋骨上提，脊柱向上延伸，双肩后展下沉，打开胸腔，头颅中正，下颌微微内收。

吸气，双手臂由体侧发力向上头顶上方合掌。

呼气，掌根下压，经由眉心、鼻尖滑落至胸前，小臂端平，闭目调息（图 8-2-15）。

（二）展臂式

缓缓睁开双眼。

吸气，双手经由眉心向上举过头顶，解开双手，掌心向前。

呼气，手臂带动身体微微后展，双肩下沉，胸腔打开，收腹收臀，髋部微微前推。

吸气，还原回正（图 8-2-16）。

图 8-2-15　祈祷式

图 8-2-16　展臂式

（三）前屈式

呼气，手臂带动身体屈髋向前向下，指尖点地或稍稍屈膝指尖点地。

吸气，抬头延伸脊背（生理期、腰椎间盘突出者跳过此式，往下做骑马式）。

呼气，上体下沉，双手来到两脚旁侧，掌根压实地垫，重心微向前，臀部与脚跟成一条直线垂直地垫，尝试腹部、胸部、额头依次贴于大腿、膝盖、小腿胫骨处（图 8-2-17）。

（四）骑马式

吸气，抬头延伸脊背。

呼气，微屈双膝，右脚后撤一大步，膝盖、脚尖点地。左腿大小腿成 90°，膝盖不超过脚尖。

吸气，抬头，延伸脊背，腹部贴靠左大腿，平视前方。

呼气，右髋微微下沉，寻找地垫方向（图 8-2-18）。

图 8-2-17　前屈式

图 8-2-18　骑马式

（五）顶峰式

吸气，提右膝，撤左脚向后与右脚并拢，臀部发力向上，双脚微微向前半个脚掌，调整双脚与双手的距离，抬足跟向上，尾骨朝向天花板方向。

呼气，双肩外展，足跟寻找地垫方向，尝试膝关节伸直，脚跟踩地，眼睛看向两膝或两脚，脊柱向头顶方向延伸，使脊背、头颈在同一条直线上（图8-2-19）。

（六）八体投地式

吸气，抬头，身体稍稍向前，使肩在手腕的正上方。

呼气，屈膝屈肘，膝盖轻轻点地，大臂夹肋，下巴、胸腔依次向前，直至下巴、胸腔点地（图8-2-20）。

图8-2-19 顶峰式

图8-2-20 八体投地式

（七）眼镜蛇式

吸气，身体向前、向上穿出，稍稍屈肘，大臂夹肋，髋部、脚背贴实地垫。

呼气，微微抬头，双肩外展，胸腔打开，眼睛看向斜上方（图8-2-21）。

（八）顶峰式重复

吸气，头部回正。

呼气，屈手肘，身体向前向下，慢慢下落。

吸气，脚尖点地，臀部发力向上，双脚微微向前半个脚掌，调整双脚与双手的距离，抬足跟向上，尾骨朝向天花板方向。

呼气，双肩外展，足跟朝向地垫方向，尝试膝关节伸直，脚跟踩地，眼睛看向两膝或两脚，脊柱向头顶方向延伸，使脊背、头颈在同一条直线上（图8-2-22）。

图8-2-21 眼镜蛇式

图8-2-22 顶峰式重复

（九）骑马式重复

吸气，迈右脚向前一大步，来到双手之间。

呼气，左膝盖、脚尖点地。右腿大小腿成90°，膝盖不超过脚尖。

吸气，抬头，延伸脊背，腹部贴靠右大腿，眼睛平视前方。

呼气，左髋微微下沉，朝向地垫方向（图8-2-23）。

（十）前屈式重复

吸气，左膝抬离地垫。

呼气，收左脚向前与右脚并拢。

吸气，抬头，延伸脊背（生理期、腰椎间盘突出者跳过此式，往下做展臂式重复）。

呼气，上体下沉，双手来到两脚旁侧，掌根压实地垫，重心微向前，臀部与脚跟在一条直线上，尝试腹部、胸部、额头依次贴于大腿、膝盖、小腿胫骨处，双腿尽量伸直（图 8-2-24）。

图 8-2-23　骑马式重复

图 8-2-24　前屈式重复

（十一）展臂式重复

吸气，慢慢抬头，稍稍屈双膝，双手向前向上带动身体直立，掌心朝前，脊柱向上延伸。

呼气，手臂带动身体微微后展，双肩下沉，胸腔打开，收腹收臀，髋部微微前推。

吸气，还原回正，双手合掌（图 8-2-25）。

（十二）祈祷式重复

呼气，掌根下压，经眉心、鼻尖回到胸前，轻闭双眼，微收下颌，调整呼吸（图 8-2-26）。

图 8-2-25　展臂式重复

图 8-2-26　祈祷式重复

第九章
操舞类健身方法

操舞类运动是人类灵动与韵律相交融的综合艺术，是通过人体的动作、音乐节奏和韵律来展现美的运动方式。它不仅锻炼人们的体魄，促进人们的健康，也能培育人们的团队精神，增强人们的自信心。健美操和啦啦操是我们在生活中常见的操舞类运动。本章主要介绍了健美操和啦啦操的概念与发展、分类、特点、功能以及基本动作，使大学生在深入了解与掌握健美操和啦啦操有关知识的基础上，为不断发展和推广操舞类运动奠定基础。

第一节　健美操

一、健美操运动的概念与发展

健美操是一项起源于民间，来自广大人民群众的体育运动。它起源于人们对健康与健美的追求，是体操、音乐、舞蹈发展融合的产物。它是在人类社会发展的进程中，随着现代科技的飞速发展，生活节奏的日益加快，生活水平的不断提高，人们追求健美体魄而逐步发展起来的，并成为生活质量提高的一个标志。近年来，特别是随着我国"全民健身计划"的全面实施，城乡各地的男女老少都积极地投身到各式各样的体育健身活动中来，健美操备受欢迎。它简便、优美、愉悦而有效，给练习者带来健康和快乐，为人们美好的生活和充沛的精力提供源源不断的动力。

1. 健美操运动的概念

"健美操"源于英文"aerobics"，意为"有氧运动""有氧健美操"。由于它在世界各国存在着不同的流派，因此，人们对健美操概念的内涵与外延的认识和理解不尽相同。纵观健美操的发展，健美操的概念可以归纳为：健美操是一项融体操、音乐、舞蹈、健美为一体，以有氧练习为基础，以健、力、美为特征，在音乐的伴奏下进行身体操练的体育运动。可见，健美操具有体育、舞蹈、音乐、美育等多种社会文化功能，它既是一种健身美体、陶冶情操的大众健身方式，又是一种竞技运动项目。

2. 健美操运动的发展

健美操运动起源于传统的有氧健身运动，是有氧运动的一种。有氧运动（Aerobics）最早由美国人肯尼斯·库珀（Kenneth Cooper）博士于20世纪60年代开始在美国推广。

它最初只强调有氧运动的重要性，以有氧跑步健身为主，并以训练心肺功能为主要目的。随着有氧运动发展到 20 世纪 70 年代末，健美操运动逐渐受到大众的欢迎。现代健美操起源于 20 世纪 60 年代末 70 年代初的美国，后风靡全球。1984 年北京体育学院和上海体育学院分别成立了健美操教研室，率先开设了健美操课程。其他大、中专院校也逐步开设了健美操必修课或选修课。目前，健美操已成为我国各级各类学校体育课或课外活动中一项广受欢迎的教学内容和锻炼方式。随着人民生活水平的不断提高，健美操所特有的保健、医疗、健身、健美、娱乐的实用价值受到越来越多人的重视，吸引了不同年龄段的爱好者参与，形成了一定规模的消费群体。总之，健美操正沿着健身和竞技的方向迅速发展，并以其独特的魅力吸引着越来越多的人参加此项运动。健美操运动作为一项具有极高健身价值的运动，必然会随着人们物质生活水平的不断提高而在世界各地更加广泛地开展起来，为人们的健康和健美作出贡献。

二、健美操的分类、特点和功能

（一）健美操的分类

健美操是体育中的一个综合性的边缘学科。随着健美操运动的不断发展，出现了种类繁多的类型。根据不同的目的和任务，健美操运动可分为健身性健美操、表演性健美操、竞技性健美操三大类。

1. 健身性健美操

健身性健美操按照练习形式可分为徒手健美操、器械健美操和特殊场地健美操三大类。徒手健美操包括传统意义上的一般健美操和各种不同风格的健美操。传统意义上的一般健美操是多年来深受广大健美操爱好者欢迎的健身形式，主要提高练习者的心肺功能和有氧代谢能力。随着生活水平的不断提高和社会的发展，人们的健身需求也越来越多样化。近年来出现了很多新的不同风格的徒手健美操练习形式，如爵士健身操、搏击健身操、拉丁健身操、瑜伽健身操、健身街舞等。器械健美操是利用各种可移动的轻器械、以力量练习为主的一种有氧健美操，它不仅增强了健身的效果，而且使健美操的练习形式更加多样化，如踏板操、哑铃操、橡皮筋操、健身球操等。特殊场地健美操是指在非传统健美操场地进行的健美操活动，这些场地包括水中、沙滩、草地或其他特定的环境。特殊场地健美操因其独特的环境和氛围，为健美操运动增添了额外的挑战性和趣味性。例如，水中健美操就是在水中进行的健美操，它不仅可以减轻关节的压力，还可以借助水的阻力增加运动强度和效果。

2. 表演性健美操

表演性健美操的主要目的是"表演"。通过表演观赏，达到陶冶情操、净化心灵的目的，从而促进健美操活动的开展，满足人们展示和表现自我的需要。表演性健美操是事先编排好的、专为表演而设计的成套健美操，它比健身性健美操动作复杂，音乐速度可快可慢，动作较少重复。成套动作可采用一些风格化的舞蹈动作，如爵士舞等，还可利用器械，如花环、旗子等，加入队形变化和集体配合的动作，以达到烘托气氛、感染观众的效果。表演性健美操对参与者的身体素质要求较高，不仅要具备较好的身体协调性，还要有一定的表演意识和集体配合意识。

3. 竞技性健美操

竞技性健美操的主要目的是"竞赛"。其比赛项目有男单、女单、男女混双、健美操三人和健美操六人。竞技性健美操在参赛人数、比赛场地、成套动作的时间等方面都必须严格按照规则进行。由于竞赛的主要目的就是取胜，因此在动作的设计上更加多样化，并严格避免重复动作和对称动作。竞技性健美操具有较强的观赏性，又有一定的难度，对运动员的体能、技术水平和表现力均提出了较高要求。它对健美操运动有很大的推广作用，但不太适合大众健身。

（二）健美操的特点

健美操是在音乐伴奏下，以操化动作的方式，融入体操、舞蹈、武术等内容，组成单个动作、成套动作，通过参与者的身体练习，达到健身效果和追求完美体形的一项新颖运动。健美操的特点如下：

1. 运动过程的有氧性

健身性健美操在组合编排、动作设计方面始终遵循有氧运动的规律，保证练习者在长时间运动时摄入足够的氧以便促进体内脂肪的氧化分解，加快体内的新陈代谢，消除体内多余的脂肪，强化呼吸系统、心血管系统的机能，增进健康、增强体质。

2. 健身的实发性

健身性健美操的目的是在健身的基础上把形体美、姿态美、动作美和精神美有机地结合起来，既注重外在美的训练，又强调内在美的培养。它是根据人体解剖学、运动生理学、体育美学等学科理论，为人体健康、健美地发展而编排的。它的动作内容丰富，参与锻炼的关节多，刺激频率和强度较大。在全面锻炼人体的基础上，还可以对身体某一部位进行针对性的锻炼，如胸部健美操、腰腹健美操、形体健美操等，使人们在锻炼身体的同时又进行了身体形态的修正。这种健身美体的实效性正是当代人从事体育锻炼的选择与追求。这种健与美的统一，是健美操本质特征的表现。

3. 广泛的适应性

健美操练习形式多样，运动量可大可小、容易控制，对场地器材的要求也不高，因此，对各个年龄阶段、不同性别、不同身体素质、不同技术水平的人都适宜，具有广泛的群众性。其娱乐性主要体现在健美操的锻炼过程中，锻炼者浸于接受美、享受美与表现美的愉悦之中。

4. 健身的安全性

健身性健美操所设计的运动负荷及运动节奏，充分考虑了由运动而产生的一系列刺激结果的可行性，使之适合一般体质的人，甚至较弱体质的人也能承受，使每个健身者在其体能所能承受的范围内进行身体的操练，做到安全锻炼，快乐健身。

（三）健美操的功能

健美操作为一项有氧运动，可全面提高身体素质，提高心肺功能和肌肉耐力，促进肌体各组织器官的协调运作，使人体达到最佳机能状态。此外，健美操不同于其他有氧运动之处在于它是一项轻松、优美的体育运动。在健身的同时，不但能够带给人们艺术享受，使人心情愉快，陶醉于锻炼的乐趣中，减轻心理压力，促进身心健康发展，而且可以丰富生活，促进社会交往，协调人际关系。

1. 促进健康，增强体质

健美操对改善人体神经系统、提高人体心肺功能、增强人体运动系统和人体其他系统都有良好的调节作用。

（1）增强运动系统的功能。经常进行健美操锻炼，可以提高关节的灵活性，使肌肉的力量增强、体积增大、弹性提高，使韧带、肌腱等结缔组织富有弹性。对青少年来说，健美操对运动肌肉、骨骼、关节、韧带均有良好的刺激，持之以恒地进行锻炼可促进软骨的生长，有助于青少年的身体增高，使骨质更为致密、结实。

（2）提高心血管系统的机能。长期参加健美操锻炼，可以使心肌纤维增粗、心肌收缩力增强、心输出量增大，从而提高心脏的供血能力，有助于向脑细胞供氧、供能，提高大脑的思维能力；同时使循环系统向全身细胞提供更多的氧和养料，改善新陈代谢，减少脂肪沉积，延缓血管硬化，有益于身体健康。

（3）提高呼吸系统的机能。进行健美操运动时，肺通气量成倍增长，肺泡的张开率提高，从而增大了肺部的容量和吸氧量。经常参加健美操锻炼，可以使呼吸肌变得有力，安静时呼吸加深、次数减少，运动时吸氧量大，从而提高机体的有氧代谢能力，对耐力增长有很大的帮助。

（4）改善消化系统的机能。有些类型的健美操由于髋部活动较多，不仅能够使腰腹肌和骨盆肌得到锻炼，而且加强了肠蠕动，增强了消化机能，有助于营养的吸收和利用。

（5）改善神经系统的机能。健美操是由多种动作组成，长期进行健美操锻炼，可以提高人的动作记忆和再现能力，提高神经系统的灵活性和均衡性，从而发展人的协调能力。

2. 塑造美的形体

一个人的身体是由姿态和体形两部分组成的。良好的身体姿态是形成一个人的气质和风度的重要因素。健美操以身体运动为特殊手段，通过动作展示优美的体态，给人以美的享受。这种体态就是人体的一种动态美。动态美包括形体美、动作美、仪表美、风度美。长期的健美操锻炼，可以改善不良的身体姿态，形成优美的体态，从而在日常生活中表现出一种良好的气质与修养，给人以朝气蓬勃、健康向上的感觉长期进行健美操锻炼，还可以塑造健美的体形。通过健美操练习尤其是力量练习，可使骨骼粗壮，肌肉围度增大，从而弥补先天的体形缺陷，使人变得匀称健美，同时消除体内和体表多余的脂肪，维持人体吸收与消耗的平衡，降低体重，保持健美的体形。

3. 缓解精神压力

随着时代的发展，人们在享受科学技术所带来的舒适生活和各种便利的同时，也受到了来自方方面面的精神压力。长期的精神压力不仅会引起许多躯体疾病，还会造成人们心理上的疾病。健美操作为一项体育运动，可使人们在轻松、愉快的气氛中进行锻炼，从而忘却自己的烦恼和压抑，尽情享受健美操运动所带来的欢乐，使内心得到安宁，从而缓解精神压力，使人具有更强的活力和更好的心态。

4. 陶冶情操，提高素养

健美操锻炼能使锻炼者在接受美与享受美的愉悦中提高对于美的鉴赏能力。在健美操动作的编排中，其招式、动作无不展示着青春的活力与优美的体态。健美操中的一些非对称动作和小关节活动也给人一种新奇的感觉，使动作更具独特的表现力和感染力。健美操的音乐激进亢奋，能使人很快地进入角色，全身心地投入锻炼中。健美操集体配合动作具有较高的美学构图价值，队形变化极富艺术欣赏价值。凡此种种，人们不仅在锻炼中强健了身体，还受到了美的熏陶，提高了艺术素养。

5. 提高社会适应能力

健美操运动不仅仅是在节奏明快、强劲有力的音乐伴奏下进行的，更重要的是在健美操教师或教练的带领下和提示语言的鼓舞下，在众多学员的积极参与下进行的。在练习过程中可以探讨练习的感受、生活的经验和教育等问题，也可以相互纠正动作、相互学习和鼓励，以达到改进和提高动作质量的目的。使人们处在一个欢快、奋进、充满激情的环境中，不自觉地受到环境、气氛的感染，抛开心头的烦恼与痛苦，消除孤独感，全身心地投入健身锻炼行列。使人们在相同的音乐和共同节奏下，全身心地一起宣泄、抒情，共同欢乐，消除疲劳，恢复身心健康。在欢乐的气氛里进行交际应酬，以增进友谊，发展愉快而自然的社会关系，从而使人变得刚毅、开朗、乐观，快活地工作与生活，满足自身各方面的需要，促进心理的健康发展。

6. 医疗保健功能

健美操作为一项有氧运动，其特点是强度低、密度大，运动量可大可小，容易控制，因此，除对健康的人具有良好的健身效果外，对一些病人、残疾人和老年人也是一种医疗保健的理想手段。例如，下肢瘫痪的病人可做地上健美操和水中健美操，以保持上体的功能，促进下肢功能的恢复。总之，只要控制好运动范围和运动量，健美操练习就能在预防损伤的基础上，达到医疗保健的目的。

三、健美操的基本动作

健美操的基本动作是健美操的核心，也是健美操运动的基础。内容丰富、多种多样的健美操组合动作、成套动作都是从基本动作的基础上变化和发展起来的。只要正确地掌握这些基本动作，通过不同的组合和运用，就能创编出难易不同、强度不同、风格不同的健美操。健美操的基本动作主要是由下肢动作、上肢动作及躯干动作组成。通过基本动作练习，可以掌握正确的动作技术，加大动作幅度，可使练习者的肌肉得到均衡、全面的发展，提高关节的灵活性和动作的协调性，并使练习者尽快建立正确的动作技术概念，学会如何用力，培养良好的动作形态，并养成正确的身体姿态。

（一）基本步伐

健美操的基本步伐是健美操基本动作的重要组成部分，是千变万化、丰富多彩的健美操动作的基础。健美操基本步伐是指在特定音乐节奏下的脚步运动方法，包括下肢的各种走、跑、跳及舞步。基本步伐根据人体运动时对地面冲击力的大小分为无冲击力步伐、低冲击力步伐和高冲击力步伐三类。

1. 无冲击力步伐

指做动作时，两脚始终接触地面的脚步运动。

（1）半蹲。双腿同时屈膝或伸直，做并腿半蹲或分腿半蹲。

技术要点：屈膝不得超过90°，脚尖方向同膝关节方向一致，膝关节不超过脚尖，下蹲时身体前倾。

动作变化：并腿半蹲、分腿半蹲、迈步转体半蹲（图 9-1-1）。

（2）弓步。一腿屈膝，另一腿伸直。

技术要点：身体重心在两腿之间，两脚在一条线上，前腿膝关节弯曲不超过 90° 且不超过脚尖。

动作变化：前后、左右的弓步、移动的弓步、跳起的弓步（图 9-1-2）。

图 9-1-1　半蹲　　　　　　　图 9-1-2　弓步

2. 低冲击力步伐

指做动作时，一脚着地另一脚离地的脚步运动方法。低冲击力步伐是目前健美操编排运用最多的动作。

（1）踏步。两腿依次抬起，依次落地。

技术要点：两腿下落时，膝、踝关节要有弹性地缓冲。

动作变化：踏步转体、踏步分腿与并腿（图 9-1-3）。

（2）走步。向前走步时，脚跟先落地，再过渡到全脚掌落地；向后走步时则相反。

技术要点：脚下落时，膝、踝关节要有弹性地缓冲。

动作变化：向前、向后、转体（弧线）走步（图 9-1-4）。

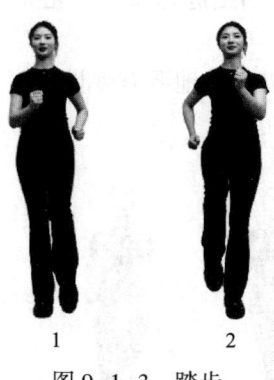 

　　　1　　　　　　2　　　　　　　　1　　　　　　2

图 9-1-3　踏步　　　　　　　图 9-1-4　走步

（3）"V"字步。一脚向斜前方迈一步，另一脚向另一斜前方迈一步，形成"V"字轨迹，再依次退回原位。

技术要点：两脚之间距离略比肩宽，重心在两脚之间。

动作变化：向前、向后、转体、跳起"V"字步（图 9-1-5）。

图 9-1-5 V 字步

（4）一字步。向前一步，后脚并前脚；向后一步，前脚并后脚。

技术要点：前后要有并腿过程；两膝始终要有弹性地缓冲。

动作变化：向前、向后、转体一字步（图 9-1-6）。

图 9-1-6 一字步

（5）曼步。一脚向前迈出，重心前移；另一脚稍抬起落下，重心后移，前脚后撤落地，重心移至后脚。

技术要点：身体重心随前后及转身动作移动，脚步落地要有弹性。

动作变化：向前、向后、转体曼步（图 9-1-7）。

图 9-1-7 曼步

（6）点地。一腿伸出，脚尖或脚跟点地，另一腿稍屈。

技术要点：两腿屈伸要有弹性，点地时重心始终落在主力腿上。

动作变化：脚尖、脚跟点地，向前、向后、向侧点地（图9-1-8）。

（7）并步。一脚迈出移重心，另一腿在主力腿内侧并腿点地。

技术要点：两膝自然屈伸，落地要有弹性，重心随之移动。

动作变化：向前、向后、转体并步（图9-1-9）。

（8）迈步后屈腿。一脚向侧迈一步，另一脚后屈抬起，还原。

技术要点：主力腿做弹性屈伸，后屈腿的脚后跟踢向臀部。

动作变化：原地、转体迈步后屈腿（图9-1-10）。

图9-1-8　点地

图9-1-9　并步

图9-1-10　迈步后屈腿

（9）侧交叉步。一脚向侧迈出一步，另一脚在后交叉，稍屈膝，再向侧一步，另一脚并拢。

技术要点：脚落地同时屈膝缓冲，重心随之移动。

动作变化：转体、小跳、后屈侧交叉步（图9-1-11）。

图9-1-11　侧交叉步

（10）吸腿。一腿屈膝上抬，另一腿微屈缓冲。

技术要点：大腿上提，主力腿屈膝缓冲。

动作变化：原地、移动吸腿（图9-1-12）。

（11）移重心。一脚向侧一步，两腿屈膝，重心移至一脚支撑、另一脚侧点地。

技术要点：重心移动明显，两膝做弹性屈伸。

动作变化：左右、前后移重心（图9-1-13）。

图9-1-12 吸腿　　　　　　　　　1　　　　　　　2

图9-1-13 移重心

（12）踢腿。一腿站立，另一腿直膝加速上踢。

技术要点：主力腿微屈膝，上体保持直立。

动作变化：原地、向前、向侧移动踢腿，跳起踢腿（图9-1-14）。

（13）弹踢腿。一脚站立，另一腿后屈膝随之向前下踢伸直。

技术要点：弹踢腿无须弹踢很高，要有控制。

动作变化：原地、向前、向后、向侧、转体弹踢腿（图9-1-15）。

1　　　　　　　2　　　　　　　　　1　　　　　　　2

图9-1-14 踢腿　　　　　　　　　　图9-1-15 弹踢腿

（14）摆腿。一脚站立，另一脚自然摆起。

技术要点：主力腿屈膝缓冲，上体保持直立。

动作变化：向前、向侧、向后摆腿（图9-1-16）。

3. 高冲击力步伐

指做动作时，两脚都离地，做对身体有一定冲击力的跑、跳动作。

（1）后踢腿跑。两腿依次后踢，两臂前后自然摆动。

技术要点：小腿向后屈膝后踢，支撑腿微屈。

动作变化：原地、向前、向后、弧线、转体后踢腿跑（图9-1-17）。

（2）双脚跳。两脚有弹性地跳起落地。

技术要点：落地屈膝缓冲。

动作变化：原地、转体双脚跳（图9-1-18）。

图9-1-16 摆腿　　　　　图9-1-17 后踢腿跑　　　　图9-1-18 双脚跳

（3）开合跳。并腿跳起，分腿落地，再跳回并腿。

技术要点：分腿落地时，屈膝朝脚尖方向，全脚掌着地，屈膝缓冲。

动作变化：原地开合跳，转体开合跳（图9-1-19）。

（4）弹踢腿跳。一脚跳起，另一腿后屈膝随之向前下踢伸直。

技术要点：弹踢腿高度无须太高（前或侧下45°），弹直时要有控制。

动作变化：原地、移动、向前、向侧、向后、转体弹踢腿跳（图9-1-20）。

图9-1-19 开合跳　　　　　　　　图9-1-20 弹踢腿跳

（5）侧并小跳。一脚向侧小跳一次，另一脚并上垫步跳一次。

技术要点：两脚落地要有弹性，重心平稳移动。

动作变化：原地、左右、前后、转体侧并小跳（图9-1-21）。

（6）并步跳。一脚迈出移重心，另一脚撑脚内侧并腿跳起，落地缓冲。

技术要点：两脚并步跳要有弹性，重心随之移动。

动作变化：向前、后、侧、转体斜方向并步跳（图9-1-22）。

（7）弓步跳。并腿跳成分腿，一腿屈膝另一腿伸直成弓步。

技术要点：重心在两腿之间，两脚在一条线上，前腿膝关节弯曲不超过90°。

图9-1-21 侧并小跳

动作变化：弓步交换腿跳弓步转体跳、剪刀跳（图9-1-23）。

263

图 9-1-22　并步跳　　　　　　　图 9-1-23　弓步跳

（8）摆腿跳。一脚跳起，另一腿自然抬起，还原成并腿。

技术要点：主力腿屈膝缓冲，上体保持正直。

动作变化：向前、后、侧摆腿跳（图 9-1-24）。

图 9-1-24　摆腿跳

（二）健美操上肢动作

健美操上肢动作包括肩部动作、手臂动作及手型动作，主要动作有摆动上举、屈伸、环绕、提拉、下沉等动作。

1. 肩部动作

（1）提沉肩。肩关节沿垂直轴做上、下运动（图 9-1-25）。

（2）绕环。肩关节向前或向后做大于或等于 360° 的圆周运动（图 9-1-26）。

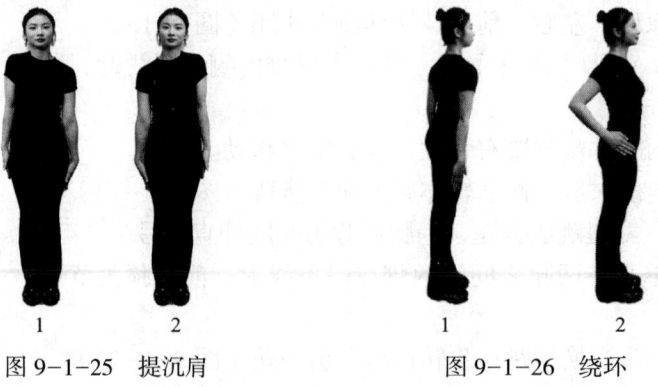

图 9-1-25　提沉肩　　　　　　　图 9-1-26　绕环

2. 手臂动作

（1）自然摆动。两臂屈肘同时或依次前后摆动（图9-1-27）。

（2）屈伸。两臂关节由伸直到弯曲，或由弯曲到伸直（上臂固定、肘屈伸）（图9-1-28）。

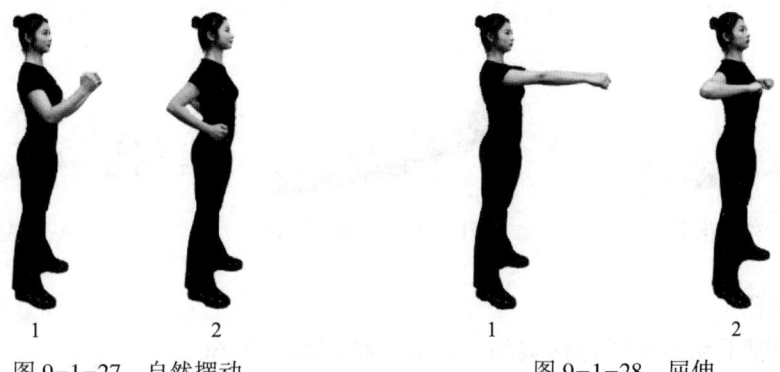

　　　1　　　　　　2　　　　　　　　　　　1　　　　　　2

图9-1-27　自然摆动　　　　　　　图9-1-28　屈伸

（3）上举。以肩关节为轴，手臂活动的范围不超过180°（图9-1-29）。

（4）环绕。以肩关节为轴，做单臂或双臂的圆周环绕动作（图9-1-30）。

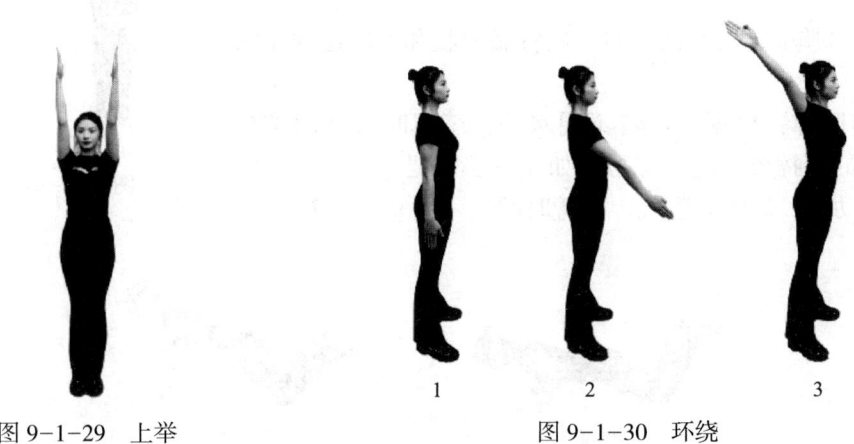

　　　　　　　　　　　　　　　1　　　　　　2　　　　　　3

图9-1-29　上举　　　　　　　图9-1-30　环绕

3. 手型动作

健美操中手型动作有多种，手型的选用可以使手臂动作更加丰富多彩，体现出美感，而且有助于加强动作的力度。

（1）并掌。拇指指关节弯曲内扣，其余四指并拢伸直（图9-1-31）。

（2）分掌。五指用力分开并伸直（图9-1-32）。

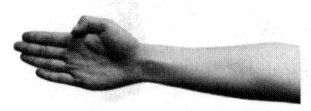 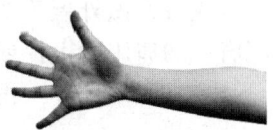

图9-1-31　并掌　　　　　　　　图9-1-32　分掌

（3）花掌。五指分开，小指内旋，拇指稍内收（图9-1-33）。

（4）立掌。手掌用力上屈，五指弯曲自然（图9-1-34）。

（5）拳。五指弯曲握紧，大拇指压在手指弯曲部位（图9-1-35）。

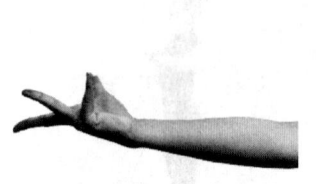

图9-1-33　花掌

图9-1-34　立掌

图9-1-35　拳

4. 躯干动作

健美操的躯干动作主要包括胸部、背部、腰腹部三个部分的动作。

（1）胸部动作。

胸部动作主要有含胸、展胸，配合直臂或屈臂的内收和外展动作。

① 含展胸：含展胸的同时，屈臂做内收和外展运动（图9-1-36）。

② 俯卧撑：根据练习者不同水平，练习时可采用难易不同程度的俯撑姿势进行练习，如跪撑、并腿俯撑，同时做臂的屈伸动作；屈臂时吸气，伸臂时呼气（图9-1-37）。

图9-1-36　含展胸

图9-1-37　俯卧撑

（2）背部动作。背部动作主要包括背阔肌、斜方肌的运动。当背部肌肉收缩时，可使肩关节外展、下沉，使臂屈伸并在垂直位置内收。背部动作有外展、提肩、沉肩、上举下拉等。

① 外展：屈臂或直臂做外展（图9-1-38）。

② 提肩、沉肩：两肩用力上提或下沉（图9-1-39）。

③ 上举、下拉：两臂上举，再下拉至腰侧屈（图9-1-40）。

（3）腰腹部动作。腰腹部肌肉主要是由腹直肌、腹横肌和竖脊肌组成，腰腹部动作可分为仰卧抬上体、侧卧抬上

图9-1-38　外展

体、仰卧抬腿、站立体侧屈、站立转体等。

图 9-1-39　提肩、沉肩　　　　　　　　　图 9-1-40　上举、下拉

① 仰卧抬上体：仰卧，屈膝，两脚同肩宽，两手扶头后，腹肌收缩，上体抬起，腰部始终与地面接触（图 9-1-41）。

② 侧卧抬上体：屈膝侧卧，两手扶头后，腹侧肌收缩，上体抬起（图 9-1-42）。

图 9-1-41　仰卧抬上体　　　　　　　　图 9-1-42　侧卧抬上体

③ 站立体侧屈：分腿半蹲，两手扶头后，上体侧屈，还原（图 9-1-43）。

④ 站立转体：开立，左手叉腰，右手触左肩，上体向左侧转动，还原成两臂侧平举（图 9-1-44）。

图 9-1-43　站立体侧屈　　　　　　　　　图 9-1-44　站立转体

267

第二节　啦啦操

一、啦啦操的起源与发展

关于啦啦操运动（Cheerleading）的起源可以追溯到早期部落社会的仪式，当时为了激励外出打仗或打猎的战士们，人们会举行一种仪式，在仪式中用族人欢呼、手舞足蹈的表演来鼓励战士，希望他们凯旋。

现代啦啦操运动起源于美国，可以追溯到19世纪末的美国大学校园。当时的啦啦操还不像现在这样，更多是一种为体育比赛加油助威的方式，由男性学生担任。直到20世纪初，啦啦操开始吸引女性学生的参与。随着时间的推移，啦啦操逐渐发展成为一种具有艺术性和竞技性的表演形式。在20世纪50年代，啦啦操开始在美国高中和大学中流行起来，并逐渐形成了现代啦啦操的基本形式，包括动作、舞蹈、呐喊和人体塔等元素。20世纪70年代，啦啦操开始在全球范围内传播，成为一项受欢迎的体育活动。1984年，国际啦啦操联合会（International Cheer Union）成立，标志着啦啦操正式成为一项国际性的竞技运动。现代的啦啦操包括各种复杂的动作和技巧，如空中翻转、高难度的跳跃和扔接技巧等，要求参与者具备良好的体能和协调能力。除了在体育比赛中表演外，啦啦操也成了一种独立的竞技项目，世界各国都有举办各种啦啦操比赛和表演活动。同时，啦啦操也逐渐在娱乐领域得到应用，成为一种受欢迎的表演形式，如在体育赛事、音乐会和电视节目中的表演。

总的来说，啦啦操起源于美国大学校园，经过多年的发展和演变，逐渐成为一种具有竞技性和艺术性的表演形式，目前已经成为一项国际性的竞技运动和娱乐活动。

二、啦啦操的分类

啦啦操分为舞蹈啦啦操和技巧啦啦操，其中，舞蹈啦啦操包括街舞啦啦操、爵士啦啦操、花球啦啦操、大踢腿啦啦操、自由舞蹈啦啦操，后又根据不同人群的需要设置了大课间啦啦操、展演啦啦操、亲子啦啦操等十几种形式，内容丰富多彩，形式多种多样。本节仅对舞蹈啦啦操及其分类做简单介绍。

舞蹈啦啦操是适用于健身美体、陶冶情操、调节赛场气氛的大众健身方式，也是易于开展体育竞赛的一项新兴运动项目，具有音乐动感，服饰华丽，道具、口号千变万化等特点，可以体现出团队风貌和精神力量。舞蹈啦啦操分为爵士舞蹈啦啦操、街舞舞蹈啦啦操、花球舞蹈啦啦操等。

（一）爵士舞蹈啦啦操

爵士舞蹈啦啦操是融合了各种动作而形成的，其注重五人配合以及技术要领。爵士舞强调的是适当变化动作的技术，伸展、控制身体必须到位以及风格和队伍的统一性。

（二）街舞舞蹈啦啦操

街舞舞蹈啦啦操融合了街舞的动作和节奏，强调舞蹈的执行、风格、创意、身体控制力、节奏、统一性和音乐节奏感。它也注重融合其他体育动作，如跳跃、停顿、加速及其他技巧。

（三）花球舞蹈啦啦操

花球舞蹈啦啦操融合了爵士和街舞的理念，同时强调舞蹈的编排，加以合适的技巧、视觉效果、创意、步骤以及团队统一性，100%地采用花球表演。这种形式最重要的特征在于同步和视觉效果、干净和准确的动作、高超的花球技术，同时也融合了舞蹈风格的元素，其视觉效果包括高度变化、团队合作、队形变化、不同颜色花球的使用等。

三、啦啦操的基本动作

啦啦操的基本动作是啦啦操运动的基础。内容丰富、多种多样的啦啦操组合动作、成套动作都是从基本动作的基础上变化和发展起来的。只要正确地掌握这些基本动作，通过不同的组合和运用，就能创编出难易不同、强度不同、风格不同的啦啦操。

啦啦操的基本动作与健美操的主要区别体现于二者的上肢动作。啦啦操的上肢动作以36个基本手位为核心，其手臂动作是有着特殊规定和要求的。运动员必须按照规定的36个手位进行动作，要求所有啦啦操基本手位动作都锁肩并制动于体前。本节仅对啦啦操上肢动作的36个基本手位做简单演示。

啦啦操的36种手位具体演示如下所示：

1. 下A（图9-2-1）

动作要领：双臂斜下举，分别与脊柱成30°，拳心紧贴相对。

2. 上A（图9-2-2）

动作要领：双臂斜上举，分别与脊柱成30°，拳心相对。

3. 上V（图9-2-3）

动作要领：双臂侧上举，分别与脊柱成45°，但不能完全张开，应置于双耳斜前方45%，拳眼朝前。

4. 下V（图9-2-4）

动作要领：双臂侧下举，分别与脊柱成45°，且与肩成45°，拳眼朝前。

图9-2-1　下A　　　图9-2-2　上A　　　图9-2-3　上V　　　图9-2-4　下V

5. W（图 9-2-5）

动作要领：双臂侧上举，肩上平屈，大小臂成 90°，拳轮朝前。

6. 短 T（图 9-2-6）

动作要领：双臂侧平举，胸前平屈，小臂略低于肩，两拳相对，拳轮朝前。

7. T（图 9-2-7）

动作要领：双臂侧平举，但无须完全张开，分别与肩形成 30°，拳眼朝前。

8. 加油（图 9-2-8）

动作要领：双手握拳式胸前，拳心相对，肘关节朝下，双拳略低于下颌。

图 9-2-5　W　　　　图 9-2-6　短 T　　　　图 9-2-7　T　　　　图 9-2-8　加油

9. K（图 9-2-9）

动作要领：一臂前上举与脊柱成 45°，拳心朝内；另一臂前下举与脊柱成 45°，拳心朝内，两拳拳眼相对。身体向一侧转动，成后腿弯曲弓步。

10. 斜线（图 9-2-10）

动作要领：一臂侧上举，与脊柱成 45°，拳心朝外；另一臂侧下举与脊柱成 45°，拳心朝下，但双臂不能完全打开。

11. 下 L（图 9-2-11）

动作要领：一臂前平举，略低于肩，拳眼朝前；另一臂侧平举，拳心朝下。

12. 上 L（图 9-2-12）

动作要领：一臂前上举，与脊柱成 30°，拳心朝内；另一侧平举，拳心朝下。

图 9-2-9　K　　　　图 9-2-10　斜线　　　　图 9-2-11　下 L　　　　图 9-2-12　上 L

13. 短剑（图 9-2-13）

动作要领：一手握拳叉腰，手臂与肩成 30°，拳心朝下；另一臂胸前屈，肘关节朝下，拳轮朝前。

14. 小弓箭（图 9-2-14）

动作要领：一臂侧平举，拳心朝下；另一臂胸前屈，肘关节朝下，拳轮朝前。

15. 弓箭（图 9-2-15）

动作要领：一臂胸前平屈，肘关节朝外，小臂略低于肩；另一臂侧平举，拳心朝下。

16. 侧 K（图 9-2-16）

动作要领：手臂动作同 K，手臂朝向一侧，身体朝向正前方。

图 9-2-13　短剑　　　　图 9-2-14　小弓箭　　　　图 9-2-15　弓箭　　　　图 9-2-16　侧 K

17. 斜上冲拳（图 9-2-17）

动作要领：一手握拳叉腰，拳心朝下；另一臂斜上冲拳，与脊柱成 45°，拳轮朝前。

18. 斜下冲拳（图 9-2-18）

动作要领：一手握拳叉腰，拳心朝下；另一臂斜下举，与脊柱成 45° 夹角，拳轮朝前。

19. 侧下冲拳（图 9-2-19）

动作要领：一手握举叉腰，拳心朝下；另一臂下举，与脊柱成 45°，拳眼朝前。

20. 侧上冲拳（图 9-2-20）

动作要领：一手握拳叉腰，拳心朝下；另一臂侧上举，与脊柱成 45° 夹角，拳眼朝前。

图 9-2-17　斜上冲拳　　　图 9-2-18　斜下冲拳　　　图 9-2-19　侧下冲拳　　　图 9-2-20　侧上冲拳

21. 下 M（图 9-2-21）

动作要领：双手握拳叉腰于髋部，双臂与肩成 30°，拳心朝下。

22. 上 M（图 9-2-22）

动作要领：双臂侧上举，肩上平屈，肘关节朝外，手腕向下屈，指尖触肩。

23. R（图 9-2-23）

动作要领：一臂斜下举，与脊柱成 30°，拳心朝下；另一臂侧上举头后屈肘，肘关节朝外，拳心紧贴后脑勺。

24. 高冲拳（图 9-2-24）

动作要领：一臂前上举，大臂逼近脸颊，拳轮朝前；另一手握拳叉腰，手臂与肩成 30°，拳心朝下。

图 9-2-21 下 M　　　图 9-2-22 上 M　　　图 9-2-23 R　　　图 9-2-24 高冲拳

25. 下 X（图 9-2-25）

动作要领：双臂交叉斜下举分别与脊柱成 30°，拳心朝下。

26. 前 X（图 9-2-26）

动作要领：双臂交叉前平举，略低于肩，拳心朝下。

27. 上 X（图 9-2-27）

动作要领：双臂交叉斜上举于额头前上方，分别与脊柱成 30°，拳心朝前。

28. 屈臂 X（图 9-2-28）

动作要领：双臂屈时交叉于胸前，拳心朝内。

图 9-2-25 下 X　　　图 9-2-26 前 X　　　图 9-2-27 上 X　　　图 9-2-28 屈臂 X

29. 屈臂 H（图 9-2-29）

动作要领：双臂前下举，分别与脊柱成 30°，拳心相对。

30. 小 H（图 9-2-30）

动作要领：一臂前上举，与脊柱成 30°，拳心朝内；另一臂胸前平屈，肘关节朝下，拳轮朝前。

31. 上 H（图 9-2-31）

动作要领：双臂前上举与肩同宽，分别与脊柱成 30°，拳心相对。

32. 后 X（图 9-2-32）

动作要领：双臂侧上举，在头后平屈，肘节朝外，两拳相对，拳心紧靠后脑勺。

图 9-2-29　屈臂 H　　　图 9-2-30　小 H　　　图 9-2-31　上 H　　　图 9-2-32　后 X

33. 提桶式（图 9-2-33）

动作要领：双臂前平举，与肩同宽，双手握拳，拳心朝下。

34. 持烛式（图 9-2-34）

动作要领：双臂前平举，与肩同宽，双手握拳，拳心相对。

35. 后 M（图 9-2-35）

动作要领：双臂屈时平行向身后伸展，双手握拳收于腰侧，拳心相对。

36. O（图 9-2-36）

动作要领：双手握拳，举于头顶靠拢，拳心朝下。

图 9-2-33　提桶式　　　图 9-2-34　持烛式　　　图 9-2-35　后 M　　　图 9-2-36　O

第十章
职业人群健身方法

当今社会，职业人群普遍面临着长时间工作、久坐带来的诸多健康挑战。一方面，长时间久坐会导致肌肉紧张、血液循环不畅等问题；另一方面，户外作业人群则面临肌肉劳损、紫外线照射，以及高温、低温等户外恶劣环境的风险。因此，针对不同职业人群的健身方法应当有所区别，既要考虑到各自的工作特性，又要兼顾到健身的可行性与效果。

第一节　久坐工作人群的健身

久坐不动的生活方式，不仅仅会导致肌肉、骨骼疼痛，还会带来诸多不良影响。大量研究表明，久坐生活方式是造成人类疾病、失能和死亡的主要原因之一，这已经成为一个全球性的公共卫生问题。

一、久坐工作人群健康状况

久坐生活方式是各种慢性非传染性疾病如糖尿病、高血压、心脑血管疾病等的主要危险因素之一。久坐不动的生活方式对健康是有害的。除会提高慢性肌肉骨骼疾病、后背僵硬疼痛、头痛和消化不良的发病率外，久坐不动还有可能导致超重或肥胖、2型糖尿病、癌症等。有研究表明，符合一定科学规律的体力活动可以有效改善人体由于久坐生活方式引起的体质下降。只要能够稍加重视并积极锻炼，就能抵消久坐不动带来的消极影响。而且，运动和膳食干预是提高人体健康水平、降低慢性病发病率的有效方法，可以针对不同体质特点的久坐人群开展运动和膳食干预，提出适合不同体质久坐人群的健康管理策略，从而有效改善健康状况。

从人体的生理解剖角度来讲，腰部的脊柱是一根附着有肌肉、筋膜和韧带等软组织的相对比较独立的支柱，在它的前方是松软的腹腔，并无骨性结构的保护。由于工作方式的变化和生活节奏的加快，人们处于坐姿的时间越来越长，这就导致腰背部肌群长期处于一个牵拉紧绷的状态，腰背部的软组织也因此承受着超强负荷的工作压力。如果机体不能够适时地进行自我释压调整的话，就会使附着在腰部这段脊柱周围的组织造成损伤。尤其是需要长时间伏案工作的中年人，本身他们的身体素质和各种机能就已经开始呈下降趋势了，再加上肌肉、筋膜及韧带的持续或过度牵拉，会破坏肌肉的原有压力平衡，增大肌肉内压力，导致供血能力障碍，使机体无法在有效的时间内得到足够能源的供给；同时，因无氧呼吸产生的大量乳酸不能及时被机体代谢出去，在体内越积越多，最终引起患部出现炎症、粘连和慢性腰痛。一旦有病变发生，为了降低疼痛感，机体会通过代偿作用来减少其病变部位的活动。与此同时，与病变部位参与同一活动的其他一些相关肌肉，就会因承担病变部位的工作任务而超负荷工作，进而导致肌肉痉挛。当腰部肌肉持续痉挛，且长时间得不到缓解时，腰部软组织就出现积累性劳损，这就越发加重了病变部位的活动受限程度和疼痛感。长期这样下去，形成恶性循环，就会增加患腰肌劳损的风险。

二、久坐带来的危害

（一）久坐伤肌

男性的肌肉含量在 40 岁后就开始以每年 1% 的速度递减，到了 60 岁，男性体内肌肉含量仅相当于年轻时的 75%。久坐不动，气血不畅，会影响人的脾胃消化功能。脾胃主四肢和肌肉，缺少运动，轻则会使肌肉松弛，弹性降低，出现"将军肚"，重则会使肌肉僵硬，感到疼痛麻木，引发肌肉萎缩。如果上肢力量不好，那么人的心肺绝对不会优秀。这是因为，人在不运动的时候，血管只开放几十条，而在运动的时候，血管能开放上千条，使人体的血流畅通。肌肉是知恩图报的，锻炼有助于留住肌肉，只要每天适量运动，给肌肉一点好处，肌肉就会以 10 倍的馈赠报答你。

（二）损筋伤骨

肩颈部和腰部的肌群因长时间保持一个姿势而紧张，容易引起肌肉和软组织的劳损，小关节面之间关系紊乱，颈椎生理弯曲受到影响，由此引发长期颈肩痛，进而导致颈椎病。同时久坐会造成人体的重量较集中地压在腰骶部，这种压力分布的不均衡易引起腰背肌肉劳损并疼痛，长期如此，甚至可致椎间盘组织弹性减退和脊柱骨质增生。久坐还会使骨盆和骶髂关节长时间负重，影响腹部和下肢血液循环，从而诱发便秘、痔疮，出现下肢麻木，引发下肢静脉曲张等症。

（三）伤神损脑

人体的大脑组织约占体重的 2%，但脑组织血流量占全部心脏输出量的 17%，对血液中氧的需求量更是占全身总耗氧量的 20%。久坐不动，血液循环减缓，脑血流量减少，则会导致大脑供血不足脑细胞就会处于罢工状态。表现为体倦神疲，精神萎靡，哈欠连天。若突然站起来，还出现头晕、眼花等症状。

（四）久坐伤心

由于久坐不动，虽然每天正常摄入食物，但会聚积于胃肠，使胃肠负荷加重，同时使肠蠕动功能长时间受压抑，除了可致胃及十二指肠黏膜受损、溃疡等慢性难愈顽症外，食物中的脂类、淀粉等物也过多地转变为脂肪，导致肥胖。久而久之，身体内各大小动脉管内壁就会淤积大量脂类物质堵塞血管，致使全身组织、系统供血不足，加速心脑血管疾病的发生和发展。

（五）久坐伤身

女性久坐可导致梨形身材和妇科疾病。研究表明，女性如果一直保持坐姿不变会导致臀部变得又扁又平，臀部肌肉松弛下垂，失去紧翘感，给人从外观上造成一种臀部变大的感觉。此外，腰腹也会增加赘肉，大腿变粗，最后形成梨形身材。不仅如此，久坐不动还会对盆腔造成不小的伤害。比如因盆腔静脉回流受阻，淤血过多而导致盆腔炎。由于长时间久坐，导致血液循环不通畅，体内静脉回流受阻。而盆腔由于特殊的解剖结构，静脉血液回流受阻将影响子宫附件毒素的排出，长期积累容易引发附件炎。患有附件炎的女性常有不同程度的腹痛、小腹坠胀和牵扯感，时轻时重，并伴有白带增多、腰疼、月经失调等症状。

男性久坐损害前列腺。前列腺对男性身体有着举足轻重的作用。久坐缺乏经常性的体育运动，易造成男性阴部充血、肿胀、发炎，继而引发前列腺炎。特别是坐在软沙发上，臀部深陷其中，阴囊受挤压，使静脉血液回流不畅，阴部血液的微循环受阻，严重时可导致精索静脉曲张、睾丸下坠、下腹部钝痛。而且久坐会让睾丸新陈代谢产生的有害物质排泄不畅，使睾酮分泌减少，导致性功能障碍和男性不育症，甚至可能发生睾丸坏死。

（六）久坐增癌

据统计，每年有大约 10 万起新发乳腺癌和结肠癌的病例与久坐不动有关。如果一个人需要连续久坐办公室 10 年以上，其患上肠癌的可能性就会翻倍。因为久坐使结肠蠕动减弱，大便在结肠中停留时间延长，致癌因子与结肠黏膜接触时间也相对延长，从而易患结肠癌。此外，防止疾病和癌产生的人体免疫细胞的数量，也是随着活动量的增加而增加的，久坐不动将使人体缺少足够的免疫细胞。

（七）体态发生变化

对于久坐工作人群，经常使用电脑，长期保持坐姿状态，易产生以下体态变化：

（1）圆肩、驼背、探颈。这种体态，在外观上表现为肩膀耸起，后背隆起，躯干向前倾斜，手臂自然下垂时肘窝无法冲向身体前方。这就是上交叉综合征的症状。上交叉综合征是指长时间伏案工作或过度锻炼胸部肌肉导致的身体前后侧肌肉力量不均衡而出现的现象。严重者可能出现颈肩部肌肉酸痛、手臂麻木、呼吸不畅等症状。若不能及时矫正，还可能导致体态变形，影响自信心和生活质量。

（2）脊椎侧弯。这种体态在外观上表现为两肩不平、肋骨突出、肩胛后凸、骨盆倾斜、下肢不等长等。经常从事单边动作的群体，容易发生这种情况，比如单手大量书写、频繁点击鼠标、经常背单肩包或单手提包等。脊柱侧弯具体是指脊柱偏离身体正中。严重的脊柱侧弯可能导致心肺功能障碍，在体育运动中容易出现胸闷气短等现象；严重者可能出现背部疼痛、下肢麻木，甚至可能出现骨盆倾斜变形，影响生育。因此，在日常生活中要注意保持良好的站姿和坐姿。

（八）免疫力下降

长期不良的生活作息习惯，不仅会使体形发生变化，还会出现睡眠不足、易疲劳、视力下降、肤色暗沉等一系列的问题。其中，睡眠不足是免疫力下降最主要的根源。熬夜加班的上班族越来越多，因为压力大而睡不好的人也越来越多，睡眠不足会导致全身器官不能得到很好的休息，长期超负荷的运转无疑是在挑战自己身体的极限。长时间缺乏足够的休息会导致免疫力急速下降，即使是小小的感冒都难以抵抗。免疫力持续低下将严重影响正常的工作和生活。

（九）出现亚健康状态

亚健康是指介于疾病和非疾病之间的第三状态。它并无病理上的明显症状，却会严重影响个体的工作、学习、日常生活等，并且在人群当中的覆盖率较高。亚健康状态主要表现为长期持续的疲劳状态、失眠多梦、四肢无力、经常性的感冒、无名低热、害怕见到人群、记忆力减退、暴躁易怒、性欲减退等。亚健康根据表现主要分为躯体亚健康、心理亚健康、社会关系亚健康三类。躯体亚健康主要表现为身体疲劳、失眠、食欲不振、肌肉疼痛、呼吸不畅、体重减轻、脱发明显、手脚冰凉、头晕目眩、经常感冒等；心理亚健康主要表现为压抑、烦躁、自卑、恐慌、焦虑、疲惫、苦闷等；社会关系亚健康主要表现为师生关系、同学关系、朋友关系等的不协调。亚健康根据严重程度分为轻度、中度、重度三个阶段。轻度亚健康主要表现为失眠、多梦等；中度亚健康主要表现为记忆力减退、反应减慢、免疫力下降等；重度亚健康已接近疾病状态。

（十）久坐易发腰肌劳损

当机体长期处于疲劳状态或生活居住的环境比较寒冷潮湿时，机体的免疫功能较平时就会有所降低。此时，寒邪湿气极易侵入体内，干扰体内正常的生理环境，破坏神经轴突的生理功能，导致炎症的发生和组织的坏死，并进一步诱导产生能够使机体感觉疼痛的物质；另外，由于血管壁内部和外部两侧的渗透压发生了变化，使组织间隙瞬间积聚大量的组织液而引起局部囊肿，导致腰、背部肌肉失去了自我保护能力。随着时间的推移，受伤部位得不到有效的缓解和治疗，就会发展成慢性腰痛。

腰肌劳损在中医学中属于"筋伤""腰痛""痹证"等，其特点是发病率高、病程长、反复发作且迁延难愈。从中医的角度来讲，腰肌劳损的诱因有很多种，常有虚有实，且虚中有实，实中有虚。如《黄帝内经·素问·宣明五气篇》就提到："久视伤血，久卧伤气，久坐伤肉，久立伤骨，久行伤筋，是谓五劳所伤。"意思是说，长时间用眼睛看东西容易损伤与眼睛关系密切的肝血，长期在床上躺着不活动容易损伤肺气，长时间坐着不动容易使肌肉松弛而没有弹力，长时间站着不动容易损伤人的骨骼，长时间行走而不注意适当休息又容易损坏人的膝盖和筋络。总之，如果一个人不能够劳逸结合，进行合理的自我调养，就会因疲劳过度而导致软组织受到损伤。还有如《诸病源候论·腰痛不得俯仰候》提到，"肾主腰脚""劳损于肾，动伤经络，又为风冷所侵，血气击搏，故腰痛也"，意思是说，疲劳过度会损伤人的肾脏，运动过度又会伤害到人的经脉，当又被外界的风寒入侵体内后，气血将与之击打搏斗，此时就会有腰痛的感觉。而《医宗必读》中认为腰痛的病因为"有寒有湿，有风热，有挫伤，有瘀血，有滞气，有积痰，皆标也，肾虚其本也"。意思是说，寒湿、风热、受伤、痰多等都是它表面看起来的原因，而事实上肾脏亏虚才是它的根本原因。

综上，产生腰肌劳损的原因可以概括为：一是身体受到外部寒湿、风邪的入侵；二是当腰部肌肉因疲劳过度而受损后长时间积累，或在受到外部急性损伤后没有及时有效地进行诊治，延误最佳治疗时机而导致；三是肝和肾比较虚弱，气血不足，有失调养。我国《中医病证诊断疗效标准》中按照表现症状的不同把腰肌劳损细分为四种：一是寒湿型，患者常会感到腰冷痛且沉重，转身时不方便利索，即使安静地在床上躺着也没有症状减轻的感觉，每逢阴天下雨还会加重腰部的酸痛不适等。二是湿热型，患者常会腰部疼痛且伴有灼热感，当天气炎热或遇到阴雨天气时，腰部的疼痛感就会加重，稍微做一些运动后疼痛症状明显缓解，尿的量少且颜色深黄甚至带有红色。三是肾虚型，患者常会感到腰部酸痛且没有力量，按和揉之后稍感舒适，脚和膝盖常感无力，一旦劳累后，上述症状就越发明显，躺床上休息一段时间后就能有效缓解症状，时轻时重，反复无常。另外，如果患者是偏阳虚，其脸色会比较惨白，手脚冰冷，短期无力且不爱多说话，腰部和腿部常感觉凉意袭来，就像置身于冷澡盆。如果患者是偏阴虚，其常会感到心烦意乱，且睡眠质量不佳，甚至失眠，咽喉发干想喝水，脸色潮红，感到身体疲惫，浑身没有力气。四是淤血型，患者常会感到腰部疼痛就像有根刺扎着一样，而且疼痛总是在同一个部位，疼痛减轻的时候趴下和坐起来动作不方便、不利索，疼痛加重时连翻个身都异常困难。

（十一）久坐可导致脊柱功能异常

当前交通、交流、工作以及娱乐方式的改变已经减少了人们的体力活动水平和能量需求，人们以静坐少动的生活、工作环境为优势，并且坐着已经成为人们最普遍的行为之一。对很多人来说，坐着的时间甚至超过了睡觉时间。国内久坐人群的健康状况不容乐观。《康复医学》期刊刊载的早期关于人体在不同姿势下第三腰椎间盘所受压力的实际测量结果指出：坐着时，脊柱承载 150% 的压力，坐着身体前倾（如使用电脑）时，脊柱承载 250% 的压力。坐着时，挺胸收腹使椎间盘受到的压力最小，而处于手臂支撑坐姿、双脚悬空坐姿、放松坐姿、后倾坐姿、前倾坐姿时，椎间盘压力依次增大。由此可见，久坐的生活方式会影响脊柱的健康，也会影响我们的生活质量。随着现代生活方式的改变，人们越来越多地处于静坐少动的状态。这种生活方式是当今慢性非传染性疾病发生的第一独立危险因素，已成为 21 世纪最大的公共卫生问题之一。

（十二）久坐影响心血管健康

久坐虽然不是人体心血管健康的决定性因素，但是久坐在一定程度上会提高心血管疾病的发病率和死亡率。久坐对心血管疾病有不利影响，减少久坐行为比仅增加活动量对人体健康更有效。女性青少年心血管健康和锻炼相关，与久坐关系不大，但久坐时间对男性心血管健康有着很大的影响。减少久坐行为能减小颈动脉内膜中层厚度，而颈动脉内膜中层厚度增加是早期动脉粥样硬化的标志。久坐时间较长者比久坐时间较短者患致命心血管疾病的概率高 84%。久坐与心血管健康密切相关，长期久坐会对人体心肺功能和血管的健康产生不利影响。

（十三）久坐可引发下背部疼痛

下背部疼痛是最为常见的慢性病，严重影响患者的正常工作和生活，甚至对患者的心理产生影响。有研究认为，久坐时间的增加和下背部疼痛具有相关性，久坐时间越长，越容易出现下背部疼痛的问题。但有更多的研究表明，运动锻炼行为相比久坐时长与下背部疼痛的相关性更大。一项针对青少年的研究表明，女孩比男孩更容易产生下背痛，但是与久坐时间无关，可能与其肌肉力量较弱有关。可见，久坐可能不是导致下背部疼痛的主要因素，但是在运动锻炼不足、相关肌群力量不足的情况下，久坐行为将成为下背部疼痛的诱因，且随着久坐时间的延长，下背部疼痛的风险显著增加。

（十四）久坐易导致代谢综合征

代谢综合征是指人体的蛋白质、脂肪、碳水化合物等物质发生代谢紊乱的病理状态。长期患有代谢综合征的人患糖尿病、冠心病、向心型肥胖、静脉循环障碍、充血性心力衰竭、骨关节病、癌等疾病的风险增加。有研究表明久坐和代谢综合征呈正相关，轻度和中度的身体活动无法抵消久坐的不良效应，只有高强度的体育运动才能有效减弱这一关联。即使人们达到建议的周活动指标，随着久坐时间的增加，还是会加大患代谢综合征的风险。久坐时间每人每周大于 42 小时会提高 4%～12% 患代谢综合征向心性肥胖和高甘油三酸酯以及女性高血压的风险。

（十五）久坐可引发抑郁症

抑郁症是当前最普遍的精神障碍之一。久坐和抑郁症密切相关，久坐行为还可能是抑郁症自我伤害的指标之一。有研究显示，久坐和其他慢性疾病以及抑郁症有很大的关联性，但是不同年龄层的关联性可能有所差异。针对成年人的研究发现，久坐和抑郁症有相关性，但是这种相关性可能也与身体活动减少有关。针对青少年的研究发现，久坐少动的青少年比其他青少年更容易出现抑郁症、自我伤害等行为。针对老年人的研究发现，久坐和抑郁症有高度关联性，有久坐行为的老年人更容易患上抑郁症。

三、久坐工作人群的工作特点及健身方法

（一）办公室工作人群的工作特点及健身方法

1. 工作特点

办公室工作人群以坐姿上班为主，且工作时间很可能超过 8 小时。经深入调查得知，这部分人常常由于工作压力大、节奏快，很少主动休息或调整体位，只有 28% 的人会在办公间隙站起身走走；30% 的人会在感到疲劳后伸个懒腰；约 40% 的人在短暂的休息时间中，仍保持坐姿，如玩电脑游戏、上网等。现代办公室工作人群常年在快节奏生活与高压力工作环境中频繁切换，很多人感到身心疲惫，主要表现为心理健康水平低下，如焦虑感上升、情绪不稳定或处事容易极端等；体质健康水平下降，如心肺功能下降、心虚气短、肌肉缺乏力量等。健康检查虽然没有具体指向的器质性疾病，但常常出现一些功能性的不良反应。对于这些不良反应，如果不加以重视，会出现身体健康水平下降，甚至出现机体病变，形成疾病。

2. 健身方法

办公室工作人群的锻炼可以因地制宜地进行。在持续工作了一段时间后（约 90 分钟），可以根据自己所处的工作环境条件，做一些调整和改善性练习。下面介绍一些坐姿或借助椅子进行运动的方法。

（1）拉伸放松。

① 热敷眼目。

动作要领：双手合掌上、下搓动，待感微热即将掌心轻轻贴于两眼上，两眼微闭（图 10-1-1）。

② 颈部拉伸。

动作要领：十指相扣，置于颈后，抬头时轻托，低头时轻压（图 10-1-2）。

③ 手臂拉伸。

动作要领：肩关节充分拉伸，手臂尽量贴于耳边（图 10-1-3）。

④ 肩部拉伸。

动作要领：两臂伸直，保持与肩同宽，下蹲（图 10-1-4）。

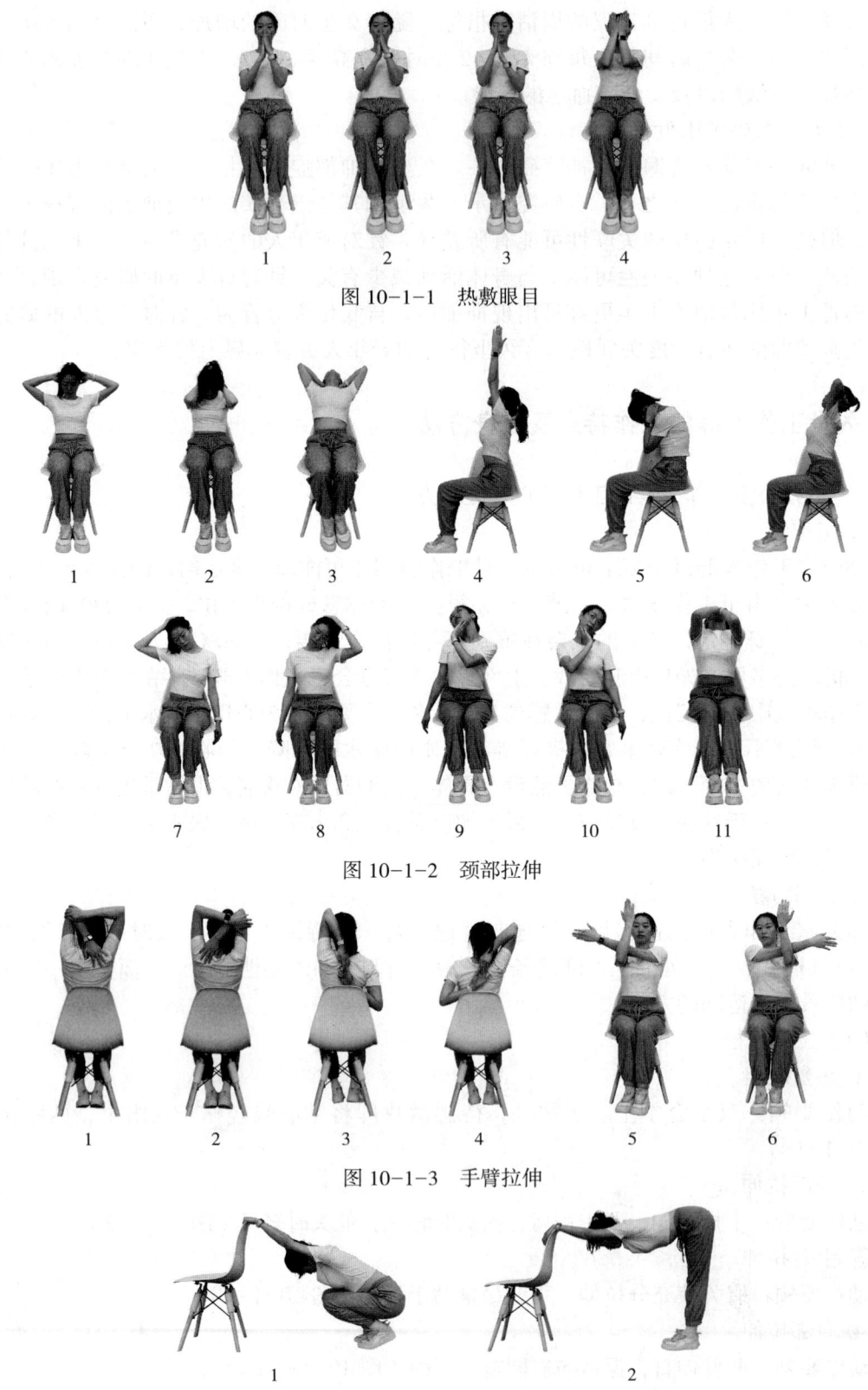

图 10-1-1　热敷眼目

图 10-1-2　颈部拉伸

图 10-1-3　手臂拉伸

图 10-1-4　肩部拉伸

⑤ 手腕拉伸。

动作要领：腕充分屈伸（图 10-1-5）。

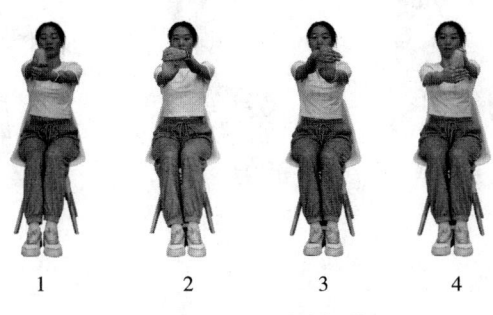

图 10-1-5　手腕拉伸

⑥ 腿部拉伸。

动作要领：坐姿固定，下肢充分屈伸（图 10-1-6）。

图 10-1-6　腿部拉伸

⑦ 胸部及背部拉伸（图 10-1-7）。

（2）力量练习。

① 肩部练习。

动作要领：可以拿两个空瓶子装满水，双脚开立与肩同宽。上半身保持不动（图 10-1-8）。

图 10-1-7　胸部及背部拉伸

图 10-1-8　肩部练习

② 手臂练习（图 10-1-9）。

图 10-1-9 手臂练习

③ 胸部练习。

动作要领：身体尽量成一条直线，手支撑点尽量稳定（图 10-1-10）。

图 10-1-10 胸部练习

④ 腿部和臀部练习（图 10-1-11）。

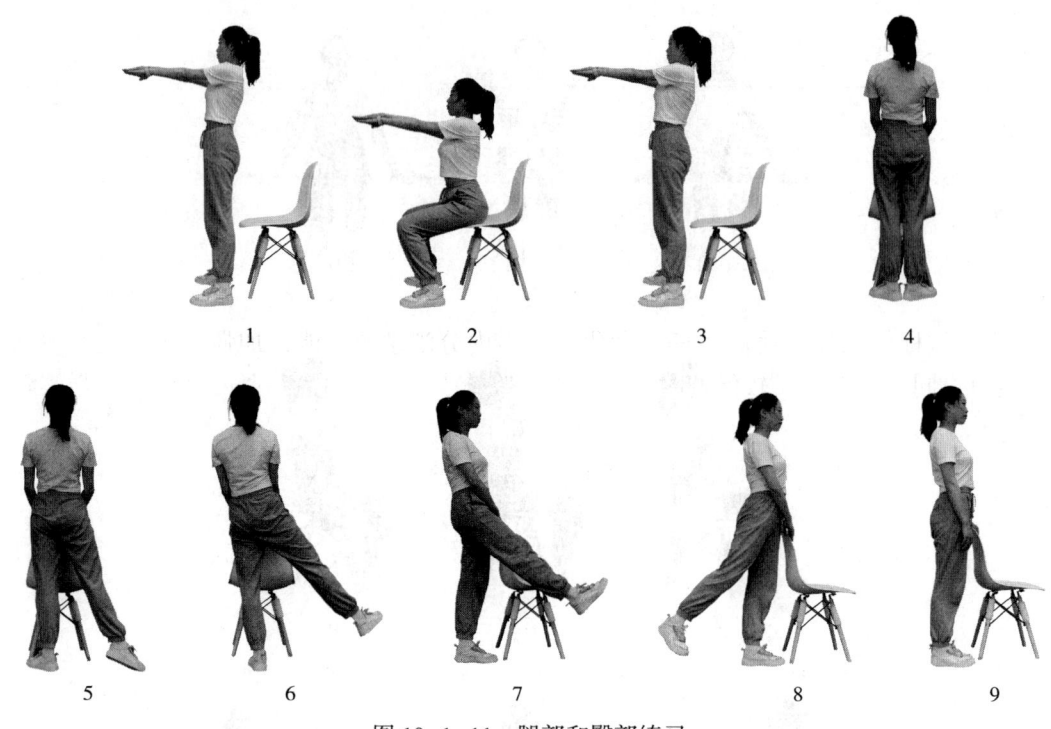

图 10-1-11　腿部和臀部练习

3. 常见的症状防治

办公室工作人群较常见的症状为空调病。

长时间在空调环境下工作学习的人，因空间相对密闭，空气不流通，致病微生物容易滋生，且室内外温差较大，机体适应不良，会出现鼻塞、头昏、打喷嚏、耳鸣、乏力、记忆力减退、四肢肌肉关节酸痛等症状，也常有一些皮肤过敏的症状，如皮肤发紧发干、易过敏、皮肤变差等。这类现象在现代医学上称为"空调综合征"或"空调病"。

① 常见原因。空调病其实就是空气干燥造成的疾病。长期在这种干燥的空气里，首先是眼睛会干涩，嘴唇也会变干；其次由于穿衣较少，大部分皮肤裸露在这种干燥的空气里，即使不出汗，也会散失大量的水分；再就是呼吸时，吸入的是干燥的空气，呼出的几乎是饱和的湿气，这样散失的水分会更多，时间一长，鼻黏膜、气管黏膜就会变干，严重时会发生干裂，感冒等病毒就会乘虚而入，引发感冒、咳嗽。

房间密闭性强、空气流动性差、风量小、长时间不开窗、阳光不足，致病微生物容易滋生。据有关专家统计，在有空调的密闭室内，5~6 小时后，室内氧气下降 13.2%，大肠杆菌含量升高 1.2%，红色链霉菌含量升高 1.11%，白喉菌含量升高 0.5%，其他呼吸道有害细菌均有不同程度的增加。室内外温差较大，机体适应不良。人体的自主神经系统难以适应，会造成人体的生物节律及自主神经功能紊乱。

② 常见症状。空调病的主要症状因各人的适应能力不同而有差异。一般表现为畏冷不适、疲乏无力、四肢肌肉关节酸痛、头痛、腰痛等，严重的还可能出现口眼歪斜，原因是耳部局部组织血管神经功能发生紊乱，使位于茎乳孔部的小动脉痉挛，引起面部神经原

发性缺血，继之静脉充血、水肿，水肿又压迫面神经，患侧口角歪斜。

③ 预防与治疗。在空调频繁开放的季节，应该经常开窗换气，最好两小时换气一次。吸烟者应自觉做到不在开着空调的室内吸烟。如果空调室内装有复印机、打印机等设备，工作时应打开窗户或加装排风扇，以保证室内空气流通。在炎热的夏季，千万不要长时间待在开着空调的房间内，可利用早晚气温相对较低的时候进行一些户外活动。

④ 健康小贴士。加强户外体育锻炼，增强身体免疫力。在空调房里不宜久坐，应该隔 1~2 小时，就起来走动一下，动动胳膊，动动脖子，这样有利于身体血液循环，同时也可以不断地搓手搓脚，先对搓手背 50 次，再对搓手掌 50 次，每天早晚各搓一次，这样可以促进神经系统的兴奋。如果居家，可以先用左手搓右足底 50 次，再用右手搓左足底 50 次，这样可以促进血液循环，激化和增强内分泌系统功能，加强人体的免疫力和抗病的能力。同时要在气温较低的时候，比如傍晚或者晚上，多到户外走动或者加强体育锻炼，增强身体免疫力。

注意保湿，多喝温水，多吃蔬菜水果。在空调房里，每天更换一盆清水或者添置加湿器，对于容易长痘痘的皮肤肤质，最好每天都注意脸部的清洁和保湿，同时辅助使用一些乳液或者面霜。同时，多吃蔬菜水果增加维生素的摄入。注意室内温度，不能设置太低，最好设定在 26 ℃左右。从室外回来的时候别急着打开空调，让身体功能有所平稳后再打开空调。

（二）仪器仪表操作人群的工作特点及健身方法

1. 工作特点

仪器仪表主要是指用以检出、测量、观察、计算各种物理量、物质成分、物理参数等的器具或设备。例如，显微镜、测长仪、压力表等均属于仪器仪表。一般而言，仪器仪表具备数据处理、信号传输、自动控制和报警等主要功能，其在工业生产过程中的运用也极为广泛。伴随着计算机技术、通信技术、软件技术等现代技术的快速发展，仪器仪表的发展也逐步呈现智能化、虚拟化、网络化的趋势。

目前我国仪器仪表设备主要有两种。一种是依靠工作人员的眼观手记模式的传统仪器仪表设备，另一种则是智能化、虚拟化、网络化的自动化仪器仪表设备。两种设备所要求的工作人员、工作方式是不一样的。使用传统仪器仪表设备的工作人员的工作特点为：① 要用眼睛仔细盯着仪器仪表的测试数据，同时要快速记录下来；② 工作人员需要经常走动、仰头、抬手调试设备；③ 工作人员可能会用错误的站姿久站不动。根据这类工作的特点，我们可以分析出这些工作人员可能会出现用眼过度，手指疲劳，肩颈疼痛，手臂频繁抬起造成大臂疲劳严重进而引起的肩周炎，以及错误站姿带来的腰酸、骨盆侧倾、大小腿酸胀等一系列的问题。使用自动化仪器仪表设备的工作人员的工作状态则类似办公室工作人群，假如平时不注意也会出现圆肩、驼背、探颈等问题，从而造成肩颈部疼痛、上背部紧张、下背部疼痛。

2. 健身方法

（1）拉伸放松。可参考办公室工作人群的拉伸放松方法。

（2）眼部放松。可参考软件开发职业人群的眼部放松方法。

（3）肩关节功能锻炼。

① 钟摆拉伸法。工作人员站立并轻弯腰，让患肢下垂并划圈，沿顺时针方向和逆时

针方向各10圈，一天一次。若症状好转，则可增加划圈的直径，此外还可通过手持一定重量的物体（如水瓶、哑铃等）划圈来增加拉伸锻炼的强度，物体的重量为1~2千克（图10-1-12）。

图10-1-12 钟摆拉伸法

② 毛巾拉伸法。工作人员两手从背后握住毛巾的两端，先将毛巾保持水平位，然后用健侧手向上牵拉毛巾，使患侧手向对侧运动。每天10~20次。若症状好转，可通过将毛巾搭在健侧肩膀上，双手握住毛巾两端牵拉的方法来加强锻炼强度（图10-1-13）。

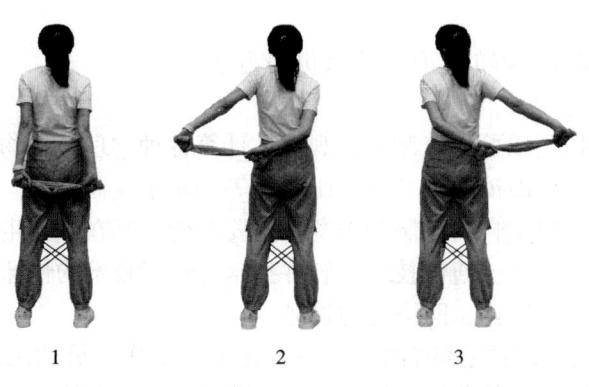

图10-1-13 毛巾拉伸法

③ 爬墙练习法。工作人员面对墙壁站立，与墙壁保持1/3手臂的距离，让手指接触墙壁，从腰部水平开始尽可能往上爬，使用手部的力量，而不是肩关节的肌肉力量，然后缓慢将患肢放下，必要时可用健肢帮忙。每天10~20次（图10-1-14）。

图10-1-14 爬墙练习法

④ 手臂外侧拉伸法。工作人员取站立或坐立位，用健侧手握住患侧手肘，将患侧手举起，横跨身体，并轻轻加压以牵拉患侧肩关节。每次拉伸持续 15～20 分钟，每天 10～20 次（图 10-1-15）。

⑤ 腋窝拉伸法。工作人员使用健侧手将患侧手举起放在与胸部平齐的台面上，然后稍屈膝，使腋窝展开，然后缓慢加大屈膝幅度，从而拉伸肩关节。每天 10～20 次（图 10-1-16）。

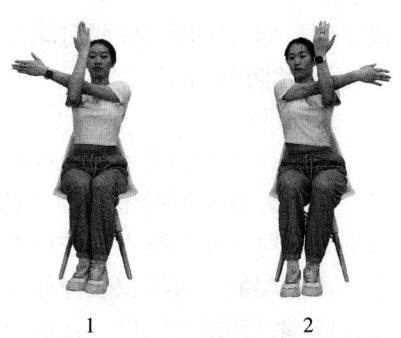

1　　　　　　2

图 10-1-15　手臂外侧拉伸法

3. 常见的症状防治

仪器仪表操作人群较常见的症状为肩周炎。

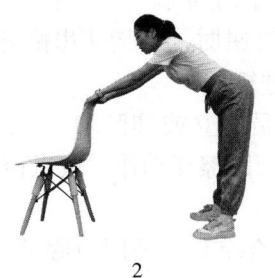

1　　　　　　　　2　　　　　　　　3

图 10-1-16　腋窝拉伸法

肩周炎又称肩关节周围炎，俗称凝肩、五十肩。肩周炎是以肩关节疼痛和活动不便为主要症状的常见病症，是肩关节囊及其周围韧带、肌腱和滑囊的慢性特异性炎症。本病的好发年龄在 50 岁左右，女性发病率略高于男性，多见于体力劳动者。如得不到有效的治疗，有可能严重影响肩关节的功能活动。肩关节可有广泛压痛，并向颈部及肘部放射，还可出现不同程度的三角肌萎缩。

① 常见原因。

肩部原因：软组织退行病变，对各种外力的承受能力减弱；长期过度活动，姿势不良等所产生的慢性致伤力；上肢外伤后肩部固定过久，肩周组织继发萎缩、粘连；肩部急性挫伤、牵拉伤后治疗不当等。

肩外因素：颈椎病；心、肺、胆道疾病发生的肩部牵涉痛；因原发病长期不愈使肩部肌肉持续性痉挛、缺血而形成的炎性病灶。

② 常见症状。

肩部疼痛。起初肩部出现阵发性疼痛，多数为慢性发作，后期疼痛逐渐加剧或钝痛，或出现刀割样疼痛，且具有持续性，气候变化或劳累后疼痛加重，疼痛可向颈项及上肢（特别是肘部）扩散，当肩部偶然受到碰撞或牵拉时，常出现撕裂样剧痛。肩痛昼轻夜重为本病一大特点，若因受寒而致痛者，则对气候变化特别敏感。

肩关节向各方向活动均受限，做外展、上举、内旋外旋动作时更为明显。随着病情的加重，肩关节长期使用引起关节囊及肩周软组织粘连，肌力逐渐下降，喙肱韧带固定于缩短的内旋位，因而肩关节各方向的主动和被动活动均受限，特别是梳头、穿衣、洗脸、叉腰等动作均难以完成，严重时肘关节功能也可受影响，屈肘时手不能摸到同侧肩部，尤其是手臂后伸时不能完成屈肘动作。

③ 预防与治疗。

a. 预防。

常用以下功能锻炼方法进行预防。

背墙外旋（屈肘甩手）。仪器仪表操作人员背部靠墙站立，或仰卧在床上，上臂贴身、屈肘，以肘点作为支点，进行外旋活动。

面壁爬墙。仪器仪表操作人员面对墙壁站立，用患侧手指沿墙缓缓向上爬动，使上肢尽量高举，到最大限度，在墙上做一记号，然后再徐徐向下回原处，反复进行，逐渐增加高度。

体后拉手。仪器仪表操作人员自然站立，在患侧上肢内旋并向后伸的姿势下，健侧手拉患侧手或腕部，逐步拉向健侧并向上牵拉。

越头摸耳。仪器仪表操作人员屈肘，手指从患侧耳朵向上，越过头顶去摸健侧耳朵，或从前额经头顶摸脑后部，反复进行。

梳头擦汗。仪器仪表操作人员站立或仰卧均可，患侧肘屈曲，前臂向前向上并旋前（掌心向上），尽量用肘部擦额部，即擦汗动作，或做梳头动作。

b. 治疗。

目前，对肩周炎主要是保守治疗，可采用口服消炎镇痛药、物理治疗、痛点局部封闭、按摩推拿、自我按摩等综合疗法。同时进行关节功能练习，包括主动与被动外展、旋转、屈伸和环转运动。当肩痛明显减轻而关节仍然僵硬时，可用手法松解，以恢复关节活动范围。

（三）交通运输行业司乘人员的工作特点及健身方法

1. 工作特点

司乘人员常年工作于人多、繁杂的环境，精神长时间高度紧张，无法保证正常的饮食和规律的睡眠作息，默默承受着胃肠炎、颈椎病、腰椎病、腰肌劳损、听力障碍、疲劳、便秘、心理压力等的困扰，机体可能处于亚健康的状态。

在空中，飞行员和空中乘务员由于长期处于低压和高速飞行状态，血管胆固醇增加，身体容易处于失衡状态，这是导致心脏病隐患的根源。如未及时处理将引起高血压、心脏病等心血管疾病。时差、噪声、震动、颠簸、高温和低温、辐射、负离子缺乏等因素的综合干扰，使内分泌系统、生殖系统容易受到影响，导致激素异常、乳腺增生、子宫肌瘤等发病率升高。空姐长期、频繁地穿高跟鞋，弯腰，低头，会对颈椎和腰椎产生持续的惯性诱导，习惯性压迫神经，导致颈椎酸痛、老化，腰椎无力，在骨骼方面容易发生增生以及腰椎间盘突出。空姐、安检人员多发颈椎病，而飞行员多见腰椎间盘突出。封闭的飞行空间容易带来负离子缺乏，加速皮肤衰老。

在轨道交通工具、轮船和汽车上的工作者，由于常年处于奔波的工作环境，精神长时间高度集中，无法保证新鲜的饮食和规律的睡眠作息，胃肠炎、听力障碍、疲劳、颈椎病、腰椎病、腰肌劳损、便秘、泌尿系统结石、心脑血管疾病等发病率上升。同时，长时间的旅途颠簸和安全行驶的重担也产生了很大的心理压力，使大脑思维迟钝，对各种复杂的人际关系处理无法胜任，甚至导致情绪长期处于压抑状态。大脑时刻处于缺氧状态，对大脑神经系统也有极大的损伤，容易出现消极情绪。长时间高效率、高速驾车存在极大的心理压力和安全压力。司乘人群更承担着全体乘客的生命安全和旅途安全的重任，因此，保障司乘人群的健康，做好常见职业病的科普健康教育至关重要。

2. 健身方法

（1）拉伸练习。可参考办公室工作人群的拉伸放松方法。

（2）力量练习。可参考办公室工作人群的力量练习方法。

（3）其他训练建议。在条件允许的情况下，可进行本书前面章节的体育运动。

3. 常见的症状防治

（1）胃肠炎。胃肠炎通常因微生物感染引起，也可由化学毒物或药物导致。典型临床表现为腹泻、恶心、呕吐及腹痛。对于健康成年人，胃肠炎通常只会引起不适感及生活上的不便，并不会导致严重后果，但是在病重、虚弱、年幼或年老的患者中可能导致脱水或电解质紊乱，威胁其生命。

① 常见原因。司乘人群长年在外用餐，食物卫生条件得不到保障，容易感染细菌或病毒，易患胃肠炎。常见的感染途径有食物、污染的水源、接触被感染者、餐具不洁、进食前未洗手等。

② 常见症状。胃肠炎最常见的症状是腹泻，其他症状包括腹痛、恶心、呕吐、发热、食欲缺乏、体重减轻（可能是脱水的征象）、大量出汗、皮肤湿冷、肌肉痛或关节僵硬、大便失禁等。剧烈的呕吐和腹泻可导致脱水，表现为虚弱、极度口渴、少尿或尿色加深、皮肤干燥、口干、眼球下陷、引起低钠血症、低钾血症、低血压等，严重者可出现休克和肾衰竭。

③ 预防与治疗。

a. 预防。

避免进食刺激性食物，对冷食和辣食等刺激性食物需根据个人条件、原有的饮食习惯和季节选择，避免进食过量，尤其不应嗜酒。

避免接触胃肠炎患者的呕吐物、排泄物、体液，如必须接触事后应充分消毒。

勤洗手，注意餐具卫生，生食和熟食分开放置。

b. 治疗。

治疗胃肠炎应禁食，纠正电解质紊乱。通常患者只需卧床休息并饮用足量的水（如口服补液盐溶液）即可。即使是呕吐的患者也要尽量多饮水。如果呕吐或腹泻持续时间较长或有严重脱水，应遵医嘱进行静脉补液。呕吐剧烈者可加用止吐药。如果腹泻持续时间超过24~48小时，并且没有迹象表明有更严重的细菌感染，可加用止泻药。必要时遵医嘱应用抗生素或抗寄生虫药物。

④ 健康小贴士。急性胃肠炎应该尽量卧床休息，并且口服葡萄糖、电解质液以补充体液的丢失。补水不要一味地喝白开水，最好饮用含适当盐分的电解质水溶液，以免因体内电解质不足，引发抽筋现象。患急性胃肠炎后5~7天要戒烟控烟，避免饮酒、浓茶、咖啡等，少吃辛辣及粗糙的食物，不暴饮暴食，少服对胃肠有刺激性的药物等，忌油腻、油炸等食品。等胃肠道功能恢复后，才能开始正常饮食。

（2）下肢静脉曲张。下肢静脉曲张是指下肢浅表静脉发生扩张、延长、弯曲并成团状，晚期可并发慢性溃疡的病变。本病多见于中年男性，或长时间负重或站立的工作者。下肢静脉曲张是静脉系统最常见的疾病，也是四肢血管疾患中最常见的疾病之一。

① 常见原因。司乘人群长期站立工作，易患下肢静脉曲张。重体力劳动、妊娠、慢性咳嗽、长期便秘等也是下肢静脉曲张的常见原因。同时，随年龄增大，静脉壁和瓣膜逐渐失去张力，容易加重下肢静脉曲张。

② 常见症状。发病早期，多为下肢酸胀不适及钝痛感，同时有肢体沉重感，易感乏力。久站后上述感觉容易加重，通过平卧、肢体抬高可缓解。病变中后期，静脉壁受损，静脉隆起、扩张、迂曲，呈蚯蚓样外观，以小腿内侧大隐静脉走行区明显。病程长者，肢体皮肤则出现营养性改变，如脱屑、瘙痒、色素沉着等，甚至形成湿疹及溃疡。随着病情进展，可出现伴随血管走行的疼痛、下肢肿胀、淤积性皮炎、浅静脉血栓等症状。

③ 预防与治疗。

a. 预防。

注意控制体重，肥胖虽不是直接原因，但体重过重可能会造成腿部静脉回流不畅，加重静脉曲张。长期从事重体力劳动和长期站立工作者，工作间歇多做抬腿运动或下蹲练习，以减少下肢负荷过重；经常按摩腿部，减轻肌肉酸胀痛，以促进局部血液循环，最好穿弹力袜，改善和预防下肢静脉曲张。睡前热水泡脚，消除疲劳，促进下肢血液循环。休息时抬高双腿，帮助静脉血液回流。每天坚持一定时间的行走，发挥小腿肌肉的"肌泵"作用。

b. 治疗。

症状较轻者可穿着弹力袜治疗，必要时采用高位结扎和剥脱术等进行根治。近年来，硬化剂、激光闭合、射频消融、冷光源透光旋切等微创治疗方法也取得了不错的效果。

④ 健康小贴士。休息时将患肢抬高 20°～30°。保持良好的姿势，避免久坐或坐时双膝交叉过久，以防静脉回流障碍时发生足背、足趾水肿和形成微血管血栓。避免穿着过紧的腰带、吊袜和紧身衣裤。多喝水，多吃新鲜瓜果蔬菜，保持大便通畅，避免肥胖，戒烟。

进行预防下肢静脉血流淤滞的体操练习能促进下肢静脉血液回流，防止下肢静脉淤血，减轻患肢沉重、肿胀、疼痛等一系列症状。坚持适量运动，避免剧烈运动，活动量以短时间、短距离为宜，在患肢耐受范围内逐渐增加运动量。定期复查，如若出现患肢红肿胀痛需马上就诊。

（四）软件开发职业人群的工作特点及健身方法

1. 工作特点

软件开发职业人群俗称程序员。编程需要程序员全神贯注，这就常常导致其忽略生活的其他方面，其中最常被忽略的就是健康状况。人体还没有进化到能适应久坐的生活方式，而这种生活方式会给健康带来许多负面影响。

基本上，职业程序员每星期坐在电脑前敲击键盘的时间要超过 40 个小时。然而，很少人知道敲击键盘应该用什么姿势最好。因此，很多程序员都患上了慢性的背部疼痛。然而，程序员们之所以受到背部疼痛的困扰，不良的身体姿势并不是唯一的原因。由于缺乏体力活动，人体背部肌肉的机能逐渐失调，许多类型的背部疼痛由此而来。很多程序员因为背部疼痛，无法在办公桌前坐直；还有一些程序员，因为长期使用键盘和鼠标而伤了手腕。这些劳损，轻的时候可能只会对工作造成些许影响，但若是严重起来，则会无法工作。还有一些程序员可能出现电脑视觉综合征。电脑视觉综合征是一种暂时现象，是由眼睛长期注视电脑屏幕导致的。其症状包括头痛、眼睛干涩、眼部刺激、眼睛充血、视力模糊、颈部疼痛、眼部疲劳、视觉重影和眼睛无法聚焦等。

2. 健身方法

（1）拉伸放松。可参考办公室工作人群的拉伸放松方法。

（2）眼部放松。眼部放松常采用缓解视觉疲劳操。

第一节：按揉攒竹穴

用双手大拇指螺纹面分别按在眉毛内侧边缘凹陷处两侧穴位上，其余手指自然放松，指尖抵在前额上，力度适中，有节奏地按揉或旋转按揉穴位（图10-1-17）。

第二节：按压睛明穴

用双手食指螺纹面分别按在两侧穴位上（即眼角内侧半个手指处），其余手指自然放松、握起，成空心拳状，力度适中，有节奏地上下按压穴位（图10-1-18）。

　　　　1　　　　　　　　2　　　　　　　　　　　　1　　　　　　　　2

图10-1-17　按揉攒竹穴　　　　　　　　图10-1-18　按压睛明穴

第三节：按揉四白穴

先把左、右食指和中指并拢对齐，分别按压在鼻翼上缘的两侧，然后食指不动，中指和其他手指缩回成握拳状，大拇指抵在下颌凹陷处，其余手指自然放松、握起，成空心拳状，有节奏地按揉穴位（图10-1-19）。

第四节：按揉太阳穴刮上眼眶

用双手大拇指的螺纹面分别按在两侧太阳穴上，其余手指自然放松、弯曲。先用大拇指按揉太阳穴4圈，然后大拇指不动，用双手食指的第二个关节内侧，稍加用力从眉头刮至眉梢1次（图10-1-20）。

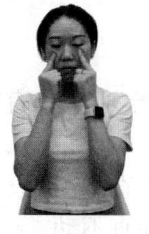   

　　　　1　　　　　　　　2　　　　　　　　　　　　1　　　　　　　　2

图10 1 19　按揉四白穴　　　　　　　　图10-1-20　按揉太阳穴刮上眼眶

（3）手指操。

手法一：单指交错曲握

手指操讲究的是循序渐进。练习时，首先，应训练单指活动到位，需从缓、慢开始，再逐渐过渡到快，并增加其他复杂一点的动作。

① 左手单指曲握。

步骤1：双手手心相对，右手手指伸直不动。

步骤2：左手从小指起至大拇指，每根手指在右手各指的桡侧、尺侧依次曲握，重复15～30次（图10-1-21）。

② 右手五指曲握。

步骤1：双手手心相对，左手手指伸直不动，双手掌心不分离。

步骤2：右手五个手指在左手的桡侧、尺侧交错曲握，重复15～30次（图10-1-22）。

③ 双手单指曲握。

步骤1：双手手心相对，从小指开始，双手小指相互交错曲握，即左手小指在右手小指桡侧，同时右手小指在左手小指的尺侧弯曲握拢。重复15～30次。

步骤2：交换位置再曲握，重复15～30次（图10-1-23）。

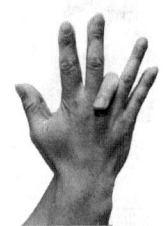 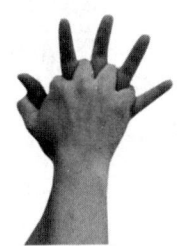 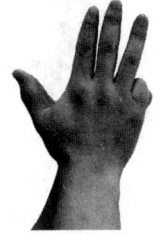

图10-1-21 左手单指曲握　　　图10-1-22 右手五指曲握　　　图10-1-23 双手单指曲握

④ 双手五指曲握。

步骤1：双手五指弯曲，双手相握，即左手五指在右手五指桡侧，弯曲握住右手，同时右手五指沿着左手五指的尺侧弯曲握住左手。重复15～30次。

步骤2：照此动作，双手手指交换位置再曲握，重复15～30次（图10-1-24）。

手法二：双指交错曲握

练习手指操时，一要精巧，二要到位。所谓到位，是指某一指或多指活动时，其余手指都要纹丝不动。

① 双手双指交错曲握。

步骤1：双手手掌合十，手指并拢伸直。

步骤2：双手小指、无名指交错握拢，重复15～30次。其余手指并拢伸直不动（图10-1-25）。

步骤3：双手小指、中指交错握拢，重复15～30次。其余手指并拢伸直不动。

步骤4：双手小指、食指交错握拢，重复15～30次。其余手指并拢伸直不动。

步骤5：双手小指、拇指交错握拢，重复15～30次。其余手指并拢伸直不动。

② 左手双指交错曲握右手。

步骤1：左手小指、无名指交错握拢右手，右手指伸直不动（图10-1-26）。

步骤2：左手小指、中指交错握拢右手，右手指伸直不动。

步骤3：左手小指、食指交错握拢右手，右手指伸直不动。

步骤4：左手小指、拇指交错握拢右手，右手指伸直不动。

 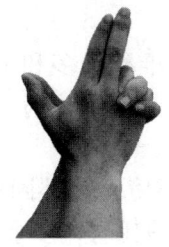 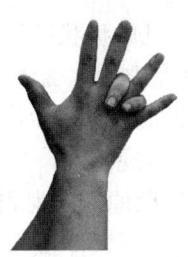

图 10-1-24　双手五指曲握　　图 10-1-25　双手双指交错曲握　　图 10-1-26　左手双指交错曲握右手

手法三：三指交错曲握

单调的活动方式往往会降低手指的灵活性，限制大脑和手指间的信息传递。而多进行一些各种形式的手指活动则有助于培养手指的灵活性。

① 双手三指交错曲握。

步骤1：双手三指，即小指、无名指、中指交错握拢（图 10-1-27）。

步骤2：双手小指、中指、食指交错握拢。

步骤3：双手小指、食指、大拇指交错握拢。

② 左手三指交错曲握右手。

步骤1：左手小指、无名指、中指交错握拢右手，右手指伸直不动（图 10-1-28）。

步骤2：左手小指、中指、食指交错握拢右手，右手指伸直不动。

步骤3：左手小指、食指、大拇指交错握拢右手，右手指伸直不动。

 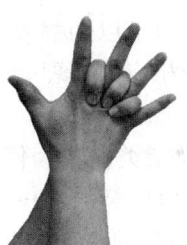

图 10-1-27　双手三指交错曲握　　　　图 10-1-28　左手三指交错曲握右手

手法四：用手指走路

这套动作是用食指和中指模仿我们的两条腿走路。对于经常久坐在电脑前的工作人群，在手指僵硬、腕关节酸痛的时候，不妨让手指在桌面上"走"起来，这是一项很好的健康运动。

步骤1：以右手为例，先摆出一个"剪刀"的姿势，让食指、中指的指肚略微贴着桌面（图 10-1-29）。

步骤2：提起食指尖，向前"迈"一步，中指保持不动（图 10-1-30）。

步骤3：提起中指指尖，向前"迈"一步，并且食指保持不动（图 10-1-31）。

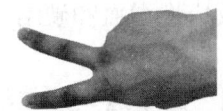  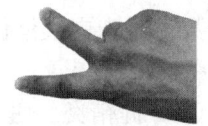

图 10-1-29　用手指走路步骤1　　图 10-1-30　用手指走路步骤2　　图 10-1-31　用手指走路步骤3

3. 常见的症状防治

（1）肥胖症。肥胖症是指人体内脂肪堆积过多和（或）分布异常，体重增加。肥胖症是一种常见的慢性代谢异常疾病，常与2型糖尿病、高血压、高脂血症、缺血性心脏病等一同出现。

① 常见原因。肥胖症是遗传因素和环境因素共同作用的结果，其病因未完全明了。总的来说，当人体摄入的能量超过人体的消耗时，多余的能量以脂肪的形式储存于体内，导致脂肪增多而引起肥胖症。

② 常见症状。继发性肥胖症的患者除肥胖外，尚具有原发病的临床表现。脂肪组织的分布有性别差异，通常男性脂肪分布主要在腰部以上（又称苹果型），以颈项部、躯干为主。女性脂肪分布主要在腰部以下（又称梨型），以下腹部、臀部、大腿部为主。肥胖症患者可因体形而自卑、焦虑、抑郁；可出现气急、体力活动减少、关节痛、肌肉酸痛等不适；心血管疾病、糖尿病、恶性肿瘤等患病率增加。

③ 预防与治疗。

a. 预防。

普遍性预防，是针对人口总体的措施，应稳定肥胖水平并最终减少肥胖发生率，从而降低肥胖患病率。通过改善膳食结构和提倡适当体力活动，以及减少吸烟和饮酒等来改变生活方式，最终减少肥胖相关疾病，达到普遍性预防的目的。

b. 治疗。

治疗的两个主要环节是减少热量摄取及增加热量消耗。强调以行为、饮食、运动为主的综合治疗，必要时辅以药物或手术治疗。继发性肥胖症应针对病因进行治疗。各种并发症及伴随病应给予相应的处理。

控制饮食及增加体力活动。轻度肥胖者，控制进食总量，采用低热量、低脂肪饮食，避免摄入高糖、高脂类食物，使每日摄入总热量低于消耗量。多进行体力劳动和体育锻炼，如能使体重每月减轻500～1 000克而渐渐达到正常标准体重，则不必用药物治疗。关于活动量或运动量的制定应该因人而异，原则上采取循序渐进的方式。

运动和膳食干预可以显著降低腰围，将BMI（身体质量指数）及体脂肪率恢复到正常值范围，提高骨骼肌含量。合理的运动和膳食干预能够有效改善久坐人群的健康状况。一方面，运动干预能够促进脂肪代谢，减少体脂肪含量，增加肌肉含量；另一方面，增加优质蛋白质摄入，减少碳水化合物和脂肪的摄入，能有效调整机体代谢水平，更好地起到减脂的效果。

④ 健康小贴士。肥胖者皮脂腺排泄旺盛，汗液分泌多，重度肥胖者股间、腹部、脖颈外重叠的褶皱处由于通气不良，汗液浸渍，容易起湿疹或发生糜烂。应协助患者常洗澡更衣，保持皮肤清洁干燥。注意保证运动安全，配备宽松随意的衣服和舒适的软底鞋，运动前要检查好器械，并做热身运动，防止发生肌肉拉伤、关节损坏等意外。肥胖者组织中脂肪多，血运阻力大，机体着力点承受体重压力大，导致组织缺氧缺血严重。长期卧床患者如数小时未更换体位，或翻身不彻底，局部组织受压过度易发生反应性淤血和硬结，形成压疮。

（2）腱鞘炎。腱鞘位于手和足部的关节附近、肌肉长腱的周围。由于这些部位活动频繁，损伤机会多，倘若不注意，长期的摩擦、慢性劳损或寒冷等刺激，可使肌腱与腱鞘发生无菌性炎性反应，局部出现渗出、水肿，久之腱鞘机化，鞘壁肥厚，管腔狭窄，肌腱在腱鞘内活动受限而引起临床症状（疼痛和功能障碍），此即为腱鞘炎。

① 常见原因。腱鞘炎是一种很常见的疾病，可能由受伤、过度劳损（尤其见于手及手指）、骨关节炎、一些免疫疾病引起，甚至感染也可能引起。一些需要长期重复劳动劳损关节的职业，如打字员、器乐演奏家、货物搬运工或需要长时间电脑操作职业人群等易发此病，甚至长时间玩手机也可能引发或加重此病。

② 常见症状。多数不能明确指出疼痛的部位，只诉关节"别扭"，运动时关节内酸胀或发不出力的感觉，有时感到条带状疼痛。发病肌腱会有条索状隆起，程度不一。腱鞘炎会影响受损部位发力，导致动作变形。部分患者早晨起床时会出现受损部位僵硬，适当活动后症状缓解。

③ 预防与治疗。

a. 预防。

腱鞘炎最主要的病因是过度重复劳动，因此最佳预防方式是劳逸结合，避免过度重复劳动。

b. 治疗。

一般治疗。患处可热疗、按摩及充分休息，特别要减少引起疾病的劳动。

药物治疗。由于腱鞘炎会出现疼痛的症状，药物治疗成为很多人的首选治疗方法，因为当疼痛发生的时候一般首先想到的就是止痛。可选用舒筋活血药物，也可于患处涂抹止痛类药膏，严重者可口服止痛药。

封闭治疗。可使早期腱鞘炎得到缓解，每周封闭一次，但治标不治本，一旦不封闭，疼痛就会再次出现。

针灸治疗。针灸治疗对于针灸按摩师的要求比较高，如果其没有经过严格的理论培训和临床试验，可能会耽误病情。并且针灸治疗周期较长，效果也不明显，患者个体差异较大。

手术治疗。上述方法治疗无效或反复发作时，可做腱鞘切开术，术后应早期做屈伸手指活动，防止肌腱粘连。术后一个月内避免手工劳动。

④ 健康小贴士。

手指滑板，腱鞘炎划掉：

玩滑板不仅可以用脚，还可以用"手"。当然，你要准备一个手指可以掌控的微型滑板才行。如果是初学者的话，可以在桌子上练习简单的前进后退，等到手指可以掌控滑板的时候，可以尝试各种新鲜刺激的玩法。比如，飞跃鼠标，跳过装水的纸杯而不掉落。丰富你的手指滑板动作，让你的手灵动起来，自然可以和腱鞘炎划清界限，预防腱鞘炎。

手指走路，腱鞘炎拜拜：

手指走路方法多样，可以走"一"字步、"米"字步、"S"形路线，以及太极八卦路线，随心所欲。而且，手指走路可以增加大脑的血流量，激活一些处于睡眠状态的脑细胞，增强大脑的协调性，还可以提高免疫力。手指走路让手指灵动，而且还可以预防腱鞘炎。

（五）商业服务职业人群的工作特点及健身方法

1. 工作特点

商业服务职业人群是具有较高教育背景和工作经验的人士，是不需要做大量体力劳动的工作人员，一般有稳定收入，其涵盖的职业人群有管理人员、打字员、文书、会计、律师、普通职员等，是现代社会发展进程中不可或缺的职业。

因为工作的特性，商业服务职业人群每天可能长时间久坐不动，长时间使用电脑，工作量繁重，易出现颈椎病、干眼症、头痛等。这类人群活动量少，哪怕运动也仅局限在小范围，由此引发的超重及肥胖、血脂异常、慢性咽炎、胃肠道疾病及脂肪肝等问题也威胁着他们健康。同时，由于市场竞争激烈和职业发展危机，商业服务职业人群每天工作在紧张和焦虑之中，久而久之，疲乏、劳累、职业压力造成了突出的心理问题。

2. 健身方法

CrossFit 训练

（1）徒手深蹲。

动作要领：双脚外侧支撑身体，让膝盖、大腿、脚尖对齐。

（2）俯卧撑。

动作要领：俯身双手撑地，间距与肩同宽或略宽于肩

（3）仰卧举腿。

动作要领：仰卧双腿并拢伸直，深吸气，呼气时用腿抬起小腹，停在垂直于地面的水平，然后深吸气下落至两腿与地面两拳的距离，再抬起。

3. 常见的症状防治

商业服务职业人群较常见的症状为疲劳。

疲劳又称疲乏，是主观上一种疲乏无力的不适感觉，疲劳不是特异症状，过度劳累或疾病都可引起疲劳。

（1）常见原因。目前疲劳的病因尚不明确。一般认为长时间的工作和生活，脑力、体力劳动过度，饮食不规律，长期的睡眠不足，运动量的减少以及不良的生活习惯等都会导致疲劳症状的发生。

当机体长期处于疲劳状态、或生活居住的环境比较寒冷潮湿时，机体的免疫功能较平时就会有所降低。此时，寒邪湿气极易侵入体内，干扰体内正常的生理环境，破坏神经轴突的生理功能，促进炎症的发生和组织的坏死，并进一步诱导产生能够导致机体感觉疼痛的物质；另外，由于血管壁内部和外面两侧的渗透压发生了变化，使组织间隙瞬间积聚大量的组织液而引起局部囊肿，导致腰背部肌肉失去了自我保护能力，随着时间的推移，受伤部位得不到有效的缓解和治疗，就会发展成慢性腰痛。

① 积累性劳损。当一个人长时间保持某种体位时，比如久坐，腰部肌肉长时间处于紧张状态，会导致细小的肌纤维断裂、局部肌纤维水肿等。如果没有及时诊治，任其发展，就会因修复不好而出现瘢痕、粘连等，继续反复刺激下去，就会变成慢性腰肌劳损。

② 急性腰扭伤治疗不当。急性腰扭伤可以说是在日常生活中和临床上都比较常见的一种软组织损伤，一旦发生这种损伤后，腰部的肌肉、筋膜就会出现撕裂出血或水肿。如果不能及时有效地进行诊治，后期的恢复会非常缓慢且消肿效果也不好，甚至会因为耽误最佳诊治时机而导致损伤的组织在进行自我修复的过程中出现粘连、瘢痕等，从而严重影

响腰部的正常活动。

③ 受凉。当人的腰、背部着凉或被冻着后，其腰、背肌筋膜血流动力学就会发生改变，导致机体出现供血障碍，影响血管壁两侧的渗透压，进而加重腰、背部病理反应，造成腰、背肌肉筋膜炎症的发生。

④ 体虚劳累。当人的身体处于虚弱状态时，身体的抵抗能力会大大降低。此时，若过度劳累就会感到腰、背部肌肉疼痛。比如一个妇女在妊娠的最后阶段，她的腰部需要承受的重量随着胎儿的长大日益增加，若不注意休息，可能会因为腰部过度劳累而产生肌肉劳损。

⑤ 小关节功能紊乱。腰椎是人体脊椎中承受重量最大的部位，这要归功于脊柱是成链状连接又高度准确合作的。如果脊柱的链条上任何一个小关节出了问题，整个腰椎就将失去稳定，导致各部分肌肉受力不均，有松有弛，严重的还会出现肌肉痉挛，从而限制腰部的正常活动。

⑥ 骨折损伤。当患者发生骨折时，尤其骨折的部位在腰部，长期卧床会使腰、背部肌肉因长期处于被动牵拉体位而出现紧张或痉挛，进而导致腰部疼痛和活动功能受限。

⑦ 腰椎先天性畸形。腰骶部的先天性畸形、椎弓根裂、脊柱侧弯等均可减少肌肉、筋膜等组织的附着点，降低腰骶部关节的稳定性，成为生理结构上的短板。当进行频繁活动或承受较大负重时，很容易发生腰肌劳损。

综上，当人体长时间保持坐位学习或工作时，其背部深层肌肉由于始终处于紧张工作状态，再加上人体背部力量不足，腰背肌长期牵拉使腰部软组织长时间承受较大压力，出现痉挛、缺血、水肿、粘连等，很容易造成腰背部肌肉及其附着点的筋膜劳损，导致局部无菌性炎症，久之，变性、增生，甚至纤维化，刺激和压迫神经末梢，从而引起腰背部一侧或两侧的弥漫性疼痛。

（2）常见症状。心理方面。多表现为心情抑郁，焦虑不安或急躁、易怒，情绪不稳，脾气暴躁，思绪混乱，反应迟钝，记忆力下降，注意力不集中，做事缺乏信心，犹豫不决等。

身体方面。常呈现为瘦、胖两类。多数为身体消瘦，少数可能出现体态肥胖。面容多表现为容颜早衰，面色无华，过早出现面部皱纹或色素斑；肢体皮肤粗糙、干涩，脱屑较多；指（趾）甲失去正常的平滑与光泽；毛发脱落、蓬垢、易断、失光。

运动系统。全身疲惫，四肢乏力，周身不适，活动迟缓。有时可能出现类似感冒的症状，如肌痛、关节痛等，如果时间较长，累积数月或数年，则表现得尤为明显，可有一种重病缠身之感。

消化系统。表现为食欲缺乏，尤以厌油腻为主。无饥饿感，有时可能出现偏食，食后消化不良，腹胀；大便形状和次数多有改变。

感官系统。主要表现为眼睛疼痛、视物模糊、对光敏感，以及耳鸣、听力下降等。

（3）预防与治疗。

① 预防。

定期进行体检。最好每年做一次体检，包括心电图（运动负荷试验）及有关心脏的其他检查，以便早期发现高血压、高血脂、糖尿病等疾病。上述疾病不论轻重，都要及时进行治疗。

学会主动休息。重要活动之前抓紧时间先休息一会儿；保证充足的睡眠，彻底放松，为下一周紧张繁忙的工作打好基础；在工作间歇到室外活动或做深呼吸、欣赏音乐，使身心得以放松。

②治疗。

尽量休息以及减少压力。疲劳是自限性疾病，多数人能在 2 周内依靠自身免疫康复。必要时可遵医嘱服用止痛药缓解头痛，或抗忧郁剂提振心情、帮助睡眠。若出现忧郁或沮丧的情况，可以向心理咨询顾问寻求专业治疗。

a. 中医治疗。

中医治疗腰肌劳损的方法有很多种，而且疗效不错，但是存在疗程较长、易反复等问题。如中药内服、外敷和熏洗等疗法，因其药味比较难闻、用药时间较长和复发率较高而不易被患者所接受。中医讲的是"通则不痛，痛则不通"。腰部疼痛大多由循环不畅引起，而推拿则可以通过各种手法，将堵塞的血管、经络疏通，将粘连的肌肉、筋膜或组织剥离开来捋顺，从而改善腰痛症状，取得"通则不痛"的功效。推拿对治疗该病非常有效，但停用后容易复发。拔罐和电疗都是通过刺激人的神经来调节体液神经功能的，它可以促使机体的新陈代谢不断加强、机体的免疫功能不断提高、受损部位的自我修复能力不断加强等。但是，在操作过程中拔罐人要控制好时间。针灸在治疗腰肌劳损时多是和药物或其他一些疗法配合进行，见效快且针到痛除，但是往往会给患者已经完全治好的错觉，所以当患者像往常一样活动时，就会旧疾重犯。

b. 西医疗法。

西医在治疗腰肌劳损的理念方面与中医不同，其根据病的症状进行施治。首先是药物治疗，比如消炎镇痛药，该类药见效很快。但是，大多消炎镇痛药都是激素类物质，它的副作用很大，不仅依赖性强，若长时间服用效果就会大大减弱，而且对肝、肾、胃及消化道的损害也很严重。除了药物治疗外，封闭治疗和理疗也是西医治疗腰肌劳损的常用方法。封闭治疗的效果很好，既可以消炎镇痛、减少肌肉组织间的粘连，又可以有效预防瘢痕等，是西医中进行局部治疗最受欢迎的疗法。但是若长期使用局部封闭药物（如麻药、激素类药物等）会对人体造成不可逆的损害。一些理疗如热疗、电疗、磁疗等，由于恢复时间长，在临床上只能作为一种辅助疗法。手术疗法可以将粘连的肌肉组织剥离开来，去除病灶，但是其风险较大，且对患者的损伤也较大，需要恢复的时间也较长，很多患者不愿选择此疗法。

四、总结

休息的真正含义是消除疲劳，放松神经，使人重新投入工作与学习的时候精力充沛。休息一般分为"被动性休息"（"安静性休息"）和"主动性休息"（"活动性休息"）。

"被动性休息"是指肢体和大脑放松的休息。如在工作或学习之余，坐下来喝茶或躺在床上闭目养神。体力劳动者一般采取"被动性休息"。"主动性休息"是指进行其他的活动以消除工作的疲劳，常采取的活动方式有运动、跳舞、唱歌等。脑力劳动者一般采取"主动性休息"。

到底哪种休息方式最好，还需根据个人的具体情况（爱好、身体状况、环境条件等）和疲劳的来源来决定。研究表明，人的精神状态一般在上午 8 时、下午 2 时和晚上 8 时最佳，而最佳状态一般持续 2 小时左右就会出现一次下降。如果工作人员能根据自己的工作特性，利用这种起落变化，科学安排休息时间，既能保持大脑良好的活动状态，又能增进健康。但是在实践工作中，由于任务重、时间紧，真正做到并不容易，需要工作人员自身在主观上坚信"一个不会休息的人本质上是一个不会工作的人"，积极休息是为了更好地工作。因此，不管工作多忙，任务多重，无论如何也要给自己挤出"喘息时间"。比如，工作 1 小时后，最好休息片刻。连续工作时间不要超过 2 小时。此外，长时间实验、开会、报告过程中，也最好在中间安排一下休息，活动一下身体，再继续工作。这样虽然占用了一定的时间，但从长远来看还是值得的。

久坐工作人群工作压力再大、任务再重、时间再紧，都是一种脑力劳动，体力消耗相对小。因此，最好的解乏方式是积极主动地进行与工作状态截然不同的换脑休息。

另外，日常生活中的饮食也很重要，尽量避免外卖、快餐等速食。在生活中推荐多吃富含植物蛋白的食物，包括各种豆类或豆制品、海植物（紫菜、发菜等）、菌菇、坚果等。而对于低脂肪高蛋白质食物，如鸡、鸭、鱼、肉、蛋类等，建议作为平时的蛋白质补充源。蔬果富含各种维生素及矿物质。维生素 C 族、维生素 B 族及各种矿物质有助于短时间内清理疲劳后产生的代谢物，起到消除疲劳、恢复体力的作用。各种新鲜蔬菜，如番茄、黄瓜、生菜、土豆等，以及各种新鲜水果，如葡萄、橙子、香蕉等在日常生活中也可以补充能量，迅速帮助恢复体力。

第二节 户外作业人群的健身

一、交通建设户外作业人群的工作特点及健身方法

1. 工作特点

我国交通运输行业高速发展，空中运输、水上运输、轨道运输、汽车运输等带动了经济发展，显著缩短了出行时间，方便了人们的出行。但在我们便捷而安全出行的背后，有这样一群热爱工作、精通专业、默默奉献的交通护航人。在保障列车、航运和陆运等交通安全运营的同时，他们需要忍受高温和低温以及其他户外工作环境所带来的健康考验。如交通环卫工人由于常年接触粉尘等物质，容易患鼻咽炎等病；交通建设工人由于施工环境复杂恶劣，常年会造成开放性创伤，甚至危及生命；交通运输搬运工人工作强度大导致腰椎间盘突出症、膝关节疾病等发生率高等。本节在交通建设户外作业人群的工作环境和工作特点的基础上，向广大户外工作人群提供一些健康方面的小建议，从而改善交通建设户外作业人群的健康状况，提高生活质量。

2. 健身方法

以下介绍常见的几种拉伸放松方法。

（1）背部放松（图 10-2-1）。

（2）胸部放松（图 10-2-2）。

（3）腹部放松（图 10-2-3）。

图 10-2-1 背部放松

图 10-2-2 胸部放松

图 10-2-3 腹部放松

（4）臀、腿部放松（图10-2-4）。

图10-2-4　臀、腿部放松

（5）小腿放松（图10-2-5）。

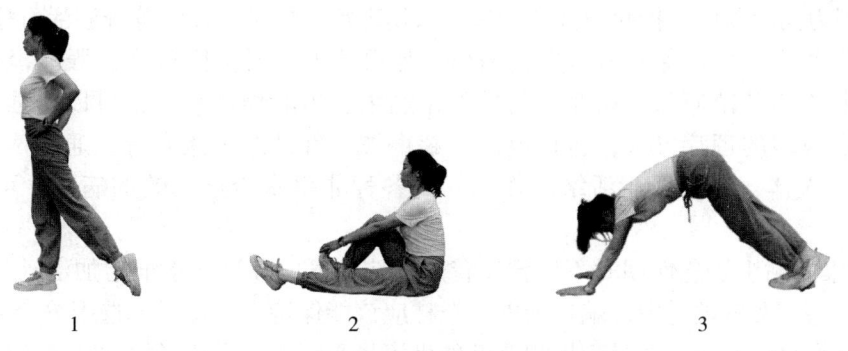

图10-2-5　小腿放松

3. 常见的症状防治

（1）腰肌劳损。腰肌劳损，又称功能性腰痛、慢性下腰损伤、腰臀肌筋膜炎等，实为腰部肌肉及其附着点筋膜或骨膜的慢性损伤性炎症，是腰痛的常见原因之一，主要症状是腰或腰骶部胀痛、酸痛，反复发作，疼痛可随气候变化或劳累程度而变化，如日间劳累加重，休息后可减轻，为临床常见病、多发病，发病因素较多。其日积月累，可使肌纤维变性，甚至少量撕裂，形成瘢痕、纤维索条或粘连，遗留长期慢性腰背痛。

①　常见病因。急性腰扭伤后治疗不及时、处理方法不当及长期反复的腰肌劳损。长期反复的过度腰部运动及过度负荷，如长时间坐位、久站或从弯腰位到直立位手持重物、抬物，均可使腰肌长期处于高张力状态，久而久之可导致慢性腰肌劳损。慢性腰肌劳损与气候、环境条件也有一定关系，气温过低或相对湿度太大都可引发或加重腰肌劳损。

②　常见症状。腰部酸痛或胀痛，部分刺痛或灼痛。劳累时加重，休息时减轻；适当活动和经常改变体位时减轻，活动过度又加重。不能坚持弯腰工作。常被迫时时伸腰或以拳头击腰部以缓解疼痛。腰部外形及活动多无异常，也无明显腰肌痉挛，少数患者腰部活动稍受限。

③　预防与治疗。

a.　预防。

防止潮湿、寒冷受凉。不要随意睡在潮湿的地方。根据气候的变化，随时增添衣服，出汗及雨淋之后，要及时更换湿衣或擦干身体。急性腰扭伤时，应积极治疗，安心休息，防止转成慢性。体育运动或剧烈活动时要做好准备活动。要纠正不良的工作姿势，如弯腰过久，或伏案过低等；在僵坐1小时后要换一个姿势；另外，可以使用腰部有突起的靠垫为腰部缓解压力，这样有助于避免出现腰肌劳损。背重物时，胸腰稍向前弯，髋膝稍屈，迈步要稳，步子不要大。要防止过劳，腰部作为人体运动的中心，过度劳累，必然造成损伤而出现腰痛，因此，在各项工作或劳动中应注意劳逸结合。使用硬板软垫床，过软的床垫不能保持脊柱的正常生理曲度，而太硬的床板可能不太舒服，可在床板上加一张10厘米厚的软垫。注意减肥，控制体重，身体过于肥胖，必然给腰部带来额外负担，特别是中年和妇女产后为易于发胖的时期，应节制饮食，加强锻炼。

b.　治疗。

避免过劳、矫正不良体位。进行适当功能锻炼，加强腰、背肌锻炼，防止肌肉张力失调，如采取俯卧位，去枕，然后用力挺胸抬头，双手双脚向空中伸展；也可仰卧床上，去枕，头部用力向后顶床，抬起肩部的动作。采用理疗、推拿、按摩等舒筋活血疗法。

可使用药物治疗，主要为消炎止痛药，如可注射皮质类固醇及口服非甾体抗炎药，局部外用肌松药及镇痛药。在医师指导下，选用适当的物理治疗也可以增强治疗效果。目前，存在较多的理疗方式，包括电磁、超声波、红外线、激光等，通过声、光、电、热等作用于人体，起到舒筋活络的作用。对各种非手术治疗无效的病例，可施行手术治疗。

④　健康小贴士。急性期时不做腰、背肌锻炼，循序渐进，逐渐增加活动量。选择一个合适的床垫，要软硬适中，躺在床上时脊柱应该能保持中立位置。选用符合人体工学的座椅支持脊椎自然曲线，并时刻提醒自己的坐姿是否端正。坐或者站立一个小时后应该改变姿势，来回走动并做一些拉伸、伸展的动作，如伸懒腰。一般来说，站着比坐着要好。搬东西的时候最好蹲下来，腰背保持中立姿势，利用膝关节和髋关节发力，将重物搬起，而不是弯腰依靠腰部的肌肉发力。减少坐车、开车、乘坐电梯的次数，可以时尽量自己走路。做些低强度的有氧训练。如果锻炼诱发疼痛或加剧疼痛，则应停止或改变锻炼方式。

（2）中暑。中暑是指长时间暴露在高温环境中，或在炎热环境中进行体力活动引起机体体温调节功能紊乱所致的一组临床综合征，以高热、皮肤干燥和中枢神经系统症状为特征。核心体温达 41 ℃是预后严重不良的指征，体温超过 40 ℃的严重中暑病死率为 41.7%，若超过 42 ℃，病死率为 81.3%。

① 常见原因。

a. 环境因素。

在高温作业的车间工作，如果再加上通风差，则极易发生中暑；农业及露天作业时，受阳光直接暴晒，再加上大地受阳光的暴晒，大气温度较高，使人的脑膜充血，大脑皮质缺血，易引起中暑，空气中湿度的增强也易诱发中暑。

b. 个人体质因素。

在公共场所，人群拥挤集中，产热集中，散热困难，有的人对高温的耐受能力差，难以适应。

② 常见症状。

中暑先兆：在高温环境下活动一段时间后，出现乏力、大量出汗、口渴、头痛、头晕、眼花、耳鸣、恶心、胸闷、体温正常或略高等症状。

轻度中暑：除以上症状外，有面色潮红、皮肤灼热、体温升高至 38 ℃以上等表现，也可伴有恶心、呕吐、面色苍白、脉搏增快、血压下降、皮肤湿冷等早期周围循环衰竭表现。

重症中暑：除轻度中暑症状外，还有热痉挛、腹痛、高热昏厥、昏迷、虚脱或休克表现。

③ 预防与治疗。

a. 预防。

改善高温作业条件，加强隔热、通风、遮阳等降温措施，供给含盐清凉饮料。加强体育锻炼，增强个人体质。宣传防暑保健知识，教育工人遵守高温作业的安全规则和保健制度，合理安排劳动和休息。

b. 治疗。

停止活动并在凉爽、通风的环境中休息，脱去多余的或者紧身的衣服。如果患者有反应并且没有恶心呕吐，给患者喝水或者运动饮料，也可服用人丹、十滴水、藿香正气水等中药。让患者躺下，抬高下肢 15～30 厘米。用湿的凉毛巾放置于患者的头部和躯干部，或将冰袋置于患者的腋下、颈侧和腹股沟处以降温。

④ 健康小贴士。预防中暑应从根本上改善劳动和居住条件，隔离热源，降低车间温度。宣传中暑的防治知识，特别是中暑的早期症状。对有心血管器质性疾病、高血压、中枢神经器质性疾病，明显的呼吸、消化或内分泌系统疾病和肝、肾疾病的患者，应列为高温车间就业禁忌人群。

（3）冻伤。冻伤是在一定条件下由于寒冷作用于人体，引起局部的乃至全身的损伤。冻伤的发生除与寒冷的强度、风速、湿度、受冻时间有关外，还与潮湿、局部血液循环不良和抗寒能力下降有关。一般将冻伤分为冻疮、局部冻伤和冻僵三种。在极端寒冷，特别是在高原地区可发生肢体的冻伤。冻伤一般表现为耳郭、手、足等处发红或发紫、肿胀，严重时会出现肢体坏死，甚至死亡。

① 常见原因。当身体较长时间受到低温和潮湿刺激时，体表的血管会发生痉挛，血液流量因此减少，造成组织缺血缺氧，细胞受到损伤，尤其是肢体远端血液循环较差的部

位，如足趾。

a. 气候因素。寒冷和较大的风速等可加速身体的散热。

b. 局部因素。如鞋袜过紧、长时间站立不动及长时间浸在水中均可使局部血液循环发生障碍，热量减少，导致冻伤。

c. 全身因素。如疲劳、虚弱、紧张、饥饿、失血及创伤等均可减弱人体对外界温度变化的调节和适应能力，使局部热量减少导致冻伤。

② 常见症状。

a. 局部冻伤。

冻伤后至复温前主要临床表现有受冻部位冰凉、苍白、坚硬、感觉麻木或丧失。由于局部处于冻结状态，其损伤范围和程度往往难以判定。

b. 手冻伤。

一度冻伤最轻，即常见的"冻疮"，受损在表皮层，受冻部位皮肤红肿充血，自觉热、痒、灼痛，症状在数日后消失，愈后除有表皮脱落外，不留瘢痕。二度冻伤伤及真皮浅层，伤后除红肿外，伴有水疱，疱内可为血性液体，深部可出现水肿，剧痛，皮肤感觉迟钝。三度冻伤伤及皮肤全层，出现黑色或紫褐色，痛感觉丧失。伤后不易愈合，除遗有瘢痕外，可出现长期感觉过敏或疼痛的现象。四度冻伤伤及皮肤、皮下组织、肌肉甚至骨头，可出现坏死，感觉丧失，愈后可有瘢痕形成。

c. 脚冻伤。

冻伤皮肤局部发冷，感觉减退或敏感。对冷敏感，寒冷季节皮肤出现苍白或青紫。痛觉敏感，肢体不能持重等。这些表现由交感神经或周围神经损伤后功能紊乱引起。

③ 预防与治疗。

a. 预防。

注意锻炼身体，提高皮肤对寒冷的适应力。注意保暖，保护好易冻部位，如手足、耳朵等处，要注意戴好手套、穿厚袜、棉鞋等。鞋袜潮湿后，要及时更换。出门要戴耳罩，注意耳朵保暖。平时经常揉搓这些部位，以加强血液循环。在洗手、洗脸时不要用含碱性太高的肥皂，以免刺激皮肤。洗后，可适当擦一些润肤脂、雪花膏、甘油等油质护肤品，以保护皮肤。经常进行抗寒锻炼，用冷水洗脸、洗手，以增强防寒能力。患慢性病的人，如贫血、营养不良等，除积极治疗相应疾病外，要增加营养、保证机体足够的热量供应，增强抵抗力。

b. 治疗。

用温水（38~42 ℃）浸泡患处，浸泡后用毛巾或柔软的干布进行局部按摩，切忌用火烤和用雪水摩擦。

患处若破溃感染，应在局部用 65%~75% 酒精消毒，吸出水疱内液体，外涂冻疮膏、樟脑软膏等，保暖包扎。必要时应用抗生素及破伤风抗毒素。

二、农林牧渔水利户外作业人群的工作特点及健身方法

1. 工作特点

农林牧渔水利户外作业人群指从事农业、林业、畜牧业、渔业及水利生产、治理、产

品初加工的人群。这类人群需要经常在户外劳作，体力活动量大，工作环境复杂多变，要经常经受风吹、日晒、雨淋，还常常会遇到蚊虫叮咬的苦恼。长期劳作会给他们带来腰肌劳损、慢性鼻炎、沙眼、晒伤、静脉曲张、关节炎、慢性胃肠炎、毒虫叮咬中毒等健康隐患，影响生产、生活的正常进行。

2. 健身方法

可参考交通建设户外作业人群健身方法。条件允许情况下可以参加本书前面章节的体育活动。

3. 常见的症状防治

（1）毒蛇咬伤。毒蛇，指能够分泌毒液的蛇。毒蛇一般体形不大，头呈三角形，有毒牙。毒蛇的毒液一般储藏在毒牙中，在捕捉猎物或者自卫的时候通过毒牙喷出毒液，或者是咬住攻击对象之后再把毒液通过毒牙注射到攻击对象的体内。当毒液进入人体血管之后，毒液会通过血液循环流遍全身，从而在局部乃至全身分别引起不同的中毒症状，若不及时处理甚至危及生命。

① 常见原因。毒蛇头部有毒牙、排毒导管和毒腺，毒腺位于头侧眼后下方的皮肤下面。当毒蛇咬人时，毒腺中的毒液通过排毒导管输送到毒牙而注入咬伤的伤口内。毒液主要经淋巴和血液循环扩散，引起局部或全身中毒症状。

② 常见症状。蛇毒主要含蛋白质、多肽类和多种酶，根据成分可分为神经毒素、血液循环毒素和混合毒素三种，毒素不同其临床表现也有差异。

神经毒素中毒。主要由金环蛇、银环蛇、部分蝮蛇和海蛇咬伤引起。咬伤局部症状相对较轻，伤口可仅有轻度红肿、麻木，流血不多，所以往往易被忽视。在咬伤后 1~3 小时开始出现全身症状并迅猛发展，包括视物模糊、眼睑下垂、声音嘶哑、言语和吞咽困难、恶心、呕吐、牙关紧闭、共济失调、瞳孔散大、光反射消失、大小便失禁等。严重者肢体瘫痪、惊厥、昏迷、休克、呼吸麻痹以至呼吸停止。虽然神经毒素的症状很重，但病程较短，只要度过前两天的危险期，一般均可恢复。

血液循环毒素中毒。见于蝰蛇、五步蛇和竹叶青蛇咬伤。咬伤局部剧痛、红肿、出血，出现水疱、皮下瘀斑或组织坏死，引起淋巴管炎和淋巴结炎，伤口不易愈合，并迅速向肢体近端蔓延。全身反应多在咬伤 2~3 小时出现，有发热、胸闷、心慌、气短、恶心、呕吐等。重者出现皮肤黏膜出血、呕血、便血、尿血、鼻出血等，可有溶血性黄疸，还可出现心律失常、心肌损害、心力衰竭甚至休克，有的出现急性肝、肾衰竭。

混合毒素中毒。见于眼镜蛇、眼镜王蛇和部分蝮蛇咬伤。兼有以上两者的特点，但又有所侧重，如眼镜蛇咬伤以神经毒素为主，部分蝮蛇咬伤以血液循环毒素为主。

③ 预防与治疗。

a. 预防。

蛇咬伤严重地威胁着广大劳动者的身体健康，应在危害较大的地区采取积极的预防措施，尽量减少蛇咬伤的发病率，降低病死率。首先要建立健全的蛇伤防治网，从组织上及人力上予以落实，做到任务明确，专人负责。其次要发动群众搞好住宅周围的环境卫生，彻底铲除杂草，清理乱石，堵塞洞穴，消灭毒蛇的隐蔽场所，经常开展灭蛇及捕蛇工作。同时，个人要学习预防毒蛇咬伤的基本知识。

在野外从事劳动生产的人员，进入草丛前，应先用棍棒驱赶毒蛇，在深山丛林中作业与执勤时，要随时注意观察周围情况，及时排除隐患，应穿好长袖上衣、长裤及鞋袜，必要时戴好草帽。遇到毒蛇时不要惊慌失措，应采用左、右拐弯的走动来躲避追赶的毒蛇，或是站在原处，面向毒蛇，注意来势左右避开，寻找机会拾起树枝自卫。四肢涂擦防蛇药液，能起到预防蛇咬伤的作用。

b. 治疗。

毒蛇咬伤后现场急救很重要，应采取各种措施，迅速排出毒液并防止毒液的吸收与扩散。到达有条件的医疗站后，应继续采取综合措施，如彻底清创，内服及外敷有效的蛇药片，应用抗蛇毒血清及采取全身的支持疗法。

（2）农药中毒。农药中毒是指在农药生产使用过程中，农药进入机体的量超过了正常人的最大耐受量，使人的正常生理功能受到影响，引起机体生理失调和病理改变，表现出一系列的中毒临床症状。

① 常见原因。在生产过程中，由于设备工艺落后、密闭不严，出现跑、冒、滴、漏，或在农药包装时徒手操作、缺乏防护措施，或在运输、储存、销售中发生意外，农药污染环境或皮肤，经呼吸道吸入或皮肤吸收而引起中毒。在使用农药时，因违反安全操作规程和缺乏个人防护，或使用方法不当及滥用，农药易经呼吸道或皮肤黏膜吸收而引起中毒。在日常生活中，食用被农药污染的蔬菜、食物，或误用、误食及自服、他杀、投毒等，均可使农药经消化道吸收而引起中毒。

② 常见症状。

观察对象。有轻度毒蕈碱样、烟碱样症状或中枢神经系统症状，而全血胆碱酯酶活性不低于 70% 者；或无明显中毒临床表现，而全血胆碱酯酶活性在 70% 以下者。

急性轻度中毒。短时间内接触较大量的有机磷农药后，在 24 小时内出现头晕、头痛、恶心、呕吐、多汗、胸闷、视力模糊、无力等症状，瞳孔可能缩小，全血胆碱酯酶活性一般在 50%~70%。

急性中度中毒。除上述急性轻度中毒的症状外，还有肌束震颤、瞳孔缩小、轻度呼吸困难、流涎、腹痛、腹泻、步态蹒跚、意识清楚或模糊等表现，全血胆碱酯酶活性一般在 30%~50%。

急性重度中毒。除上述症状外，出现下列情况之一者，可诊断为急性重度中毒：肺水肿、昏迷、呼吸麻痹、脑水肿，全血胆碱酯酶活性一般在 30% 以下。

迟发性神经病。在急性重度中毒症状消失后 2~3 周，有的病例可出现感觉或运动型周围神经病，神经－肌电图检查显示神经源性损害。

③ 预防与治疗。

a. 预防。

处理的种子必须保存好，蔬菜、水果、茶叶不能使用高毒和剧毒农药。废弃农药和药液不能倒入水系中。患者在农药中毒的迹象出现以后，一定要马上到医院治疗，不然会有生命危险，这种疾病应尽早治疗。

b. 治疗。

去除农药污染源，防止毒物继续进入体内；尽早排除已吸收的农药及其代谢物，尽早、足量、合并使用特效解毒剂。

（3）手足皲裂。手足皲裂是指由各种原因引起的手足部皮肤干燥和裂纹，伴有疼痛，严重者可影响日常生活和工作。本病既是一些皮肤病的伴随症状，又是一种独立的皮肤病。

① 常见原因。长期从事农活、重体力劳动等，手足经常暴露在外，接触各种物质，干燥、摩擦、外伤、酸、碱等的作用均易引起手足皲裂。

② 常见症状。表现为沿皮纹发展的深浅、长短不一的裂隙，皮损可从无任何感觉到轻度刺痛或中度触痛，乃至灼痛并伴有出血。

③ 预防与治疗。

a. 预防。

防寒保暖，减少水分流失。做好职业防护，从事露天作业及接触脂溶性、吸水性或碱性物质者应做好防护措施，以减少干燥、摩擦、外伤、酸、碱、有机溶剂的影响。保持手、足部皮肤的清洁，外出时使用护手霜等保护，并加强保暖。

b. 治疗。

如合并足癣、湿疹、鱼鳞病等，应同时进行治疗。外用尿素霜，可去除角质、刺激上皮增生、减轻或解除疼痛。

三、总结

户外工作者所进行的体力劳动比室内工作者要多得多，大多数户外工作者白天工作非常疲劳，工作结束后回家常倒头就睡，或者瘫坐在沙发上。这其实是一种"被动性休息"。"被动性休息"对重体力劳动者来说不能说不适合，但是对整个人的有效恢复来讲，"被动性休息"与"主动性休息"结合起来可能会更好一些。重体力劳动者进行"主动性休息"的方式有很多，如可以在看电视时进行一些简单的肌肉伸展，舒缓一整天身体工作的疲劳等。

同时，还要注重睡眠时间以及睡眠质量。保证每天 8 小时的睡眠，对于保护人体健康、消除疲劳、恢复体力是极其重要的。睡眠对大脑皮层可起到保护作用，能使疲劳的神经、肌肉得到休息，防止大脑皮层细胞过度消耗，促进人体器官功能的恢复，使人第二天精力充沛、头脑清醒。

另外，还要注意饮食调整，重体力者推荐食用富含蛋白质的食物，包括各种豆类或豆制品、海植物（紫菜、发菜等）、菌菇、坚果等，还有鸡、鸭、鱼、肉、蛋类等。蔬果富含各种维生素及矿物质，维生素 C 族、维生素 B 族及各种矿物质有助于短时间内清理疲劳后产生的代谢物，起到消除疲劳、恢复体力的作用。各种新鲜蔬菜，如番茄、黄瓜、生菜、土豆等，以及各种新鲜水果，如葡萄、橙子、香蕉等能在运动后 20~30 分钟，补充能量，迅速帮助人体恢复体力。

参考文献

［1］陈荣，彭叮.体育与健康［M］.北京：高等教育出版社，2022.

［2］陈荣，曹社华，罗小平.高校体育指导教程［M］.南昌：江西人民出版社，2016.

［3］陈荣，葛仁锴.科学健身与运动处方［M］.南昌：江西高校出版社，2015.

［4］李光华，杨华南.大学体育与健康［M］.北京：人民邮电出版社，2017.

［5］陈荣.高校体育实用教程［M］.北京：高等教育出版社，2010.

［6］王志斌，张扬，陈荣.高校体育理论教程［M］.南昌：江西人民出版社，2019.

［7］郑厚成.体育与健康［M］.大连：大连理工大学出版社，2007.

［8］丁俊武，王锋，王松.公共体育［M］.武汉：华中科技大学出版社，2012.

［9］贾鹏飞.公共体育课教程［M］.北京：人民体育出版社，2010.

［10］杨敏丽.羽毛球教学与训练［M］.北京：北京体育大学出版社，2012.

［11］张为春.高校羽毛球课程教学中学生创新能力路径培养研究［J］.当代体育科技，
　　　2021，11（20）：65-67.

［12］梁妮，吴大成，樊林华.羽毛球竞赛发展与规则演变双驱关系研究［J］.湖北体育
　　　科技，2013，32（08）：707-709，665.

［13］郑旭旭.中国武术导论［M］.北京：高等教育出版社，2010.

［14］马燕萍，马振.健身气功改善高校体质弱势学生身心健康的实验研究［J］.兰州文
　　　理学院学报（自然科学版），2020，34（01）：108-111，124.

［15］胡世君，王智慧.跆拳道［M］.北京：北京体育大学出版社，2009.

［16］［印度］B.K.S.艾扬格.瑜伽之光［M］.王晋燕，译.北京：世界图书出版公司，
　　　2006.

［17］［印度］沙吉难陀.巴坦加里的瑜伽经［M］.陈景圆，译.北京：商务印书馆国际
　　　有限公司，2018.

［18］李坡.瑜伽练习对网球运动的影响效应研究［D］.广州：广州体育学院，2017.

读者意见反馈

为收集对教材的意见建议，进一步完善教材编写并做好服务工作，读者可将对本教材的意见建议通过如下渠道反馈至我社。

咨询电话　400-810-0598

反馈邮箱　gjdzfwb@pub.hep.cn

通信地址　北京市朝阳区惠新东街 4 号富盛大厦 1 座
　　　　　高等教育出版社总编辑办公室

邮政编码　100029

防伪查询说明

用户购书后刮开封底防伪涂层，使用手机微信等软件扫描二维码，会跳转至防伪查询网页，获得所购图书详细信息。

防伪客服电话　（010）58582300